A VIDA ATÉ PARECE UMA FESTA
A história completa dos **Titãs**

A VIDA ATÉ PARECE UMA FESTA

A história completa dos **Titãs**

HÉRICA MARMO E LUIZ ANDRÉ ALZER

GLOBOLIVROS

Copyright da presente edição © 2022 by Editora Globo S.A.
Copyright © 2022 by Hérica Marmo e Luiz André Alzer

Todos os direitos reservados.
Nenhuma parte desta edição pode ser utilizada ou reproduzida — em qualquer meio
ou forma, seja mecânico ou eletrônico, fotocópia, gravação etc. — nem apropriada
ou estocada em sistema de banco de dados sem a expressa autorização da editora.

Texto fixado conforme as regras do acordo ortográfico da língua portuguesa
(Decreto Legislativo nº 54, de 1995).

Editor responsável: Guilherme Samora
Editora assistente: Gabriele Fernandes
Preparação: Adriana Moreira Pedro
Revisão: Patricia Maria Cabral Calheiros e Ariadne Martins
Fotos de capa: Tony Santos e Antônio Carlos Piccino
Design de capa: Cris Viana — Estúdio Chaleira
Projeto gráfico e diagramação: Douglas K. Watanabe
Tratamento de imagens: Momédio Nascimento

CIP-BRASIL. CATALOGAÇÃO NA PUBLICAÇÃO
SINDICATO NACIONAL DOS EDITORES DE LIVROS, RJ

C289r
2ª ed.

    Marmo, Hérica,
      A vida até parece uma festa: a história completa dos Titãs / Hérica
Marmo, Luiz André Alzer. — 2ª ed. — São Paulo: Globo Livros, 2022.

      ISBN 978-65-5987-065-3

      1. Titãs (Conjunto musical). 2. Grupos de rock — Biografia — Brasil.
I. Alzer, Luiz André. II. Título.

	CDD: 782.42166092
22-77053	CDU: 929:78.071.2

Meri Gleice Rodrigues de Souza — Bibliotecária — CRB-7/6439

1ª edição, 2002
2ª edição, 2022

Editora Globo S.A.
Rua Marquês de Pombal, 25
Rio de Janeiro, RJ — 20230-240
www.globolivros.com.br

Para Gabriel, que é fã de "Sonífera ilha"
e me enche de luz.
Hérica Marmo

Para Theo e Lara, que cresceram nos vinte anos dos Titãs,
e o pequeno Mattos Alzer, habituado desde já,
mesmo sem nome, à trilha dos quarenta
da melhor banda de todos os tempos de todas as semanas.
Luiz André Alzer

SUMÁRIO

PREFÁCIO **8**

A CHAMA DO TEU ISQUEIRO QUER INCENDIAR A CIDADE **12**

TUDO QUE A ANTENA CAPTAR MEU CORAÇÃO CAPTURA **20**

VAMOS AO TRABALHO **34**

A GENTE QUER INTEIRO E NÃO PELA METADE **50**

MÃO NA CABEÇA E DOCUMENTO **72**

SÓ QUERO SABER DO QUE PODE DAR CERTO **92**

AS IDEIAS ESTÃO NO CHÃO, VOCÊ TROPEÇA E ACHA A SOLUÇÃO **110**

NÃO SOU BRASILEIRO, NÃO SOU ESTRANGEIRO **126**

AGORA QUE EU FAÇO SUCESSO, VOCÊ NÃO ME DÁ MAIS SOSSEGO **144**

NEM SEMPRE SE PODE SER DEUS **166**

ATÉ PARECE LOUCURA, NÃO SEI EXPLICAR **184**

EU APRENDI, A VIDA É UM JOGO **204**

SERÁ QUE EU FALEI O QUE NINGUÉM OUVIA? **220**

DIVERSÃO É SOLUÇÃO SIM! **234**

FIQUE COM SEU BOM GOSTO QUE EU VOU FICAR COM O MEU **254**

HOJE AQUI, AMANHÃ NÃO SE SABE **278**

TÃO FORTES SOMOS TODOS OUTROS TITÃS **290**

CADA UM SABE A ALEGRIA E A DOR QUE TRAZ NO CORAÇÃO **310**

NÃO É O MUNDO IDEAL NA CABEÇA DE NINGUÉM **326**

A SÓS NINGUÉM ESTÁ SOZINHO **340**

O INFERNO SÃO OS OUTROS **354**

NÃO VOU OLHAR PRA TRÁS **368**

EU SEI QUE É PRA SEMPRE ENQUANTO DURAR **418**

DISCOGRAFIA **438**

AGRADECIMENTOS **452**

REFERÊNCIAS **455**

PREFÁCIO

Muitos querem ser mitos. Poucos são Titãs.
Muitos mitos querem ser poucos. São Titãs.

COMO SABER SE EXISTE UM MAPA TRAÇADO anteriormente que nos leva às pessoas certas na hora incerta?

Como prever que, saindo da adolescência, eles se encontrariam com um sonho na mão e o rock na cabeça???

Há quem ache que a vida é matemática ou filosófica. Que vivemos em permanentes equações insolúveis do real ou do imaginário. Não para quem tem a música como arma de transformação, e que se inspira em sons que unem Cartola a Jimi Hendrix, Hermeto Pascoal a Sex Pistols, do jongo ao punk rock. Roqueiros brasileiros nem sempre têm cara de bandidos.

A equação do rock elevada à última potência poética: aumenta o som!!!!

Sempre foram muitos para uma formação clássica de banda, mas sempre procuraram o universo.

Neste livro, há muitas histórias de amizades e sintonias. Amizades sintonizadas onde o palco é a real residência permanente. Cada um vive sua história pessoal, mas a vida do grupo, essa não é pessoal, é totalmente intransferível.

O quinto beatle ou o oitavo titã, hoje somos três.

Minha memória com eles é a chamada memória afetiva, que na verdade é efetiva.

E o Arnaldo poetizava a timidez. O poeta elétrico do cabelo elétrico. Uma voz desplugadamente elétrica. Um tom grave para as alegrias e as tristezas. Escrever é cantar. O poeta Arnaldo chega a fingir que é cantor, cantor que realmente sempre foi. O homem do sim e do não. Da desconstrução e da restauração poética. Os significantes e os significados coloquiais quase transformados em gírias. As gírias de Arnaldo.

E o Miklos também dirigiu um curta na escola. O titã das canções e do grito. A plateia conhece aquele jeito de olhar, de encarar, de desafiar. Sobrancelhas "mãos ao alto", tá olhando o quê???? Sempre vai ao encontro da plateia. O contato físico é a faísca dos shows. Permissão recebida para todo dia ser adolescente no palco.

E o Bellotto sempre soube. Só não sabia ainda decifrar o enigma quase devorante. O contador de histórias, o demiurgo do século XXI. A filosofia da vida está em fazer bem-feito. No palco, se observado melhor, podemos ver o jeito *noir*, meio preto e branco, meio Bogart meio Brando. Na ponta dos dedos estão impressos o passado e o futuro, a ficção e o documentário.

E o Nando sempre teve esse jeito de olhar pra frente. Descabeladamente, descuidadosamente, desengonçadamente a ginga "negra-ruiva-beleléu". Mistura fina das misturas musicais. Amigo da música, dos músicos, das parcerias imprevisíveis. Diante das infinitas bifurcações, sempre foi para o caminho que o vento apontou. O vento desalinha o cabelo, alinha a felicidade. Sabe renovar o ar quando está sufocado.

E o Branco é o de sete vidas do super-8. Desafios, é com ele mesmo. Memória é com ele mesmo. O retrato gravado na película de toda a história dos Titãs é com ele mesmo. Sabe cantar para as crianças, jovens, senhoras e senhores. O mestre de cerimônias sem nenhuma cerimônia. Que bom que sabe que o roteiro da vida nasceu para ser descumprido. Sabe das expressões da sua cara, sabe das reflexões da sua vida. Branco-gato sete vidas.

E o Britto, introspecção aparente, é o "elvis-chuck-berry-jerry-lee-lewis" do pedaço. O palco para ele é imenso e sempre transponível. O piano em chamas, o corpo, idem. Quando canta, os espaços se tornam um imenso 360 graus na escala de Richter. É o terremoto, o maremoto, o furacão. Devorador das letras, da plateia e do que estiver pela frente. Sai da frente, que lá vem o Sérgio Britto.

E o Charles Gavin já conheci Titã. Com certeza nasceu ao som de um vinil dos bons. Percussão na veia, tem seu código genético no "batuque-timbaleiro-drummer-nanahermeto". Memória seletiva da música mais que pop brasileira, é o olho de lince da banda, lá de cima do tablado de sua bateria da escola de samba-roque, meu irmão.

E o Fromer, de apetite voraz, saboreou a música, o "futiba", os amigos. Alegria sempre foi a prova dos nove. Deixou claro o significado da palavra saudade. Ninguém mais tem dúvidas. Um dos Titãs que não cantava. Ficava lá na ponta, rindo e tocando, trocando olhares. Limpava a área para a aterrissagem de todos. É nosso amigo, nosso representante junto aos bons. É o pedreiro e o síndico da Torre de Babel.

Daí, na oitava mitologia da música, nasceu TITÃS.

Serginho Groisman

A CHAMA DO TEU ISQUEIRO QUER INCENDIAR A CIDADE

▶ Trecho de "Nem 5 minutos guardados"

Pais com os filhos no colo, senhoras de mãos dadas com os netos e famílias sorrindo satisfeitas deixavam o tradicional Teatro Carlos Gomes, no Rio de Janeiro, naquele início de noite de sábado, 14 de março de 1987. Tinham acabado de assistir à superprodução infantil *A Bela Adormecida*. A peça estrelada por Myrian Rios, na época ainda casada com o cantor Roberto Carlos, emplacava seu terceiro mês em cartaz, numa bem-sucedida temporada iniciada com a reinauguração do teatro, em janeiro. Abandonado nos últimos anos, o prédio centenário de seis andares na praça Tiradentes passara por uma impecável reforma. Tudo cheirava a novo: poltronas restauradas, sistema de ar-condicionado central e modernos equipamentos de som e luz.

Mas enquanto a criançada e seus pais saíam comportadamente do Carlos Gomes, um grupo impaciente tentava a todo custo entrar no teatro. Eram rapazes e moças, ansiosos para garantir um bom lugar para ver a banda paulista Titãs, que três horas depois apresentaria no mesmo palco o show mais comentado daquele verão.

Centenas de jovens se aglomeravam fora do teatro quando a banda chegou ao Centro da cidade, por volta das 19h30, num ônibus azul decorado com anjinhos barrocos, grande demais para as ruas estreitas dos arredores da praça. Impressionados com o alvoroço — afinal, os cariocas nunca tinham dado muita bola para eles e a recíproca era verdadeira —, os Titãs não viram outra opção para acessar a entrada lateral que levava ao camarim: desceram e passaram a pé pela multidão. Mas os fãs, focados em furar o bloqueio dos seguranças, nem se deram conta de que aquelas figuras de roupas pretas, botas e óculos escuros eram Tony Bellotto, Sérgio Britto, Branco Mello,

Paulo Miklos, Charles Gavin, Marcelo Fromer, Arnaldo Antunes e Nando Reis. Ou seja, as estrelas da festa e a razão de tanta euforia.

A temporada no Carlos Gomes havia começado na quarta-feira, dia 11, sempre com a casa cheia, mas nenhum tipo de confusão. O que atrasava a abertura dos portões no sábado e, consequentemente, aumentava o clima de tensão na frente do teatro era justamente a retirada do cenário da matinê. Os Titãs queriam que a entrada fosse logo liberada, para evitar maiores tumultos, mas precisavam checar o som antes. Estavam ensaiando "Querem meu sangue" quando foram avisados de que um grupo tinha conseguido invadir o saguão e ocupado a galeria no terceiro andar. Voltaram para o camarim para se preparar o quanto antes para o show. Eles não viram — nem ficaram sabendo — que logo em seguida o portão principal foi derrubado. Os quinze seguranças contratados para o evento bem que tentaram resistir, mas foram vencidos por fãs afoitos.

O Carlos Gomes estava abarrotado de gente quando os Titãs abriram os trabalhos com "Cabeça dinossauro", música-título da turnê e do terceiro LP da banda. Depois de terminar sua performance, Branco passou o microfone para Paulo iniciar "Bichos escrotos" e comandar a primeira catarse da noite. O público começou a subir nas cadeiras, pulando e cantando verso por verso a faixa proibida de tocar no rádio pela censura. Sentindo o retorno da multidão, Paulo silenciou propositadamente na hora da frase mais polêmica, para ouvir o coro: *"Vão se foder!!!"*. O vocalista emendou com "Estado violência" e "Autonomia". Esta última com direito a dedicatória.

— Aos sobreviventes da bolha de sangue no lado nobre do cérebro de Renato Villar — anunciou, numa referência ao personagem de Tarcísio Meira, na novela das oito da Globo *Roda de fogo*, que terminaria na semana seguinte.

Paulo Miklos estava tão atualizado quanto as músicas da banda. Usando palavras contagiantes e incendiárias, os Titãs diziam o que a juventude queria ouvir e repetir. *"Porrada nos caras que não fazem nada! Porrada! Porrada!"*, cantava com vigor Arnaldo, encontrando eco em todos os cantos do Carlos Gomes. Àquela altura, não parecia mais que o show acontecia num teatro. A plateia toda de pé, a maioria sobre as cadeiras, gritava as letras com a mesma fúria dos que estavam no palco. As poltronas de ferro com revestimento de couro, que tinham acabado de ser restauradas, não aguentaram a pressão e cederam. A quebradeira iniciada acidentalmente se espalhava à medida que o som pesado saía dos instrumentos dos Titãs. Partes das cadeiras destruídas passaram a ser arremessadas contra as que ainda estavam inteiras, abrindo mais espaço para o público dançar.

De cima do palco, os Titãs não tinham ideia do que acontecia lá embaixo. Com a luz dos refletores na cara, só conseguiam ver um bando de gente curtindo o show. Tão empolgados quanto a plateia, os oito músicos retribuíam mantendo a noite num nível elevado de temperatura e pressão. *"Família, família, janta junto todo dia, nunca perde essa mania"*, cantava Nando, seguido pelos fãs, que continuaram ajudando o vocalista na não menos crítica "Igreja". Sem ter noção do quebra-quebra, Sérgio Britto botou fogo de vez no teatro com "Homem primata", "Corações e mentes" e — o auge da noite — "Polícia". Parecia que o Carlos Gomes, que já havia resistido a três incêndios em seus 115 anos, não sobreviveria a mais um.

Só depois de repetir no bis "Bichos escrotos" e "Porrada" é que a banda foi avisada do que se passou na plateia. Assim que a multidão se retirou, os oito foram chamados pela empresária Célia Macedo e por Manoel Poladian, que havia contratado o show, para ver o pouco que sobrara do recém-reformado teatro. O cenário era bem diferente do que viram na passagem de som: em vez das filas de cadeiras, um vão enorme na frente do palco. As poltronas, originalmente parafusadas no chão, foram reduzidas a pedaços de madeira amontoados nos cantos. Os Titãs até tentaram demonstrar um certo desconforto pelo estrago que indiretamente haviam causado. Mas depois que tiveram a informação de que ninguém saíra ferido do tumulto, o sentimento verdadeiro era de triunfo.

A apresentação entraria para a história, e não apenas como a causadora da destruição do Carlos Gomes — que no ano seguinte passaria para as mãos do governo municipal e voltaria a abrigar espetáculos comportados. Para a banda, aquele show ficaria marcado como o dia em que o Rio e os Titãs finalmente se entenderam.

■ ■ ■

A turnê *Cabeça dinossauro*, desde o lançamento em agosto de 1986, com duas apresentações superlotadas em São Paulo, deixava um cheiro de pólvora por onde passava. A bomba quase explodiu em dezembro, no Circo Troca de Segredos, em Ondina, na Bahia. Os Titãs passaram por maus bocados num lugar que parecia ter mais gente do que comportava e onde todo mundo pulava o tempo todo. A impressão era de que a tenda, balançando ao som das músicas, ia despencar sobre o grupo. Em fevereiro de 1987, o próprio Carlos Gomes viveu uma amostra do que estava por vir. Dois shows da banda, numa segunda e numa terça-feira, terminaram com algumas cadeiras quebradas.

A ideia de levar uma banda de rock a um teatro saiu da cabeça de um empresário que conhecia bem o assunto. Manoel Poladian, responsável pela megaturnê de *Rádio Pirata — Ao vivo*, do RPM, havia arrendado o Carlos Gomes por seis anos, com seu irmão, Jorge. Os dois mexeram em toda a estrutura elétrica do teatro e instalaram seiscentos refletores, quatro canhões de luz, equipamentos de laser, duas mesas de som computadorizadas de 32 canais e 35 caixas de som de 220 watts, que transformaram a casa, com capacidade para 1700 pessoas, num dos poucos espaços do Rio em condições de receber shows de grande porte. O incidente do dia 14 de março pôs por terra os planos de Poladian para o teatro. Em compensação, fez com que o empresário abrisse seus olhos para um novo investimento: os Titãs.

Na terça-feira seguinte, a destruição na praça Tiradentes ainda repercutia. O jornal *O Globo* estampou na primeira página a foto do estrago e a manchete: "Um teatro destruído em ritmo de rock". Na capa do Segundo Caderno, o saldo do episódio: 1200 cadeiras quebradas e um portão de ferro destruído. O cantor Ritchie, que assistiu de um camarote à performance do octeto, deu seu depoimento: "Os Titãs são brilhantes, fazem um rock contundente, atual, bem tocado. Não apoio atitudes violentas. Mas a energia do público se solta com frequência em shows de rock".

A ironia da história era os Titãs estarem na capa de um jornal carioca — o que fez o episódio ecoar no país inteiro. Com mais de 250 mil cópias vendidas de *Cabeça dinossauro* e com público em vários estados do Brasil, o grupo fechava uma temporada que registrara um único fracasso — ocorrido justamente no Rio. Em 19 de setembro de 1986, na primeira apresentação da banda na cidade após o lançamento do terceiro disco, podia-se contar não mais do que trinta pessoas no Noites Cariocas, a danceteria que funcionava no alto do morro da Urca. Os amigos convidados, além de ajudarem a aumentar o número de testemunhas do fiasco, tentavam dar uma força botando a culpa no temporal que se armou naquela sexta-feira. Afinal, carioca não sai de casa quando chove. Mas a frase que ficou registrada foi mesmo a de uma pessoa da organização:

— Esse é o show com recorde negativo de público na história da casa.

Aqui se faz, aqui se paga. Os Titãs superaram o trauma na estrada e voltaram ao Rio para bater uma nova marca: o show mais explosivo da cidade naquele ano.

■ ■ ■

A expectativa era grande para a estreia da turnê *Cabeça dinossauro*, marcada para os dias 23 e 24 de agosto de 1986, no Projeto SP. Apesar das boas vendas do LP, lançado em junho, as novas músicas não tocavam nas rádios. Os Titãs passaram a tarde sob a tenda montada na rua Caio Prado, próxima à rua Augusta, em São Paulo, ensaiando e afiando o repertório. Voltaram para casa apreensivos, porque nem a metade dos ingressos tinha sido vendida. Enquanto se arrumava para voltar para o lugar do show, Nando Reis teve uma crise de choro. Ele olhava para o filho Theodoro, na época com oito meses, e pensava: "Como vou criar esta criança?". O sentimento de derrota o apavorava, principalmente porque os Titãs apostavam tudo naquele álbum e não estavam preparados para enfrentar mais uma apresentação vazia. Não daquela vez.

Qual não foi a surpresa quando os oito desceram do ônibus e viram os arredores do Projeto SP tomados de gente. Ao pisarem no camarim, a melhor e mais reconfortante notícia: em pouquíssimas horas, os 2500 ingressos postos à venda tinham se esgotado. Parecia um sonho. Mas era só o começo. A maior plateia que os Titãs teriam num show exclusivo do grupo, nos seus quatro anos de carreira, era formada por boa parte das pessoas que tinham feito *Cabeça dinossauro* vender em um mês mais do que os dois LPs anteriores da banda juntos.

Todo mundo cantava as músicas do álbum que os DJs e programadores das rádios se recusavam a tocar. "AA UU", "Polícia", "Bichos escrotos",

"Família", "O quê", "Igreja", "Homem primata" e todas as outras canções que ainda não tinham chegado ao dial já estavam na ponta da língua de quem assistia àquela estreia. Os Titãs, finalmente, sentiram o gostinho de ter um disco inteiro realmente conhecido e não somente a música eleita pelas rádios.

No fim da apresentação, os contêineres que serviam de camarins ficaram entupidos. Parecia que toda a plateia tinha ido compartilhar com a banda as glórias da noite. Fãs novos se juntaram a seguidores antigos, orgulhosos do espetáculo que testemunharam. O sucesso se repetiu no dia seguinte e se espalhou pela cidade.

Os Titãs voltariam ao Projeto SP em dezembro de 1986, já com o primeiro disco de ouro da carreira, para mais duas noites superlotadas. Depois de rodar o Brasil com o show de *Cabeça dinossauro*, o lugar onde haviam iniciado a turnê se tornara pequeno. Mas ainda tinha muita gente em São Paulo querendo ver a banda. Apostando alto, Manoel Poladian, que passara a empresariar o grupo depois da temporada demolidora no Teatro Carlos Gomes, fechou dois shows no Ginásio do Ibirapuera, nos dias 21 e 22 de março de 1987. Em sua terra natal, diante de mais de 10 mil pessoas em cada noite, os Titãs tiveram a impressão de que haviam chegado ao topo da carreira. Mas era só impressão.

A CHAMA DO
TEU ISQUEIRO
QUER INCENDIAR
A CIDADE

TUDO QUE A ANTENA CAPTAR MEU CORAÇÃO CAPTURA

▶ Trecho de "Televisão"

CLEMENTINA DE JESUS IA PASSAR aquele Dia das Mães de 1980 longe da única filha, num quarto de frente do hotel Jandaia, na avenida Duque de Caxias, no Centro de São Paulo. Resignada, em meio a uma temporada que fazia em palcos paulistanos, aproveitava a tarde recostada na cama, assistindo ao *Programa Silvio Santos*, nesta época apresentado simultaneamente na TV Tupi e na recém-inaugurada TVS, das 11h30 às 20h. Por mais que admirasse e se identificasse com a história do ex-camelô que tinha virado animador de auditório, naquele domingo seus olhos teimavam em fechar, sinal do cansaço dos últimos dias. A soneca foi interrompida por três garotos, na faixa dos dezoito anos, que apareceram no hotel sem avisar. Acompanhados de uma mocinha aparentando a mesma idade, com uma filmadora super-8 a tiracolo, Joaquim, Antônio e Marcelo chegaram carregando três violões.

— Clementina, nós somos de um conjunto aqui de São Paulo, o Trio Mamão. Você não conhece a gente, mas a gente é muito seu fã e queria mostrar uma música feita para você — disse Joaquim, um menino de óculos e de cabelos pretos caindo sobre os olhos, que se apresentou como Branco, apelido que carregava desde os dez anos.

A visita despertou Clementina, que se sentiu lisonjeada e orgulhosa com a homenagem daqueles jovens bem-vestidos, de forte sotaque paulista e aparentemente de classe média, características que pouco combinavam com a legião de fãs da sambista de 79 anos, descoberta como cantora tardiamente, em meados dos anos 1960. Receptiva, ela convidou os meninos a entrarem no quarto. Viu que seria filmada e, vaidosa, pediu licença para ir ao banheiro. Voltou penteada e se sentou na cama. Branco e seus dois companheiros começaram, então, a tocar "Rainha pretinha da voz africana", composta por Antônio, ou Tony Bellotto, como era mais conhecido.

> *Estrelinha, estrelinha, estrelinha, estrelinha*
> *Estrelinha do céu*
> *Estrela repentina ilumina a garganta*
> *A voz de Clementina*
> *[...]*
> *Não tenho nada, disse certa vez*
> *Tenho o dia e a noite para viver*
> *Mas não me amolo nem fico gritando, gritando*
> *Da noite estrelada*
> *Mil tons e ritmos bons*
> *Nasceu a rainha pretinha da voz africana Clementina*

Aos poucos, Clementina começou a balançar a cabeça acompanhando o ritmo marcado pelos violões de Marcelo, Branco e Tony. Conforme eles repetiam a música, a sambista ia aprendendo as estrofes e cantarolava alguns versos. Não demorou e já estava de pé dançando, em pleno quarto de hotel, diante de uma apresentação exclusiva do Trio Mamão. Ana Paula, namorada de Tony, a cinegrafista daquele encontro histórico, filmava cada movimento e o brilho inevitável nos olhos dos amigos. Comovida, Clementina abençoou os rapazes e fez uma previsão, muito menos profética e bem mais movida pela homenagem sincera e carinhosa que acabara de receber:

— Vocês são maravilhosos e vão ter uma trajetória brilhante.

Os três se despediram e, já na calçada, ainda receberam um adeus emocionado de Clementina, que acenava da janela de seu quarto.

■ ■ ■

A primeira vez que Marcelo Fromer e Branco Mello estiveram diante de Clementina foi num show da sambista cerca de um ano antes, no palco do colégio Equipe, onde eram colegas de turma e por onde passaram medalhões da MPB, como Caetano Veloso, Gilberto Gil, Nelson Cavaquinho, Cartola,

Alceu Valença, Gonzaguinha, entre tantos outros. Fundado em 1971, o colégio nasceu depois que a polícia dos anos de chumbo devastou o cursinho do grêmio estudantil da USP. O incidente provocou o surgimento de diferentes cursos. Coube ao Equipe Vestibulares abrigar os filhos da militância esquerdista e de intelectuais paulistas.

A sede funcionava num ex-colégio de freiras, na rua Caio Prado, no Centro de São Paulo. Já no ano seguinte, o cursinho viraria escola, que, com o passar dos anos, se consolidou como um caldeirão, quase solitário em plena ditadura, que transbordava cultura, com peças, palestras, shows, sessões de filmes de arte, exposições e dezenas de outros eventos, sempre com a participação maciça dos alunos. Tanta ousadia tinha seu preço. Volta e meia a polícia reprimia as atividades a golpes de cassetete ou mesmo levava professores presos — marca registrada daqueles tempos.

Os Titãs chegaram ao Equipe a partir de 1975, quando o colégio já havia se transferido para um casarão no bairro Bela Vista, quase ao lado da Igreja do Carmo. Ernesto Geisel governava o Brasil e começava-se a discutir a Abertura. Sérgio Britto foi o primeiro matriculado. No ano seguinte, uma turma abaixo, estavam Arnaldo Antunes e Paulo Miklos. Em 1977, entraram Branco, Marcelo e Ciro Pessoa, da série de Britto, porém de classe diferente. O sétimo titã a passar pelo Equipe — e também o último a sair do colégio — foi Nando Reis, que estudou entre 1978 e 1980.

Os alunos do Equipe se dividiam basicamente em dois grupos. Um tinha forte orientação política de esquerda, resquício da primeira metade dos anos 1970, quando alunos da escola participaram intensamente do movimento estudantil. O outro, menos preocupado com questões ideológicas do país, estava mais interessado em produzir e digerir qualquer manifestação artística que visse pela frente. Os futuros titãs faziam parte desse segundo grupo. Tanto um quanto outro tinha um líder informal: Serginho Groisman.

Serginho estudou na primeira turma do cursinho do Equipe, em 1971. Mas logo após entrar para a faculdade de Comunicação, voltou ao colégio, a convite da direção, para promover todo tipo de evento, como já fazia informalmente nos tempos de aluno. Foi seu primeiro emprego. O rapaz franzino e inquieto descobriu na escola um oásis em meio à repressão. Era o que se chamaria anos mais tarde de agitador cultural. Lá, ele podia apresentar à garotada estrelas da música brasileira que também repudiavam o regime militar, mostrar a malícia do samba dos morros cariocas e promover sessões de filmes de arte ou extremamente autorais, como os do espanhol Luis Buñuel. Foi assim que a produção russa de 1925 *O Encouraçado Potemkin*, de Sergei M. Eisenstein, sobre marinheiros soviéticos que se revoltam quando lhes servem carne podre, acabou sendo exibida no auditório do colégio. Terminada a sessão lotada, todos ainda anestesiados com aquele soco no estômago em pleno governo militar brasileiro, uma jovem rompeu o silêncio: "E agora? O que a gente faz?".

As aulas eram de manhã, mas os alunos transformavam o horário em integral. Era na parte da tarde que se montavam os grupos de teatro, as exposições, as feiras de arte. No segundo andar do casarão do Equipe, respirava-se cultura, com sala de fotografia, teatro e um ateliê, de chão todo encerado, onde os alunos faziam aulas sem sapato. Individualmente ou em duplas, os titãs estavam sempre envolvidos de alguma forma nos eventos artísticos. Nando foi um dos participantes mais atuantes da Oficina dos Sonhos, promovida pelo professor Gilson Pedro. Para festejar o centenário de nascimento de Picasso, os alunos reconstruíram com cores vivas a *Guernica*, célebre tela do pintor espanhol, originalmente em preto e branco. Cada cor ganhou músicas compostas especialmente para o evento, apresentadas no encerramento pelos próprios alunos e com direito a coreografias criadas por eles.

Já a Feira Medieval durou um fim de semana inteiro. Mais do que uma aula prática detalhando os costumes e a cultura da Idade Média, foi uma festança que fez muitos alunos não voltarem para casa até o domingo. Teve gente dormindo no chão, casais praticando o sexo livre, pregado no início da década pelos hippies, e porres homéricos protagonizados por quase todos os titãs que estudavam no Equipe. O combustível etílico era o bombeirinho, mistura de groselha e cachaça, consumida aos litros.

Também nas aulas de Gilson Pedro foi montado um evento que marcou 1977 na escola, a *Ópera modinha*, cuja direção musical ficou a cargo de Paulo Miklos, então com dezoito anos. Ele cuidava tanto da parte vocal quanto da instrumental que conduzia a ópera baseada em três modinhas adaptadas de uma compilação de Mário de Andrade nos anos 1930. Não satisfeito, mexeu nos textos originais, com doses de sarcasmo e transgressão: a pastora perdia a paciência e matava as ovelhas, e as flores que o príncipe apaixonadamente carregava para a princesa se tornavam carnívoras e devoravam o pobrezinho. A imaginação fértil dos titãs já se manifestava com fervor.

Branco Mello e Marcelo Fromer preferiam as partidas de futebol de salão na quadra da escola. Marcelo chegou a participar do Patrulha Ideológica, um time quase imbatível no Equipe, formado por ele, Serginho Groisman, Carlito Carvalhosa, Rodrigo Andrade (ambos artistas plásticos que formariam o grupo Casa 7) e o goleiro Cao Hamburger (que anos mais tarde se consagraria como criador do programa infantil *Castelo Rá-Tim-Bum*).

Mas a bola era sempre deixada de lado quando Serginho programava um novo show. As apresentações eram realizadas no teatro do colégio ou em pleno pátio. Começavam no fim da tarde e invadiam a noite. Branco e Marcelo, colegas de turma e amigos desde os treze anos, saíam para colar cartazes no bairro do Bixiga, vendiam ingressos e ajudavam na produção. Às vezes esbarravam em problemas que iriam conhecer de perto mais adiante. Como certa vez em que a cantora Isaurinha Garcia bateu pé e disse que só entrava no palco se tivesse um grande espelho no improvisado camarim montado na secretaria da escola. Antes que o público perdesse a paciência, Branco apareceu carregando o espelho salvador. Pior aconteceu com Luiz Melodia, que, sempre imprevisível — embora no colégio poucos conhecessem esta faceta —, desapareceu minutos antes de começar o show, sem deixar pistas. Procura daqui, procura dali, Marcelo e Branco encontraram o cantor uma hora depois, no Cine Bijou, na praça Roosevelt. Resgatado, Melodia subiu ao palco com quase duas horas de atraso.

Serginho Groisman também passava seus sufocos. Alguns por uma causa nobre, como num show histórico no pátio do colégio, que reuniu a nata do samba. Contando apenas com a boa vontade de Branco, Marcelo e de alguns outros alunos, ele fazia um pouco de tudo. Servia, inclusive, de motorista para buscar os artistas nos hotéis. Foi assim que, naquela tarde de 1979, Serginho botou no banco traseiro de seu Fusca Nelson Cavaquinho, Cartola com sua mulher, Dona Zica, e Clementina de Jesus. No banco da frente, Delegado da Mangueira. "Se eu bato com esse carro e só eu sobrevivo, me matam. A história da música brasileira está nas minhas mãos", não parava de pensar. E lá se foi Serginho a pouco mais de 30 km/h, trêmulo, desviando até de bueiro tapado na rua. A apresentação começou com um ligeiro atraso, mas com todos sãos e salvos.

Os shows no Equipe, se por um lado davam a oportunidade rara de os alunos terem frente a frente pesos-pesados da MPB, por outro traziam um certo desconforto para a direção da escola. Duas eram as preocupações, embora não se tivesse muito o que fazer: a garotada que se espalhava pelos telhados vizinhos para assistir de graça às apresentações e os inevitáveis baseados que rolavam de mão em mão no pátio, sem tanta repressão, já que o proibido na escola, caracterizada pela liberdade dada aos alunos, ficava do lado de lá do muro.

As primeiras parcerias musicais do que seriam adiante os Titãs começaram com Arnaldo Antunes e Paulo Miklos, colegas de classe. Tudo era razão para se criar uma música, até a professora de história que entupia os alunos de exercícios acabou homenageada com uma irônica canção que durante meses virou hino na turma. Havia também os protestos-performances; o motivo não importava. Certa manhã, exageraram: compraram dois sacos enormes de apito e distribuíram para os alunos do colégio. Num horário pré-combinado, todos apitaram e o barulho ensurdecedor foi ouvido não só por professores e funcionários do Equipe, os alvos em questão, como também pela vizinhança, num raio de duas quadras. Resultado: dois dias de suspensão para todos na escola.

Paulo Roberto de Souza Miklos nasceu em 21 de janeiro de 1959 e desde garoto respirou música: estudou piano, sax e flauta transversa. Aos doze anos, ganhou o primeiro violão e foi logo avisando aos pais: "Quero ser músico!". Notaram que o menino falava sério quando ele começou a infernizar a casa, promovendo uma sinfonia com os mais variados instrumentos e bebendo na fonte de Led Zeppelin, Deep Purple, Beatles, Roberto Carlos e da Tropicália. A estreia profissional aconteceu num festival da TV Tupi, em 1979, quando fez um arranjo para um reggae de Chico Evangelista.

Depois que completou o segundo grau no Equipe, prestou vestibular e passou para filosofia na PUC e para psicologia em Mogi Mirim. Foi a algumas aulas, sentiu-se um forasteiro naquele ambiente e abandonou as duas faculdades. Resolveu fazer prova para a Escola de Comunicações e Artes da USP, foi aprovado, mas o curso, voltado para a música erudita, o fez desistir um ano depois.

Assim que deixou o Equipe, porém, Paulo já era multi-instrumentista e requisitado por músicos que começavam a ganhar projeção em São Paulo. Fazia de tudo um pouco: acompanhava nomes como Arrigo Barnabé, tocava na banda Bom Quixote e apresentava shows de voz e violão em barzinhos. No café-teatro A Pulga, no Centro de São Paulo, recebia até um modesto cachê, mas o público era meia dúzia de gatos-pingados que só queria bater papo. Em certos dias, Paulo resolvia se vingar. Começava a cantar "Cachorro babucho", de Walter Franco, e parava num pedaço que dizia *"lá, lá, lá, lá, lá…"*. Passava dois, três, dez minutos ali, engasgado no mesmo trecho. Até que alguém notava o disco pulando, interrompia a conversa e olhava para o palco incomodado, com a testa franzida ou fazendo careta. Aí, sim, Paulo prosseguia, deixando a pequena plateia com a sensação de que tinha bebido além da conta. Puro deboche.

■ ■ ■

Às vésperas dos anos 1980, todos os titãs começaram a ter uma ligação mais estreita com a música e passaram a se esbarrar em diferentes bandas e numa infinidade de projetos musicais. Branco Mello e Marcelo Fromer, colegas de turma, decidiram tocar juntos, até serem apresentados a um rapaz de olhos verdes que acabara de chegar de Assis, interior de São Paulo, onde tinha morado durante dois anos. Tony Bellotto estudara até o ginásio no colégio Rio Branco, em Higienópolis. Foi ali, ainda garoto, que conheceu Carlos Barmack, que mais tarde se tornaria um dos autores de "Sonífera ilha" e "Toda cor", sucessos do primeiro disco dos Titãs. Na sua volta para São Paulo, levado por Barmack, Tony passou a frequentar os shows do Equipe promovidos por Serginho Groisman. Numa dessas apresentações, Barmack o apresentou a Branco e Marcelo.

A afinidade entre os três resultou no Trio Mamão. O som misturava Tim Maia, Roberto Carlos e um punhado de músicas que o trio fazia, além de outras do repertório de Tony, que um ano antes tinha entrado na faculdade de arquitetura em Santos e carregava na bagagem uma série de apresentações, só com voz e violão. Tony percorreu o circuito de faculdades e colégios, não só na cidade litorânea, como em Mogi Mirim e no próprio Equipe, onde abriu shows de Jorge Mautner.

Assim como ele via Paulo Miklos tocando sax na banda de Arrigo Barnabé e o admirava — "pô, o cara já é profissional", pensava —, quando os outros o viam abrindo para Mautner só faltavam lhe pedir autógrafo. Até porque ele tinha um vasto repertório próprio, que de certa forma já carregava a irreverência dos Titãs. Numa das canções mais festejadas nas apresentações (sim, o público cativo sabia de cor várias letras) enumerava empresas de ônibus, como Viação Andorinha, São Geraldo, Pássaro Marrom...

Aos poucos, o Trio Mamão e as Mamonetes começou a se destacar no circuito alternativo de São Paulo. Numa época em que as bandas ainda engatinhavam no quesito produção, o grupo chamava a atenção com figurinos bem transados, cenários elaborados e propaganda pesada — num show no Teatro do Bixiga, o trio teve direito a outdoors patrocinados pela Levi's, uma verdadeira façanha. A estética era herança do Tropicalismo: roupas multicoloridas, feitas com tecidos cintilantes, e araras, muitas araras, enfeitando o palco. A esquisitice visual e sonora rendeu até um convite para participar do programa *Olimpop*, na TV Tupi, em 1979. O grupo apresentou o reggae "Keds azul" e levou para casa um elogio do cantor Wilson Simonal, um dos jurados da atração:

— É tudo garotada cheirando a tinta. Gostei da apresentação, nota 10.

Com uma formação pouco comum — Branco, Tony e Marcelo tocavam violões e vez ou outra um deles assumia uma guitarra —, o Trio Mamão sempre convidava outros músicos para seus shows. Eram todos amigos ou conhecidos, integrantes de bandas também sem projeção fora daquele circuito alternativo. O baixista Ricardo Villas-Boas e o percussionista Beto Freire acompanharam o trio em várias apresentações.

Numa delas, no Teatro Rio Branco, em novembro de 1981, mais um futuro titã estaria no palco com o Trio Mamão: o percussionista André Jung, figurinha fácil da noite paulistana. Neste show, porém, André tocou pela primeira vez o instrumento que o consagraria e o levaria aos Titãs: na música "A saga de Johnny Cristell", de arranjo mais pesado, ele assumia a bateria, enquanto Bellotto trocava o violão pela guitarra. Foi a estreia de André como baterista.

André Jung era um curinga musical, até porque a oferta de percussionistas e bateristas era bem menor do que a procura. Além do Trio Mamão, ele tocava em bares com Arnaldo Antunes e Ciro Pessoa. Paulo Miklos, quando resolveu montar seu primeiro show solo, também o chamou para cuidar da percussão — o guitarrista Lanny Gordin, que tocava com Gal Costa, completava o time.

Essa estreia de Paulo, aliás, serviu para afiar o entrosamento entre a moçada. Sem cerimônia, ele bateu nas casas de Tony Bellotto e de Sérgio Britto para pedir canções que os dois, separadamente, produziam em profusão. Repertório decidido e banda montada, restava subir ao palco e tocar. E nisso Paulo tinha alguns quilômetros rodados. Além de ter se apresentado na noite, ele acabara de sair da Banda Performática, liderada pelo artista plástico José Roberto Aguilar em shows que eram verdadeiras viagens sonoras, uma espécie de MPB de vanguarda incrementada com performances teatrais — daí o nome.

A Banda Performática chegou a gravar um LP independente em 1982. A formação era extensa: Paulo Miklos (baixo, flauta, sax e vocal), Thomas Brum (piano), Lanny Gordin e Marcelo Tuba (guitarras e baixos), Edu Rocha (bateria), Flávio Smith (sax) e Beto Freire (percussão). Nos vocais, Gô, Mariana, Dekinha e um outro futuro titã: Arnaldo Antunes.

Arnaldo já participava de apresentações muito doidas promovidas pelo inquieto Aguilar bem antes da Banda Performática. Assim que terminou o Equipe, seus pais se mudaram para o Rio de Janeiro e Arnaldo foi junto. Passou 1979 na cidade e no fim do ano resolveu voltar sozinho para São Paulo. Juntou-se com a namorada, a artista plástica Regina de Barros Carvalho, a Gô, e os dois foram morar na famosa Casa Azul de Aguilar, na Bela Vista, cenário de festas históricas e habitat de muita gente que respirava arte naquela virada de década. Em meio a exposições de caligrafia que promovia e livros feitos artesanalmente, Arnaldo, ao lado de Gô e Aguilar, criava eventos surpreendentes, que acabariam originando a Banda Performática. Numa apresentação na Pinacoteca do Estado, enquanto Aguilar assumia o piano e Gô arrancava sons do violino, Arnaldo tocava extintor de incêndio (você leu certo: extintor de incêndio!). No palco, todos impecáveis, com roupa de gala. Parecia um concerto clássico infestado por ruídos de tudo quanto era natureza. O público saía sem saber se tudo aquilo era um horror ou absolutamente genial.

Em paralelo à Banda Performática, Arnaldo e Paulo compunham juntos compulsivamente. Era só Arnaldo mostrar um poema, que o amigo criava uma música. E vice-versa. Foi assim que nasceu "Desenho", que a dupla inscreveu no 2º Festival da Vila Madalena e Paulo honrosamente defendeu. A canção ficou entre as finalistas e foi gravada pela Continental no disco *A feira da Vila*, que reuniu artistas do evento.

Neste mesmo LP, além de Miklos e Arnaldo, estavam Nando Reis e sua banda Os Camarões, que classificaram a canção "O cheiro de beterraba". Nando formou o grupo no fim de 1979, quando ainda estudava no Equipe. A inspiração era a Banda do Zé Pretinho, de Jorge Ben, e a The Wailers, de Bob Marley. Os Camarões reuniam Nando no violão, Marcelo Mangabeira (flauta), Cao Hamburger (baixo), Paulo Monteiro (guitarra) e Tonico Carvalhosa (violão). Na bateria e na percussão, como de praxe, havia um rodízio constante. O grupo tinha ainda um coro feminino e, no vocal principal, Vange Leonel, prima de Nando, que seis anos depois fundaria a banda Nau.

■ ■ ■

Com tantas interseções musicais, o encontro de todos os titãs era inevitável. Em 1981, Arnaldo e Paulo apareceram com mais uma proposta ousada: juntar os amigos para que cada um fizesse uma canção para sua musa. A ideia surgiu de uma viagem dos dois para a Ilha do Mel, no Paraná, onde trocaram as paqueras tradicionais por torpedos bem mais sutis e eficientes: homenagens musicais. Produziam canções com tal velocidade que pareciam quase repentistas, porém com uma particularidade: só cantavam as mulheres. Literalmente. Quando não tinham um alvo à vista, recorriam a paixões platônicas, como Maria Schneider, estrela do clássico *O último tango em Paris*, de 1972.

Arnaldo e Paulo voltaram para São Paulo com o repertório abarrotado de novas canções e uma meta: produzir a *Fita das musas*. Foram convocados Sérgio Britto, Ciro Pessoa, Nando Reis, o Trio Mamão, além de amigos como o pianista Thomas Brum, da Banda Performática, e o poeta Fausto Fawcett, um carioca que costumava passar temporadas na acolhedora casa de Aguilar. Todos reunidos, partiram para a produção. As gravações aconteceram num estúdio caseiro de Carlos Valero, amigo de Arnaldo. Por pressão ou romantismo, até hoje não se sabe, as namoradas e paqueras foram as grandes homenageadas — Arnaldo, por exemplo, fez música para Gô e Fausto, para Silvia, sua mulher. Britto preferiu apostar numa paixão secreta e compôs uma canção para uma musa misteriosa. Já Bellotto, ainda sob o impacto do assassinato de John Lennon alguns meses antes, achou justo celebrar Yoko Ono. Paulo e Arnaldo, idealizadores do projeto, acabaram emplacando várias outras parcerias.

O projeto gráfico era caprichado. As fitas cassete vinham numa caixa de papelão, com um incenso e um pôster estampando a foto de todas as musas (a anônima de Britto foi simbolizada num desenho). A tiragem, claro, foi limitada, mas o lançamento reuniu um bocado de gente no bar Terceiro Mundo, em Pinheiros, onde todos os participantes tocaram. Mais do que um evento badalado, a *Fita das musas* foi a semente dos Titãs. A partir daí, eles passaram a se encontrar e a compor juntos com regularidade.

■ ■ ■

Empolgados com a boa repercussão da *Fita das musas*, em setembro de 1981, Arnaldo e Paulo, sempre eles, resolveram montar um evento que juntasse novamente aquela turma criativa. Foram até a Biblioteca Mário de Andrade, na avenida São Luís, no Centro de São Paulo, e se inscreveram para ocupar o auditório no horário das quartas-feiras ao meio-dia, destinado a novos talentos.

O projeto era uma fartura em comparação às vacas magras do circuito paulistano: tinha verba de produção e uma boa divulgação na Rádio Eldorado. Eles gravaram uma fita, foram selecionados e montaram a toque de caixa a ópera rock *A idade da pedra jovem*. A história falava do jovem viciado em pinball chamado Johnny Cristell, uma versão nacional de Tommy, personagem--título da célebre ópera rock inglesa com músicas da banda The Who. Mais do que uma paródia, Johnny Cristell era a personificação deles próprios, obcecados na vida real por pinball e particularmente pela máquina Fire Action — Arnaldo chegou a batizar seu cachorro com esse nome.

Alguns dias depois, um verdadeiro batalhão começou a ensaiar no Brooklyn: Ciro Pessoa, Sérgio Britto, Tony Bellotto, Marcelo Fromer e todo mundo que tinha alguma afinidade musical. Só ficou de fora Branco, que se desligara temporariamente da trupe para se casar com Paula Mattoli. Músicos jovens, mas já experientes na noite, foram reunidos para formar a banda de apoio do espetáculo: Tuba (guitarra), Beto Freire (percussão e bateria), Scowa (baixo) e Chico Guedes (sopros). Nando, que embora tenha participado da *Fita das musas*, era o mais deslocado da rapaziada, conseguiu uma vaga no projeto graças a Tuba, seu colega de classe no Equipe, que se lembrou de chamá-lo.

No palco, a rotatividade era intensa. Cada um entrava, cantava e passava a bola para outro, sem necessariamente dar uma sequência ao enredo. Como toda ópera rock que se preze, a história de Johnny Cristell era enorme e dividida em dois atos. No intervalo, uma dissidência daquelas quase trinta pessoas envolvidas em *A idade da pedra jovem* resolveu mostrar ao público a farra que costumava fazer no fim dos ensaios, muito mais divertida do que o repertório oficial tocado com o conjunto-base.

Essa banda improvisada, no fundo, era um bando. Arnaldo, Ciro e Nuno Ramos (que se tornaria um conceituado artista plástico) eram os vocalistas. Bellotto tocava guitarra, assim como Marcelo, que pela primeira vez deixava de lado o violão. Britto e Miklos se revezavam no baixo e no teclado. O baterista, para se ter uma ideia da improvisação, era Nando, empurrado para o posto porque já tinha estudado bateria aos sete anos com uma senhora conhecida como dona Arlete. Por falta de instrumento, Nando tocava em caixotes e latas, e usava pincéis no lugar de baquetas. Todos os envolvidos também cantavam.

Nasciam, assim, os Titãs do Iê-Iê. A ideia do grupo dissidente era fazer uma brincadeira com os galãs da TV e o som da Jovem Guarda. Para tanto, as roupas, a maquiagem e as coreografias eram mais importantes do que propriamente o domínio musical, algo que a maioria não tinha. O nome foi uma sugestão de Gô, namorada de Arnaldo, que se inspirou numa enciclopédia. Já que tinha os fascículos Titãs da ciência, da música, da pintura, por que não os Titãs do Iê-Iê? A exclusão do terceiro "iê" foi proposital, por soar mais tribal, porém pouco compreendida — até cair essa extensão, eles foram constantemente chamados de Titãs do Iê-Iê-Iê.

O repertório reunia meia dúzia de canções, quase todas versões debochadas de sucessos. Britto recriou "Physical", de Olivia Newton-John (*"Sem essa de intelectual/ Eu só quero o seu físical*", dizia a letra) e Nando fez "Rio Amarelo", um sarro de "Yellow River", de Christie, que exaltava na letra quem urinava e dava um sorriso amarelo. Mas o grande momento do show era "DDDream", trocadilho infame para o jingle da firma de dedetização DDDrim, um hit na TV no início dos anos 1980, que ganhou um arranjo rock 'n' roll:

> *A pulguinha dançando o iê-iê-iê*
> *O pernilongo mordendo o meu nenê*
> *E o dia inteiro a traça passa a roer*

Os Titãs do Iê-Iê, se não mostraram tanta habilidade musical, roubaram a cena esbanjando criatividade e uma euforia contagiante na Biblioteca Mário de Andrade. O guitarrista estreante Marcelo Fromer, extasiado, não se importava nem sequer com a dor: tocou o instrumento como se fosse violão, sem palheta. Chegou ao fim da noite com os dedos em carne viva. E com sua Giannini creme toda manchada de sangue.

Terminava ali o único show previsto daquele improvisado grupo, mas deixando a plateia — e principalmente quem estava no palco — com um gostinho de quero mais.

VAMOS AO TRABALHO

▶ Trecho de "Vamos ao trabalho"

No dia 11 de junho de 1982, três dias antes da abertura da Copa do Mundo da Espanha, na qual Zico, Falcão e Sócrates comandariam a seleção brasileira que encantaria o mundo, Tony Bellotto recebeu um telefonema:

— Bellotto, estão fazendo um puta som aqui no Rio. Cara, vamos montar esse negócio de Titãs do Iê-Iê que vai dar certo. Estou indo amanhã para São Paulo e te ligo.

Era Ciro Pessoa, que estava morando no Rio de Janeiro desde o início do ano e tinha ouvido em primeira mão *Cena de cinema*, LP de Lobão que seria lançado nas semanas seguintes. Logo depois de A *idade da pedra jovem*, Ciro se mudou para Santa Teresa, no Rio, com a namorada Vânia Forghieri, irmã de William, tecladista da Blitz, grupo que um mês depois transformaria "Você não soube me amar" no primeiro grande hit do rock nacional. Ciro trabalhava numa agência de publicidade com Bernardo Vilhena, que nas horas vagas era poeta, compositor e parceiro de Lobão, Ritchie e toda uma geração que estava prestes a agitar o país.

Se em São Paulo as bandas novas aos poucos criavam um circuito de casas de shows ainda muito alternativo, no Rio dois pilares começaram a sustentar o rock brasileiro: o Circo Voador e a Rádio Fluminense FM, ambos surgidos em 1982. O Circo nasceu em frente à praia do Arpoador, em janeiro, sob a batuta de Perfeito Fortuna, ex-integrante do grupo teatral Asdrúbal Trouxe o Trombone. Com o fim do verão, o Circo foi despejado pela prefeitura e alguns meses depois se instalou na Lapa, onde permanece até hoje. Foi ali, meio intruso no berço da boemia carioca, que o rock brasileiro, ainda engatinhando, ganhou seu primeiro palco de projeção.

A Fluminense FM foi outra ideia pra lá de audaciosa. Os jornalistas Luiz Antonio Mello e Samuel Wainer Filho, o Samuca, assumiram o comando da emissora e trataram de enterrar o formato piegas romântico que imperava. Em 1º de março de 1982, na frequência 94,9 MHz, entrava no ar a Fluminense, codinome Maldita, trazendo um modelo de rádio inédito no Brasil: tocava desde medalhões como Led Zeppelin e The Who até U2, The Cure e outras bandas da Europa e dos Estados Unidos então pouco conhecidas por aqui. Cabiam também na programação fitas caseiras, muitas de qualidade sofrível, de grupos que buscavam seu lugar ao sol. O lema da rádio era um só: rock 'n' roll na veia. Foi na Maldita que estrearam no dial Paralamas do Sucesso ("Vital e sua moto") e Kid Abelha e os Abóboras Selvagens ("Distração").

Terreno preparado, faltava só um grande estouro. Coube à Blitz essa tarefa. Com um compacto peculiar, que de um lado trazia a avassaladora "Você não soube me amar" e do outro apenas a voz de Evandro Mesquita repetindo *"nada, nada, nada, nada..."*, a banda virou fenômeno no país inteiro. E no olho do furacão estava Ciro Pessoa, acompanhando bem de perto a garotada carioca que, da noite para o dia, virou ídolo nacional. Ao mesmo tempo, começavam a conquistar espaço nos palcos e nas rádios nomes como Lulu Santos, Marina e Barão Vermelho.

No dia 12 de junho, Ciro chegava a São Paulo com a cabeça borbulhando de ideias. Convocou a turma que participou dos Titãs do Iê-Iê para levar a sério o que começou como brincadeira. O encontro foi numa casa da Vila Mariana, de Edu Elias e Paulo Milani, colegas desde os tempos do Equipe, onde Ciro estava instalado temporariamente. Com exceção de Nuno Ramos, que preferiu não embarcar naquilo que parecia uma grande loucura, todos compareceram: Marcelo, Britto, Arnaldo, Paulo, Bellotto e Nando, além do próprio Ciro e de Branco, já devidamente casado.

O primeiro passo dos Titãs do Iê-Iê era dividir os instrumentos. Sim, porque embora nenhum deles fosse um exímio músico, todos os oito arriscavam um violão, uma guitarra, um baixo, e já tinham uma certa intimidade com os palcos, individualmente ou em grupos. Garantiu uma vaga quem gritou primeiro.

Percebam a confusão: Bellotto e Marcelo logo tomaram conta das guitarras. Para Paulo, Branco e Britto, que hesitaram em reivindicar o posto de guitarrista, restaram as outras opções. Britto garantiu o teclado. Paulo, que também gostava do instrumento, se contentou com o baixo, cobiçado por Branco. Mas o problema é que os três queriam cantar. Então ficou combinado assim: Paulo seria o baixista, mas quando estivesse cantando, Branco, Britto ou Nando (que também cantava) assumiria o instrumento. Britto, o recém-empossado tecladista, daria lugar a Paulo quando fosse cantar. E Arnaldo e Ciro ficariam exclusivamente como vocalistas. Deu para entender? Eles entenderam, e já se preparavam para marcar o primeiro ensaio quando surgiu o impasse:

— Não dá para eu tocar bateria. Nem instrumento eu tenho. Sem contar que, quando eu for cantar ou tocar baixo, quem vai ser o baterista? — Nando levantou a questão.

Ninguém tinha pensado nisso. Tudo bem, Nando ficaria como mais um vocalista (eventualmente tocaria baixo). Mas quem assumiria as baquetas? Paulo lembrou de um conhecido com quem já tinha tocado e que também chegara a participar de apresentações do Trio Mamão: André Jungmann Pinto, o André Jung, de 21 anos (mais ou menos a mesma idade dos futuros companheiros). Ele tinha comprado há menos de um ano sua primeira bateria, uma Pinguim de segunda mão, que reformou sozinho em casa. Pronto, a banda estava completa.

Os primeiros ensaios aconteceram na casa da Vila Mariana. Embora todos estivessem se familiarizando com os instrumentos, já existia uma ambição de estrear com impacto e de buscar o sucesso não só nos palcos, mas também em discos, nas rádios e nas TVs. Para isso, eles contavam com o suporte fundamental de amigos ligados à moda, design e artes plásticas, que abraçaram o projeto Titãs do Iê-Iê. Edu Elias e Paulo Milani, os donos da casa dos primeiros encontros, montaram um galpão nos fundos, ao lado do improvisado estúdio, para confeccionar figurinos e cenários. Nuno Ramos (afetivamente ainda ligado ao grupo), Rodrigo Andrade e Paulo Monteiro, ex-colegas do Equipe que estavam formando o coletivo de artes plásticas Casa 7 — com um ateliê numa vila em Pinheiros —, também começaram a ajudar, criando cartazes, bolando fotos diferentes e dando palpites no visual dos músicos.

Esteticamente, porém, a marca registrada dos primeiros meses de vida dos Titãs foi estampada pela Kaos Brasilis. Tratava-se de uma confecção criada a partir de uma ideia de Martha Locatelli, namorada de Marcelo Fromer desde o fim dos anos 1970. Martha começou a se interessar por roupas ainda nos tempos do Trio Mamão, graças a uma calça surrada usada nos shows por Marcelo, de pano branco, daquelas largonas, com bolsos enormes e presa na cintura por uma corda. A calça, fora de linha, era tão invejada por Branco e Bellotto, que os três a revezavam a cada apresentação. Até o dia em que Martha a desmanchou e, a partir do molde, fez várias peças idênticas para o trio.

A moça levava jeito para a coisa. Também em 1982, quase que simultaneamente ao nascimento dos Titãs do Iê-Iê, ela, a xará Marta Oliveira e Charlie Boy criaram a Kaos Brasilis, que funcionava numa casa alugada na rua Conselheiro Brotero. A confecção virou quartel-general da banda, que quase todo dia, no fim da tarde, reunia-se ali para compor, experimentar as roupas irreverentes feitas com exclusividade para o noneto e, o melhor, para beber num bar do outro lado da rua.

Com o passar dos meses, a Kaos Brasilis cresceu, mudou-se para a avenida Bela Cintra e começou a atrair a curiosidade de todo o cenário roqueiro que fervilhava em São Paulo. Além de vestir os Titãs (a roupa de todos eles na capa do primeiro disco levava a assinatura de Martha e sua trupe), a confecção passou a cuidar do visual de Metrô, Magazine, Ultraje a Rigor, Degradée e outras bandas novas que passariam a circular nos mesmos palcos que os Titãs do Iê-Iê. Não demorou e a Kaos Brasilis ganhou fama no Rio de Janeiro. Resultado: João Penca e Seus Miquinhos Amestrados (com Leo Jaime ainda como integrante), Paralamas do Sucesso, Cazuza e mais uma fila de cariocas começaram a encomendar também as criativas roupas artesanais.

A grife virou sensação da juventude antenada dos anos 1980, montou inúmeros desfiles em locais alternativos e botou na passarela roqueiros que se divertiam bancando modelos por um dia. A Kaos Brasilis funcionou até 1988, quando foi comprada por empresários poderosos. Passou a produzir em escala industrial, perdeu seu foco e afundou, como mais uma entre tantas confecções de roupas.

■ ■ ■

No fim de agosto de 1982, depois de algumas semanas de ensaio e já com uma produção bem alinhavada, os Titãs do Iê-Iê enfim conseguiram datas para estrear: 15 e 16 de outubro, à meia-noite, no Sesc Pompeia, na rua Clélia, 93. A responsabilidade aumentou e todos concordaram: era preciso uma rotina diária de ensaios. Como bateria não é guitarra que se carrega para cima e para baixo, os pais de André Jung aceitaram deixar a banda ensaiar em sua casa, no Alto de Pinheiros. Mas, precavidos (e para felicidade geral dos Titãs), ergueram uma edícula nos fundos, onde foi montado um estúdio de quinze metros quadrados, com isolamento acústico e ar-condicionado. Batiam ponto ali de segunda a segunda, das 10h às 14h.

Parecia tudo perfeito, menos para Nando, que passou para a faculdade de matemática em São Carlos, a 230 quilômetros da capital. Ainda sem saber ao certo que rumo tomar, ficava fora de São Paulo de segunda a sexta-feira e só ensaiava nos fins de semana. Por conta desse impasse, a primeira foto de divulgação dos Titãs do Iê-Iê, com o grupo embaixo de um imenso lençol quadriculado, só com as cabeças para fora, não traz Nando.

O show no Sesc Pompeia, porém, serviu para o caçula da turma perceber que valia a pena trocar os cálculos pela música. A estreia dos Titãs do Iê-Iê, pelo menos no quesito produção, foi digna de uma banda que se preparava para o estrelato. O grupo e todos os amigos-satélites que giravam em torno dos nove titãs botaram a mão na massa. Paulo Milani e Edu Elias criaram o cenário com um tecido acetinado, todo em xadrez preto e branco, que revestia caixas de som e até mesmo a bateria de André, criando um efeito surpreendente. Um pequeno exército saiu às ruas para colar cartazes e distribuir milhares de filipetas. E o pessoal da Kaos Brasilis preparou roupas novas e radicalizou nos cortes de cabelo do grupo. A cabeleireira oficial era Ana Paula Silveira, que a essa altura já morava com Bellotto e com a filhinha do casal, Nina, então com nove meses. Com exceção de Arnaldo, que sempre detestou costeletas e fazia ele próprio seu esquisito corte de cabelo, os outros se entregavam à tesoura afiada de Ana Paula.

O repertório não foi econômico: 21 canções, entre jingles ("DDDream", claro, estava lá), versões, canções dos outros que eles pegavam emprestadas e muitas músicas próprias, resultado de uma banda numerosa em que todos, com exceção de André, compunham em ritmo alucinante. "Ele deu no pé",

"Eu vim para ficar" e "Garotas do Centro" eram algumas das pérolas que um ano depois já não fariam mais parte do roteiro. Já a romântico-brega "Mahatma Gandhi", de Arnaldo, acabaria entrando no primeiro disco dois anos depois, rebatizada de "Demais", cantada pelo próprio Arnaldo:

Tudo eu já fiz pra lhe esquecer
Mas foi em vão, e agora quero voltar
Todas essas noites passei sem dormir
Com os olhos a jorrar

Quando um amor é demais
Não se pode jogar fora
Olho pra esses casais
Com um sonho na memória

Mahatma Gandhi, Krishna, Deus
Mas só você pode me salvar agora
Quero ser de novo seu novo rapaz
Com os olhos a brilhar

O meu amor é demais
Pra guardar e ir embora
Nem a distância é capaz
De apagar a nossa história

Das versões apresentadas no Sesc Pompeia, duas estariam no show de estreia: "Balada para John e Yoko" ("Ballad of John and Yoko", de John Lennon e Paul McCartney), recriada por Sérgio Britto, e "Marvin" ("Patches", de R. Dunbar e GN Johnson), versão de Britto e Nando que acabaria virando hit nacional ao ser regravada no quinto álbum da banda, o ao vivo *Go back*, de 1988.

A primeira apresentação já mostrava o ecletismo dos Titãs. Misturava músicas de Odair José, Noel Rosa, o tema de abertura do seriado *Agente 86* e "Não quero dinheiro (Só quero amar)", de Tim Maia, cantada em dueto por Branco e Ciro. Na plateia, cerca de trezentas pessoas, a maioria amigos e amigos de amigos, vantagem de uma banda numerosa. O inevitável nervosismo da estreia foi amenizado com algumas garrafas do conhaque Domecq.

A boa repercussão abriu caminho para uma sucessão de shows. Bastava ter um palco em que coubessem nove pessoas que os Titãs do Iê-Iê estavam lá, maquiados e felizes. E nessa época, em São Paulo, é difícil dizer se surgiam mais bandas ou mais palcos. Do porão do Lira Paulistana e da boate Hong Kong viraram sócios de carteirinha, de tanto que tocaram lá. A recém-inaugurada Hong Kong, na rua Ministro Rocha Azevedo, nos Jardins, tinha como grande atração Júlio Barroso e as meninas da Gang 90, grupo criado em 1981, interrompido meses depois e retomado em 1983, com o sucesso "Perdidos na selva". Júlio era o DJ, antenadíssimo com o som que tocava nos Estados Unidos. Ele trazia na bagagem a discotecagem na pioneira Pauliceia Desvairada, casa noturna de Nelson Motta e Ricardo Amaral. A boate teve sucesso fulminante em São Paulo e morte precoce. Na Hong Kong, Júlio tirava da cartola The B-52's, Kid Creole and the Coconuts e outros grupos então desconhecidos no Brasil. A pista de dança, ampla e superiluminada, fervia de gente. Por volta de uma da manhã, o som eletrônico parava e, de um buraco projetado no fundo da pista, surgia uma atração ao vivo. Além dos Titãs, passaram por ali Ultraje a Rigor, Ira!, Magazine, Azul 29, Agentss, Metrô e uma infinidade de músicos ansiosos para mostrar a sua cara.

Os Titãs do Iê-Iê seguiam cumprindo um vasto circuito: Radar Tantan, Clube Royal, Rose Bombom, Madame Satã. E sem preconceitos, tocavam tanto no reduto punk Napalm (onde se apresentaram ao lado da também estreante Legião Urbana) quanto no bar gay Village Station, no Bixiga.

■ ■ ■

Em meio aos primeiros shows dos Titãs do Iê-Iê em 1983, outro projeto, tão irreverente quanto o grupo, reuniu todos os titãs — além de um punhado de amigos da banda — e serviu para chamar a atenção para aqueles sujeitos criativos: o TV *Eclipson*. Tratava-se de um divertidíssimo espetáculo teatral inspirado nos programas de auditório, montado durante quatro noites no antológico Teatro Lira Paulistana, que ficava no porão da rua Teodoro

Sampaio, em Pinheiros. O apresentador era o magérrimo Branco Mello, que fazia uma mistura bizarra de Chacrinha, Bolinha e Flávio Cavalcanti, com mais destaque para este último. Cavalcanti era uma figura musicalmente radical. Despejava críticas ferozes sobre um calouro ou quebrava discos no palco quando julgava que uma música não tinha qualidade. Essa personalidade forte e polêmica era o que mais deslumbrava Branco.

Desde quando aprendeu a mexer no seletor da televisão, Branco tinha fixação por programas de auditório. Nessa época, o menino nascido no dia 16 de março de 1962, em São Paulo, ainda era Joaquim Claudio Corrêa de Mello Júnior. O apelido surgiu aos dez anos, no primeiro dia de aula no colégio Bola de Neve. Ainda sem uniforme, usando uma camiseta lisa, o calouro Joaquim Júnior foi jogar bola no recreio, mas ninguém sabia seu nome. O menino, torcedor do Palmeiras, batia um bolão e virou referência para os outros. "Passa a bola para aquele de branco ali". "Aquele de branco" acabou virando Branco, que acrescentou o sobrenome bem mais tarde, justamente nos ensaios do TV *Eclipson*, quando Paulo Miklos ressaltou que um apresentador de televisão não poderia se chamar somente Branco. Estava, então, batizado Branco Mello.

A música entrou na vida de Branco por um caminho que o fascinava tanto quanto a televisão: o cinema. Ainda criança, filho de pais separados, seu Mello o pegava quase toda semana para assistir aos musicais da Metro e ele desenvolveu uma paixão por filmes que se afinaria bem nos Titãs — com uma câmera portátil, registrou todos os momentos importantes da banda nos anos 1980. A música que escutava no cinema se misturava a outras influências, como a bossa nova, que o pai não tirava da vitrola. A mãe, Lu Brandão, trabalhava produzindo peças de teatro com atores como Antônio Fagundes, Tônia Carrero, Jorge Dória e Sadi Cabral, e colaborava na disseminação de arte na vida do filho. O resultado foi uma vasta descoberta musical. A partir da adolescência, Branco ouvia de tudo um pouco: Frank Sinatra, Glenn Miller, Chuck Berry, The Doors, Raul Seixas, Luiz Melodia, Caetano Veloso, Roberto Carlos, Zé Kéti...

Bombardeado por tantas influências, e mais particularmente por Gilberto Gil e João Gilberto, resolveu aprender a tocar violão. Ele e Marcelo Fromer, que conheceu no colégio Hugo Sarmento, aos treze anos, viraram unha e carne. Arriscavam algumas parcerias e chegaram a inscrever uma música num festival promovido pela Brahma. Mas queriam mesmo era curtir as baladas. Com um enorme par de óculos que lhe cobria o rosto, Branco passava dias seguidos dormindo na casa de Marcelo, no Butantã. O amigo volta e meia também se mudava para a casa de Branco, nesta época já morando com os avós, no Centro da cidade.

Quando os dois foram para o Equipe resolveram, enfim, levar a sério a brincadeira da música e formaram o Trio Mamão, ao lado de Tony Bellotto. O grupo acabou, mas os três estavam decididos a tocar juntos e, antes do evento *A idade da pedra jovem*, criaram com Fernando Salém, Beto Freire, Ricardo Villas-Boas e Macalé a banda Maldade, que teve vida breve.

■ ■ ■

No TV *Eclipson*, o figurino de Branco estava mais para a exuberante Hebe Camargo do que para o sóbrio Flávio Cavalcanti, seu ídolo: um terno estampado com notas musicais coloridas e, como complemento, uma enorme gravata-borboleta amarela, que lembrava o Charada, vilão do Batman. Branco recebia as "atrações" do programa num reluzente sofá que combinava com sua roupa.

— Boa noite, hoje nós vamos conversar com nosso primeiro convidado, o Alberto Marsicano. Aplausos, por favor, muitos aplausos!

E entrava Marsicano, que tocava cítara e que em 1984 participaria da faixa "Demais", do primeiro disco dos Titãs. Mas no TV *Eclipson* estava escalado para contar histórias absurdas, como a dos misteriosos seres que viviam no buraco do metrô e que o levaram para uma viagem intergaláctica. Outra entrevistada era a paranormal Mella Adams, uma interpretação hilária de Paulo Miklos, que por sinal assinava a direção musical do espetáculo.

A peça-show continuava com calouros, analisados por jurados como o artista plástico José Roberto Aguilar e o cantor Jorge Mautner. Entre eles estavam algumas duplas. Nando Reis e Sérgio Britto, com vozes sincronizadas, eram Milenar e Mineral, que cantavam "Revolution", dos Beatles. Tinha também Isca e Pipoca, dois palhaços com violões idênticos, interpretados por Ciro Pessoa e Branco (no TV *Eclipson* todo mundo fazia papéis múltiplos), que mostravam três canções que dezenove anos depois fariam parte do CD/livro infantil *Eu e meu guarda-chuva*. Outra atração era a banda Ricotas do Harlem (Ciro na bateria, Branco no baixo e Marcelo e Tony nas guitarras), cujo carro-chefe era a música "Alberto Helena Júnior", homenagem ao jornalista esportivo que apresentava um programa de madrugada na Record TV. O TV *Eclipson* era uma verdadeira casa da mãe joana, onde cabia todo mundo, até mesmo os Titãs do Iê-Iê, que também fizeram uma rápida apresentação.

Mas quem roubou a cena do espetáculo foi outro grupo, uma dissidência dos já dissidentes Titãs do Iê-Iê. Os Intocáveis eram Arnaldo Antunes no violão, Paulo Miklos no violão e violino, Gô no vocal e Nuno Ramos no pandeiro, chocalho e qualquer outro objeto do qual se conseguisse extrair algum som. Como se tratava de um programa de TV, as atuações se resumiam a duas ou três músicas no máximo. Entre elas estava uma canção que entraria no repertório dos Titãs já nos shows daquele ano, mas que seria gravada somente em *Cabeça dinossauro*, o terceiro disco da banda, de 1986: "Bichos escrotos".

■ ■ ■

Garoava em São Paulo quando os Titãs se reuniram para gravar uma fita demo no estúdio do grupo Placa Luminosa, na avenida Rebouças. Paulo Miklos, recém-casado com Rachel Salém, foi o primeiro a ir embora. Ao relento, numa área aberta da casa onde ficava o estúdio, Nando, Arnaldo e Britto, embalados por uma mistura explosiva de ácido e uísque, passaram a enumerar todo tipo de bicho repugnante. Já era quase meia-noite quando os três deixaram o estúdio a pé para comer alguma coisa. Enquanto iam aumentando a lista, começaram uma espécie de protesto contra os modelos de beleza e higiene. *"Bichinhos de pelúcia?"*, *"Vão se foder!"*, gritavam. *"Flores cheirosas?"*, *"Vão se foder!!!"*, repetiam com mais veemência. Paravam num bar, bebiam mais um pouco e seguiam andando, retomando os versos malcriados.

Naquela madrugada fria, em que andaram longos quilômetros e chegaram a entrar no Cemitério do Araçá, os três exaltavam as baratas, ratos e pulgas. Uma tremenda viagem, que ainda os levaria mais longe, mais precisamente à casa de Paulo, nesta época morando na rua Cayowaá, no Sumaré. Às seis da manhã, já com o dia clareando, pararam embaixo da janela do quarto de Paulo e Rachel, cantando em volume máximo uma única música: a recém-composta "Bichos escrotos". Vencido pelo cansaço, Paulo abriu a janela.

— Valeu, pessoal, obrigado, que bela serenata vocês fizeram... Mas agora vão embora e não encham o meu saco!

Ironicamente, mais tarde, o cantor de "Bichos escrotos" seria Paulo e não Arnaldo, Nando ou Britto, os autores da música-protesto.

Poucos dias depois da madrugada em que foi composta, "Bichos escrotos" entrou no repertório que Os Intocáveis preparavam para mostrar no histórico TV *Eclipson*. Arnaldo, Paulo, Gô e Nuno planejaram uma performance bizarra para apresentá-la, a começar pelo visual de Gô: sua roupa tinha escritos colados pelo corpo todo e seus cabelos ficavam em pé, graças a bolas de gás cheias, amarradas nas pontas de várias marias-chiquinhas. Durante a apresentação, Paulo chegava na beira do palco e se ajoelhava tocando violino. No fim, num verso da música que acabou cortado da versão que o Brasil conheceu, Nuno esfaqueava um saco de leite em cima de Paulo, que ainda assim não parava de tocar.

> *Oncinha pintada*
> *Zebrinha listrada*
> *Coelhinho peludo*
> *Vaquinha Mococa*
> *Vão se foder*

E na "*Vaquinha Mococa*", tome leite espirrando para tudo quanto era lado, lambuzando Paulo dos pés à cabeça.

■ ■ ■

Em março de 1983, os Titãs do Iê-Iê fizeram sua estreia televisiva. Tudo bem que não era um Chacrinha, como eles sonhavam, mas o programa *Fábrica do som*, apresentado por Tadeu Jungle na TV Cultura, tinha uma razoável audiência. Transmitido do Sesc Pompeia, palco onde estrearam e que já conheciam bem, reunia toda a fauna independente que começava a pipocar no cenário paulistano. Os Titãs escolheram tocar o rock "Dinheiro é pra gastar com a família", de Arnaldo e Britto, com o primeiro cantando e Branco, Ciro e Nando nos backing vocals. O refrão já tinha bem a cara do grupo:

> *Vá trabalhar*
> *Mas volte, não se esqueça dos seus filhos*
> *Dinheiro é pra gastar*
> *Dinheiro é pra gozar com a família*
> *Vá se enfeitar*
> *Pinte a boca, ponha falsos cílios*
> *Você quer se matar*
> *Você já tá pra lá de a perigo*

Os Titãs aproveitavam todas as oportunidades para distribuir demos a quem tivesse um pingo de influência em gravadoras. A fita gravada no estúdio Vice-Versa, em Pinheiros, continha seis músicas, entre elas "Marvin", "Sonífera ilha" e "Toda cor", e foi parar nas mãos de William Forghieri (o tecladista da Blitz, cunhado de Ciro), do produtor Liminha, de Lobão...

— Isso aí não tem gancho, não tem como fazer sucesso — desdenhou Mariozinho Rocha, na época trabalhando na gravadora EMI.

Os comentários sobre aquela banda numerosa e com som atípico só cresciam e surgiam oportunidades para tocar em outras cidades, como Campinas e Santos. Nessa última, o grupo se apresentou numa danceteria famosa, a Heavy Metal, que no fim do mesmo ano teria como gerente Rafael Borges, um produtor que mais tarde se tornaria empresário da Legião Urbana. Quando os Titãs tocaram por lá, porém, o público era formado por playboys e filhos de colunáveis santistas. Apesar da danceteria lotada, nem tudo foram flores. Supermaquiados, com estrelinhas coladas no rosto e glitter nos cabelos, os nove forasteiros tiveram a audácia de descer do palco para dançar com as meninas da plateia, fossem elas solteiras ou não.

Terminado o show, decidiram voltar andando para o hotel Indaiá, onde estavam hospedados, a quatro quadras da Heavy Metal — com exceção de Branco Mello e Ciro Pessoa, que saíram do palco direto para o Guarujá, com suas mulheres. Porém, um valentão cheirando a álcool e com um corte na testa resolveu esfregar a camisa ensanguentada na cara de Marcelo Fromer. Justamente o titã com pavio mais curto. Marcelo, claro, aceitou a provocação. Empurrou o sujeito no chão e continuou andando, acompanhado dos outros. Só que logo à frente pararam três carros. De dentro saiu uma dúzia de amigos do valentão bêbado. O tempo fechou. Britto distribuiu e levou socos, Arnaldo deu uma tesoura voadora no peito de um playboy e todo mundo foi carimbado com hematomas. No meio da confusão, Rachel, mulher de Paulo e grávida de Manoela, conseguiu escapar com o minguado cachê do grupo enfiado dentro do sapato.

Percalços desse tipo eram absorvidos com naturalidade pela banda no início da carreira. Os Titãs do Iê-Iê encantavam em alguns lugares e eram escorraçados em outros. Como numa noite, no Circo Voador, quando estavam escalados para tocar com Sangue da Cidade, banda carioca de rock pauleira, e com Celso Blues Boy, quase um anfitrião no Circo, de tanto que se apresentava lá. Bastou os Titãs tocarem os primeiros acordes da balada "Demais" para o público protestar e vaiar aqueles paulistas esquisitos e bregas. Quase todo mundo deu as costas para o palco e a saída do Circo Voador também foi tumultuada, mas dessa vez sem derramamento de sangue.

Malditos ou geniais, os Titãs colecionavam um show atrás do outro e começavam a chamar a atenção. Faziam uma música original, que misturava funk, reggae, bolero, punk e Odair José, e tinham uma formação atípica para uma banda de rock. As vaias estavam longe de provocar traumas. Eram tão bem digeridas quanto os aplausos, desde que fossem intensas. No Rio de Janeiro, então, o protesto do público os enchia de orgulho: significava que estavam incomodando. No fundo, os Titãs se achavam melhores do que os cariocas. Numa arrogância juvenil, julgavam ultrapassado o rock produzido no Rio por grupos como Barão Vermelho, Paralamas do Sucesso e Kid Abelha, que também davam seus primeiros passos.

■ ■ ■

Em janeiro de 1984, duas mudanças foram significativas. A primeira, o sobrenome da banda. Como ninguém os chamava de Titãs do Iê-Iê, mas sim de Titãs do Iê-Iê-Iê, o que não tinha a menor graça, eles optaram por adotar simplesmente Titãs. O novo nome foi celebrado em grande estilo: Tony e Marcelo trocaram as guitarras nacionais Giannini por duas invejáveis

Fender, trazidas de Nova York pelo pai de Marcelo, Juca, que viajava com frequência para lá.

A segunda mudança foi mais radical. Já há alguns meses, Ciro Pessoa queria determinar o rumo do grupo. Estava decidido a implantar uma estética new wave, numa espécie de versão paulista da Blitz. Somava-se a isso a intensa campanha que o vocalista liderava contra André Jung. É verdade que as divergências do grupo com André eram perceptíveis, embora sutis. Ciro, porém, fazia críticas duras ao baterista, quase agressivas. Chegava a interromper ensaios para reclamar da pegada de André, alegando que ele não sabia tocar rock 'n' roll — esquecendo que o som da banda estava longe de ser uniforme e se caracterizava justamente pela vastidão sonora.

O fato é que André, pivô da guerra que Ciro tentava declarar, nunca fez parte da turma dos Titãs e só tinha Nando como aliado. O baterista era o único da banda que não compunha e volta e meia ficava deslocado nas baladas após os shows. Ciro, em contrapartida, sempre foi um dos Titãs mais entusiasmados. Era ele o vocalista de "Sonífera ilha", que em alguns meses se transformaria num estrondoso sucesso. Cantava também maravilhas como o jingle "DDDream", "Babi índio" (outra que entrou no primeiro disco) e "Lilian, a suja", nunca gravada, mas muito pedida nas apresentações e que fez parte da trilha sonora de um filme pornô da Boca do Lixo.

No entanto, a hostilidade cada vez mais explícita de Ciro com André e seu incessante mau humor começaram a se tornar autodestrutivos. Nos ensaios, enquanto todos davam duro, o vocalista ficava num canto do estúdio lendo o *Jornal da Tarde*. Isso quando não chegava atrasado ou ia embora antes dos companheiros. O clima já estava insustentável quando Ciro deu um ultimato:

— Não dá para continuar assim. Ou sai o André ou saio eu.

A reação foi instantânea e unânime:

— Então sai você!

Ciro pegou suas coisas e foi embora formar o Cabine C, uma banda de som gótico que, seis meses depois, chamou a atenção no circuito underground paulistano. Foi a primeira e última vez que alguém tentou ser líder dos Titãs. O único movimento de insurreição tinha sido um fiasco e veementemente rechaçado pelos oito que ficaram.

VAMOS
AO TRABALHO

A GENTE QUER INTEIRO E NÃO PELA METADE

▶ Trecho de "Comida"

Depois de mais de uma década pilotando mesas de som em shows pelo Brasil inteiro e ocupando os mais diferentes cargos na gravadora Continental, o produtor Pena Schmidt resolveu fazer uma higiene mental. Às vésperas dos anos 1980, chutou o balde e montou uma fábrica de pipas de náilon, sugestão de um amigo escocês. Mas o vício em estúdios e caixas acústicas já corria em seus ouvidos e Peninha continuava acompanhando, ainda que à distância, a cena pós-discoteca. A música brasileira estava em compasso de espera, sem um grande estouro, sem uma tendência que apontasse o rumo do mercado fonográfico. Certeiro mesmo só o LP de fim de ano de Roberto Carlos, cada vez mais romântico e se consolidando como o grande vendedor de discos do país.

A aposentadoria precoce de Peninha ia bem. Sua fábrica de pipas já tinha gerado filiais em quatro cidades, quando um almoço reunindo alguns conhecidos numa churrascaria em São Paulo, no segundo semestre de 1982, o botou frente a frente com André Midani, presidente da multinacional Warner, que tinha como um dos braços a gravadora WEA, instalada no Brasil em 1976. Midani morava no Rio e tentava fazer com que sua companhia penetrasse na capital paulista, onde alugara uma pequena casa, nos Jardins, para servir de escritório.

— André, está acontecendo uma coisa esquisita aqui em São Paulo que nunca se viu. Tudo é não convencional, não comercial. É irreverente, sai dos padrões estéticos tradicionais, não dá para entender direito. Não sei se é horrível ou perfeito, mas é completamente diferente — confidenciou Peninha, que embora não tivesse Midani como amigo íntimo, já tinha feito alguns trabalhos como produtor para a PolyGram, antiga gravadora do empresário, e o admirava.

— Então vai lá buscar. Tudo que você achar de bacana traz pra gente.

Peninha acabava de ganhar carta branca para capturar novos talentos. Para Midani, era uma das poucas alternativas que restava para sacudir a WEA, que não ia bem das pernas e perdia feio para gigantes como CBS, RCA, Poly-Gram, EMI, Continental e Som Livre. Se não bastasse, o cenário fonográfico não era dos mais animadores. A MPB, que reinara absoluta de meados dos anos 1960 até o fim dos 1970, já não se renovava, e medalhões como Gilberto Gil, Caetano Veloso e Maria Bethânia, além de não serem grandes vendedores de discos, custavam caro. Exigiam os melhores músicos, muitas vezes reuniam uma pequena orquestra para acompanhá-los nas gravações e lapidavam cada canção como a mais requintada pedra preciosa, aumentando o custo do estúdio e inflacionando o orçamento.

Apostar no desconhecido era um bilhete de loteria. A chance de acertar era pequena, mas o preço a pagar era mínimo. E, como em todo jogo, o bilhete podia ser premiado. Com o respeito de Peninha no mercado e a situação pouco confortável de Midani, que já pensava em vender parte de seus 30% da WEA brasileira, selou-se um contrato verbal que abriria as portas das gravadoras ao que se poderia chamar de pop nacional, até então sustentado apenas pelo sucesso isolado da Blitz, que ninguém sabia se era fogo de palha ou não.

A notícia de que Peninha estava incumbido de contratar bandas novatas em São Paulo se alastrou rapidamente. Fitas demo foram despejadas em seu escritório, ele passou a se movimentar entre casas noturnas e boates, e começou a separar o joio do trigo. Antônio Carlos Senefonte, mais conhecido como Kid Vinil, um sujeito de cabelo vermelho que comandou no rádio um punhado de programas, levou uma fitinha de seu grupo, Verminose, com um rockabilly irresistível, "Eu sou boy" — a WEA, porém, foi logo avisando que com aquele nome a banda não iria a lugar nenhum e tratou de rebatizá-la de Magazine. O Ira! apareceu com um som mais punk, nitidamente inspirado nos grupos ingleses e escorado por letras de protesto. No extremo oposto, com canções debochadas e contagiantes, estava um grupo cujo nome era um trocadilho infame: Ultraje a Rigor. E tinha ainda as bandas Azul 29 e

Agentss, ambas de som tecnopop e experimentando no Brasil vocais sintetizados e batidas eletrônicas.

É claro que a demo dos Titãs do Iê-Iê — uma fita cassete com seis músicas, trazendo apenas o nome do grupo escrito com caneta Bic e os telefones de contato — também caiu nas mãos de Pena. O produtor ouviu, gostou e foi a um ensaio da banda nos fundos da casa de André Jung. Porém, por mais que enxergasse potencial nos garotos, esbarrava em alguns obstáculos na gravadora. O primeiro era o tamanho do grupo, ainda com nove integrantes, o que provocava desconfiança e encarecia o processo de gravação. O outro problema, que mais tarde se veria como qualidade, era a falta de um estilo predominante. Cada música da fita tinha voz e gênero diferentes. Pareciam bandas distintas.

Além do mais, o cast inicial da WEA já estava pronto. Agora era botar o time em campo.

■ ■ ■

A estratégia de Peninha e Midani previa economia acima de tudo. A ideia era gravar duas músicas de cada grupo num estúdio barato e lançar um compacto, com não mais do que mil cópias.

— Qual é a menor tiragem que podemos fabricar, quinhentas? Então vamos fazer só quinhentas cópias — dizia algumas vezes Midani, preocupado com o bolso e decidido a investir o mínimo possível.

O disquinho servia para divulgar a banda nas rádios e emissoras de TV, e esperar a receptividade do público. Se desse certo, experimentariam um segundo compacto, com outras duas músicas, e com uma tiragem um pouco maior. Quem sobrevivesse, emplacando dois ou três hits, ganharia o passaporte para um LP, que algumas vezes ainda poderia ser precedido de um terceiro e decisivo compacto.

"Eu sou boy", lançado no primeiro semestre de 1983, foi o primeiro tiro no alvo. Em poucas semanas caiu na boca do povo e preparou o terreno para um segundo sucesso, "Tic-tic nervoso". Logo em seguida veio o Ultraje, que, se não foi uma explosão instantânea como o Magazine, comeu pelas beiradas e consagrou as quatro canções de seus dois compactos iniciais — pela ordem, "Inútil", "Mim quer tocar", "Rebelde sem causa" e "Eu me amo".

O Ira! gravou no lado A "Pobre paulista" e no lado B "Gritos na multidão", que mais tarde, no segundo LP da banda, ganhariam versões ao vivo. Na bateria, um personagem que ainda iria ficar conhecido nessa história: Charles Gavin. Às vésperas de ser prensado o compacto, porém, a WEA recuou e preferiu não lançá-lo imediatamente, temendo a reação da censura por conta das letras alusivas ao movimento sindicalista e às greves do ABC paulista, comuns naqueles tempos. A fita dos Titãs continuava indo e vindo da pasta de Peninha para as reuniões mensais na WEA, mas sempre encontrava alguma resistência.

Foi o estouro do Magazine e do Ultraje, ambos com forte sotaque paulista, que levou Midani e seus executivos a olharem com mais atenção para a demo já empoeirada dos Titãs. Até porque o rock começava a pipocar também no Rio, onde tinham gravado e lançado discos com relativo sucesso Barão Vermelho, Kid Abelha e os Abóboras Selvagens, Paralamas do Sucesso e João Penca e Seus Miquinhos Amestrados.

— É o seguinte: resolvemos finalmente contratar vocês. Vamos gravar um compacto e, conforme o resultado, partimos para um LP — avisou Peninha durante um ensaio da banda, disposto a repetir a estratégia da WEA.

Ele já falava em dia de gravação, em equipamentos que seriam levados para o estúdio, quando foi interrompido.

— Compacto não tem o menor cabimento, Pena. Nossa banda é muito plural, tem um repertório enorme e cinco vocalistas. Duas músicas não vão representar o som que a gente faz. Não queremos compacto, não. Vamos esperar para gravar um LP — devolveu Marcelo Fromer, tomando a frente e mostrando desde cedo que era o homem de negócios da banda.

Peninha não esperava essa resposta atrevida. Ficou sem reação e foi embora calado, mas nitidamente contrariado. Caramba, tinha insistido tanto para a WEA gravar os Titãs e na hora H o grupo não topou a proposta apresentada?! Mas se no papel de executivo ele achava que os rapazes tinham feito uma grande besteira, como profissional de música sabia que a banda estava certa. Resolveu comprar a briga com Midani. Algumas semanas depois, voltou a um ensaio dos Titãs com a boa notícia: tinha convencido o presidente da companhia e o gerente comercial, Heleno de Freitas, a arriscar um LP logo de cara.

Como a palavra de ordem era economizar, em junho de 1984 Peninha levou os Titãs ao estúdio Áudio Patrulha, que seu amigo Tico Terpins (baixista do grupo Joelho de Porco) tinha em sociedade com Zé Rodrix (do trio Sá, Rodrix & Guarabira). Tratava-se de um modesto estúdio de jingles, com pouco mais de quinze metros quadrados, que ficava numa loja que dava para a calçada, no bairro Santa Cecília — o mesmo onde haviam gravado Magazine, Ira! e toda a safra paulista que a WEA estava lançando. Como dependiam de brechas entre um jingle do Nescau e outro das sandálias Ortopé, os oito titãs gravaram o álbum sem a menor continuidade, nos horários disponíveis, fosse de manhã, de noite ou de madrugada. Não dava para exigir muito, afinal, a WEA estava pagando uma mixaria.

Peninha, que nunca tocou qualquer instrumento, foi um produtor artístico que pouco interferiu nas gravações. Até porque os Titãs estavam com o repertório afiadíssimo, justamente para não errar e desperdiçar horas preciosas de estúdio. As gravações foram a toque de caixa e a mixagem, idem. O resultado, claro, foi uma decepção geral. A bateria mais parecia tambores tocados por gravetos. As guitarras não tinham o menor peso: foram todas gravadas em linha, ou seja, ligadas diretamente na mesa, sem amplificadores. E o teclado deixou muito a desejar, neste caso mais por conta do instrumento utilizado, um Casiotone, órgão quase infantil. É claro que contou também o fato de os Titãs não serem exímios músicos. E, se no palco a performance compensava eventuais deficiências instrumentais, no disco não tinha como fugir: o som era o protagonista.

O grupo, mal ou bem, tinha um LP. As onze faixas, embora não trouxessem a energia dos imbatíveis shows, resumiam o que a banda apresentava desde 1982. Da seleção inicial feita pelo octeto, só duas canções ficaram de fora, porque poderiam ser vetadas pelo Departamento de Censura e Diversões Públicas, que, apesar de nessa época já ter perdido o fôlego, às vezes ainda dava dor de cabeça. Por isso, por precaução, foram descartadas do disco de estreia "Bichos escrotos" — que ao ser gravada em 1986 ainda ganharia a observação "proibida para a radiodifusão e execução pública" — e "Charles Chacal", cuja letra falava de câmara de gás e de um assassino sanguinário. Mas o repertório do LP, como os oito integrantes desejavam, representava bem a extensão sonora da banda. Estavam lá a romântica "Demais" e as versões "Marvin", "Balada para John e Yoko" e "Querem meu sangue" ("The Harder They Come", de Jimmy Cliff, adaptada por Nando Reis). O disco trazia ainda o funk "Pule", o pop romântico "Seu interesse", as pérolas do new wave — gênero que tinha impregnado o Brasil — "Babi índio", "Mulher robot" e o reggae "Go back", uma das primeiras músicas que Britto fez, aos dezesseis anos, ainda na época do Equipe, a partir de um poema do tropicalista Torquato Neto.

Em meio àquele repertório eclético, difícil era escolher uma música para apresentar os Titãs ao mundo. Peninha passou o pepino para a cúpula da gravadora. Depois de algumas discordâncias, Midani, o diretor artístico Liminha e o gerente do segmento pop, Fernando Leão, pinçaram "Toda cor" e "Sonífera ilha".

■ ■ ■

A casa onde funcionava a confecção Kaos Brasilis, na rua Conselheiro Brotero, mais do que um polo que aglutinava roqueiros em busca de um visual original, era o quintal dos Titãs desde os primórdios da banda, em 1982. Na parte de baixo, eram desenhadas roupas e cortados cabelos. Enquanto Martha, Marta e Charlie Boy (que cuidava da parte administrativa) davam duro, os Titãs aprontavam. Quase diariamente, terminavam o ensaio matinal e no meio da tarde iam para a confecção, como crianças que voltam do colégio para casa cheios de energia. Os nove — Ciro ainda estava no grupo — se revezavam entre o botequim em frente e o mezanino da Kaos Brasilis, de teto baixo, o cantinho favorito de todos eles. Os rapazes subiam pela escada de madeira e, amontoados em colchões que havia pelo chão, varavam a noite fumando baseado, tocando violão e compondo.

Foi ali no mezanino que Tony, Marcelo, Branco, Ciro e o amigo Carlos Barmack, habitué da confecção, resolveram fazer uma música para ser interpretada por Jessé. O cantor franzino, de voz extensa, tinha despontado no festival MPB Shell 80, promovido pela Globo. Jessé ganhara o prêmio de melhor intérprete cantando "Porto solidão", em que esticava as notas com sua voz aguda (*"Rimas de ventos e velas/ Vida que vem e que vai/ A solidão que fica e entra/ Me arremessando contra o cais"*). Começaram então a criar uma balada combinando versos que não faziam muito sentido e impostando bem a voz. Em meio a risadas, nascia a letra, debochada para quem visse de fora, mas sincera para o quinteto, que logo estava repetindo o refrão, a última parte a ficar pronta:

Sonífera ilha
Descansa meus olhos
Sossega minha boca
Me enche de luz

Nos últimos dias de julho de 1984, "Sonífera ilha" estava devidamente gravada, já com uma levada pop, e pronta para ser despejada no mercado. Como de praxe, a música de trabalho ia para as rádios sozinha, pouco antes do lançamento do disco, no chamado bolachão (um vinil do tamanho de um LP, com a capa toda preta). O objetivo era que todas as rádios e TVs tocassem aquela única faixa, evitando uma variedade de canções de um mesmo artista no dial. Com os Titãs, como a escolha tinha sido mais difícil, a WEA preparou o disco promocional com as músicas "Sonífera ilha" e "Toda cor".

Com o bolachão recém-saído do forno, o gerente Fernando Leão resolveu mostrá-lo para o locutor Beto Rivera, da Jovem Pan FM. Beto era um profissional respeitado, não só por seu prestígio com o público, mas também por ter sido um dos pioneiros no modelo FM, em que o locutor apresenta e opera simultaneamente. Sem contar que vivia fuçando os últimos lançamentos na Europa e nos Estados Unidos, sabendo sempre em primeira mão a tendência musical que ia varrer o mercado.

Bastaram os primeiros acordes e o coro de "Sonífera ilha" saírem da caixa de som para chamar a atenção de Beto. Ele botou o disco debaixo do braço e foi para a Jovem Pan, onde ocupava o horário das 14h às 18h. O diretor da rádio, Antonio Augusto Amaral de Carvalho Filho, o Tutinha, estava viajando e o locutor resolveu extravasar sua empolgação fazendo algo que sua função não permitia: mexeu na sequência de músicas montada pelo programador e infiltrou "Sonífera ilha".

No balcão grená-escuro do bar Longchamp, na rua Augusta, Tony e Marcelo bebiam chope com Steinhaeger quando o rádio sintonizado na Jovem Pan anunciou que tocaria um grupo novo, "com uma guitarra no estilo do Mark Knopfler, do Dire Straits", banda sensação naqueles tempos. Os dois não deram muita bola, até soarem os primeiros acordes de "Sonífera ilha". Era a consagração! Ouviram a música até o fim, apreciando cada nota. Quando acabou, Marcelo correu para o orelhão em frente ao bar para ligar para o restante da banda.

Mal sabiam eles que o aperitivo que Beto Rivera tinha tocado naquela tarde cinzenta de julho iria virar prato principal nos dias seguintes. Ouvintes começaram a ligar, ansiosos para escutar outra vez os Titãs, e "Sonífera ilha" logo era uma das mais pedidas da Jovem Pan. As outras emissoras, para não ficar atrás, também começaram a tocar com regularidade a canção. Quando Tutinha voltou de viagem, já não restava motivo para passar um sabão em Beto. O locutor tinha acertado na mosca, e o diretor da rádio viu que podia apostar pesado nos Titãs.

O LP de estreia chegou às lojas na segunda quinzena de agosto, com "Sonífera ilha" estourada. A WEA, surpreendida pelo sucesso instantâneo, começou a agendar entrevistas e participações em programas de TV, quando uma crise pessoal tomou conta de um dos integrantes. Ainda sem perceber que os Titãs estavam quase maduros para se tornar um fenômeno nacional e escaldado por shows que muitas vezes tinham na plateia menos gente do que no palco, Nando Reis resolveu apostar num outro grupo em que tocava paralelamente, o Sossega Leão. Pesou muito na decisão seu casamento com Vânia Passos, namorada desde os tempos do Equipe, cujos papéis no cartório ele assinaria dentro de alguns meses. O cachê minguado que recebia nas irregulares apresentações dos Titãs só trazia apreensão. A *big band* Sossega Leão, embora não fosse uma mina de ouro, tinha uma agenda cheia, com shows e bailes toda semana. Tratava-se de um emprego estável. Além disso, já ficava difícil conciliar as apresentações dos dois conjuntos. Num jantar em que Pena Schmidt estava presente, Nando comunicou sua decisão:

— Olha, gente, eu estou saindo dos Titãs pra ficar no Sossega Leão. Eu passo os baixos para o Branco nos próximos dias.

— Porra, mas é isso mesmo que você quer? "Marvin" é uma das próximas músicas de trabalho — tentou argumentar Peninha, usando como arma de persuasão a parceria de Nando com Britto, que o próprio baixista cantava.

Em vão. Lá se foi Nando para o Sossega Leão, banda de treze músicos que mesclava salsa, reggae, ska, rumba... Curiosamente, algumas semanas antes, num show do Sossega com vários convidados, Paulo Miklos chegou a participar como crooner, cantando boleros. A sintonia foi tão boa que a banda resolveu convidá-lo para se tornar um integrante fixo. Miklos agradeceu, mas disse não. Afinal, já fazia parte dos Titãs.

Uma semana depois de embarcar no Sossega Leão — grupo no qual André Jung também chegou a tocar paralelamente até o fim de 1983 —, Nando percebeu a bobagem que tinha feito. A estabilidade que teria com a *big band* estava longe de compensar a realização artística que alcançava com os Titãs. E, humildemente, pediu que Arnaldo, Britto, Branco, Marcelo, Tony, André e Paulo reconsiderassem sua volta. Os sete o acolheram.

Nando, ou José Fernando Gomes dos Reis, é o caçula dos Titãs. Nasceu em 1963, no dia 12 de janeiro, não por acaso o nome de seu primeiro álbum solo, lançado em 1994. É o quarto filho de uma família de cinco irmãos, dois deles vítimas de meningite — Zeco, cinco anos mais velho que Nando, perdeu 90% da audição e Maria Luiza, a mais nova, teve paralisia cerebral por causa da doença. Aos sete anos, o menino com nove graus de miopia ganhou da avó materna, dona Judith, seu primeiro violão, um Giannini. A mãe, Cecília, era fonoaudióloga e dava aulas de violão nas horas vagas. Mas foi com a irmã Quilha que começou a dedilhar as primeiras canções.

Aprendiz de violonista e guitarrista, Nando tinha o universo musical conspirando a seu favor. Carlito, o irmão mais velho, ouvia Led Zeppelin, a mãe curtia bossa nova e o pai, Jorge Ben. Nesse liquidificador sonoro, descobriu Bob Marley, Beatles, Caetano Veloso, Luiz Melodia e Gal Costa, esta última depois de assistir ao memorável show *Gal fatal*. Mas foi na época do Equipe, onde era considerado um aluno brilhante por dez entre dez professores, que Nando deu vazão à sua porção artística. A partir de 1979, e durante pouco mais de um ano, cantou na banda Os Camarões, que se apresentava principalmente nos festivais realizados em colégios e faculdades.

Depois da única e desastrosa experiência como baterista em *A idade da pedra jovem*, Nando aposentou precocemente as baquetas e passou a ser unicamente vocalista dos Titãs. O baixo, até então um ilustre desconhecido, aos poucos foi se tornando familiar. Em algumas músicas, tirava uma casquinha do Ibanez de Paulo, baixista da banda nos primeiros tempos, ao lado de Britto. Só em 1987, em *Jesus não tem dentes no país dos banguelas*, quando enfim assumiu integralmente o instrumento, Nando comprou seu primeiro baixo.

■ ■ ■

"Sonífera ilha" trouxe para os Titãs, além de sucesso nas rádios, um outro elemento necessário: um empresário. Até então eram os próprios músicos, além de Ana Paula e Martha, mulheres de Tony e Marcelo, que acertavam informalmente contratos para shows, recolhiam o dinheiro no fim da noite e resolviam outras pendências burocráticas. Mas antes que a banda ou a WEA tratasse de arranjar alguém para cuidar dos negócios, um paulista alto, de nariz grande e queixo proeminente foi até um ensaio nos fundos da casa de André Jung e ofereceu seus serviços.

O currículo de Aldo Gueto não era dos melhores. Ele jamais tinha sido *personal manager* de um grande artista. Sua bagagem era vender shows de playback com cantores e bandas de segundo time em clubes da periferia e do interior de São Paulo. Tanto que, ao ouvir "Sonífera ilha" tocando nas rádios, seu primeiro impulso foi procurar a WEA, mas não foi recebido. Chegou a ir à gravadora algumas vezes, mas parou na recepcionista da companhia. Seu prestígio era nulo.

Persistente, foi direto à fonte. Funcionou. Os Titãs, sem muita opção e acreditando que multiplicaria a agenda de shows, toparam a empreitada. Além do mais, ele poderia evitar calotes que o grupo costumava tomar. Como o que aconteceu alguns meses antes do lançamento do LP, numa faculdade de medicina. Contratados pelo diretório acadêmico, os Titãs se apresentaram e, no fim da noite, na hora de receber o cachê, foram surpreendidos com um "calculamos mal e não sobrou grana". Voltaram para casa de mãos abanando.

Impulsionados por "Sonífera ilha", que tocava sem parar nas rádios, os Titãs e Aldo deram um upgrade. Graças a seus muitos contatos, o empresário começou em poucas semanas a marcar shows em todos os cantos. Não tinha tempo ruim para ele. Até em circo os Titãs tocaram. Mais do que isso:

o grupo passou a viajar para cidades que jamais imaginara ir, como Recife, Salvador e várias do Rio Grande do Sul e Santa Catarina, lugares onde "Sonífera ilha" já liderava as paradas.

O ritmo frenético de shows chegou a tal ponto que a lei de oferta e procura não necessariamente se equilibrava e a banda volta e meia tocava para meia dúzia de gatos-pingados. Apesar do hit nas rádios, os Titãs ainda eram figuras desconhecidas e, para o povão, novatos de uma música só. Em cidades do interior, havia shows praticamente vazios, em que Aldo Gueto — que faturava 30% da bilheteria — abria mão da sua parte para sobrar alguns trocados para cada titã.

Mas era a primeira vez que a banda via realmente a cor do dinheiro e estava todo mundo feliz. Ninguém se incomodava com a reação de estranheza do público, ao se deparar com aqueles oito paulistas fora dos padrões convencionais, que até então só conheciam pela voz no rádio.

— Nossa, como eles são horrorosos! Aquele ali parece um pinto com a cabeça raspada.

O anonimato, claro, não durou muito. Sucesso incessante nas rádios já havia um mês, os Titãs provaram, tanto para as emissoras de TV quanto para a WEA, que tinham potencial para mostrar a cara. Primeiro se apresentaram no *Programa Raul Gil*, na TVS — que mais tarde se tornaria SBT. Depois vieram *Clube do Bolinha*, na Bandeirantes, e *Barros de Alencar*, na Record TV. Os três eram exibidos nas tardes de sábado. Muitas vezes, mesmo trocando de canal, os Titãs teimavam em continuar na telinha.

A grande sensação da TV nos anos 1980, porém, ia ao ar na Globo, também nas tardes de sábado. Era o *Cassino do Chacrinha*, transmitido ao vivo do Teatro Fênix, no Jardim Botânico, no Rio. O programa de Abelardo Barbosa funcionava como um termômetro do cenário musical. Tocar ali, em meio a chacretes e postas de bacalhau atiradas para a plateia, debaixo de um calor que nem o ar-condicionado dava vazão, significava alguns milhares de discos vendidos na semana seguinte. Gravadoras e artistas disputavam a tapa um lugar naquele picadeiro. Os Titãs sonhavam com o Chacrinha, mas não queriam ser mais uma banda a evaporar depois do primeiro sucesso. Como não tinham que se preocupar em tocar os instrumentos, afinal o programa era playback, decidiram buscar um diferencial. Precisavam para isso de um coreógrafo.

Rachel, mulher de Paulo, conhecia Silvia Bittencourt, uma professora que dava aulas de balé, jazz e outras danças modernas. Mas na banda ninguém dançava nada. A ideia era que Silvia desenvolvesse uma coreografia marcante e simples a partir dos passos improvisados nas performances de palco. Durante quatro semanas, os Titãs saíam do estúdio direto para os ensaios de dança.

Na segunda quinzena de setembro, a banda estava tinindo nas coreografias para o sonhado playback no Chacrinha. Tudo, porém, tinha seu preço. Por intermédio de Billy Bond, produtor influente no mercado de rádio e TV, a banda iria tocar no programa, mas o pagamento pela oportunidade de ouro era um punhado de shows, sem cachê, que teria que fazer na chamada *Caravana do Chacrinha*. Leleco Barbosa, filho do Velho Guerreiro e diretor da atração, comandava um esquema que lhe rendia uma fortuna indireta. Sabendo do poder de fogo de seu programa para levar ao estrelato cantores e conjuntos novos, Leleco dava lugar ao artista na TV, desde que ele participasse, gratuitamente, de um circuito de minishows em clubes do subúrbio e da Baixada Fluminense, comandados pelos então poderosos bicheiros cariocas. Circuito esse que muitas vezes significava até cinco apresentações numa mesma noite. Um toma lá, dá cá. Quem não topasse, entrava na geladeira do *Cassino do Chacrinha* e podia não sobreviver na carreira. Os Titãs viam o Chacrinha como um troféu. E, como a maioria dos artistas iniciantes, aceitaram o esquema de Leleco.

Para dois titãs, as tramoias dos bastidores do Chacrinha já eram manjadas. Em 1979, ainda nos tempos do Equipe, Britto e Marcelo se encheram de coragem e resolveram testar a sorte como calouros do programa, nesta época ainda transmitido pela Bandeirantes. Encararam mais de três horas numa fila enorme na porta do Teatro Bandeirantes, em São Paulo, para se inscrever. Quando chegou a vez deles, descobriram que tudo era carta marcada: duas planilhas já determinavam quem ia se classificar e quem levaria para casa o famoso Troféu Abacaxi, prêmio que o Velho Guerreiro entregava aos derrotados. Britto e Marcelo foram parar neste segundo grupo. Nem a música puderam escolher: a produção decidiu que cantariam "Eu também quero beijar", de Pepeu Gomes.

Os dois chegaram para a apresentação ao vivo já de baixo astral. Assim que a música começou, Chacrinha acionou sua buzina, sinal de que estavam eliminados e tinham que dar o fora para outro calouro entrar. Marcelo deixou o teatro revoltado e arrebentou na calçada o abacaxi que ganhou. Mas se por um lado ficaram indignados com a armação, por outro se deslumbraram. Viram de perto a espalhafatosa Elke Maravilha e o cantor Nelson Ned e sentiram na pele as loucuras daquele programa que era um clássico da TV. Estavam fascinados e decididos a voltar ao Chacrinha. Mas da próxima vez por cima da carne-seca.

Sérgio de Britto Álvares Affonso ficou mais próximo de Marcelo depois que o então integrante do Trio Mamão começou a namorar Gláucia, sua irmã dois anos mais nova. Britto e seus irmãos passaram parte da infância e da adolescência no exílio com a família, no Chile. O ano era 1964, os militares tomaram o poder no Brasil, e o pai deles, o então deputado federal Almino Affonso, líder do PTB na Câmara e inimigo feroz da ditadura, começou a ser caçado. A polícia invadiu sua casa pela porta da frente para prendê-lo e ele fugiu pelos fundos, pulando o muro. Sem opção, deixou para trás os filhos pequenos Ruy, Sérgio e Gláucia e a mulher, Lygia, grávida do caçula Fábio. Almino pediu asilo político na embaixada da Iugoslávia em Brasília e conseguiu escapar do país alguns dias depois, escondido num voo de carga com destino ao Chile. Somente um ano depois a família se juntou a ele.

Único carioca dos Titãs, nascido no dia 18 de setembro de 1959, Sérgio Britto acabou sendo alfabetizado em castelhano e cresceu ouvindo Beethoven, Chopin e outros grandes nomes da música clássica que o pai escutava. Mas até os treze anos, seu desejo era um só: ser pintor. Graças à irmã, que fazia aulas de violão, descobriu o disco *Help*, dos Beatles, e passou a se interessar por música. Com catorze anos, ao voltar para o Brasil, começou a estudar piano, embalado por Yes, The Who, Led Zeppelin, Emerson, Lake & Palmer, The Beach Boys e muita MPB. Logo depois, passou a dedilhar o violão da irmã. Mas enquanto os outros titãs se arriscavam em bandas e festivais, Britto compunha sozinho, em casa, dividindo-se entre a música e a leitura dos textos do poeta tropicalista Torquato Neto, que se suicidara em 1972.

Foi Torquato que fez Britto e Arnaldo se aproximarem, depois que os dois compraram *Últimos dias de Paupéria*, uma edição que reunia a obra completa do autor. Os dois colegas do Equipe, embora estudassem em turmas diferentes — Britto era um ano à frente —, arriscaram algumas parcerias, como "Os olhos do sol", feita em 1976, mas gravada somente em 2000, quando o tecladista lançou seu primeiro disco solo. A partir dessas composições, Britto passou a frequentar as rodinhas musicais, mas jamais chegou a integrar um conjunto. Quando os Titãs se reuniram em 1981 em *A idade da pedra jovem*, era a primeira vez que ele tocava numa banda. Mal sabia que estava estreando com o pé direito.

■ ■ ■

Na primeira apresentação dos Titãs no *Cassino do Chacrinha*, com a WEA ainda economizando cada tostão, a banda foi de São Paulo para o Rio de trem, com dois titãs em cada cabine. Nos agitados camarins do Teatro Fênix tudo era um deslumbre: dos artistas que só conheciam pela TV ao próprio apresentador, ídolo de todos eles. Jerry Adriani cumprimentou a banda e elogiou "Sonífera ilha". Lulu Santos mostrou que já conhecia bem o primeiro LP e falou de sua admiração por "Marvin". Com os rostos cobertos por maquiagem branca e de calça preta com camisas estampando números coloridos — especialmente confeccionadas pela Kaos Brasilis —, os oito estavam ansiosos para entrar no ar.

— Vamos rrrrreceber o maior grupo da América do Sul... Tiiiiiiiiitããããs!!!

A plateia começou a pular feito pipoca, cantando as duas estrofes de "Sonífera ilha". Terminada a atuação, a banda seguiu para um hotel fuleiro só para trocar de roupa e embarcar na *Caravana do Chacrinha*, ao lado de outros artistas em início de carreira, para a sequência de apresentações nos clubes. Os shows, todos em playback como no programa, eram bem curtos. Os Titãs abriam com "Sonífera ilha", tocavam mais duas canções no meio e fechavam com "Sonífera ilha" novamente. O público, pouco exigente, ficava saciado. Acabavam, guardavam os instrumentos rapidamente e seguiam numa Kombi para outro clube, acompanhados de Aldo Gueto e Fernando Leão, da WEA.

Durante muitos fins de semana de 1984 e 1985 a rotina dos Titãs era playback no programa do Chacrinha nas tardes de sábado e playback para Leleco sábado e domingo à noite. Em pouco tempo trocaram o trem pelos aviões Electra da ponte aérea e a Kombi por dois ou três táxis Opala. Até porque, cada vez mais requisitados pelo diretor de TV/empresário do subúrbio, precisavam ganhar velocidade no deslocamento entre um clube e outro. Certa noite, uma confusão na agenda fez apenas um Opala chegar ao Clube Olaria, na Zona Norte do Rio. Já era uma da manhã e ainda restavam duas apresentações. Como telefone celular era aparelho de ficção científica, os Titãs — ou o que restou deles — não tiveram outra alternativa: entraram no palco com três integrantes e Aldo Gueto improvisado como backing vocal. Mandaram ver o repertório habitual e o público adorou como sempre. Ninguém notou a banda enxuta e muito menos estranhou o desengonçado empresário ali no meio.

A segunda metade dos Titãs, em outro clube, não teve a mesma sorte. O baterista Charles assumindo o vocal principal em "Toda cor" era realmente duro de engolir. O público, se sentindo lesado, ameaçava subir no palco. Na coxia, o produtor Billy Bond, nessa época trabalhando com Aldo, previu a catástrofe que estava prestes a acontecer. Abriu a carteira e começou a jogar para o alto notas de 1 e de 5 cruzeiros, no melhor estilo Silvio Santos. O truque deu certo: em alguns segundos todo mundo estava se amontoando no chão, disputando a tapa o dinheiro, enquanto os desfalcados Titãs escapavam por um portão lateral.

■ ■ ■

"Ouvir esse primeiro LP dos Titãs é um prazer da primeira à última faixa. [...] Com um visual superdinâmico, os Titãs parecem estar dispostos a sacudir o marasmo musical." A crítica de Manolo Gutierrez na revista *Roll*, em setembro de 1984, desenrolava o tapete vermelho que os críticos estenderam para a banda no lançamento do álbum de estreia. A estranheza que o conjunto provocava em algumas plateias foi encarada pela imprensa como inovação. Gutierrez encerrava seu texto de forma quase profética: "Afinal, quem tem coragem de ousar merece ganhar".

Com o título "Tesouros da nova juventude", Rosangela Petta também rasgou elogios às onze faixas do álbum de estreia na revista *IstoÉ* de 5 de setembro: "Esses paulistanos mais falam do que entoam, contam histórias, quebram ritmos e linhas melódicas previsíveis. O que é, no mínimo, interessante".

O primeiro a anunciar o disco com estardalhaço tinha sido André Singer, no jornal *Folha de S.Paulo*, em 17 de agosto. Singer, na época namorado de Cuca Fromer, irmã mais velha de Marcelo, só esperava o lançamento da WEA para publicar a matéria sobre o LP que já tinha ouvido em primeira mão. "O disco dos Titãs mostra um fino equilíbrio entre facetas diferentes da cultura moderna. Isso pode levar muita gente a rotular o grupo através de um ou outro aspecto particular do seu trabalho (É new brega? É new wave? É old rock? É MPB?), sem levar em consideração justamente a característica principal: diversidade", escreveu Singer na abertura da elogiosa crítica.

O show de lançamento do primeiro LP, em São Paulo, foi numa quarta--feira, 22 de agosto, na danceteria Tifon. Mas se os paulistanos compareceram em massa, no Rio ainda existia resistência ao som dos Titãs. O lançamento para os cariocas foi no chuvoso fim de semana anterior, 17 e 18 de agosto, na Noites Cariocas, espaçosa casa noturna que Nelson Motta tinha criado no alto do Morro da Urca. Na plateia, menos de trezentos pagantes, muitos deles músicos curiosos para conhecer o octeto que despontava como sensação.

— Eu sou o Marcelo, baterista da Legião Urbana — se apresentou a Bellotto no fim da noite Marcelo Bonfá. A alguns metros dele estava uma morena esguia, de dezessete anos, que anos mais tarde dividiria o microfone com os Titãs: Marisa Monte.

O LP não tinha nem dois meses quando a WEA, vendo que o álbum não rendia tantos dividendos apesar do sucesso nas rádios, resolveu tirar o atraso: lançou na surdina um compacto — que seria o único da carreira da banda — com "Sonífera ilha" de um lado e "Toda cor" do outro. Resultado: o LP vendeu 32 mil cópias e o compacto, bem mais barato e com a música que todo mundo queria, quase o dobro.

■ ■ ■

Os ventos sopravam a favor dos Titãs, mas uma coisa incomodava quase todos eles: a bateria. Desde o ano anterior, quando Ciro Pessoa condicionou sua permanência no grupo à saída de André Jung, vez ou outra o assunto voltava à tona entre alguns integrantes. É claro que o radicalismo de Ciro não combinava com o estilo democrático que reinava entre eles desde os primeiros ensaios. Mas conforme os shows foram se tornando mais frequentes, aumentou exigência por um baterista com pegada de rock. Principalmente porque um novo disco estava a caminho e o som da bateria, definitivamente, não poderia ser o mesmo.

Algumas experiências anteriores mostravam que nem sempre André estava sincronizado com os Titãs. Logo depois que "Sonífera ilha" ficou pronta, durante alguns dias ele tentou, e não conseguiu, criar o arranjo que a banda queria. No domingo seguinte, num encontro na casa de Britto sem a presença de André, os Titãs fizeram no teclado Casiotone, de poucos recursos, a batida que desejavam. No primeiro ensaio com o grupo todo, na segunda-feira, os sete titãs avisaram ao baterista que não precisava mais quebrar a cabeça. Queriam que reproduzisse exatamente o arranjo da bateria eletrônica do teclado.

A estocada que decidiu pela saída de André foi um show do Ira! a que Britto e Branco assistiram. O vigor de Charles Gavin, tocando de olhos fechados, chamou a atenção dos dois. Era aquela pegada que a banda precisava para o segundo LP. Branco já conhecia Charles. Em 1983, paralelamente aos Titãs do Iê-Iê, ensaiaram juntos nos Jetsons, trio no estilo da banda de rockabilly Stray Cats, que contava ainda com Ciro Pessoa na guitarra — a banda, porém, nunca chegou a subir ao palco.

A cada divergência com André Jung, o nome de Charles era lembrado como solução para o posto. Alguns meses e ponderações depois, o convite foi formalizado. Charles tinha deixado o Ira! e estava tocando com uma nova banda, liderada pelo jornalista de música e baixista Paulo Ricardo Medeiros, que acabara de voltar de uma temporada em Londres. O RPM era um grupo diferente: não fazia shows. Charles, Paulo Ricardo, Fernando Deluqui (guitarra) e Luiz Schiavon (teclado) ensaiavam à exaustão canções como "Louras geladas" e "Olhar 43", que se tornariam hits em 1985, com o lançamento do primeiro LP da banda pela CBS. Mas show que é bom, nada. E Charles queria subir ao palco.

No dia 25 de dezembro de 1984, durante o almoço de Natal na casa da família Gavin, o telefone tocou. Era Branco.

— Olha, nós vamos promover uma mudança dentro dos Titãs. A gente está buscando um som mais pesado e não quer mais que o André seja o baterista. O cara é gente fina, mas é uma questão musical. Você tá a fim de entrar na banda?

— Pô, a gente devia falar disso pessoalmente, não? — surpreendeu-
-se Charles.

— Você não quer vir aqui em casa então? — convidou Branco.

Charles acabou de almoçar, dispensou a sobremesa e saiu de sua casa no Jabaquara em direção ao apartamento de Branco, na avenida Paulista, onde também já o esperava Britto. Recebeu o convite ao vivo e chegou a argumentar que André era um excelente baterista (afinal, era um velho conhecido do circuito paulistano), mas os dois titãs estavam irredutíveis: se não fosse ele, iriam partir para outro nome.

— Não, então serei eu mesmo — Charles bateu o martelo.

Durante uma semana, os Titãs chegaram a ter dois bateristas: o recém-
-contratado Charles Gavin e o demissionário (embora ainda não soubesse) André Jung. Àquela altura, no circuito do rock, já era dada como líquida e certa a expulsão de André. No dia 31 de dezembro, os Titãs viajaram para o Rio para tocar no show de Réveillon da boate da moda Mamão com Açúcar, na Lagoa, numa noite que teria ainda Lobão e os Ronaldos, e canjas de Leo Jaime e João Barone, baterista dos Paralamas do Sucesso.

Sem saber da decisão dos sete companheiros, André vivia um momento sublime: os Titãs eram sucesso nacional por conta de "Sonífera ilha" e ele tinha engatado um namoro com Alice Pink Pank, dos Ronaldos. A apresentação carioca não podia ser mais apropriada. Serviria para curtir uma lua de mel de cinco dias com Alice, aproveitando que a namorada morava no Rio e a banda só teria novos shows na semana seguinte.

Ao chegar à Mamão com Açúcar, André era só alegria. Não imaginava o que até Lobão já sabia: sua permanência nos Titãs estava com as horas contadas. Às três e meia da manhã, Britto procurou o baterista no camarim, em meio a dezenas de garrafas de champanhe vazias:

— Amanhã tem reunião no hotel às onze da manhã.

— Reunião? Às onze horas? Mas por que tão cedo?

— Pois é, temos que resolver algumas coisas e é melhor que seja logo de manhã.

André foi embora com a pulga atrás da orelha. Ele era o único que não estava no Copacabana Sol Hotel, em Copacabana. Tinha preferido ficar na casa da namorada. De qualquer forma, às onze da manhã, pontualmente, chegou ao quarto do empresário Aldo Gueto, onde a banda marcou a conversa. Britto tomou a palavra e foi direto ao assunto:

— Olha, nós te chamamos porque tivemos uma discussão entre o grupo e por seis votos a um chegamos à conclusão de que queremos outro baterista para o próximo disco dos Titãs.

André ficou mudo. Conhecia bem os Titãs e sabia que uma decisão dessas tinha sido tomada com convicção, não havia volta. Aos poucos, a perplexidade que lhe paralisara foi dando lugar a um sentimento de revolta.

— Isso é um exercício de crueldade que vocês estão fazendo! É o fim da picada decidirem me expulsar em pleno Réveillon!

E desandou a desabafar, exaltado. Em nenhum momento pediu que reconsiderassem a decisão, mas falava de injustiça, falsidade, traição. Os sete titãs e Aldo se mantinham em silêncio, constrangidos. Até que Bellotto tentou ser diplomático:

— Cara, você pode ficar tranquilo, porque esse lado financeiro a gente já pensou. Você vai continuar recebendo sua parte e...

— Porra, você ainda vem falar de grana!?? — cortou André.

O sangue ferveu e o baterista deu um chute que arrebentou a porta da geladeira. Inconformado, gritava que se sentia enganado, enquanto destruía também a porta do armário. Nando, o único voto contra a saída de André, foi quem tratou de acalmá-lo. Desceu com ele até o saguão do hotel e se propôs a acompanhá-lo de volta para São Paulo — a lua de mel com Alice Pink Pank e com os Titãs tinha ido para o ralo. André foi à casa da namorada, contou a tragédia que acabara de acontecer e seguiu para o Aeroporto Santos Dumont.

Mas não completou 24 horas desempregado. No dia 2 de janeiro, Nasi Valadão, vocalista do Ira! com quem André dividia apartamento, o convidou para ocupar a vaga deixada por Charles desde sua debandada para o RPM. André, claro, topou e em fevereiro, por ironia do destino, estreou como baterista do Ira! justamente na Mamão com Açúcar, no Rio.

Se a saída de André dos Titãs tinha sido conturbada, a de Charles do RPM também não foi pacífica. Depois de convidado por Britto e Branco, ele ficou esperando o sinal verde para começar os ensaios. Enquanto isso, embora já conhecesse bem o grupo, escutava o LP dezenas de vezes para não desapontar os futuros companheiros quando os encontrasse. No início de janeiro, após poucos ensaios na casa de Marco Mattoli, cunhado de Branco, Charles estava pronto para estrear num show no Pool Music Hall, em Pinheiros. Apenas um detalhe: sem coragem, ele ainda não tinha contado para Paulo Ricardo que trocara o RPM pelos Titãs.

A notícia veio à tona via satélite. Durante a passagem de som na casa noturna da rua Pinheiros, o *SPTV*, telejornal local da Globo, fez uma reportagem anunciando o show. Paulo assistia à TV, quando de repente a câmera deu uma visão panorâmica do palco e lá estava Charles, no meio dos Titãs, tocando sua inconfundível bateria Tama azul. Na mesma hora o líder do RPM passou a mão no telefone e ligou para a casa de Charles. Atendeu o irmão dele, César Gavin, que ouviu cobras e lagartos do cantor, irritado e decidido a quebrar a cara do baterista quando o visse pela frente. No dia seguinte, envergonhado, Charles finalmente telefonou para Paulo, explicando suas razões. Não tinha mais o que fazer. Charles já era dos Titãs.

Desde cedo Charles de Souza Gavin, nascido em São Paulo no dia 9 de julho de 1960, foi contaminado pelo vírus da percussão. Em 1968, os colegas de primário da escola Helena Lemmi, no Bosque da Saúde, Zona Sul da capital paulista, resolveram participar do desfile de Sete de Setembro. Só tinha um problema: o único instrumento que o colégio dispunha era um surdo de marcação. Sem dinheiro para incrementar a banda, mas comovidos com a disposição dos meninos, os professores improvisaram instrumentos com utensílios de cozinha. Mas quem iria assumir o único e precioso surdo? Charles, acostumado a batucar nas carteiras da sala de aula, foi escolhido por unanimidade pelos colegas. Logo nos ensaios, viram que tinham feito a coisa certa. Ele era o único que marcava o tempo com precisão, enquanto todos os outros castigavam as tampas de panela, colheres e raladores de queijo tocados com garfo. A banda do Helena Lemmi, comandada por Charles, acabou faturando o prêmio de originalidade do desfile.

Aos quinze anos, já morando no Jabaquara, ele se juntou com mais dez vizinhos e, durante algumas semanas antes do Carnaval, promoveram ruidosas batucadas no bairro. Nada era formal, mas serviu para Charles tocar de tudo um pouco: caixa, surdo, agogô... Seus ouvidos, porém, estavam antenados nos discos de Black Sabbath, Led Zeppelin e Emerson, Lake & Palmer.

Decidido a ser baterista, mas ainda sem perspectiva de conseguir um instrumento, aproveitava frisos metálicos das laterais do Opala do pai, João Gavin, que tinham sido trocados, e os transformava em baquetas. O sofá e as poltronas revestidas de couro viravam caixa, tons e surdos, e dois cinzeiros de metal serviam de pratos. Estava pronta a primeira bateria do autodidata Charles, que obviamente só era utilizada quando estava sozinho.

Aos dezenove anos, seu pai enfim lhe comprou uma bateria de verdade, uma Pinguim branca, com duas condições: não poderia abandonar os estudos nem se envolver com drogas (o baterista, aliás, sempre foi o único titã absolutamente careta nesse quesito). Condição aceita, Charles passou a fazer malabarismo nos anos seguintes: cursava a faculdade de administração na PUC; trabalhava na Panasonic, operando computadores gigantescos, dos tempos das cavernas; e nas horas de folga tocava compulsivamente. Antes de entrar nos Jetsons, participou das bandas Zero Hora, Zona Franca e Santa Gang.

A tripla jornada, no entanto, estava com os dias contados. Depois das passagens pelo Cabine C, Ira! e RPM, Charles recebeu o convite natalino de Branco. Tinha chegado a hora da verdade. Chamou seu João para uma conversa franca:

— Olha, pai, o que eu quero mesmo é parar com tudo e tentar a carreira de músico. Já tenho 24 anos e se não der certo agora, não vai dar mais.

Seu João entendeu. E carimbou o passaporte do filho para entrar nos Titãs.

MÃO NA CABEÇA E DOCUMENTO

▶ Trecho de "Eu não aguento"

Eram quase duas horas da madrugada de 13 de novembro de 1985, uma quarta-feira, quando Tony Bellotto deixou o prédio de Arnaldo Antunes, na avenida Paulista 2518, esquina com a Consolação, rumo ao seu apartamento, na rua Pamplona. Sentou no banco de trás de um táxi sedan da Volkswagen, placa HI-9965, mas não chegou a andar muito. Ainda na Paulista, na altura do Parque Trianon, o táxi foi parado por um carro do 7º batalhão da PM (Centro), em mais uma revista de rotina que vinha sendo feita para proteger motoristas de assaltantes. Tony, porém, achou que o alvo era ele. No bolso de sua calça, carregava um papelote de heroína. Nervoso, antes que os policiais lhe pedissem os documentos, tentou se livrar do pacotinho jogando-o na calçada. Não foi discreto o suficiente. Um soldado viu e alertou os outros. Estava só começando o que seria a maior dor de cabeça dos Titãs nos anos 1980.

— Ô, rapaz, o que você tá jogando aí?!?

Antes que Tony esboçasse qualquer reação, um segundo policial puxou a cabeça do guitarrista para trás e enfiou uma lanterna quase dentro de suas narinas para ver se o roqueiro era viciado. Um outro, apontando-lhe uma arma a alguns centímetros de seu rosto, começou a revistar seus bolsos, meias, sapatos. Bellotto foi arrancado do táxi, algemado e levado na viatura Polo da PM número 0787 para a 4ª DP, na Consolação. O papelote, que os policiais acharam se tratar de uma estranha cocaína escura, foi mandado para o laboratório de toxicologia do IML.

A madrugada prometia ser novamente agitada para o delegado Jorge Elias Francisco, que dez dias antes tinha saído do anonimato por ter comandado uma operação que apreendeu fitas de propaganda eleitoral na sede da

TV Gazeta de São Paulo. Deu entrevistas, foi fotografado e posou de herói nos telejornais. E um guitarrista dos Titãs — àquela altura com seu segundo LP na rua e com duas músicas tocando nas rádios, "Insensível" e "Televisão" — preso com drogas em sua delegacia garantia mais alguns dias de notoriedade. Começou a interrogar Tony, que, assustado, achou que sua condição de artista quase famoso poderia ajudá-lo. O delegado pressionou para saber onde tinha conseguido aquele pó incomum.

Acuado e acreditando que falando a verdade o pesadelo acabaria, Tony abriu o jogo. Ele e seu companheiro de banda, Arnaldo Antunes, tinham assistido, na noite anterior, ao segundo dia de shows comemorativos do 20º aniversário de carreira de Gilberto Gil. O evento *Gil, 20 anos-luz* reunia, durante seis dias, convidados do cantor baiano no Palácio de Convenções do Anhembi. Os próprios Titãs tocariam no sábado seguinte, dia 16, no encerramento, ao lado do anfitrião e de Paralamas do Sucesso, Pepeu Gomes, Cazuza, Erasmo Carlos, Sérgio Dias e Filhos de Gandhi. Depois de assistirem ao show de terça-feira, Arnaldo e Tony foram jantar num restaurante na rua Haddock Lobo com um grupo de amigos e alguns titãs. Na volta, o guitarrista parou na casa de Arnaldo, que lhe passou trinta miligramas de heroína, de um total de meio grama que havia comprado no domingo anterior, por 700 mil cruzeiros (na época, o equivalente a 80 dólares). Pronto, estava aí toda a verdade.

O delegado Jorge Elias nem acreditou no que tinha ouvido. Tony acabara de revelar que outro titã estava envolvido no imbróglio. Não pensou duas vezes. Chamou dois agentes, carregou o guitarrista pelo braço e lá se foram para o prédio de Arnaldo. Já eram quatro horas da madrugada quando os policiais bateram no apartamento 51. Antes, trataram de levar junto o porteiro Florisvaldo Pradella, para servir de testemunha. As luzes estavam acesas. Arnaldo abriu a porta e foi recebido por policiais nervosos, apontando armas.

— Cadê a droga? Cadê a droga??? Fala logo!

Surpreendentemente calmo, Arnaldo chamou o delegado para entrar, enquanto Bellotto narrava o que tinha acontecido. O vocalista acordou a mulher, Gô, levou Jorge Elias até o quarto e indicou a gaveta do armário onde estava o restante da droga, 128 miligramas. Arnaldo foi preso, levado para a

DP com Tony e autuado em flagrante, enquadrado no artigo 12 da lei nº 6.368 de 1976, que caracterizava como crime passível de reclusão, sem direito a fiança, a distribuição de drogas, mesmo que gratuitamente. Ou seja, pelos olhos da lei, Arnaldo era um traficante. Tony, que recebeu o pó, pagou fiança de 400 mil cruzeiros e foi liberado em seguida. Por ironia, a pessoa que apresentara a heroína ao cantor fora justamente o guitarrista, um ano antes, quando durante um ensaio eles cheiraram a droga juntos — a heroína de aspecto marrom, diferentemente da branca, não costuma ser injetada, mas sim aspirada como cocaína ou inalada por meio da fumaça que ela produz após ser queimada.

Arnaldo, porém, não guardava mágoa de Tony, que foi alvo de acusações, algumas veladas e outras nem tanto, de que tinha delatado o companheiro. Logo depois da prisão, o guitarrista chegou a reunir os outros músicos da banda para assumir que tinha sido ingênuo e provocado a confusão. Foi confortado não só pelos seis titãs, mas pelo próprio Arnaldo na primeira das muitas visitas que lhe fez na cadeia.

Trancado numa cela pequena, que dividia com um homem detido quando desviava papéis forenses, Arnaldo passou aquele fim de madrugada em claro. A única coisa que tinha era um colchão fino de espuma. De manhã, a notícia estourou na imprensa e a delegacia passou a ser frequentada por muitos artistas. Lulu Santos, que produzira o segundo LP da banda, foi um dos primeiros a aparecer. João Gordo, líder do grupo punk Ratos de Porão, também prestou solidariedade. E Jerry Adriani, que costumava esbarrar com o grupo nos bastidores de TV, foi outro que fez questão de dar uma força. Os Titãs, claro, visitavam o amigo diariamente. Branco, nessa época morando a duas quadras da 4ª DP, costumava levar coxinhas de galinha do Bologna Rotisserie. Tudo isso sem contar os fãs, que mandavam bilhetes e cartas para serem entregues na cela do cantor.

A prisão do titã abriu uma discussão na imprensa, envolvendo artistas e intelectuais. O poeta Waly Salomão saiu em defesa de Arnaldo na *Folha de S.Paulo* do dia seguinte ao incidente: "Existe uma legislação fascista a respeito das drogas. Deve haver uma distinção clara e precisa sobre o que é um traficante e o direito que a pessoa tem ou não de escolher o uso de drogas". No dia 24 de novembro, no *Globo*, a jornalista Ana Maria Bahiana criticou

Waly e sua postura libertária em relação ao uso da heroína: "Porque aprecio e tenho esperanças nesta nova cena musical, não gostaria de ver talentos trocados por drogas estúpidas. E não acredito que droga alguma seja essencial para a criação. Acima de tudo a heroína, supremo anestesista da alma".

Embora acompanhasse a polêmica detonada por sua prisão pelos jornais que recebia todo dia, Arnaldo passava noites sofridas na cadeia. Dormia com dificuldade e tinha crises de choro. Começou a escrever um diário, rabiscou alguns poemas e leu e releu o salmo número 5 da Bíblia apresentado por sua mulher ("Guia-me, Senhor, em tua justiça!/ Por causa dos que me armam ciladas,/ aplana teus caminhos diante de mim", diz o versículo 8). Acabou descobrindo que tinha fãs nos dois extremos da delegacia. Os policiais o admiravam — a um deles Arnaldo chegou a ensinar algumas músicas no violão. Os outros presos não ficavam atrás. Mesmo os mais perigosos, com quem o vocalista só tinha contato por uma janela gradeada durante o banho de sol, cantarolavam trechos de músicas dos Titãs, numa demonstração explícita de apoio.

Nos bastidores, os advogados Márcio Thomaz Bastos e Alberto Toron se movimentavam para conseguir a liberdade provisória do vocalista. Depois de dois pedidos negados, em que Arnaldo compareceu para depor algemado, tentaram uma cartada definitiva no dia 4 de dezembro. Levaram para testemunhar a favor do titã, numa audiência na 9ª Vara Criminal, nomes respeitados como o professor de literatura da USP João Alexandre Barbosa, de quem Arnaldo tinha sido aluno, e Modesto Carvalhosa, jurista e presidente do Condephaat, órgão responsável pela preservação do patrimônio histórico e artístico do Estado. Tudo em vão.

Arnaldo só foi solto na noite de 9 de dezembro, quando a 2ª Câmara Criminal do Tribunal de Justiça concedeu um habeas corpus. Ele poderia, enfim, responder ao processo em liberdade, como já tinha sido determinado para Bellotto. Do carimbo de criminoso, porém, os dois não escaparam. Em junho de 1986, foram condenados. Arnaldo, a três anos de reclusão, por tráfico de heroína, e Bellotto, a seis meses, por portar a droga. Com bons antecedentes e trabalho declarado, puderam cumprir a pena em regime aberto.

■ ■ ■

Filho de um engenheiro que durante trinta anos atuou como professor de mecânica quântica e estatística na USP, Arnaldo Augusto Nora Antunes Filho tinha tudo para trilhar um caminho longe da música e da poesia, como seus seis irmãos, nenhum deles dedicado às artes. Mas foi justamente do pai que herdou a habilidade musical. Seu Arnaldo, antes de se tornar professor, foi pianista clássico e chegou a ensaiar uma carreira de concertista no fim dos anos 1940.

Desde que nasceu, em 2 de setembro de 1960, o pequeno Arnaldo Antunes conviveu entre discos de música clássica, de Moacyr Franco e de João Gilberto, dos pais, e de Chuck Berry, Beatles e Rolling Stones, dos irmãos. Sozinho, acabou descobrindo os embalos da Jovem Guarda. Porém, muito tímido, só começou a participar de manifestações artísticas quando entrou no colégio Equipe. Foi lá que o adolescente que sempre detestou costeletas, e por isso raspava as têmporas, passou a escrever e compor sem parar. Aos dezesseis anos, deu seu voo mais alto até então: produziu um filme em super-8, *Temporal*, de quarenta minutos de duração. Paralelamente, se exercitava fazendo música com diferentes parceiros e peregrinava por bares paulistanos em busca de compradores para seus livros de poesia mimeografados.

No início dos anos 1980, Arnaldo já era multimídia muito antes de o termo se popularizar. Editou as revistas de poesia *Almanak 80* e *Kataloki*; promoveu uma mostra de caligrafia na Livraria Cultura, na avenida Paulista; e sentiu o gostinho de subir ao palco com os Titãs do Iê-Iê, no evento *A idade da pedra jovem*. Mas foi na Banda Performática, liderada por José Roberto Aguilar, que Arnaldo passou a se apresentar em espaços alternativos de São Paulo e do Rio. Esquisitice era pouco para os mais conservadores que viam suas performances. Numa delas, recitava trechos da Bíblia combinados a nomes da lista telefônica. Em outra, praticava as mais absurdas atividades, como pentear um disco.

Mesmo depois da estreia oficial dos Titãs, Arnaldo continuou desenvolvendo projetos paralelos. Em 1983, participou de várias mostras de poesia visual e lançou seu primeiro livro comercialmente, *OU/E*. E ainda seguia firme na faculdade de letras da USP (onde aprendeu até os idiomas chinês e iorubá!), mas a trancou definitivamente em 1985, quando já mal frequentava as aulas por conta das viagens do grupo.

João Gilberto foi um dos primeiros pontos em comum entre Arnaldo e Tony Bellotto. O criador da bossa nova, com seu jeito peculiar de tocar violão, tinha lugar cativo na vitrola de Antonio Carlos Liberalli Bellotto. Nascido em 30 de junho de 1960, bisneto de italianos e neto de portugueses, Tony traçou cedo o rumo que tomaria na vida: depois de ler uma reportagem sobre Jimi Hendrix, em 1970, na revista *Manchete*, decidiu que seria guitarrista de rock. Até então nunca tinha ouvido Hendrix. Saiu à caça de seus discos e começou a tocar violão e arriscar suas primeiras composições, enquanto ia descobrindo outros virtuoses da guitarra como Keith Richards, Jimmy Page e Eric Clapton.

Tony dividia a paixão pelo rock com a literatura. Devorador de livros, revistas e o que mais caísse na sua mão — carregava gibis para a mesa de jantar, para desespero da mãe, Heloísa —, Tony foi conhecendo Rubem Fonseca, Jorge Amado, Ernest Hemingway e Herman Melville e seu arrebatador romance *Moby Dick*. Nascia aí um desejo de escrever livros, que se cristalizaria nos anos 1990.

O sonho de ser roqueiro, porém, parecia mais próximo quando, aos catorze anos, Tony ganhou sua primeira guitarra. Embora já ouvisse a Jovem Guarda e tivesse fascinação por "Yellow submarine", dos Beatles, só mergulhou fundo no rock um ano depois, em 1975, ao viajar para os Estados Unidos. Voltou ao Brasil para morar em Assis, no interior de São Paulo, trazendo na bagagem um leque de novidades, como os bluesmen Muddy Waters e Robert Johnson. Tantas influências, misturadas a Caetano Veloso e Luiz Melodia, outros artistas que passou a ouvir sem parar, ajudaram a moldar o som de seu primeiro grupo, quando retornou à capital paulista, dois anos depois. O Trio Mamão, completado por Branco Mello e Marcelo Fromer, ia de MPB, Tropicália, reggae a iê-iê-iê.

Enquanto fazia shows com o Trio Mamão, chegou a cursar faculdade de arquitetura em Santos. Mas tinha prestado vestibular muito mais para acompanhar a namorada do que propriamente por vocação — ela, veja só, acabou não passando. Dois anos depois, abandonou as aulas para se dedicar à música. Sábia decisão, que não podia dar errado. Até porque, em outubro de 1982, quando os Titãs fizeram sua primeira apresentação, Tony tinha mais do que o desejo de ser um guitarrista de rock. Tinha também a filhinha

Nina, de nove meses, fruto de seu casamento com Ana Paula Silveira. Precisava, literalmente, garantir o leite da criança.

■ ■ ■

Durante os 27 dias em que Arnaldo ficou preso, os Titãs tiveram doze shows cancelados, no pior momento para isso acontecer. Afinal, era com o cachê das apresentações que pagavam os salgados honorários dos advogados do cantor. Não bastasse a agenda esvaziar da noite para o dia, o empresário Aldo Gueto ainda sofria um boicote de produtores, que não queriam associar seu nome ao de um roqueiro traficante de heroína.

A primeira apresentação sem Arnaldo, e uma das únicas entre novembro e dezembro de 1985, foi a do evento *Gil, 20 anos-luz*. O anfitrião Gilberto Gil, que já tinha criticado duramente a Justiça por manter o vocalista dos Titãs encarcerado, voltou a condenar a prisão. Mas nada que corrigisse uma gafe do baiano na hora de apresentar a banda paulista. É importante dizer aqui que, antes dos Titãs, subiram ao palco do Palácio de Convenções do Anhembi os Paralamas do Sucesso. Gil anunciou Herbert Vianna, João Barone e Bi Ribeiro com euforia:

— Agora, com vocês, três caras que fazem um som com o peso de uma carreta!

Na hora dos Titãs, que entrariam em seguida, o aniversariante quis continuar a brincadeira com trocadilhos, mas chutou pra fora:

— E olha que curioso, esses oito que vêm aí fazem um som tão pequenininho quanto um radinho de pilha — apresentou Gil, numa infeliz alusão aos versos iniciais de "Sonífera Ilha" (*"Não posso mais viver aqui ao seu ladinho/ Por isso colo meu ouvido num radinho de pilha"*).

A comparação explícita com os Paralamas — e nada favorável — dava a largada a uma rivalidade entre as duas bandas que duraria muito tempo. Os Titãs, se já estavam abalados com a ausência de Arnaldo, entraram no palco ainda mais cabisbaixos. Mas a surpresa que tinham preparado para o evento contagiaria todo mundo e pegaria Gilberto Gil de surpresa. O grupo criou um novo arranjo para "TV Punk", uma música antiga de Gil que ele jamais gravara e que nem lembrava ter feito, mas que Paulo, fã ardoroso do baiano, tinha registrado num gravador portátil durante um show. Na passagem de som, à tarde, o dono da festa assistiu à performance dos Titãs visivelmente desconfiado. No fim, foi falar com os rapazes:

— Gozado, eu tinha uma música parecida com essa...

— É sua, Gil, essa música é sua — respondeu Paulo, deixando Gil sem entender direito se aquilo era uma homenagem ou um plágio.

Também sem Arnaldo, os Titãs gravaram uma música de fim de ano para a Rádio Cidade. O estúdio da RCA, na rua Dona Veridiana, na Santa Cecília, já estava marcado alguns dias antes da prisão. Tratava-se de um projeto da emissora, que havia encomendado ao grupo, no início de novembro, uma mensagem de paz para ser cantada por vários artistas, numa espécie de versão nacional de "We are the world", gravada por celebridades internacionais naquele mesmo ano. Os Titãs se dividiram e fizeram duas canções, para depois decidir por uma. Branco, Charles, Paulo, Britto e Nando compuseram "Pela paz". Tony e Marcelo criaram "Uma só voz". Ambas foram gravadas no estúdio da RCA, sem Arnaldo, mas a Rádio Cidade escolheu a segunda para botar no ar.

Com a base dos Titãs pronta, num estúdio no Rio foram convocados para interpretar "Uma só voz" Cazuza, Lobão, Paula Toller, Erasmo Carlos, Ney Matogrosso, Elba Ramalho, Renato Russo, Lulu Santos, Herbert Vianna, Zizi Possi, Gilberto Gil e Vinícius Cantuária. A gravação virou brinde de fim de ano da rádio, no formato de disquinhos de plástico com essa única faixa.

A fita demo com a descartada "Pela paz" acabou indo parar na 89 FM, uma importante rádio rock paulista. O programador da emissora nem pensou duas vezes: botou a música no ar. E mesmo com a qualidade sofrível, a canção passou a ser muito pedida pelos ouvintes. Somente em 1996, seria gravada em grande estilo, justamente a pedido da 89 FM, para uma campanha de desarmamento em São Paulo. "Pela paz" acabou lançada num single, que virou faixa bônus de *Domingo* quando o disco foi prensado pela segunda vez no fim daquele ano.

■ ■ ■

O balanço de 1985 não tinha sido dos mais felizes para os Titãs. Depois de um 1984 animador por causa do estouro de "Sonífera ilha", o ano seguinte prometia ser o da consagração. O ambiente não podia ser mais favorável. Pela primeira vez a música brasileira ocupava um tempo maior do que as estrangeiras na programação das rádios, e isso se devia em boa parte ao borbulhante rock brasileiro, que despejava nas lojas dezenas de LPS.

O pavio que fez explodir essa dinamite foi aceso logo em janeiro de 1985. Entre os dias 11 e 20, aconteceu no Rio o maior evento de rock montado até então no Brasil. Durante dez noites, o Rock in Rio enfileirou medalhões do rock/pop internacional, ao lado de gratas novidades do rock brasileiro. Queen, AC/DC, Ozzy Osbourne, Scorpions, Iron Maiden, James Taylor, Yes e outros nomes consagrados se apresentaram no palco da Cidade do Rock, especialmente construída para o evento em Jacarepaguá, em shows abertos por Barão Vermelho, Paralamas, Kid Abelha e Blitz — a variedade das atrações brasileiras era imensa e incluía também veteranos como Alceu Valença, Gilberto Gil, Erasmo Carlos e Rita Lee.

O Rock in Rio, além de consolidar o gênero no Brasil, simbolizava para os jovens os novos ares que sopravam por aqui. Depois de 21 anos governado por militares, o país ganharia seu primeiro presidente civil, Tancredo Neves, na última eleição indireta promovida no Brasil. Tancredo, porém, não foi empossado no dia 15 de março, como previsto. Internado com diverticulite, passou mais de um mês no hospital e acabou morrendo, de infecção generalizada, em 21 de abril, abrindo caminho para seu vice, José Sarney, assumir o cargo. Durante o período em que o país acompanhava apreensivo a nebulosa internação de Tancredo, os Titãs davam duro no estúdio Transamérica, em São Paulo, gravando seu segundo LP, *Televisão*.

Depois da frustração com o som do disco de estreia, o grupo resolveu buscar um produtor mais ligado ao estilo pop/rock que desejava. Dessa vez, a banda tinha à disposição um estúdio bem equipado e a garantia de um tempo mais generoso para trabalhar — coisa que não aconteceu como o prometido. Insatisfeito particularmente com a sonoridade das guitarras no primeiro álbum, Tony lembrou de Lulu Santos, que já tinha rasgado elogios à banda. Além disso, o cantor era muito respeitado por todos os titãs e, para facilitar, contratado da WEA, gravadora pela qual havia lançado discos de sucesso no universo pop, como *Tempos modernos* (1982) e *O ritmo do momento* (1983). E Lulu carregava outro atributo, ainda que subjetivo: a linguagem do Rio, praça que os Titãs sabiam ser fundamental para sua consolidação nacional.

É verdade que o currículo de Lulu como produtor não era tão vasto. Tinha feito apenas o LP *O melhor dos iguais*, da banda paulista Premeditando o Breque, e o primeiro compacto do Kid Abelha e os Abóboras Selvagens, que trazia o hit "Pintura íntima". Mas ele parecia o nome perfeito. A recíproca era verdadeira. Para Lulu, admirador do octeto, o desafio era irresistível.

O primeiro encontro de Lulu com os Titãs foi festivo. O produtor-guitarrista ouviu o repertório selecionado para o LP e desandou a dançar no estúdio. Tratou logo de quebrar formalidades, com imitações perfeitas de outros artistas, de produtores e de executivos de gravadoras. Naquele início de 1985, Lulu era um dos maiores fenômenos pop do país e saboreava seu prestígio na música brasileira:

— Agora sou reconhecido em quase todo lugar do Brasil. Estou com um bom nível de popularidade — dizia, vaidoso.

Os Titãs buscavam na experiência do cantor um trampolim para fazer um disco afiado. Para facilitar a parceria, já chegaram ao estúdio com as músicas bem ensaiadas. Mas se no início tudo era alegria, alguns dias depois o panorama mudou. A WEA baixou uma portaria reduzindo custos em toda a empresa. Lulu surgiu no estúdio com a má notícia:

— Gente, não temos mais um mês para gravar o disco. Agora vamos ter que terminar tudo em duas semanas.

Começou uma correria contra o tempo e vieram à tona as primeiras desavenças entre banda e produtor. Lulu encrencou com "Televisão". Dizia-se atingido pela canção de Arnaldo, Marcelo e Tony, cujos versos não podiam ser mais diretos: "*É que a televisão me deixou burro, muito burro demais/ E agora eu vivo dentro dessa jaula junto dos animais*". Lulu alegava que também dependia da TV e que a música poderia abortar o sucesso do LP na mídia. Mas os Titãs não abriram mão da faixa.

O mal-estar poderia ter se encerrado ali, não tivesse a banda o péssimo hábito de ir para a sala de gravação para reuniões informais. Nesse dia, bateram pé que não iriam sacrificar a música, justamente a que batizava o LP. E começaram a detonar Lulu Santos: o cara não tinha o menor humor, não entendia nada, só podia estar defendendo a mulher, Scarlet Moon, que estava prestes a estrear à frente do programa *De mulher para mulher*, na TV Manchete.

Esqueceram-se apenas de um detalhe: assim como a sala era à prova de som, ela também era toda microfonada. Do outro lado do vidro, na técnica, Lulu ouvia tudo, mas fingia fazer outras coisas, só para ver até onde iriam as farpas. E foram longe. Os Titãs reclamavam, indignados. Terminada a avalanche de críticas, o produtor entrou na sala. Mantendo a elegância, fez um rápido e irritado discurso, e foi embora do estúdio.

O episódio, embora não tenha causado uma ruptura entre os dois lados, tornou o ambiente mais frio. Lulu decidiu assumir unicamente o papel de produtor e algumas vezes falava grosso com a banda. Numa das discussões, disse para Nando que o baixo que ele tocava mais parecia um cavaquinho. Nando não rebateu, mas ficou com Lulu entalado na garganta até o fim das gravações. Se não bastasse, Charles foi surpreendido pelo cantor quando escrevia num diário, que sempre carregava para o estúdio, críticas ácidas sobre a produção do disco. Foi o suficiente para Lulu perceber que o grupo era quase impenetrável. Cada um em seu devido lugar, terminaram o trabalho nas duas semanas estipuladas.

Se a gravação foi acelerada, a pós-produção no estúdio Sigla, da Som Livre, no Rio, também não correu tranquilamente. Lulu não tinha tanta intimidade com o estúdio e, durante o processo de mixagem, nem sempre os Titãs estiveram presentes, já que continuavam fazendo shows e se apresentando em programas de TV. Quando o disco enfim estava pronto para ser prensado, a banda ouviu uma fita e não gostou. Decidiram todos voltar ao Sigla para remixar as canções, mas Lulu tinha uma viagem para Nova York na segunda quinzena de abril e os trabalhos foram feitos às pressas. O álbum foi para a rua com essa segunda e não mais do que razoável mixagem.

O conceito do LP *Televisão* era, no mínimo, interessante: cada faixa representava um canal. Daí a diversidade de gêneros, que um ano depois os Titãs veriam não como uma virtude, mas como um problema: era preciso fazer justamente o contrário, dar uma unidade ao disco. *Televisão* tinha o reggae "Não vou me adaptar", o funk "Pavimentação" e o rock marcado por guitarras distorcidas "Autonomia". Lulu tocou em duas faixas: guitarra em "Pra dizer adeus" (com arranjo estilo Bob Marley, bem diferente da versão que estourou no Brasil no *Acústico*, em 1997) e baixo no rock "Dona Nenê", canção que também seria regravada, mas no CD da ópera rock infantil *Eu e meu guarda-chuva*, lançado por Branco Mello em 2001.

Porém, foi "Massacre", faixa que encerra o disco, a que mais chamou a atenção no LP. Quase um hardcore, apontava para uma direção que até então a banda jamais tinha testado e que serviu de semente para o álbum seguinte, *Cabeça dinossauro*. A música foi feita na casa de Marcelo, na rua Cristiano Viana, em Pinheiros, depois que o guitarrista e Britto passaram uma tarde inteira tocando e compondo. À noite, extasiados, subiram para o segundo andar, carregando seus violões, e ligaram a TV no *Jornal Nacional*. Sérgio Chapelin anunciou uma reportagem que deixou a dupla estarrecida: a produção excedente de pintos numa granja no Nordeste levou os proprietários a sacrificarem a maior parte deles. E uma legenda na tela chamava a matéria para o bloco seguinte: "Massacre de pintos". Ali mesmo, em frente à televisão, eles compuseram a canção em poucos minutos, numa mistura de português com o italiano do líder fascista Mussolini.

> *Massacre!*
> *Massacre de uomo!*
> *Matança!*
> *Matança de donna! Eu vi, eu vi, eu vi*
> *Em jornal nacionale!*
>
> *El Duce!*
> *El Duce en Itália! El Führer!*
> *El Führer em Germânia!*
>
> *Brazil, Brazil, Brazil, Aldeia Globale!*

Da capa imitando uma tela de TV ao encarte com monitores, antenas e imagens com chuvisco — projeto gráfico de Guto Lacaz com fotos de Vânia Toledo, a partir de uma ideia de Arnaldo —, praticamente tudo no disco remetia à televisão. Mas a música que batizava o álbum acabou preterida pela

WEA na hora de escolher o carro-chefe. Foi para as rádios o ska pop de refrão fácil "Insensível". A justificativa do departamento de marketing da gravadora era a mesma de Lulu Santos na época da gravação: a canção-título poderia ser rechaçada pelas emissoras de TV. Mais tarde, depois que "Insensível" esgotou sua vida útil, descobriu-se que a preocupação era exagerada: "Televisão" tocou sem parar nos mais diversos programas.

"Insensível", é bom dizer, também causou um impasse, só que entre seu autor, Sérgio Britto, e o restante da banda. Durante a gravação, o tecladista achou excessiva a repetição do refrão, mas acabou derrotado numa votação interna. *"Insensível, insensível você diz/ Impossível fazer você feliz"* é cantada onze vezes nos quatro minutos e 25 segundos da faixa. Confessional, feita como se fosse uma carta do tecladista para ele mesmo, "Insensível" serviu para transformar o tímido Britto no titã favorito de Renato Russo. A Legião Urbana ainda engatinhava nas rádios com "Será" e o líder da banda brasiliense fez questão de ir ao camarim dos Titãs cumprimentá-lo, num show em Brasília. Renato rasgou elogios à música e ao tecladista, dizendo ter se identificado com Britto, por causa de seu modo de cantar de olhos fechados.

O grande sucesso do segundo disco dos Titãs, porém, foi mesmo "Televisão". A canção ressuscitou o humorista Ronald Golias, citado na música por seu célebre bordão ("Ô Cride, fala pra mãe"). Golias, que andava esquecido pela mídia, foi procurado pela WEA e autorizou o uso da frase, embora não conhecesse direito a banda paulista. Não imaginava que a homenagem lhe traria bons fluidos e, o melhor, lucros. Graças ao sucesso de "Televisão", Golias recebeu propostas para voltar à TV e viu sua agenda de shows, quase vazia, ficar novamente lotada.

Arnaldo, que já havia recebido um recado de agradecimento de Golias via gravadora, só foi de fato constatar sua involuntária boa ação no início dos anos 1990. Ele jantava no restaurante Parreirinha, no Centro de São Paulo, e encontrou o humorista pela primeira vez. Golias confessou que poucas vezes tinha sido tão grato a alguém:

— Os Titãs me resgataram. Você não imagina como essa música foi importante para mim. Depois dela, várias coisas boas começaram a acontecer. Muito obrigado, de coração.

．．．

A crítica recebeu bem *Televisão*, lançado em São Paulo entre os dias 27 e 29 de junho, na Pool Music Hall, e no Rio nos dias 12 e 13 de julho, no Parque Lage. O disco, porém, mal saiu das prateleiras das lojas: chegou ao fim do ano com não mais do que 24 mil cópias vendidas, número bem aquém do que a gravadora esperava. Um dos entraves, no entanto, estava dentro da própria WEA, o Ultraje a Rigor. Duas semanas depois do lançamento do álbum dos Titãs, a companhia botou na rua *Nós vamos invadir sua praia*, LP de estreia do Ultraje.

O álbum atropelou *Televisão* como um rolo compressor. O melhor cartão de visitas era "Inútil", lançada num compacto alguns meses antes e cuja letra foi lida em pleno Congresso Nacional em 1984, durante a campanha das Diretas Já (*"A gente não sabemos escolher presidente/ A gente não sabemos tomar conta da gente"*), como símbolo do pensamento da juventude brasileira. A banda ainda ganhou projeção no Rock in Rio, quando Herbert Vianna cantou a mesma música e exaltou o Ultraje. Por tudo isso, a WEA resolveu apostar pesado no grupo formado por Roger, Leôspa, Carlinhos e Maurício. Fez uma divulgação forte do LP de estreia e soltou verba para que Lobão, Ritchie, Leo Jaime, Selvagem Big Abreu (dos Miquinhos Amestrados) e Herbert participassem do disco. *Televisão* acabou ficando em segundo plano.

．．．

O cenário musical em 1985 já era amplamente favorável ao rock nacional. E isso se refletia em todo canto. Nas bancas de jornais, saíam cada vez mais revistas com edições especiais dedicadas às bandas brasileiras, honra que até alguns meses antes só cabia aos roqueiros importados. Danceterias que fervilhavam nos grandes centros, como Radar Tan Tan, Tifon e Raio Laser, em São Paulo; Crepúsculo de Cubatão e Mamute, no Rio, passaram a programar exclusivamente grupos de rock, porque era garantia de bilheteria gorda. O cinema também descobriu a combinação certeira do rock com histórias voltadas para o público jovem, depois de testados e aprovados *Menino do Rio* (1982) e *Garota dourada* (1983).

Os Titãs foram no embalo e participaram de dois longas do gênero. *Bete Balanço*, lançado em setembro de 1984, com Débora Bloch no papel-título, Lauro Corona e Maria Zilda, trazia uma trilha sonora genuinamente roqueira, incluindo Barão Vermelho, Lobão e os Ronaldos e Brylho. Os Titãs emprestaram "Toda cor", do primeiro disco, que acabaria sendo a segunda música de trabalho do LP. Em outubro de 1985, chegava às telas *Areias escaldantes*, com Regina Casé, Diogo Vilela e Luiz Fernando Guimarães no elenco e com repercussão mais modesta do que *Bete Balanço*. Mas, se nesse último a canção dos Titãs é tocada em não mais do que quinze segundos do filme, em *Areias escaldantes* a banda participa da trama cantando numa boate "Babi índio", também do primeiro álbum.

A trilha de *Areias escaldantes* traz ainda outra faixa do octeto paulista, "Massacre", do segundo disco. Se não bastasse, os Titãs aparecem em algumas cenas, bebendo no bar da boate e num salão de beleza, debaixo de enormes secadores. Mas o destaque do filme é Branco Mello, que faz dois pequenos personagens: um manicure e um sushiman. Este último lhe rendeu o apelido de China.

O longa do diretor Francisco de Paula, claro, não era uma exaltação aos Titãs, mas também não se tratava de coincidência a generosa participação dos oito na produção. Nas primeiras viagens ao Rio, em 1984, antes mesmo de estourar com "Sonífera ilha", o grupo se aproximou de Lobão, justamente o diretor musical de *Areias escaldantes*. Nessa época, Lobão e Chico de Paula andavam juntos, e era inevitável que os Titãs acabassem entrando nas baladas quando se encontravam. Os paulistas se identificavam com o cineasta e com Lobão em quase tudo: seus gostos musicais eram parecidos, ambos se vestiam de forma peculiar e, principalmente, tinham um humor ferino, a cara dos Titãs. Chico, por exemplo, sempre que tomava ácido metia o passaporte no bolso da camisa. Aos desavisados que estranhassem aquilo, ele respondia na lata: "Estou viajando...".

Uma imensa casa em que Lobão morava no Jardim Botânico era o ponto de encontro de roqueiros e cenário de boa parte das loucuras que cometiam regadas a cocaína. Depois de viver em apartamentos claustrofóbicos e de pular de hotel em hotel, Lobão juntou dinheiro e alugou a casa de quase dez quartos, um terreno baldio atrás e uma piscina na frente absolutamente inutilizada, sempre cheia de água de chuva, muitas folhas secas e uma crosta de lodo encobrindo os ladrilhos. O quintal definitivamente não era o xodó do cantor, que, sem empregada ou faxineira, passava semanas quase sem sair do quarto, cercado de discos e drogas. A cozinha era figurativa. Lobão comia pizza, sanduíches que traziam da rua, ou mesmo não comia durante dois, três dias.

As festas, sem convite nem dia para começar ou acabar, emendavam uma na outra. Bastava alguém chegar com um saquinho de cocaína, frascos de elixir paregórico e garrafas de uísque que logo havia algumas dezenas de pessoas espalhadas pelos cantos. Poucas vezes o lema sexo, drogas e rock 'n' roll foi levado tão ao pé da letra. Era ali, naquela mansão caindo aos pedaços, num clima *dark*, que os cariocas do Barão Vermelho, dos Miquinhos Amestrados e do Herva Doce mantinham contatos imediatos com os paulistas dos Titãs, dos Inocentes e das Mercenárias.

■ ■ ■

Desde que "Sonífera ilha" começou a tocar nas rádios, Marcelo Fromer se viciou no dial. Quando começou a ser executado "Insensível", o primeiro sucesso de *Televisão*, o guitarrista já era conhecido na WEA como o Musiquinha, apelido que ganhou porque passava tardes inteiras percorrendo as estações de AM e FM para contabilizar quantas vezes "Sonífera ilha" tinha tocado. Depois, ligava para a gravadora para comparar os números: "E aí, a musiquinha está tocando?", era a pergunta de sempre. Foi graças a Marcelo que a WEA começou a fazer escuta das rádios para os Titãs. Até o lançamento do primeiro disco, o departamento que cuidava dessa área ignorava solenemente a banda. A escuta caseira do guitarrista acabou chamando a atenção para o potencial de "Sonífera ilha".

Boa-praça com todo mundo, do porteiro ao presidente da companhia, Marcelo mostrava um raro faro para gerenciar os Titãs. Ele conferia de perto a estratégia para divulgar os discos. Era capaz de ficar horas analisando as canções que mais estavam emplacando nas rádios e o que as levava a isso:

quantas vezes repetiam o refrão, que estrutura musical tinham, sua duração. Musiquinha era, acima de tudo, um homem de negócios, e os Titãs não só passaram a respeitar esse dom como também dificilmente tomavam uma decisão de ordem burocrática sem o seu aval.

A tal ponto que numa renovação de contrato com a gravadora, depois de *Cabeça dinossauro*, em 1986, e antes do lançamento de *Jesus não tem dentes no país dos banguelas*, foi preciso uma superprodução, porque o guitarrista estava dando um trabalho danado. Depois de uma negociação suada — afinal, *Cabeça dinossauro* era o primeiro disco da banda que fazia tilintar os cofrinhos da WEA —, a banda assinou a papelada no saguão do Maksoud Plaza, no Centro de São Paulo, numa cena preparada pela gravadora e devidamente registrada para virar notas em jornais. Faltava apenas receber o adiantamento do contrato.

Para convencer os Titãs de que tinham fechado um grande negócio e impressionar Marcelo, o diretor financeiro da companhia, João Rossini, pediu emprestado a um amigo, diretor de um banco de investimentos na avenida Paulista, a imensa sala de reuniões da empresa. Ficava no alto do prédio, com janelas envidraçadas e uma mesa de mármore preto de quase vinte metros de comprimento. Rossini ainda mandou servir frios e petiscos de uma sofisticada delicatéssen. Ambiente mais VIP, impossível. Para completar a encenação, abriu uma mala executiva cheia de dinheiro vivo, daquelas que só se vê em filmes de gângster. O exigente Marcelo sorriu satisfeito. E cada titã saiu da sala com 30 mil dólares em *cash*, enfiados no bolso, caminhando às três e meia da tarde pela Paulista, como se tivesse recebido uma mesada.

De família judia, Marcelo Fromer nasceu no dia 3 de dezembro de 1961. Cresceu em São Paulo, numa casa que tinha movimento intenso de amigos seus e das irmãs mais velhas, Cuca e Lígia, e do temporão Thiago — irmão por parte de mãe e onze anos mais novo que o músico. Na adolescência, descobriu Chico Buarque, Beatles e a Tropicália, mas só começou a estudar violão aos quinze, com Luiz Tatit, do grupo Rumo. Não tocava nem havia um ano quando passou a fazer shows com o Trio Mamão, que formou ao lado de Tony Bellotto e Branco Mello, seu amigo de infância. Mas, como detestava cantar, era o único do trio que ficava exclusivamente no violão.

A música, porém, concorria com outra atividade que Marcelo também levava a sério: o futebol. Torcedor doente do São Paulo, chegou a treinar no juvenil e nos juniores do clube paulista. Levava jeito para a coisa, mas era complicado conciliar bola, música e as farras que costumava aprontar com a rapaziada do Equipe. Foi também no vanguardista colégio que ele, Branco e alguns outros amigos criaram a *Papagaio*, revista que combinava histórias em quadrinhos, poesias e textos sarcásticos sobre decisões internas da escola. Apesar de sua vida curta — durou apenas três números —, a revista ficou tão popular que acabou rendendo àquela trupe um codinome no Equipe: a Turma dos Papagaios, que logo ganhou um grupo rival, os Araras.

Terminado o colégio, Marcelo experimentou as faculdades de filosofia e de letras, ambas na PUC, mas abandonou a primeira dois dias depois e a outra antes de completar seis meses. Nessa época, já tinha formado com Branco, Fernando Salém, Ricardo Villas-Boas, Beto Freire e Macalé a banda Maldade, seu último grupo até entrar nos Titãs do Iê-Iê.

A partir do lançamento do primeiro LP, em 1984, e com as viagens que passaram a se tornar mais frequentes, o músico assumiu uma outra liderança, além dos negócios: a de escolher os restaurantes onde a banda iria comer nas cidades pelas quais passava. Acostumado desde criança a fartos almoços que reuniam toda a família, na melhor tradição judaica, Marcelo já desembarcava com um guia de restaurantes locais e curtia fazer o papel de cicerone gastronômico dos Titãs. Estava formada a trilogia de prazeres que movia o guitarrista: gastronomia, futebol e rock. Ou comida, diversão e arte.

MÃO NA CABEÇA
E DOCUMENTO

SÓ QUERO SABER DO QUE PODE DAR CERTO

▶ Trecho de "Go back"

O ÔNIBUS ESTAVA APAGADO, quase todos os titãs dormiam, cansados da maratona de shows pelo interior de São Paulo. Sentado ao fundo, Paulo Miklos dedilhava no violão uma melodia qualquer para tentar espantar uma ressaca que o impedia de pregar os olhos. Acabou acordando Branco Mello, que, sentado no banco da frente, despertou gritando:

— Cabeça dinossauro!

Paulo gostou e logo os dois já estavam encaixando a frase na melodia.

— Barriga de elefante — arriscou Paulo.

— Não, meu! Vamos ficar na pré-história — rechaçou Branco, traduzindo o novo verso para o universo da sua viagem musical:

— Pança de mamute.

— Cabeça, cabeça, cabeça dinossauro! Pança de mamute! Pança de mamute!

Repetindo sem parar as duas frases, a dupla acordou o restante do grupo. Eis que surge Arnaldo Antunes da parte da frente do ônibus:

— Espírito de porco! Espírito de porco!

Em questão de segundos todo o ônibus estava cantando e gargalhando com a mais nova composição dos Titãs que, imaginavam eles, não teria futuro além daquela estrada.

Durante a turnê de *Televisão*, o grupo compunha junto o tempo todo. Os oito aproveitavam as viagens de ônibus ou as horas ociosas nos hotéis em que se hospedavam para tocar, inventar novas letras e melodias, testar levadas, enfim, criar. Tudo muito mais na intuição do que na técnica. Como o cachê era modesto, a banda dividia quartos, formando quatro duplas, que normalmente eram as mesmas: Tony e Marcelo (os inseparáveis Curingas, como foram batizados pelos demais); Arnaldo e Branco (os Monstrinhos Crack, numa alusão a um biscoito famoso na época, que vinha com uma marca de mordida; tão estranho quanto o visual da dupla); Britto e Paulo; e Nando e Charles. O trânsito nos corredores dos hotéis, porém, era constante, impulsionado principalmente pelo desejo de compor sem parar.

A turma passava noites acordada, ora em pequenos grupos, ora os oito espremidos num mesmo quarto. "Homem primata", por exemplo, nasceu no Copacabana Sol Hotel. Marcelo, que tinha criado o refrão *"Homem primata, capitalismo selvagem"* com Ciro Pessoa na época dos Titãs do Iê-Iê, chamou Britto e Nando para desenvolverem a ideia. Quando sentou na cama, com o violão no colo, o trio tinha em mente fazer um ska com inspiração na balada "A message to Rudy", do grupo inglês The Specials. Até que a canção se dirigiu mais para o rock, o que combinou com a letra que contesta com veemência os males da modernização do homem (*"Eu aprendi/ A vida é um jogo/ Cada um por si/ E Deus contra todos/ Você vai morrer/ E não vai pro céu/ É bom aprender/ A vida é cruel"*). Ídolo dos três compositores, Bob Marley ainda seria homenageado com "Monkey man" e "Concret jungle", citadas na estrofe em inglês.

Usar como influência nas composições o som que os músicos ouviam nas suas vitrolas, aliás, era um expediente comum às bandas daquela geração. Os grupos, a maioria formada por gente de classe média e alta, representavam uma espécie de antena, que captava os movimentos que aconteciam nos Estados Unidos e na Europa e os traduzia para a linguagem brasileira. Uns bebiam sempre na mesma fonte, outros variavam mais. Os da primeira turma não escapavam das comparações. Como os Paralamas do Sucesso, que no começo da carreira eram chamados de The Police brasileiro, ou o Ira!, com relação à banda inglesa The Jam. A verdade é que quem conseguia tirar algo de novo sobrevivia. As meras cópias tendiam ao fracasso. Os Titãs, especialmente na virada de 1985 para 86, aprenderam a ter uma relação antropofágica com os seus ídolos: absorviam o máximo que podiam e apresentavam para o público o resultado de oito interpretações distintas.

O furor criativo dos Titãs e a vontade de compor em grupo não diminuíam quando estavam em São Paulo, nos intervalos das turnês. A cada brecha na agenda, eles se reuniam na casa de um e de outro para compor. Marcelo aproveitava que a mulher, Martha, passava o dia trabalhando na Kaos Brasilis para ficar horas e horas tocando violão em busca de novos sons. Britto era um que frequentava regularmente a residência dos Fromer e costumava sair de lá com alguma novidade, como já tinha acontecido com "Massacre".

Numa tarde produtiva, os dois decidiram relaxar na cozinha depois de tanto quebrar a cabeça em músicas mais elaboradas. Nesse momento de descontração, embalados por uma viagem de cocaína, nasceu "AA UU", recebida com euforia pelos autores. Quando Martha chegou em casa à noite ainda encontrou a dupla cantando alto a nova letra ("*Estou ficando louco de tanto pensar/ Estou ficando rouco de tanto gritar/ AA UU*"), fazendo com que a vizinhança ouvisse em primeira mão esse que seria o próximo sucesso dos Titãs.

O clima do terceiro disco poderia ser mais festivo por conta dessas composições, que até entraram no LP, se a reunião para discutir repertório na casa de Branco não estivesse mais perto do episódio da prisão de Arnaldo do que das farras criativas nas excursões do *Televisão*. Nessa época, Branco e a mulher, Paula Mattoli, moravam num amplo apartamento no Conjunto Nacional que virou ponto de encontro dos Titãs.

Naquela tarde de janeiro de 1986, a banda já tinha decidido que o novo disco seria bem diferente dos que eles já haviam gravado. O processo contra Tony e Arnaldo, que absorveram como uma violência contra todo o grupo, de certa forma influenciou na agressividade das composições feitas depois do episódio, mas a vontade de alcançar uma unidade já existia pela forma como *Televisão* foi recebido pela crítica e pelo público. A proposta de cada faixa representar uma emissora de TV, no ponto de vista da banda, não foi bem compreendida e a imagem do grupo, idem. O que eram aqueles oito caras do radinho de pilha? New wave? Brega? Alternativos? O terceiro disco tinha o desafio de dar essa resposta de uma vez por todas. E os Titãs apostavam que o caminho era levar para o estúdio a pegada que mostravam no palco.

À medida que o violão rodava de mão em mão na casa de Branco, iam surgindo peças dessa almejada unidade. Charles fazia sua estreia como compositor com uma música que mostrava claramente como o baterista tinha (ou não tinha) digerido a prisão de Arnaldo. "Estado violência" (num primeiro momento batizada de "A lei que eu não queria") era uma letra nova para

A VIDA ATÉ PARECE UMA FESTA: A HISTÓRIA COMPLETA DOS TITÃS 95 uma canção antiga. A melodia era a mesma de "O homem palestino", dos tempos do Ira!, que nunca foi gravada.

Sinto no seu corpo	*Sinto no meu corpo*
O odor da carne fria	*A dor que angustia*
Do homem que morre	*A lei ao meu redor*
Gritando e não queria	*A lei que eu não queria*
Caminhavam pelas ruas	*Estado violência*
Arma e soldado	*Estado hipocrisia*
Na mente a ideia fixa	*A lei que não é minha*
Morte pelo Estado	*A lei que eu não queria*
	[...]
Homem palestino	*Homem em silêncio*
jovem ou cristão	*Homem na prisão*
Não havia escolha	*Homem no escuro*
O futuro da nação	*Futuro da nação*
("Homem palestino")	(Trecho de "Estado violência")

Tony, pivô da lamentável prisão, também tinha sua resposta: "Polícia", letra e música compostas com raiva no apartamento da rua Pamplona. Inspirado em "Police and thieves" — dos jamaicanos Lee Perry e Junior Murvin, gravada pelos ingleses do The Clash —, mas genuinamente um protesto indignado, o futuro hit precisou de muito lobby do seu autor para entrar no repertório do álbum. Além de não ter causado tanta empatia, contava contra a música ela ter sido composta por um único integrante. Esse equilíbrio de créditos sempre teve peso nas discussões de pré-produção dos Titãs.

E já que era para entrar uma música de apenas um autor, Paulo, em quem Bellotto havia pensado para interpretar "Polícia", acabou simpatizando mais com "Estado violência", de Charles. Foi uma outra divisão também problemática, a de músicas por cantores, que salvou a canção-protesto do guitarrista. Britto enxergou uma possibilidade de hit ao ver a inteligência com que o assunto polêmico era tratado pelo colega ("*Polícia para quem precisa/*

Polícia para quem precisa de polícia") e escolheu "Polícia" como a terceira faixa que cantaria no disco — as outras seriam "AA UU" e "Homem primata". Juntos, o guitarrista e o tecladista chegaram a um arranjo que finalmente convenceu o grupo todo.

A produção em massa de seus compositores enchia os Titãs de opções numa decisão de repertório. Mas também causava um problema para um de seus integrantes. Embora a maioria não percebesse, Nando estava cada vez mais distante do processo de produção, que quase sempre acontecia em conjunto. Ele assistia de fora, com um misto de admiração e inveja, ao desenvolvimento dos outros titãs. Mas, tímido demais, desenvolveu um bloqueio que o impedia de participar do ambiente livre e passível de erros e acertos em que nasciam as parcerias. Não fosse o observador Marcelo, que notou que o amigo não tinha apresentado uma canção sequer para o novo disco ("Bichos escrotos" e "Homem primata" não contavam, porque tinham sido feitas num outro contexto e época), Nando permaneceria vendo à distância a evolução do seu próprio grupo e, pior, sem acreditar que tinha capacidade para se integrar.

— Não tô entendendo, Nando! Você escrevia muito melhor, fazia poemas, cartas... e eu nunca fazia nada. Agora eu faço música e você não faz porra nenhuma. Que isso, meu?! Se liga! — cobrou o guitarrista.

O sacode surtiu efeito. Nando foi para a casa dos pais, no Butantã, e com o violão de náilon da mãe criou "Igreja". A inspiração partiu de uma declaração de Roberto Carlos a favor da censura sofrida pelo filme *Je vous salue, Marie*, de Jean-Luc Godard. O baixista juntou a indignação com a posição do Rei à sua própria relação dúbia com religião e em apenas uma hora compôs a canção. Tudo às pressas porque àquela altura o repertório do novo álbum estava praticamente fechado.

"Igreja" abriu uma polêmica inédita no grupo. A música dividiu a banda — o que era comum pela quantidade de compositores em comparação ao número de canções que entram num disco —, mas pela primeira e única vez na história dos Titãs a razão da resistência era uma questão moral e não musical. Os versos *"Eu não gosto de padre/ Eu não gosto de madre/ Eu não gosto de frei [...] Eu não gosto do papa/ Eu não creio na graça/ Do milagre de Deus"* foram recebidos como traços de genialidade pela maioria, mas Paulo e Arnaldo ficaram receosos.

— Esse é um território em que não me sinto à vontade. Me incomoda tanto cantar isso quanto cantar "Eu amo Cristo" — defendeu Arnaldo, que foi voto vencido, mas não deu o braço a torcer. Durante as turnês de *Cabeça dinossauro* e de *Jesus não tem dentes no país dos banguelas*, ele saía do palco quando o grupo tocava "*Eu não entro na igreja/ Não tenho religião*". Os primeiros acordes de "Igreja" eram a deixa para o cantor se retirar no seu protesto solitário.

A música de Nando caiu com uma luva naquele repertório de canções contestatórias e fechou um bloco conceitual — formado por um mero acaso — que tinha como alvo as instituições, bem ao estilo punk. Cabiam nesse pacote "Polícia", "Estado violência" e "Família", a mais leve delas.

A demo do terceiro disco, gravada em apenas dois dias, em março de 1986, deixou o estúdio Mosh, em Pinheiros, para ganhar fãs onde fosse executada. Já com a maioria dos arranjos que entrariam no LP — e na história do rock brasileiro —, a fita encheu de expectativas André Midani, presidente da Warner, que estava com um pé atrás com a banda por causa das vendas decepcionantes de *Televisão*. Quem também gostou do repertório foi o ex-mutante Liminha, que ouvira a demo ainda no Mosh, quando gravou uma participação no disco *Pânico em SP*, dos Inocentes, que Branco Mello e Peninha produziram no estúdio na mesma época. Diretor artístico da gravadora, produtor em ascensão, Liminha naquele período era uma espécie de desafeto do grupo. O motivo eram declarações que Britto e Branco deram à imprensa. "Os discos do Liminha são todos iguais", detonaram na *Folha de S.Paulo*, referindo-se a LPs do Kid Abelha e Lulu Santos, para citar alguns que o produtor tinha no seu currículo até então.

Porém, naquele momento, os Titãs não só não olhavam mais torto para Liminha como chegaram à conclusão de que ele era o nome certo para o disco que planejavam gravar. Os trabalhos que havia produzido podiam até ser pop e parecidos, mas todos tinham uma captação de som impecável, e era isso que eles queriam para o terceiro LP. Precisavam, no entanto, acabar com o mal-estar que existia entre as duas partes. E com a cara e a coragem, os Titãs — Branco e Britto à frente — procuraram Liminha na sede paulista da WEA e fizeram o convite.

— Vocês são engraçados. Ficam falando mal de mim na imprensa e agora querem trabalhar comigo — respondeu o produtor, valorizando a situação, mas no fundo decidido a aceitar.

Liminha tinha muita curiosidade em relação aos Titãs. Graças a seu cargo na WEA, acompanhava-os de perto e enxergava naqueles oito paulistas "uma usina de tudo o que se possa imaginar". Decidiu então pagar para ver como funcionava essa fábrica de criação.

Arnolpho Lima Filho se acostumou desde cedo a estar no olho do furacão. Aos dezesseis anos, no grupo Baobás, participou do nascimento do Tropicalismo acompanhando Caetano Veloso, em 1967, na histórica gravação de *Alegria, alegria*. Dois anos depois, Liminha passaria de fã a baixista dos Mutantes, tocando com Rita Lee, Sérgio Dias e Arnaldo Baptista. Ficou na banda até 1974, quando começou a trabalhar como freelancer em produções musicais. Foi contratado pela WEA em 1976, como assistente de produção. Sua estreia como produtor se deu no ano seguinte, com o LP *As Frenéticas*, que ganhou disco de ouro. Em sociedade com Gilberto Gil, André Midani e os técnicos Ricardo Garcia e Vitor Farias, criou, em 1984, o estúdio Nas Nuvens, que ao longo dos anos foi se tornando lendário graças à quantidade de discos de sucessos que saíram de lá. *Cabeça dinossauro* entraria nessa lista.

■■■

Os Paralamas do Sucesso tinham acabado de gravar o LP *Selvagem?* e por muito pouco o trio não esbarrou com os Titãs na rua Caio de Melo Franco, a ladeira do Jardim Botânico onde fica o Nas Nuvens. Por conta disso, foi inevitável a comparação dos dois grupos por parte dos funcionários do estúdio de Liminha. Herbert Vianna, Bi Ribeiro e João Barone deixaram fãs por lá, com toda a simpatia e descontração características de quem vive no Rio. Bem diferentes dos oito paulistas exóticos e caladões que chegaram para gravar pela primeira vez um disco na Cidade Maravilhosa.

— Liminha, não estou curtindo esses caras, não. Eles são muito esquisitos — comentou um assistente do produtor ao passar pelos entediados Arnaldo, com seu corte de cabelo sem costeletas, e Britto, sentados no sofá da sala de recepção, esperando consertarem um equipamento que quebrou no dia em que o grupo iniciaria os trabalhos.

O clima estranho, porém, durou só o tempo de os Titãs ligarem seus instrumentos. O repertório, que já tinha conquistado os executivos da gravadora, também caiu nas graças do pessoal do Nas Nuvens. Com poucos dias de convivência, os técnicos, assim como o próprio Liminha, perceberam que os paulistas esquisitos eram boa gente. As caras de poucos amigos, na verdade, tentavam esconder a insegurança por estarem pisando num terreno desconhecido: o Rio. Desconfiados da famosa panelinha cultural carioca (que incluía Paralamas, Barão Vermelho, Kid Abelha, Blitz), os Titãs faziam questão de manter os dois pés nas suas origens paulistanas. E para isso valia até passear pela orla vestindo casacões e botas.

Para vencer essa barreira cultural, a banda contava com o apoio do seu descobridor, Pena Schmidt, que coproduzia o disco, intermediava a relação dos Titãs com a WEA e, principalmente, cuidava para que o clima das gravações fosse o melhor possível para os seus artistas. Peninha chegava a organizar jantares para elogiar o desempenho da banda e ouvir as considerações que cada um tinha para fazer.

Também facilitou a adaptação dos Titãs ao Rio chegar ao estúdio com o LP bem alinhavado. "Polícia", "Estado violência", "Homem primata", "Tô cansado", "Dívidas" e "A face do destruidor" entrariam no disco quase da mesma forma como foram gravadas no Mosh. Assim como "Cabeça dinossauro", que, por sugestão de Nando, deixou de ser uma brincadeira de ônibus para virar música e foi incrementada por uma adaptação do "Cerimonial para afugentar os maus espíritos", dos Índios do Xingu. Uma maravilha tirada de um arquivo de rituais indígenas que Paulo Miklos guardava em casa.

Outra música ressuscitada foi "Bichos escrotos", que nos shows tinha uma levada descaradamente chupada de "Take me to the river", dos Talking Heads. Na gravação da demo, porém, Nando criou a linha de baixo original e marcante que entrou para a história do grupo. O funk rock foi liberado pela censura para o disco, mas teve a radiodifusão proibida por conta do verso *"Vão se foder"*.

Além do repertório bombástico, outros fatores conspiravam para que o terceiro LP fosse um sucesso: os quatro anos de estrada que ajudaram a aperfeiçoar tecnicamente a banda, o acesso a um equipamento mais profissional (o

Nas Nuvens com suas mesas de som supermodernas e a coleção de instrumentos vintages era o sonho de qualquer músico) e a parceria com Liminha, fundamental para fazer com que o disco não soasse como de várias bandas em vez de uma. O que, aliás, era um dos principais objetivos dos Titãs naquele álbum.

Com os arranjos prontos e a mão certeira de Liminha para tirar o melhor de cada músico e aperfeiçoar o acabamento das faixas, corria às mil maravilhas o relacionamento do grupo com o produtor. Nem tudo, porém, foram flores naquele abril de 1986. Na primeira tentativa de mudar o que os Titãs tinham feito na demo, Liminha encontrou resistência. Ao ouvir as sugestões do diretor artístico para "Família", Marcelo e Britto se aborreceram e saíram da sala de gravação resmungando.

— Pô, ele mexe nas músicas! — reclamou o guitarrista, mal-acostumado com a produção dos discos anteriores, em que as estruturas das canções não sofreram alterações significativas no estúdio.

Mais tarde, no entanto, os dois tiveram que dar o braço a torcer. O novo arranjo do reggae de Arnaldo e Bellotto, que seria consagrado na voz de Nando, agradou a todos, e o produtor teve mais liberdade para sugerir modificações também em "O quê". Depois de mais de uma semana trabalhando na música de Arnaldo, a versão original — com voz e violão, totalmente experimental — deu lugar ao funk eletrônico bem marcado pelo baixo, que acabou entrando no LP.

A relação dos Titãs com o produtor, porém, ainda teria outros pequenos ruídos. Um deles se deu na gravação de "Polícia". Britto estava sozinho com Liminha quando foi botar voz na faixa. Mas, ao começar a cantar, o líder da Blitz, Evandro Mesquita, entrou no estúdio e monopolizou a atenção do produtor. Incomodado pela falta de consideração, Britto descarregou sua raiva nos versos da música. Com um fone no ouvido e os olhos fixos na conversa à sua frente, gritava *"Polícia para quem precisa/ Polícia para quem precisa de polícia"*. A irritação ajudou: a primeira versão ficou tão boa que foi direto para o disco, sem retoques. E o vocalista ainda ganhou elogios dos dois.

■ ■ ■

Um disco especial merecia um nome à altura. Branco estava convicto de que a música que ele, Paulo e Arnaldo compuseram na estrada e que tinha virado um rock agressivo, meio vanguarda, meio tribal, era perfeita para representar aquele trabalho cuja temática era justamente essa contradição entre a cabeça (o mecanismo racional do homem moderno) e o dinossauro (o primitivismo, presente na essência do rock). "Homem primata", que exprimia a mesma ideia e era cogitada para batizar o LP, foi preterido por ser um nome mais óbvio e menos impactante do que "Cabeça dinossauro". Mas, às vésperas de chegar às lojas, o álbum ainda deixava os Titãs inseguros.

— O nome é do caralho, o disco é do caralho. Mas não sei... E se estiver muito hermético? E se as pessoas não entenderem nada do que a gente está dizendo? — questionou Tony, que, apesar satisfeito com o trabalho, achava que o mercado não estava preparado para algo tão diferente: — Acho que não vai vender 100 mil cópias. Não vamos ganhar nunca um disco de ouro na vida.

— Quer saber? A gente tem um disco forte, diferente e vamos arrebentar — devolveu Branco, que de tão confiante propôs uma aposta: ele pagaria uma garrafa do uísque Jack Daniel's para o guitarrista caso *Cabeça dinossauro* não vendesse as tais 100 mil cópias.

Também do lado dos confiantes, Britto fez valer seus poucos meses de estudante da faculdade de belas artes e começou a elaborar a capa do LP. Com a ajuda de Branco, encontrou num livro de esboços de Leonardo da Vinci figuras grotescas que se encaixavam perfeitamente com o conceito e o nome do disco. O tecladista aproveitou uma viagem que o pai fez a Paris para encomendar cópias desses desenhos em acetato, à venda no Museu do Louvre. A obra *Expressão de um homem urrando* foi para a capa e *Cabeça grotesca* ficou na contracapa.

Havia, no entanto, um detalhe que pesava contra a criação de Britto. A gravadora tinha por princípio que toda capa deveria trazer uma foto do artista. E usava como exemplo para justificar essa recomendação a dupla sertaneja Pardinho e Pardal, que teve o mesmo LP lançado com duas capas. A primeira, sem a imagem dos dois, não vendeu nada. A segunda, com os sertanejos estampados, foi um sucesso.

Na noite em que André Midani visitou o estúdio Nas Nuvens para conferir o andamento das gravações, os Titãs puseram à prova não só a capa que queriam para o álbum, mas o crédito que tinham com o presidente da gravadora. Midani olhou os desenhos e percebeu a preocupação dos rapazes em mostrar o conhecimento pelas artes. Apreciou a iniciativa e, principalmente, a firmeza com que o grupo defendeu sua ideia. Depois de um breve silêncio, o executivo decretou baixinho, bem ao seu estilo:

— Vai ficar bonito.

■ ■ ■

Enquanto a maioria das bandas de rock dos anos 1980 tentava uma brecha na programação da TV brasileira, uma parte mais radical do movimento abominava a hipótese de pisar no palco do *Cassino do Chacrinha* ou de fazer playback em qualquer outro programa. Lobão era um dos artistas mais radicais nessa questão. Criticava ferozmente os que aderiam ao sistema e não dava ouvido aos argumentos dos Titãs de que era divertido fazer playback e que aquela era uma maneira digna de levar o trabalho ao povão. Por conhecer bem a postura do amigo, Branco estava ansioso para mostrar a ele *Cabeça dinossauro*. Assim que ficou pronta a gravação no Nas Nuvens, correu para a casa do cantor, quase vizinha ao estúdio. Um disco ousado daqueles deixaria Lobão de queixo caído, pensou Branco. O que ele não levou em conta era que agradar a um constante insatisfeito é uma missão impossível.

— Vocês estão loucos de fazer isso. Isso é uma merda, cara! — bradou Lobão, quase que indignado ao ouvir o disco. — Ninguém vai entender nada disso aí do que vocês estão fazendo. "Cabeça dinossauro"??? O que é isso?

— Lobão, você quer o quê, meu? Você reclama que a gente faz playback e acha uma bosta fazer um puta negócio desafiador, esteticamente diferente?! — rebateu Branco, para em seguida ir embora decidido a ficar um bom tempo sem disputar as clássicas partidas de pingue-pongue na casa do Jardim Botânico e sem falar com o proprietário (mas isso não seria para sempre: em junho de 1987, Branco se uniria a Arnaldo e a Glória, irmã de Lobão, no comando das manifestações contra a prisão do cantor por porte de cocaína).

Cabeça dinossauro chegou às lojas no fim de junho de 1986 sob uma penca de críticas elogiosas. "Os Titãs têm um espaço garantido entre os grupos que contribuem para um avanço no rock made in Brasil", previu Antonio Carlos Miguel, no *Jornal da Tarde*. "*Cabeça dinossauro* é, antes de mais nada, a grande surpresa do ano. A gente ouve e não consegue achar os Titãs. É um disco punk, nervoso e muito curioso", surpreendeu-se Alberto Villas, no

Estado de S. Paulo. Marcos Augusto Gonçalves, da *Folha de S.Paulo*, também exaltou o LP: "Os Titãs estão levando para o público um trabalho original, ao contrário da média das bandas brasileiras".

A reverência da imprensa, no entanto, não ajudou a deslanchar "AA UU", a música de trabalho escolhida estrategicamente pela gravadora, que entendia que, emplacando primeiro as músicas mais difíceis, essas abririam caminho para as mais pop. O problema era conseguir convencer programadores das rádios da qualidade do disco.

— Eu não vou tocar essa merda — desdenhou um DJ da Jovem Pan, na corrente da maioria das emissoras.

Apesar da falta de espaço nas rádios, os shows de lançamento de *Cabeça dinossauro*, nos dias 23 e 24 de agosto, no Projeto SP, mostraram que o disco já era um sucesso: os ingressos esgotaram, e todas as músicas novas foram cantadas do começo ao fim. Os Titãs saboreavam a vitória do alto dos praticáveis que compunham o cenário da nova turnê. De lá, eles sentiam o calor que vinha do público e também da luz intensa que saía de baixo das estruturas de ferro destinadas aos guitarristas.

O cenário criado por Paulinho Pan, um amigo da turma desde o colégio Equipe, contava ainda com três telas gigantescas imitando pele animal ao fundo e duas piras enormes, além de um efeito de gelo seco para esfumaçar o palco. Tudo para dar um clima pré-histórico que o nome do show pedia. O problema é que, apesar da ideia de iluminação de cima para baixo ter sido genial, a luz sob os praticáveis incomodava os músicos, que logo apelidaram a invenção de grelha. Para piorar, a fumaça do gelo seco tinha um odor desagradável e com a ajuda do vento ia direto no rosto de quem estava nos backing vocals. Em nome da superprodução, ficava metade dos Titãs queimando em cima da grelha e outra metade com fumaça na cara. Nada que estragasse a felicidade daquele momento. Afinal, pela primeira vez em quatro anos, eles tinham deixado de ser a banda de uma só música. Aliás, os hits "Sonífera ilha" e "Insensível", as duas canções que tocavam várias vezes em cada show, nem entraram no repertório do Projeto SP. E o melhor: ninguém sentiu falta.

O Plano Cruzado, lançado pelo presidente José Sarney no início de 1986, levou a inflação a índice zero com o congelamento dos preços, aumentou o poder de compra da população e gerou uma euforia de consumo que se refletiu na indústria fonográfica. Em alta naquele momento, o rock brasileiro foi beneficiado pelo plano, criando um novo mercado, que confrontava com o formado por ouvintes de rádio: o das pessoas que compravam discos. O mesmo período que possibilitou que *Rádio Pirata — Ao vivo*, do RPM, lançado naquele ano, virasse um fenômeno de vendas (2,2 milhões de cópias), ajudou o terceiro álbum dos Titãs. Um mês depois de ter chegado às lojas, *Cabeça dinossauro* frequentava a lista dos mais vendidos e já havia batido a marca dos dois primeiros discos juntos. Em dezembro de 1986, o LP chegaria às 100 mil cópias e ao tão sonhado disco de ouro. Branco, enfim, pôde degustar o seu Jack Daniel's e mandar Lobão e os outros críticos fazerem companhia às oncinhas pintadas, zebrinhas listradas e coelhinhos peludos.

■ ■ ■

O primeiro domingo de sol do verão de 1986, no Rio, começou com um engarrafamento monstruoso em São Conrado, com reflexos na Barra da Tijuca e na Gávea. A razão para o congestionamento estava no meio da praia do Pepino: um palco em formato de asa-delta, onde artistas da cena jovem gravariam sua participação num novo programa da Globo. *Mixto quente*, que estreou às cinco da tarde do dia 5 de janeiro de 1986, um domingo, não mexeria apenas com o trânsito carioca. O programa, criado por Nelson Motta e Roberto Talma para fazer concorrência ao *Shock*, da TV Manchete, era mais uma amostra do impacto do rock brasileiro na programação televisiva do país.

O *Shock* foi uma sacada certeira para atrair o público jovem. A revista eletrônica semanal exibia aos sábados clipes de artistas estrangeiros e entrevistas de roqueiros daqui e de fora. Com *Mixto quente*, a Globo investiu pesado para reconquistar o público perdido para a concorrente. Em vez dos playbacks em estúdios ou dos clipes, o programa mostraria shows exclusivos, misturando artistas estourados a novatos, selecionados pelo produtor e jornalista Tom Leão. O diferencial era a performance ao vivo dos músicos, o que combinava muito mais com a atitude rock 'n' roll daquele momento. Para a garotada do Rio, um prato cheio. Num fim de semana, a areia ficava lotada para ver os ídolos de perto. No seguinte, revia na TV, com chance de aparecer nos takes na telinha, que mostravam a multidão assistindo aos shows.

No programa de estreia, gravado sob um calor de 38 graus nos dias 22 e 23 de dezembro de 1985, se apresentaram Barão Vermelho, Camisa de Vênus, Cólera, RPM, Ultraje a Rigor, Robertinho do Recife e Raul Seixas. Os Titãs participaram da terceira edição do programa, que foi ao ar no dia 19 de janeiro. Ainda com o repertório de *Televisão*, o grupo passou despercebido ao lado de Lulu Santos, Gang 90, Vinícius Cantuária e Guilherme Arantes, que tinham muito mais fãs no Rio. Os também paulistas Tokyo, Premeditando o Breque, Sossega Leão e o brasiliense Capital Inicial foram as outras atrações daquela edição, gravada numa nova locação, a praia da Macumba, no Recreio — a barulheira dos shows e a balbúrdia que causavam nos arredores incomodou a vizinhança da praia do Pepino, em especial um morador influente: o ex-presidente João Batista Figueiredo, o último dos vinte e um anos de governo militar.

Se o *Mixto quente*, que durou apenas um verão, passou batido na história dos Titãs, um outro programa da Globo, criado também para o público jovem, foi fundamental para a difusão radiofônica do LP *Cabeça dinossauro*. Dirigido por um jovem de vinte e poucos anos, o *Clip-clip* se tornou a porta de entrada de artistas dessa geração na TV. A direção era do estreante José Bonifácio de Oliveira, o Boninho, filho do todo-poderoso Boni, vice-presidente de operações da Globo, que começava a trabalhar pra valer na emissora, depois de um período na infância e adolescência em que atuava informalmente como consultor de desenho animado. Ex-DJ na rádio rock paulista Excelsior, Boninho conhecia bem as novidades da música brasileira, inclusive os Titãs, cujos sucessos dos primeiros dois discos ele já havia tocado.

Nessa época, as gravadoras não costumavam produzir clipes. A Globo, para ter material para seus programas, cuidava dessa parte e liberava os vídeos para as companhias utilizarem na divulgação. Foi o próprio Boninho quem dirigiu o clipe de "AA UU". Depois que o vídeo da música de trabalho de *Cabeça dinossauro* passou no *Fantástico* — que continuava sendo a grande vitrine, apesar da criação de programas mais segmentados —, as rádios, que andavam implicando com a canção, passaram a incluí-la na programação. Em São Paulo, a Jovem Pan e a Band, na época uma emissora que mesclava pop com popular, foram as primeiras a se render ao som do *Cabeça dinossauro*, considerado ousado para os padrões daqueles tempos. No Rio, onde a penetração dos Titãs sempre foi difícil, a Transamérica baixou a guarda e tocou a música.

No rastro de "AA UU", que acabou entrando na trilha sonora da novela das sete *Hipertensão*, a WEA começou a trabalhar "O quê". Dessa vez, a estratégia foi encomendar um remix ao DJ Iraí Campos. Prática comum no exterior, o remix ainda engatinhava no Brasil. "O quê" e "Loiras geladas", do RPM, remixada pelo DJ Grego, foram as primeiras canções a serem lançadas nesse formato no país.

Fazendo o caminho inverso, o sucesso de vendas do terceiro e até então mais bem-sucedido disco dos Titãs levou outras músicas do álbum para as rádios. "Homem primata", "Família" e "Estado violência" foram executadas à exaustão, sem muito esforço da gravadora para divulgá-las. Duzentos e cinquenta mil cópias vendidas depois, algumas emissoras até pagavam multa para tocar a proibida "Bichos escrotos". A princípio, com um apito em cima do palavrão e, mais tarde, já livre da figura da censura, em sua versão integral.

■ ■ ■

Cabeça dinossauro transformou os Titãs definitivamente em artistas do primeiro time. Fosse pelos vocais gritados, as guitarras envenenadas, as roupas pretas e informais, a postura em cima do palco etc. E nos bastidores, a ascensão da banda fez com que os músicos experimentassem a força do trinômio sexo, drogas e rock 'n' roll. O assédio aos músicos aumentou um bocado, com direito a cenas típicas de popstar internacional: fãs chegavam a subornar funcionários de hotel para entrar escondidas nos quartos dos artistas.

Se sexo passou a ser fácil, drogas nem se fala. A prisão de Tony e Arnaldo não abalou os Titãs nesse sentido. O dinheiro e a fama só contribuíram para isso. Muitas vezes, os músicos nem precisavam se esforçar. Admiradores mais abastados faziam questão de agradar os ídolos, presenteando-os com punhados de maconha ou cocaína.

No auge da juventude, os Titãs costumavam passar noites em claro e varar as madrugadas sem dormir. Foi num desses dias mais longos do que os habituais que Branco quase deixou os companheiros na mão. Já tinham passado mais de 48 horas que o vocalista, o cantor Jorge Mautner e mais alguns amigos tocavam, bebiam, conversavam e "viajavam". Circulavam nos arredores do hotel Eldorado, na rua Augusta, para onde o vocalista dos Titãs havia se mudado depois de se separar. O clima estava tão bom que todos chegaram a perder a noção do tempo. Eis que no meio de um almoço-jantar, por volta das cinco horas da tarde, Branco teve um estalo: se não estava enganado, naquele exato momento deveria estar na estrada com a banda, já que à noite teria um show no interior de Minas Gerais. Recobrou a lucidez e confirmou o que suspeitava. Mas o ônibus do grupo tinha partido às dez da manhã. Como não existiam celulares, ninguém conseguiu localizar Branco.

O vocalista pegou uma roupa, pôs na mochila e entrou num táxi.

— Por favor, toca para Minas — pediu ao motorista, que levou um susto e não pôde atendê-lo, mas deu todas as coordenadas para ele chegar o mais rapidamente a Ipatinga.

Seguindo as dicas do taxista, que o deixou na rodoviária, Branco tomou um ônibus para uma cidade vizinha e de lá pegou um novo táxi. Chegou no lugar do show a tempo de não ter uma mancada dessa no currículo. Os Titãs estavam na boca do palco, se preparando para entrar, quando o atrasado surgiu afobado. Entraram, cantaram, arrasaram. No fim, Branco narrou sua aventura e, em vez de ouvir um sermão, foi perdoado em meio a gargalhadas.

■ ■ ■

Artisticamente, os Titãs receberam da WEA carta branca para criar *Cabeça dinossauro*. Isso fazia parte da política de liberdade total aos artistas instituída por André Midani. Não significava, porém, que a gravadora deixava correr solta a carreira da banda. A troca de empresário foi uma sugestão da companhia, que nunca tinha visto em Aldo Gueto o perfil de gestor para artistas de primeiro escalão, posição em que os Titãs agora estavam. Antes mesmo de o LP sair do forno, o grupo passou a ser representado por Célia Macedo. Ex-assessora de imprensa da WEA, Célia foi indicada pelo próprio Midani para cuidar de sua nova aposta.

A experiência de ter trabalhado com Caetano Veloso, no entanto, não foi suficiente para dar a Célia condições de segurar sozinha o rojão depois do estouro de *Cabeça dinossauro*. A empresária sentiu que sua estrutura era pequena para o sucesso do grupo logo depois da explosiva apresentação no Teatro Carlos Gomes, em março de 1987. Mas ela não queria perder o melhor da festa e teve a ideia de se associar a Manoel Poladian, justamente quem havia contratado o show como administrador do teatro.

O que Célia não imaginava, porém, é que sorrateiramente Poladian namorava os Titãs nos bastidores. O empresário, que já havia trabalhado com Roberto Carlos, Ney Matogrosso e RPM, entre outros bem-sucedidos artistas, só esperava uma confirmação de que valeria a pena investir no octeto. E essa confirmação veio com a catarse que destruiu as cadeiras do teatro carioca. Não foi por acaso que ele fez questão de receber Célia e o grupo em seu suntuoso escritório no Itaim Bibi, todo decorado com os anjinhos barrocos mais famosos do show business. Depois de muitas histórias e promessas, Poladian — um filho de armênios que aposentou o diploma de doutorado em direito administrativo na Sorbonne, na França, para ganhar dinheiro com o meio artístico — passou o contrato para as devidas assinaturas e soltou uma frase que se tornaria inesquecível:

— Vocês são loucos mesmo. Eu, se fosse vocês, jamais teria assinado um contrato desses... Agora, estão fodidos.

A gargalhada foi geral, mas Célia Macedo sorriu amarelo. Algo dizia que ela seria a primeira a sofrer. E não estava errada. Depois de passar alguns meses na "geladeira" do empresário, que nem sequer a recebia para uma conversa, Célia percebeu que era a hora de se retirar de cena. Os Titãs, estourados de Norte a Sul do Brasil, eram, enfim, todinhos de Manoel Poladian.

O grupo lamentou perder a companhia de Célia (que levaria de lembrança do ano em que trabalhou com os Titãs a amizade com os oito músicos e um dos seis praticáveis da turnê do *Cabeça dinossauro*, que exibe como mesa de centro na sala de sua casa), mas não escondia a empolgação com a nova fase. Trabalhar com a estrutura de Poladian significava mais shows na agenda e segurança profissional. A partir dali, não voltariam a tomar calotes porque venderiam um pacote de shows antecipadamente ao empresário, que sabia como ninguém multiplicar o valor de cada apresentação ao negociar com os contratantes. Por outro lado, a banda também apagaria da memória o significado de uma palavra preciosa: férias.

AS IDEIAS ESTÃO NO CHÃO, VOCÊ TROPEÇA E ACHA A SOLUÇÃO

▶ Trecho de "A melhor forma"

O CIRCO ESTAVA SENDO MONTADO na praça da Apoteose, no Rio de Janeiro. Um palco de quinze metros de altura, dezenove de largura e vinte de profundidade era preparado para receber estrelas estrangeiras do quilate de The Pretenders, Simply Red, Simple Minds, UB40 e Supertramp. Desde o Rock in Rio, em 1985, o Brasil não realizava um festival do porte do Hollywood Rock, que teria sua primeira edição naquele janeiro de 1988. Se a lista de atrações do evento prometia balançar os alicerces do Sambódromo carioca e depois do Estádio do Morumbi, em São Paulo, a infraestrutura montada para os shows não ficava atrás. Os gringos não poderiam reclamar de som baixo, já que o equipamento encomendado tinha capacidade para 750 mil watts de potência (só para comparar, os amplificadores do Rock in Rio, que já haviam causado impacto, descarregavam 120 mil watts). Também não seria por falta de luz que os artistas internacionais deixariam de brilhar. A iluminação do Hollywood Rock estava programada para gerar 780 kilowatts de luz, com setecentos refletores e quinze canhões de luz apontados para o palco gigantesco.

Enquanto os engenheiros, operários e técnicos trabalhavam para fazer funcionar aquela estrutura toda e os astros internacionais desembarcavam no Rio, os Titãs davam duro no Nas Nuvens. Figurando na lista das atrações nacionais, os paulistas sabiam que todo aquele aparato era um luxo para quem vinha de fora. Escolada pela péssima experiência dos brasileiros no Rock in Rio, a banda tinha noção de que a prata da casa, responsável pela abertura das quatro noites de show, precisava estar preparada para o boicote de técnicos, na maioria das vezes importados dos Estados Unidos ou da

Europa. Para piorar, havia uma certa má vontade dos próprios organizadores do evento, que chegavam a impedir os brasileiros de passarem o som. Eles que se adaptassem às vontades dos estrangeiros. E o que os Titãs faziam no estúdio, às vésperas de sua estreia num megafestival, era justamente se armar para esse desafio.

Escalados para a abertura do Hollywood Rock (dia 6, na Apoteose, e dia 13, no Morumbi), os Titãs tocariam nas únicas noites em que não se venderia hambúrguer nas redondezas. Chrissie Hynde, líder dos Pretenders, era vegetariana e ativista ecológica — uma tendência que estava virando moda no fim dos anos 1980 — e exigiu não só que não houvesse carne no seu camarim como também num raio de dois quilômetros, para garantir que ela não sentiria nem sequer o cheiro. Coisas de quem imaginava que faria o mais importante show da noite de abertura, afinal, só teria como concorrentes os desconhecidos (para ela) Ira! e Titãs.

Alheio a essas suscetibilidades, o octeto trabalhava no Nas Nuvens para garantir uma ousadia a que tinha se proposto: no superpalco do Hollywood Rock, para uma plateia estimada de 60 mil pessoas, a banda apresentaria oficialmente o show de *Jesus não tem dentes no país dos banguelas*, quarto disco do grupo, lançado havia menos de dois meses. No estúdio, além de ensaiarem incansavelmente o repertório novo — algumas músicas de *Cabeça dinossauro* seriam mantidas e de *Televisão* só entraria "Massacre" —, os Titãs fizeram pré-gravações em bateria eletrônica e sequenciadores, que faziam parte do LP, mas não poderiam ser reproduzidas ao vivo.

Às 19h35 do dia 6 de janeiro, com 35 minutos de atraso, o Ira! subia ao palco armado em frente aos famosos arcos da praça da Apoteose para dar início à primeira edição do festival, que por seis verões levaria a cariocas e paulistas astros internacionais e nacionais, botando o Brasil de vez na rota dos grandes shows. O quarteto paulista mostrou as primeiras músicas ainda sem ter anoitecido completamente, o que ajudou a inibir sua apresentação. Mas o que mais desanimou Nasi, Edgar Scandurra, Gaspa e André Jung foi a frieza do público, que se resumia a alguns gatos-pingados. Em vez das 60 mil pessoas esperadas, o que se via no Sambódromo era um monte de espaço na pista e arquibancadas praticamente vazias. O preço caro do ingresso, 1 mil cruzados (o que equivalia a quase um quarto do salário mínimo vigente, de 4,5 mil cruzados) era apontado como o principal vilão dessa história. Cantando seus sucessos, como "Flores em você" — estourada depois de virar tema de abertura da novela das oito *O outro* —, "Envelheço na cidade" e "Dias de luta", o Ira! até que conseguiu conquistar as pouco mais de 5 mil pessoas que chegaram até a banda se despedir, às 20h45. Nem o mais otimista fã do rock nacional poderia supor que aquele dia ainda entraria para a história da música brasileira.

Concentrados, os Titãs subiram ao palco meia hora depois e não se deixaram abalar pela baixa frequência ou por qualquer outro problema de última hora. Além de todo o preparo que teve no Nas Nuvens, a banda entrou inspirada naquele que seria um dos shows mais importantes de sua carreira. Nos bastidores também tinha gente agindo para que nada atrapalhasse aquele momento. Liminha deslocou todos os assistentes do Nas Nuvens para trabalharem de roadies da banda e o técnico Paulo Junqueiro estava orientado a tomar conta do som. Quando os Titãs começaram a tocar, a primeira coisa que Junqueiro fez foi conversar com o gringo que operava a mesa de som:

— Olha, isso está baixo. Precisa aumentar.

O sujeito fez uma cara de que não concordava, mas como já tinha conversado com o rigoroso Junqueiro na passagem de som, percebeu que o técnico não ia largar do pé dele enquanto não fosse atendido. Com um ar de desprezo e pouca paciência, foi lá e aumentou.

— Ainda está baixo — insistiu Junqueiro.

O gringo então empurrou o botão para o volume máximo, para ver se aquele sujeito calava a boca. De cara, o som fez a diferença do primeiro para o segundo show da noite.

Completamente à vontade na parte que lhes foi liberada dos dezenove metros de palco — a organização limitou o espaço dos brasileiros — e dominando a plateia, os Titãs botaram no bolso o Ira! e os Pretenders, em uma hora e dez minutos de apresentação. Não voltaram para o bis porque a produção não permitiu, mas conseguiram cantar 21 músicas, quase todas com a ajuda dos fãs. Os jornais confirmaram a superioridade do grupo. "Pela primeira vez em muito tempo, uma banda estrangeira teve que segurar a onda de se apresentar depois de uma nacional", escreveu Luiz Carlos Mansur, no *Jornal do Brasil*. "Praticamente todas as músicas tiveram resposta imediata do público, mesmo as mais recentes. Não houve um segundo sequer para pausas e repousos", observou Carlos Albuquerque, em *O Globo*.

Para ajudar a enterrar de vez o complexo de inferioridade que prejudicava os artistas brasileiros em eventos do gênero, os Titãs foram apontados como os melhores da edição carioca do Hollywood Rock, numa eleição realizada pelo *Jornal do Brasil*. Com 3,9 pontos de 4 possíveis, os paulistas encabeçaram a relação, que continuava nesta ordem: Simply Red, ub40, Paralamas, The Pretenders, Duran Duran, Lulu Santos, Ultraje a Rigor, Ira!, Simple Minds, Supertramp e Marina.

O sucesso no Rio repercutiu, é claro, em São Paulo. Mesmo os ingressos de pista do Morumbi sendo mais caros do que os do Sambódromo (1,5 mil cruzados), a noite de abertura recebeu 60 mil pessoas, a maioria ansiosa para conferir a fúria dos Titãs. Os próprios Pretenders, incluindo aí o badalado ex-Smiths Johnny Marr, perceberam que os paulistas não eram tão coadjuvantes assim. Em São Paulo, fizeram um ensaio mais longo e perguntaram a executivos da wea, gravadora de ambos, que banda era aquela.

De fãs dos ingleses, os brasileiros passaram a ser tratados como colegas. Arnaldo e Bellotto, que no Rio fizeram questão de assistir à passagem de som de Chrissie Hynde e companhia, em São Paulo saíram para almoçar com a vocalista, alguns pretenders e os outros titãs. O encontro foi marcado por uma tremenda gafe: o restaurante América, nos Jardins, era uma casa de hambúrguer!

— Como vocês me trazem num lugar desses?! — reclamou Chrissie com o pessoal da wea, responsável pelo almoço, que, na verdade, era uma promoção com fãs das duas bandas.

Na crítica do show paulista, mais elogios rasgados aos donos da primeira edição do Hollywood Rock. "Colocados diante de uma infraestrutura de padrão internacional e de 60 mil pessoas, os Titãs fizeram um show cheio de energia, levantaram o público e, com total domínio da situação, puderam mostrar com tranquilidade que o rock brasileiro já é um gênero artisticamente mais que respeitável", escreveu André Singer, na *Folha de S.Paulo* de 15 de janeiro.

Os Titãs comemoraram, com todos os méritos, a goleada que deram no evento. Mas uma pessoa da equipe que trabalhou duro para que cada detalhe saísse perfeito tinha um motivo especial para estar ainda mais satisfeito. Liminha se preparava para morar em Los Angeles, onde passaria a trabalhar também para a WEA. O show do Hollywood Rock marcava ao mesmo tempo sua despedida em grande estilo do Brasil e sua estreia como terceiro guitarrista dos Titãs. A catarse que presenciou na volta ao palco dizia que algo havia mudado na vida do ex-mutante. E ele demonstrou isso, no fim do show de São Paulo, jogando a guitarra para o alto, bem ao estilo Jimi Hendrix. A partir daquele festival, Liminha se tornaria o nono titã.

■ ■ ■

Foi no meio da intensa excursão do *Cabeça dinossauro*, que contabilizou mais de cinquenta shows pelo país, que os Titãs começaram a trabalhar no quarto LP da banda. A frase que virou a música-título do álbum, por exemplo, surgiu numa conversa corriqueira, mais uma vez dentro do ônibus que trazia a banda de uma apresentação. Nando, que àquela altura já era pai de Theodoro, o primeiro de seus quatro filhos com a psicóloga Vânia Passos, estava às voltas com um problema doméstico: precisava arrumar uma diarista. Observadora, a mulher do baixista percebeu que quase todas as candidatas que apareceram para o emprego não tinham dentes e comentou com o marido:

— Este é o país dos banguelas.

— Jesus não tem dentes no país dos banguelas — devolveu Nando, encerrando a conversa por hora.

Mas a frase era forte demais para ficar naquele papo à toa. E Nando teve certeza disso quando fez a base da música com Fromer, no quarto da casa na rua Artur de Azevedo, em Pinheiros, para onde o guitarrista havia se mudado com a mulher, Martha Locatelli, e a filha Susi, na época com três anos. A dupla acrescentou ainda o recado "Ninguém acredita em você, Doutor Ulysses", mas o restante do grupo não gostou. Além de simpatizarem com o deputado federal e presidente da Assembleia Nacional Constituinte, Ulysses Guimarães, eles acharam que a segunda frase empobrecia a música.

As novas canções que seriam gravadas em *Jesus não tem dentes* iam entrando no repertório dos shows do *Cabeça dinossauro*. O objetivo dos Titãs não era testar a força das músicas para decidir se deveriam ser registradas em LP, a novidade servia muito mais para agradar ao próprio grupo, tornando as apresentações menos repetitivas. Quando voltaram ao Rio, em maio de 1987, para a primeira temporada depois do show no Carlos Gomes, já haviam acrescentado seis canções: "Corações e mentes", "Desordem", "Comida", "Armas pra lutar", "Mentiras" e "Nome aos bois". Esta última provocou gargalhadas nessa noite que marcava a estreia no palco do Canecão. Não que a lista de 34 nomes, entre ditadores, assassinos e reacionários, fosse algo engraçado. Os risos inevitáveis tinham a ver com uma frase pintada na entrada do Canecão: "Nesta casa se escreve a história da música popular brasileira". Assinado, Ronaldo Bôscoli. Ninguém menos do que o principal homenageado da música.

Aparentemente, soava até estranho o nome do compositor numa lista em que figuravam Hitler, Mussolini e Pinochet. A razão de tal "homenagem" na canção de Nando, Arnaldo, Fromer e Bellotto foi um comentário mal-humorado de Bôscoli em sua coluna no jornal carioca *Última Hora*, em 1985, em relação à prisão de Arnaldo e Tony por porte de heroína. Sem contar que o ex-marido de Elis Regina sempre teve uma explícita má vontade com as bandas de rock.

■ ■ ■

De contrato renovado com a WEA e novas regalias garantidas, os Titãs desembarcaram no Rio em setembro de 1987 para enfim gravar o novo álbum. A diferença de tratamento já começou na hora de decidir a hospedagem. O Copacabana Sol Hotel, onde costumavam se instalar nas temporadas na capital carioca, tinha ficado pequeno para o octeto, que pediu um novo hotel antes mesmo de deixar São Paulo. Ana Tranjan, executiva da WEA que cuidava da parte financeira da companhia, fez de tudo para convencê-los de que não havia necessidade da mudança. Um grupo de oito músicos acabava sempre saindo caro, ainda mais que nessa nova fase da carreira os Titãs já não dividiam quartos. E tudo que Ana queria era economizar. No entanto, fazer a cabeça daquele "universo de pastas governamentais", como ela apelidou o bando, não era nada fácil e contrariá-los significava ter que ouvir longas discussões cheias de argumentos difíceis de rebater.

— Dá vontade de botar os Titãs de cara pra bunda e sem janela! — berrou a executiva na sua sala da WEA, depois de bater o telefone numa das poucas batalhas vencidas por ela: o grupo ficaria no Copa Sol e ponto-final.

Certamente, Ana Tranjan foi delatada por algum funcionário da gravadora que já havia sido seduzido pelos encantos dos paulistas. No dia seguinte, assim que preencheu a ficha do contestado hotel e subiu para o seu quarto, Marcelo Fromer, o "ministro da Fazenda do governo titânico", ligou para Ana e pediu, candidamente:

— Ana, nós estamos com a cara pra bunda e sem janela. Dá para trocar de hotel?

Placar empatado pelos Titãs, que foram prontamente transferidos para o hotel Marina, na praia do Leblon, zona nobre da cidade, dando início a uma vida cinco estrelas. Um estilo que caía bem aos rapazes, que se internariam no Nas Nuvens para fazer o disco mais sofisticado de suas carreiras até então.

Aproveitando todo o retorno de dinheiro e status que *Cabeça dinossauro* deu, os Titãs finalmente puderam gravar um disco nas condições que sempre sonharam, levando a ideia da qualidade artística às últimas consequências. Sem medo da resposta do mercado, a banda iniciou o novo projeto com uma viagem a Nova York para comprar instrumentos que dariam o som desejado ao álbum. Nando, que a partir dali assumiria integralmente o baixo dos Titãs (no *Cabeça*, Paulo ainda tocara em algumas faixas), comprou um Factor de som grave, igualzinho ao que viu com Bi Ribeiro, dos Paralamas. Britto trouxe um teclado Yamaha DX7 e um Roland D-50. Tony e Marcelo compraram guitarras Jackson, amplificadores Marshall e alguns pedais. Charles providenciou uma bateria eletrônica Simmons, pratos, caixas e muitos discos.

A preocupação com os instrumentos era apenas um detalhe da obsessão por timbres e ritmos ideais para cada faixa que os músicos teriam nos dois meses de gravação do *Jesus não tem dentes*. Diferentemente de *Cabeça dinossauro*, que chegou praticamente pronto ao Nas Nuvens, o quarto disco da banda foi crescendo e mudando de cara dentro do estúdio. Para isso, contava o fato de os Titãs estarem confiando plenamente em Liminha. A partir desse álbum, o grupo passou a ter uma relação mais estreita com o produtor, usando e abusando das qualidades de músico do parceiro, que havia acabado de retornar de Londres, onde passara três meses produzindo um disco da banda inglesa Sigue Sigue Sputnik, a convite da EMI local.

Do Reino Unido, Liminha trouxe não só um interesse tremendo pela música eletrônica e uma curiosidade dos efeitos que o gênero poderia causar numa junção com o rock, como um instrumento que possibilitava as novas experiências que o produtor tanto queria fazer e que os Titãs toparam na hora. A bateria eletrônica SP-1200 apresentaria uma novidade ao rock brasileiro: o sampler. Com capacidade de trabalhar com até oito sons, a SP-1200 se tornou a atração nos primeiros dias no estúdio. Como não existiam no mercado os bancos de sampler, que anos mais tarde se tornariam comuns, a solução era usar a criatividade para transformar os barulhos do dia a dia em sons que pudessem ser processados na bateria e depois entrar em alguma faixa.

A fixação pela bateria eletrônica era tanta que nem no jantar ela ficava esquecida. Uma noite, Liminha estava na cozinha, comendo e conversando com Nando, Charles e o engenheiro de som Paulo Junqueiro, quando uma assadeira caiu no chão. Os quatro se olharam. Por que não samplear aquele barulho? A partir dali, a cozinha se transformou numa fonte de novos efeitos. O som da assadeira entrou em "Todo mundo quer amor" e uma sequência de batidinhas de garrafas foi parar na introdução de "Diversão". A canção, que se tornou sucesso na voz de Paulo, aliás, mudou tanto no estúdio que passou a ter uma paternidade controvertida.

Meses antes de a banda parar para trabalhar no quarto disco, Tony, Marcelo e Nando fizeram um arranjo a partir de uma levada criada pelo baixista. Britto, que já tinha o desejo de falar do tema diversão, levou para casa uma fita com o que o trio tinha produzido. Sozinho no seu quarto, viajando no som que os amigos fizeram, ele escreveu a letra melancólica, que se tornaria hino de tantos outros solitários ("*A vida até parece uma festa/ em certas horas isso é o que nos resta* [...] *Às vezes qualquer um enche a cabeça de álcool/ Atrás de distração/ Nada disso às vezes diminui/ A dor e a solidão*"). Quando chegou ao estúdio, "Diversão" tinha quatro pais. Até que Liminha propôs mudar a levada e o arranjo por inteiro, chegando ao resultado que foi para o álbum. Tony e Marcelo acharam melhor tirar o nome deles da composição, já que seria aproveitado somente o trabalho de Britto. Nando discordou:

— A levada que eu fiz inspirou a música. Sem minha levada, não existiria a música — argumentou o baixista, que assinou a parceria com um contrariado Sérgio Britto.

"Diversão" entrou no bloco conceitual de *Jesus não tem dentes no país dos banguelas* que mais sofreu influência da SP-1200. Do mesmo lado do vinil, o das músicas mais eletrônicas e dançantes, ficaram "Todo mundo quer amor", "Comida", "O inimigo" (essas três numa sequência ininterrupta), "Corações e mentes", "Diversão" e "Infelizmente". Virando o disco, os Titãs mantiveram os pés no rock pesado com a faixa-título, "Lugar nenhum", "Mentiras", "Desordem", "Armas pra lutar" e "Nome aos bois". Em vez de lado A e lado B, como todo vinil, *Jesus não tem dentes* tinha as opções J e T. Tudo para não influenciar o público na hora de escolher o melhor lado para começar a ouvir.

Mas até chegar a essa divisão, que se desenhou ao longo da gravação do disco, foi preciso muita dedicação de todas as partes envolvidas. O arranjo definitivo de "Comida", por exemplo, levou três dias para ser concluído. A música de Arnaldo, Britto e Marcelo era quase acústica. Além disso, Arnaldo cantava como se fosse um funk triste, o que não agradava a todos. A ideia de uma levada mais dançante partiu de Liminha, que participou da faixa operando a máquina de ritmo e tocando baixo-sintetizador e guitarra.

"Corações e mentes", que de tão tocada nos shows do *Cabeça dinossauro* entrou na programação de algumas rádios cariocas através de uma gravação pirata, também sofreu modificações. O arranjo já conhecido pelos fãs passou a não satisfazer o grupo, que mudou o baixo, diminuiu a agressividade das guitarras e acrescentou o som da bateria eletrônica à bateria acústica.

Do lado eletrônico de *Jesus não tem dentes*, a canção mais reformulada foi "O inimigo". Para quem sempre estranhou o fato de uma música com apenas seis versos ser assinada por três compositores (Branco, Marcelo e Bellotto), vale a informação: a faixa originalmente era bem maior e foi mutilada para encaixar-se mais perfeitamente na sequência com "Todo mundo quer amor" e "Comida". *"O inimigo sou eu/ O inimigo é você/ O inimigo é você/ O inimigo sou eu/ Às vezes você tem razão/ Às vezes não"* era apenas o refrão e se tornou a letra inteira.

A parte rock 'n' roll do álbum não foi feita com menos cuidado e também sofreu retoques no estúdio. Foi o caso de "Lugar nenhum", que seria escolhida o carro-chefe pelo próprio grupo. Arnaldo e Marcelo pensaram na letra quando divagavam sobre o significado da palavra "utopia". Depois, Marcelo e Tony passaram uma tarde inteira trancados num quarto, com suas guitarras, trabalhando na base da canção. A princípio, acharam que haviam terminado, mas ouvindo mais tarde não ficaram satisfeitos com o riff que criaram. Marcelo, então, foi ao produtor e pediu:

— Lima, eu e o Tony fuçamos, fizemos de tudo, mas esse som acabou ficando parecido com o Ultraje. Vê aí o que você faz...

Para um outro titã, "Lugar nenhum" foi uma espécie de redenção. No começo das gravações de *Jesus não tem dentes*, Charles não estava se entendendo bem com as várias peças que tinha trazido de Nova York para sua bateria e, para piorar, passava por uma fase em que achava que deveria superar seus limites. No fundo, queria ser tão bom quanto João Barone, seu amigo dos Paralamas. Empolgado com as aulas que estava tendo com Lauro Léllis, baterista de Tom Zé, entrou no Nas Nuvens acreditando que com aquele disco ia mostrar para o mundo quem era o verdadeiro Charles Gavin. O que aconteceu, porém, foi que aquela *egotrip* atrapalhava mais do que ajudava. O baterista não conseguia repetir os arranjos que tinha tocado tão bem na demo e, como a bateria é o primeiro instrumento a ser trabalhado, a gravação atrasou.

Charles ficava quatro, cinco horas numa mesma música e não acertava a mão. Liminha, com a maior paciência do mundo, começou a perceber que o problema era pura vaidade. Até que um dia, depois de Charles ficar mais de catorze horas tentando acertar uma virada de bateria em "Violência" — faixa que só entraria na versão em CD do álbum, lançada anos depois —, ele acabou errando de novo e provocando a ira do produtor.

— Cara, você está atrasando minha vida! O estúdio está parado, os Titãs estão parados e a gravadora está parada por sua causa. E você está aí preocupado com exibicionismo de baterista. Você tem que tocar pra banda, cara! — engrossou Liminha, deixando Charles mudo.

Mais calmo, o produtor citou Pete de Freitas, baterista do Echo & The Bunnymen, cujos shows no Rio e em São Paulo todos os Titãs tinham assistido poucos dias antes:

— Aquele cara toca dentro do seu limite, nunca ultrapassa aquilo que ele não consegue fazer. É nesse tipo de coisa que você tem que mirar. Tocar o que você consegue e não querer o que é incapaz tecnicamente de fazer.

A bronca botou as coisas no lugar. Já era a terceira semana de gravação e Charles sabia que não podia complicar nem atrasar mais o andamento do disco. Gravou "Violência" do jeito simples que o arranjo pedia e ganhou um abraço reconciliador de Liminha. De qualquer forma, o produtor e os outros titãs acharam melhor tomar uma providência para que Charles não fosse tentado novamente a fazer suas firulas: tiraram todas as peças que estavam sobrando na bateria. Deixaram só bumbo, caixa e três pratos. Constrangido pelo problema que tinha arrumado, Charles começou a pensar numa forma de se desculpar. Foi aí que surgiu o bumbo-caixa cavalar que marca "Lugar nenhum", inspirado no Led Zeppelin. A base ficou tão boa que Arnaldo trocou a música "Perto de perder o sentido", que tinha cantado na demo, por "Lugar nenhum". E Charles se redimiu com os amigos.

Com o fim das gravações, Liminha voltou para Londres para terminar o disco do Sigue Sigue Sputnik e deixou a cargo do engenheiro de som Paulo Junqueiro a finalização de *Jesus não tem dentes*. Junqueiro, que já tinha ido uma vez com Liminha à capital inglesa masterizar um álbum do Kid Abelha, estava penando para conseguir cortar o novo LP dos Titãs. Diferentemente do processo inglês, que conseguia deixar um disco pronto ainda melhor do que o resultado da gravação, o equipamento que se dispunha no Brasil na época não oferecia condições para editar um álbum complexo daquele, em que três músicas tinham que vir encaixadas no tempo exato.

Depois de passar doze horas, em vão, tentando fazer apenas a primeira junção, Paulo Junqueiro já tinha perdido todas as esperanças de alcançar um trabalho de qualidade. No dia seguinte, uma segunda-feira, quando começava uma nova tentativa, descobriu o que uma companhia é capaz de fazer por seu artista número 1. De São Paulo, o engenheiro de som recebeu um telefonema do presidente da Warner:

— Já cortou o disco? — perguntou André Midani.

— Não — respondeu Junqueiro, explicando sua dramática situação.

— Então me diga, você está com o passaporte em dia?

— Estou.

— Então venha para o Rio.

Assim que chegou ao Rio, Midani explicou:

— Toma sua passagem. Você embarca para Londres amanhã. O estúdio está marcado para quarta-feira. Você chega lá às oito horas da manhã, edita na própria quarta, corta o disco na quinta e traz o acetato na mão porque ele seca em 48 horas. Você sai de lá na quinta à noite, chega sexta de manhã no Rio, pega a ponte aérea para São Paulo e entrega o acetato na fábrica à tarde.

No estúdio londrino, os técnicos ficaram espantados não só com o enredo da aventura de Paulo Junqueiro como com o conteúdo do disco que estava sendo editado. Os britânicos juravam que as doze músicas faziam parte de um *split-album*, nome que se dava aos vinis que tinham uma banda diferente de cada lado. Não era. Tratava-se dos Titãs, mostrando apenas duas de suas faces.

●●●

Assim que soube que a WEA faria uma recepção no Nas Nuvens para a audição de *Jesus não tem dentes no país dos banguelas*, Sérgio Britto pegou o telefone e ligou para Renato Russo. O líder da Legião Urbana a princípio declinou, mas foi convencido pelo seu titã preferido:

— Vem, Renato! Vai ser uma coisa simplezinha. Só vai ter a gente e o pessoal da gravadora.

Renato chegou ao Nas Nuvens e tomou um susto: uma multidão subia e descia as escadas do estúdio. Mas a verdade é que nem o tecladista nem os outros titãs poderiam imaginar que o Rio de Janeiro em peso se despencaria para o Jardim Botânico naquele 24 de outubro de 1987. A festa, que varou a madrugada e quase destruiu o estúdio, se transformou numa extensão da apresentação do argentino Charlie Garcia, no morro da Urca. Era um sábado e todo mundo resolveu sair do show e ir para o Nas Nuvens. Até o próprio Garcia passou por lá e esbarrou com Jorge Ben, Luiz Melodia, Paula Toller, Herbert Vianna e outros tantos famosos que ouviram em primeira mão o novo disco dos Titãs. O mal-entendido não abalou a amizade de Britto e o sempre tímido Renato Russo. Muito pelo contrário. O cantor da Legião se divertiu tomando todas na festa e foi um dos últimos a ir embora, já com o dia amanhecendo.

A badalação no lançamento de *Jesus não tem dentes* antecipava uma nova fase na carreira dos Titãs. Endossados pelos elogios rasgados de Caetano Veloso na imprensa, os paulistas estavam se tornando os queridinhos das celebridades. A maioria se contentava em assistir aos shows da banda e depois cumprimentar os oito no camarim, que a cada apresentação ficava mais apertado para tanta gente e tantos flashes. Outros, porém, tietavam desde o hotel. Principalmente nos shows que o grupo fazia no Rio; não era raro os Titãs irem para os ginásios e as casas noturnas com o ônibus entupido de famosos, como os atores Betty Faria e Carlos Augusto Strazzer e o cineasta Arnaldo Jabor.

O que normalmente soava lisonjeador, em alguns momentos incomodava. Como aconteceu em 10 de abril de 1988, no primeiro dos três shows em que a banda, sozinha, superlotou o Maracanãzinho. Quando subiram ao palco do ginásio do Maracanã, os Titãs foram surpreendidos: a área VIP, destinada aos convidados famosos, era gigantesca e deixava muito longe do grupo as 20 mil pessoas que compraram ingresso. Apesar do som péssimo (a acústica do lugar era ruim e o equipamento alugado pelo econômico Manoel Poladian não ajudava) e da distância que se impôs, a multidão não parou de cantar e pular um segundo. Isso só aumentava o mal-estar dos músicos. Até que, no bis, Britto tomou partido dos fãs que tinham comprado ingresso:

— Queria que só as pessoas que estão atrás do cercado cantassem comigo — pediu, puxando "Polícia" a capela.

Sentado entre os VIPs, o jornalista Fernando Gabeira, que no ano seguinte sairia candidato a presidente do Brasil pelo PV, se sentiu ofendido, levantou e foi embora. Outros famosos o seguiram. Os Titãs nem viram. O Maracanãzinho já tinha vindo abaixo.

■ ■ ■

A expectativa em torno do disco sucessor de *Cabeça dinossauro* pôde ser medida pela *Folha de S.Paulo* de 13 de novembro de 1987. O jornal, que conseguiu sair na frente dos concorrentes com uma reportagem sobre o novo álbum dos Titãs, estampou na primeira página uma foto do octeto. Na capa do caderno Ilustrada, André Singer fazia sua crítica: "O quarto LP dos Titãs é difícil. Por trás da aparente simplicidade de ritmos dançantes, protesto social e político, canto em desabafo, há um elaborado trabalho de pesquisa das possibilidades sonoras e artísticas oferecidas pelo rock moderno, por sofisticados estúdios de gravação e extrema liberdade criativa".

Na mesma reportagem, um quadro explicava personagem a personagem quem eram os citados em "Nome aos bois". Ao lado, uma repercussão com alguns dos "homenageados" trazia depoimentos jocosos, como o do então deputado estadual do PDS de São Paulo Afanásio Jazadji: "(Os Titãs) Cortam o cabelo de um jeito esquisito e fazem micagens para chamar a atenção. É o tipo de conjunto descartável". O juiz de futebol Dulcídio Wanderley Boschilia, que aparece na lista por conta de um suposto envolvimento com a repressão política nos anos 1970, foi mais bem-humorado: "Meu nome ao lado de Mussolini e Hitler deve ser negócio de rima".

Um político que ficou fora da música polêmica deu seu jeito de se fazer presente. Jânio Quadros, então prefeito de São Paulo, não gostou de ver nessa reportagem que os Titãs tinham posado entre os túmulos do Cemitério de São Paulo, em Pinheiros. A foto, inspirada na capa do LP (Britto, o autor do projeto, usou colunas gregas para representar os oito titãs e também dar uma ideia de uma boca banguela), acabou custando o emprego do administrador do cemitério, que tinha liberado a entrada dos jornalistas e dos artistas.

"Nome aos bois", "Desordem" e "Comida" deram um cunho político ao quarto disco, numa época em que o Brasil retomava a democracia, após duas décadas de ditadura militar, e se preparava para ganhar uma nova Constituição. Por conta dessa interpretação, os Titãs, que começaram a ser tratados pela imprensa como o "melhor grupo de rock do Brasil", passaram a ganhar espaço em veículos mais nobres. Em 27 de janeiro de 1988, já sob o efeito da participação do octeto no Hollywood Rock, a revista Veja publicava a reportagem "Política da pauleira", tratando justamente da bandeira do inconformismo e da contestação assumida nas canções do grupo e da Legião Urbana (que trabalhava o LP Que país é este? — 1978/1987).

No dia 6 de abril foi para as bancas a IstoÉ com os Titãs na capa e o título "O sucesso do rock rebelde". Na reportagem de oito páginas, intitulada

"O furor adolescente da titãmania", a revista fez um perfil dos músicos, falando de curiosidades como a coleção de caramujos de Nando e os exercícios de tai chi chuan praticados por Bellotto. A *IstoÉ* ouviu ainda fãs anônimos e famosos, como Caetano Veloso e Raul Seixas. "Atualmente o que de melhor se tem na música brasileira é os Titãs", elogiou Caetano. Raul assinou embaixo: "Dos conjuntos modernos, os melhores são o Camisa de Vênus e os Titãs, porque os outros não têm metafísica". O presidente da Warner, André Midani, também se declarou aos seus artistas: "Os Titãs são o fato musical mais importante depois da Tropicália".

E Midani não falava aquilo apenas como propaganda do seu produto. Fascinado com a inventividade do grupo, que o surpreendia a cada composição, o presidente da gravadora distribuía os discos da banda para os amigos que tinha ao redor do mundo. Muitos deles eram influentes, como Steve Fargnoli, manager do Prince. Depois de passar para o popstar a cópia de *Jesus não tem dentes* que Midani havia lhe enviado, Fargnoli ligou de volta e avisou:

— André, o Prince gostou muito do trabalho dos rapazes e queria convidá-los para abrir sua próxima turnê.

Conhecendo como poucos as estrelas do show business, Midani esperou para contar a novidade à banda quando o convite fosse formalizado, o que não chegou a ocorrer. Prince mudou de ideia e nunca mais tocou no assunto com o manager. Não seria dessa vez que os Titãs estreariam num palco internacional.

NÃO SOU BRASILEIRO, NÃO SOU ESTRANGEIRO

▶ Trecho de "Lugar nenhum"

André Midani chamou os Titãs ao escritório da rua Itaipava, na Gávea, para dar uma boa notícia. A banda havia sido convidada para tocar e gravar um disco ao vivo no concorrido Festival de Jazz de Montreux. O presidente da Warner esperava, é claro, uma reação empolgada, ainda mais porque vendeu a ideia de que esse show serviria de pontapé inicial para a sonhada carreira internacional. Em vez dos fogos de artifício, ouviu uma contraproposta.

— Nós queremos ir sim, André. Mas não para tocar na Noite Brasileira. Queremos nos apresentar na Noite de Rock — avisou Marcelo Fromer, depois de uma breve conferência com os companheiros.

Midani deu um sorriso de canto de boca. O executivo gostava de ser surpreendido e ficou feliz em saber que já haviam se antecipado e descoberto que, naquele ano, estrearia no evento suíço uma data dedicada ao rock. A Noite Brasileira, que entrou na programação de Montreux em 1978 com um show de Gilberto Gil, tinha virado uma tradição no festival, que a cada ano ampliava sua área de interesse, deixando para trás um passado dedicado exclusivamente ao jazz. Paralamas do Sucesso, Moraes Moreira, Toquinho, Beth Carvalho, Pepeu Gomes, Baby Consuelo e Elba Ramalho foram alguns dos artistas que se apresentaram com sucesso para conterrâneos saudosos e suíços admiradores da nossa música. Fazer um show para aquele público era emoção garantida. Porém, mais uma vez, os Titãs queriam andar à frente dos acontecimentos, instigados pela possibilidade de agradar a uma nova plateia roqueira e, quem sabe, dar realmente início a uma carreira no exterior.

Amigo de Claude Nobs, Midani envia anualmente os lançamentos da sua gravadora ao fundador e diretor do festival suíço. Essa relação pessoal, que alimentava nos bastidores comentários de que a Noite Brasileira privilegiava artistas da WEA, de fato fez com que ficasse mais fácil satisfazer a vontade dos Titãs. Midani ligou para o franco-suíço, que já tinha ouvido e gostado de *Jesus não tem dentes no país dos banguelas*, e deixou acertado: o octeto estrearia num palco internacional no dia 8 de julho de 1988, abrindo a primeira Noite de Rock de Montreux, onde também gravariam um disco.

■ ■ ■

Os Titãs embarcaram primeiro para Londres, onde passariam duas semanas ensaiando antes de gravar o disco em Montreux. Aquela seria a primeira vez que ficariam tanto tempo longe do Brasil — de Montreux, eles voltariam para Londres para mixar o LP e ainda fariam uma miniturnê em Portugal. Tirando Arnaldo, que viajava com Mariana Moreau, a Zaba, com quem acabara de casar, e Paulo, acompanhado da esposa, Rachel, os outros titãs estavam com o coração apertado naquele 25 de junho de 1988. Especialmente Nando e Charles. O primeiro porque deixava em casa a mulher, Vânia, com Theodoro e a caçulinha Sophia, com 24 dias de vida. E o segundo porque estava começando a namorar a jornalista Cris Lôbo, com quem depois viria a se casar.

Na Inglaterra, encontraram Liminha, que iria tocar em Montreux como terceiro guitarrista. O nono titã vinha de Los Angeles, direto de uma maratona dentro do estúdio com a mixagem do segundo disco dos Heróis da Resistência, *Religio*. O produtor e os Titãs se viram num paraíso. Naqueles tempos de naufrágio do Plano Cruzado do presidente José Sarney, com os preços disparando e uma inflação de 30% ao mês, era muito difícil o acesso a produtos importados no Brasil. Por conta disso, os músicos — com exceção de Charles, que ainda não bebia nada alcoólico — ficaram maravilhados ao descobrir que em qualquer esquina londrina podiam comprar um scotch de primeira pelo preço de uma Coca-Cola.

Quando não estavam ensaiando no estúdio Nomix Complex, normalmente das seis da tarde à meia-noite, os rapazes aproveitavam para explorar a capital do rock. Em grupos menores, em bando ou até sozinhos, os Titãs frequentavam ruas e bares por onde já haviam passado The Who, The Police,

The Clash, Led Zeppelin, Beatles e Rolling Stones. Também assistiram ao máximo de shows possíveis: o reggae do UB40, do Yellowman e do Sly and Robbie, o blues de John Lee Hooker, o pop de Prince, até o encontro dos guitarristas Ron Wood e Bo Diddley.

Embora falasse poucas palavras em inglês, Branco fez amizade com uma turma local e foi o mais desgarrado dos Titãs na temporada europeia. No terceiro dia de viagem, conheceu uma inglesa que passou a ser sua companhia inseparável. Joe, apresentada por uma brasileira que morava em Londres e reconhecera os Titãs num encontro fortuito na rua, era casada com um músico de uma banda punk. Branco colou neles e, mesmo tendo namorada no Brasil, aproveitou uma viagem mais longa do marido de Joe para engatar um romance com a gringa.

Bellotto também não ficou sozinho nos dias em que passou em Londres. O guitarrista reencontrou Maria Andrade, sua namorada paulista que, coincidentemente, tinha se mudado para o Reino Unido havia seis meses. Na verdade, o reencontro foi mais uma despedida do casal. Depois que Maria foi morar em Londres, Bellotto conheceu a atriz Giulia Gam e estava decidido a ficar com ela.

Os Titãs namoravam, se divertiam, bebiam, ensaiavam, mas também aproveitavam os passeios que davam pela cidade para vender seu peixe. Antes de saírem do Brasil, como perceberam que a gravadora não investiria em promoção alguma, levaram na bagagem cópias de *Cabeça dinossauro* e *Jesus não tem dentes*. Sabiam, é claro, que não seria daquele jeito que conseguiriam entrar no mercado europeu, mas achavam que não fazia mal divulgar o próprio trabalho. Como percorriam um circuito *cool*, não era raro esbarrar com personagens importantes da cena local e ter a chance de trocar ideias (e discos) com as pessoas certas. Nos bastidores do show do Sly and Robbie, no Hammersmith Theatre, por exemplo, encontraram o DJ Don Letts, fundador — ao lado de Mike Jones, ex-The Clash — do Big Audio Dynamite (BAD), a banda sensação da época. Sem cerimônias, o grupo tratou de deixar seus LPs com Letts. O DJ foi solícito, mas os Titãs nunca souberam realmente o que ele achou do som.

O Nomix Complex, onde os paulistas ensaiavam de segunda a sexta--feira, também os transportava para o mundo das estrelas britânicas. O complexo de nove estúdios colecionava clientes tops. Uma olhada atenta à lousa na entrada principal já dava uma ideia do nível de quem passava por lá. "Estúdio A: Jimmy Page", "Estúdio C: David Bowie". Certa vez, enquanto os Titãs passavam os novos arranjos das músicas que tocariam em Montreux, Liminha percorreu o longo corredor que dava acesso aos estúdios. Parou na porta de um deles ao se deparar com Jimmy Page em pessoa. Voltou correndo para a sala em que os Titãs ensaiavam e sugeriu:

— O Page está aqui do lado. Vamos levar a Les Paul do Bellotto para ele autografar.

Arrumaram um canivete e foram até o guitarrista do Led Zeppelin. Simpático, Page conversou com os brasileiros e perguntou se a assinatura não estragaria a guitarra. Estragar nada! Afinal, quem estava ali era Jimmy Page, referência para a maioria dos Titãs desde os tempos de colégio. O arranhãozinho valioso tornou a guitarra Gibson Les Paul de Bellotto ainda mais preciosa e, não por acaso, sua preferida.

■ ■ ■

Cabeça dinossauro e *Jesus não tem dentes no país dos banguelas* deram fama, dinheiro e respeito aos Titãs. Era quase tudo o que uma banda de rock poderia almejar. Faltava conseguir um reconhecimento pelo que fizeram antes do terceiro disco. "Enche um pouco o nosso saco essa coisa que se criou em cima dos Titãs, de que eles nasceram com o *Cabeça dinossauro*, de que eles são reivindicativos, que antes era uma bosta, e que viraram punks", reclamou Nando, na *Bizz* de outubro de 1988, justamente para explicar a ideia do quinto disco.

Os Titãs tinham um passado e gostavam dele. Então, antes de partir para uma nova fase, o grupo decidiu fechar o primeiro ciclo da carreira resgatando boas canções dos LPS *Titãs* e *Televisão*, prejudicadas pelas gravações pouco satisfatórias. Já pensavam nisso, até que a WEA acenou com a possibilidade de gravar um disco em Montreux — os Paralamas tinham acabado de lançar *D*, registro do show do grupo na edição de 1987 e outros artistas fizeram o mesmo em anos anteriores. Gravar um LP no festival valia a pena por conta da estrutura, com equipamentos de última geração do evento. E o novo álbum seria a oportunidade de trazer de volta músicas dos dois primeiros discos, como "Go back", "Marvin", "Pavimentação", "Massacre" e "Não vou me adaptar", além de composições de *Cabeça dinossauro* e *Jesus não tem dentes*.

Para chegar afiado à Europa, o grupo alugou um galpão na Barra Funda, em São Paulo. Por um mês, ocupou o horário das 11h às 15h do Estúdio Radar, na rua do Bosque. Foi ali que antigas músicas foram quase recriadas. O reggae "Marvin" ganhou um solo de saxofone de Paulo Miklos, guitarras mais pesadas e um baixo marcante. "Go back", que no primeiro disco tinha um coro new wave, ficou bem diferente com um teclado mais profissional (Britto gravou *Titãs* com um Casiotone, é bom lembrar) e um sequenciador fazendo a percussão eletrônica. Britto também cresceu a letra, acrescentando "Andar andei", outro poema de Torquato Neto. O vocalista ainda encaixaria parte de "Nobody move, nobody get hurt", do Yellowman, em "Polícia", além de outras citações que foram surgindo ao longo da turnê.

O time estava mais do que entrosado para a viagem a Londres. Na véspera do embarque, porém, Bellotto quase desfalcou a banda. Por conta da condenação por porte de heroína, em 1986, ele e Arnaldo tiveram, por dois anos, que pedir autorização à Justiça sempre que se afastavam do município de São Paulo. Além disso, para manter o sursis (a suspensão condicional da pena que se concede a condenados primários, quando são pessoas de bom comportamento), a dupla precisava apresentar mensalmente a comprovação de que possuía endereço e emprego fixos. Como os músicos tinham uma intensa rotina de viagens, o empresário Manoel Poladian mandava a cada mês um requerimento para a Justiça listando todos os shows previstos para aquele período. Quando as apresentações eram no Brasil, a liberação saía rapidamente. A coisa complicou na viagem internacional. Nem tanto para Arnaldo, mas em especial para Bellotto, implacavelmente perseguido por um promotor paulista que ele nem sequer chegou a conhecer.

Por já saber desse problema com o promotor, o porteiro do prédio na rua Pamplona, onde o guitarrista morava, salvou sua viagem para a Europa. Bellotto havia pedido a autorização e, como não recebera nenhuma resposta, acreditou na máxima que diz que quem cala consente. Mandou emitir a passagem e já estava com as malas prontas quando o porteiro interfonou e avisou:

— Olha, seu Tony, teve aqui um oficial de Justiça perguntando se o senhor estava em casa. Eu falei que não, mas ele deixou um papel e falou que nem adianta ir para o aeroporto amanhã que o senhor não vai embarcar.

A aventura de Bellotto para conseguir se apresentar no Festival de Montreux estava prestes a começar. O tal papel era um mandado de segurança que o impedia de viajar. Aconselhado pelo advogado, o guitarrista passou a noite num hotel no bairro da Liberdade, o Nikkey Palace, onde oficial algum o encontraria. No dia seguinte, pegou uma ponte aérea para o Rio, no setor de voos domésticos. E, em vez de embarcar para Londres em São Paulo ao lado dos companheiros, pegou o mesmo avião na escala do Galeão. Foi salvo pelo precário sistema da Polícia Federal da época. Como não havia computadores ligados em rede — o que só aconteceria uma década depois —, os oficiais de Justiça fizeram plantão no Aeroporto Internacional de Cumbica, onde esperavam barrar o guitarrista. Não fizeram contato com os outros aeroportos e levaram um drible.

■ ■ ■

A comitiva dos Titãs aumentou na viagem de Londres para a Suíça. Quando desembarcaram em Genebra, Martha já acompanhava o marido, Marcelo Fromer. A quase ex-namorada de Bellotto também se juntou à turma, que chegou à cidade suíça no dia 8 de julho, quatro horas antes do horário marcado para a apresentação do grupo.

Tensos com o pouco tempo que teriam para se instalar no hotel, passar o som e se preparar para o show, os Titãs nem repararam na linda paisagem na estrada que separava Genebra de Montreux: do lado direito se via o belo lago Léman; do esquerdo, montanhas verdejantes. Uma hora de viagem de van depois, a banda se encontrou com Ana Tranjan, executiva da Warner brasileira, responsável por toda a excursão europeia. Ana fez questão de chegar a Montreux mais cedo para checar pessoalmente os detalhes finais. Teve o cuidado, por exemplo, de garantir que o grupo fosse o último a ensaiar. Como os Titãs fariam o primeiro show da noite, ninguém mexeria no equipamento para alterar a qualidade do som. Uma boa ideia que, na prática, não adiantou muito.

Ao chegarem ao hotel, a banda teve uma noção do pesadelo que estava prestes a começar. Mal os músicos desceram da van, ouviram do ameaçador motorista suíço:

— Brasileiro gosta de se atrasar, mas aqui não tem atraso. Às 15h, eu passo para apanhá-los. Se não estiverem aqui, a van vai embora sem vocês.

Quanta gentileza. Com tanta tradição naquele festival, não era bem essa a imagem que o grupo imaginava que os suíços tivessem dos artistas brasileiros. Só naquele ano, já haviam passado por lá no dia 2, na Noite Brasileira, Lulu Santos, Rita Lee, Alcione e Martinho da Vila, no Palco Principal, além do grupo Descendo a Rua, atração na Sala Platina, onde acontecia um festival alternativo. Ainda se apresentariam no evento o violonista André Geraissati e Milton Nascimento ao lado de Carlos Santana e Wayne Shorter Band.

Faltava pouco para as 15h quando os Titãs ouviram o recado do motorista suíço. Para não correrem o risco de ficar sem condução, largaram a bagagem no hotel e foram para o Cassino Montreux, a sede do festival, fazer a passagem de som. Mais uma vez, a programação suíça foi implacável: eles teriam 45 minutos para o ensaio e aí estava incluído o tempo para montar o equipamento — que, para piorar, era do festival —, afinar e checar os instrumentos, mesas de som, amplificadores e ainda passar as músicas. Mais tarde, eles compreenderam que todo aquele rigor existia porque Montreux havia se transformado numa verdadeira fábrica de fazer música. No mais famoso festival de jazz do mundo, por onde circulava uma média de 100 mil pessoas por ano (entre artistas, público e funcionários), tudo precisava ser cronometrado para não atrasar, desde os horários dos voos de chegada e saída dos artistas até as entrevistas coletivas.

O problema para os Titãs é que eles não tinham viajado com estrutura para trabalhar bem naquela engrenagem. Com apenas dois roadies, Sombra Jones e Abrahão Lincon, e um técnico de som, Paulo Junqueiro, a banda gastou todo o tempo da passagem de som nos ajustes técnicos, quando foram avisados de que deveriam deixar o palco. O grupo argumentou que precisava tocar algumas músicas e ganharam de brinde sete minutos e meio — e nem um segundo a mais. Ensaiaram uma canção com a formação normal e outra com bateria eletrônica e sequenciador. Passados os sete minutos e meio, o equipamento foi desligado.

Nesse clima de tensão, a banda foi para o hotel se arrumar, para em seguida voltar ao Cassino e se apresentar para uma plateia desconhecida. Gravar um disco com uma qualidade técnica satisfatória naquelas condições era algo impossível na cabeça do octeto.

Enquanto o grupo se preparava para a apresentação, Ana Tranjan agia nos bastidores. A executiva não se conformou com as filas de cadeiras que iam até a boca do palco. Show sentado não combinava com uma noite de rock e muito menos com os Titãs. Arregaçou as mangas e começou a empilhar as cadeiras para abrir espaço. Ana, que também era fã da banda, ajudou ainda a animar a plateia. Na primeira fila, a pouco mais de um metro dos vocalistas, ela não parou de pular e cantar durante todo o show. Se já faria isso em qualquer outra apresentação do grupo, naquela ela se superou, na esperança de contagiar as cerca de 1500 pessoas presentes na Noite de Rock, que também tinha como atrações os ingleses do T'Pau e os americanos do The Georgia Satellites. Embora os suíços não fossem fãs tão empolgados como os do Brasil, pelo menos terminou a noite contente com os aplausos que seus meninos receberam ao fim de cada música — mais por mérito do show do que pela esforçada animadora, é claro.

Os Titãs foram apresentados pelo próprio Claude Nobs, diretor do festival, como "o melhor grupo brasileiro de rock", e fizeram o show na raça, com poucas esperanças de que dali saísse um disco. Tinham problemas de retorno e alguns instrumentos não estavam bem afinados. Para piorar, na segunda música, Liminha fez um sinal que levou os companheiros ao desespero: o amplificador da sua guitarra pifara. E como a participação do produtor seria fundamental para a novidade de alguns arranjos, era a notícia que faltava para jogar pelo ralo o Projeto Montreux.

Se o sentimento dos que estavam no palco era de derrota, os que estavam fora dele pareciam ter visto um outro espetáculo. Quando Ana Tranjan e o técnico Ricardo Garcia — que assistira ao show de um monitor dentro do estúdio, cuidando da gravação — encontraram a banda e disseram o quanto a apresentação tinha sido boa, os Titãs e Liminha acharam que era gentileza dos companheiros de viagem. Ainda assim, aceitaram uma confraternização num restaurante da cidade.

Charles, o mais deprimido de todos, ficou pouco tempo com os amigos. O baterista completaria 28 anos no dia seguinte e não se conformava de ter recebido um presente de grego em plena Suíça. No restaurante, conheceu um casal de Zurique, que assistira ao show e o convidou a passar a meia-noite na cidade deles. Charles aceitou e acabou ficando o dia do seu aniversário todo por lá, para esquecer a apresentação. Só voltou à noite a Montreux, quando reencontrou Nando, seu companheiro de quarto.

— Cara, por onde você andou? Não acredito que você perdeu o almoço na casa do Claude! Foi incrível! E a gente viu o show. Foi genial. A gente tocou pra caralho. Você tocou bem, cara!

— Não é possível. Eu toquei mal — duvidou o baterista.

— Não, cara! Nós dois tocamos superbem. A base do disco está lá! A gente tem um disco! — festejou Nando, desarmando o sempre sério Charles.

Na véspera, logo depois que o baterista se despediu dos amigos e partiu para Zurique, o grupo recebeu a primeira boa notícia: Liminha tinha ouvido e aprovado a gravação do show.

— O Charles tocou em cima do clic. E já que as baterias estão todas boas, a gente não precisa se preocupar. Se precisar, a gente refaz alguma coisa no estúdio — avisou o produtor.

No dia seguinte, os outros sete titãs puderam ver com os próprios olhos que o show não tinha sido tão ruim quanto imaginavam. No famoso almoço de sábado, em que Claude Nobs costumava receber apenas os artistas principais em sua belíssima mansão no alto de uma colina, o diretor do festival mostrou num telão a boa apresentação dos brasileiros. O disco estava garantido e puderam brindar a boa notícia com champanhe.

■ ■ ■

Quando os Titãs retornaram a Londres para refazer as guitarras de Liminha, consertar alguns detalhes em outras músicas e mixar o disco no Swanyard Recording Studios, Charles visitou o badalado night club Town & Country. Reconhecido por um garçom brasileiro que trabalhava na casa, foi apresentado ao gerente. O sujeito achou interessante saber que uma banda brasileira, que tinha acabado de fazer um show em Montreux, terminava um disco ao vivo em Londres. Ofereceu duas datas para o grupo tocar no palco do Town & Country. E o melhor: os Titãs abririam para o BAD, que estava lançando o álbum *Tighten up vol. '88*. Parecia ser um sinal de que as portas do mercado europeu iriam de fato se abrir para eles.

A empolgação, porém, logo deu lugar à frustração. Para fazer um show na Inglaterra, a banda precisaria de permissão para trabalhar, um *working card*, algo que ninguém havia pensado ao sair do Brasil. Não havia tempo hábil para conseguir o tal passe e, para piorar, o manager da WEA inglesa, que poderia dar uma mãozinha, estava viajando justamente naquele período.

Na semana seguinte, no dia 13 de julho, os Titãs desembarcaram em Portugal para três apresentações com a banda Xutos & Pontapés, a mais popular do rock lusitano. A miniturnê serviria para promover *Jesus não tem dentes no país dos banguelas*, segundo disco do grupo lançado por lá — o primeiro foi *Cabeça dinossauro* — e, no penúltimo dia na terrinha, os brasileiros ainda teriam uma noite exclusiva no Porto.

O engenheiro de som Paulo Junqueiro, responsável pela parte técnica do show de Montreux, foi quem articulou o encontro dos brasileiros com o grupo português. Nascido em Fundão e criado em Lisboa, Junqueiro se mudou para o Brasil em 1985 e conheceu os Titãs nessa época. Mas o primeiro contato profissional com a banda só aconteceu em 1987, quando passou a trabalhar com Liminha no Nas Nuvens. Com um pé no Rio e outro em Lisboa, o engenheiro de som tinha acabado de produzir o álbum 88 do Xutos & Pontapés, a quem apresentou *Cabeça dinossauro* e *Jesus não tem dentes*.

Com o aval da banda portuguesa, que havia se tornado fã dos Titãs, o octeto paulista conquistou o público nos shows de abertura. Cantando no exterior para uma plateia que entendia o seu recado, conhecendo gente nova e interessante e lugares lindos, comendo e bebendo do bom e do melhor, o grupo imaginava que só levaria para o Brasil excelentes recordações de Portugal.

A temporada teria sido mesmo perfeita, não fosse por um detalhe. Com a ideia de produzir um documentário sobre a história dos Titãs, Branco não abandonava sua câmera nem quando estava em cima do palco. No dia 16 de julho, o vocalista se encantou com a Praça de Touros, em Famalicão, onde o grupo tocava, e filmou o show todo. Quando assumia os vocais, Paulo pegava a câmera e continuava registrando a performance da banda e do público. Passaram a noite toda se revezando na função até o fim do show dos Xutos & Pontapés, quando voltaram para o hotel. No dia seguinte, ao arrumar suas malas para deixar a cidade, Branco não encontrou a filmadora. Não se preocupou, acreditando que Paulo tinha levado para o seu quarto. O problema é que o amigo estava pensando a mesma coisa. Branco ficou arrasado. Era o fim de uma relação de anos. Aquela câmera tinha sido o primeiro bem que o vocalista comprou com o dinheiro que ganhou com *Cabeça dinossauro*.

Mas, apesar desse lado simbólico, a perda do equipamento não foi o que mais doeu. Ele não conseguia parar de pensar nas imagens irrecuperáveis que estavam na fita que ficou dentro da filmadora. Além das últimas cenas na Praça de Touros, estavam lá sequências divertidas de um passeio com Marcelo e Tony pelas ruas do Porto. O baque foi grande e cortou o tesão do vocalista pela atividade paralela. Mas como tinha mais de cem fitas com imagens da banda, decidiu que faria seu planejado documentário com o material que já estava registrado.

■ ■ ■

Quando o álbum *Go back* foi apresentado à imprensa no fim de setembro, com um release de 29 páginas assinado por André Midani e pelos próprios Titãs, não restou dúvidas de que a banda havia se tornado a principal estrela da WEA brasileira. Bastava analisar a ficha técnica no encarte do LP e comparar com aquele primeiro disco feito num estúdio de jingles: *Go back*, além de ter sido gravado num festival na Europa, numa mesa digital de 24 canais (detalhe que Midani fez questão de destacar no release), foi mixado em três continentes. Liminha não gostou do resultado do Swanyard Recording Studios, em Londres, e decidiu refazer uma parte em Los Angeles, no Record Plant, e o restante no velho e bom Nas Nuvens.

A capa do disco — mais uma vez idealizada por Sérgio Britto — representava a volta destacada no título com fotos dos titãs quando eram crianças. Na frente, Nando, de cabelos lisos e calçando sandálias, sorri sentado no para-lama do Fusca do pai; Britto, sério desde pequeno, brinca com uma pistola de plástico; Paulo, com suas mãos pequenininhas, segura um frango; e Tony posa vestido de escoteiro. Na contracapa, Marcelo sorri sem os dois dentes da frente; o bebê Branco está ao lado de um coelho de pano quase do seu tamanho; o comportado Arnaldo aparece junto da família; e Charles brinca de caubói com direito a chapéu, lencinho no pescoço, revólver na cintura e até cavalo. As mesmas criancinhas estão no encarte do álbum ao lado das letras das músicas, porém já crescidas e viajando pela Europa e pelo Nordeste.

Apesar de toda a pompa, *Go back* não foi uma unanimidade de crítica. Parte dos jornalistas brasileiros preferiu falar da falta de participação do público e deixou de lado a performance dos Titãs e os novos arranjos das músicas. "A banda alcançou êxito mediano no festival e se esforça em passar uma imagem de triunfo com *Go back*", escreveu Luís Antônio Giron, no *Estado de S. Paulo* de 28 de setembro de 1988, na análise que mais irritou o grupo. "Eu diria que é exatamente o contrário! Nós nos esforçamos, isso sim, no sentido de fazer um disco direto, bom, para dar ao nosso público algo interessante", respondeu Arnaldo na revista *Roll* de novembro daquele ano. Na mesma reportagem, Branco completou: "A ideia principal de *Go back* não foi de criar um clima apoteótico, de auge de carreira. A nossa direção é mesmo estética: fizemos os novos arranjos e os gravamos ao vivo. O interessante é o clima de retomada aos velhos tempos, no começo da nossa carreira, quando o público não nos conhecia".

Mas enquanto alguns jornalistas ainda escreviam suas resenhas sobre *Go back*, o LP já batia a marca das 100 mil cópias vendidas no mês de lançamento. Era só o começo para o álbum que mostraria à banda o que é popularidade.

■ ■ ■

De olho no ótimo momento do rock nacional, a Globo resolveu juntar duas das bandas mais respeitadas do país em um especial. No dia 18 de setembro de 1988, no Teatro Fênix, *Barão Vermelho e Titãs* reunia na plateia muitos artistas, como Cazuza, Débora Bloch, Isabela Garcia, Giulia Gam (já namorando Tony Bellotto), Dennis Carvalho e Maria Zilda, entre outros. No palco, Caetano Veloso faria uma participação especial, cantando a polêmica "Igreja".

De família católica, Caetano hesitou ao receber o convite do grupo, do qual era fã declarado. Chegou a perguntar se não poderia ser outra música, mas por fim venceu o lado rebelde do baiano, que acabou concordando que a ideia era genial. Caetano não imaginava — na verdade, nem os Titãs —, mas aquela participação nos vocais de "Igreja" provocaria uma mudança na rotina dos shows da banda: o protesto mudo de Arnaldo Antunes chegaria ao fim. O vocalista, que sempre deixava o palco quando o grupo tocava a música de Nando, passou a engrossar o coro nos shows. Arnaldo, porém, nunca admitiu que a adesão de Caetano tenha influenciado na sua decisão. Alegava que estava farto de ser sempre interpretado como um carola por conta daquela atitude.

No fim da gravação, o camarim se encheu de convidados que participaram de uma festinha para comemorar os 29 anos de Britto. Teve bolo, champanhe e striptease de Cazuza. Debilitado, já sofrendo com os efeitos da aids que o levaria à morte dois anos mais tarde, o cantor mostrou que ainda tinha muita energia: baixou as calças e dançou para a seleta plateia. Depois, todos caíram no chão, numa farra típica dos encontros com Cazuza.

Barão Vermelho e Titãs foi exibido na tarde do Natal de 1988 na esteira do sucesso do LP *Go back* e marcava a onipresença dos paulistas na TV naquele ano. Apesar de não precisar mais se sujeitar ao esquema de jabá, os Titãs continuavam se apresentando no *Cassino do Chacrinha*. O programa do Velho Guerreiro, que só saiu do ar depois de sua morte, em 30 de junho de 1988, era um dos poucos em que os Titãs da fase pós-*Cabeça dinossauro* aceitavam fazer playback. A banda também frequentava assiduamente o *Globo de Ouro* (a parada de sucessos da emissora, que juntava numa mesma edição Titãs, Jane Duboc, Fábio Junior e Oswaldo Montenegro) e tinha seus clipes levados ao ar no *Fantástico* ("Lugar nenhum", "Comida" e "Desordem" foram todos lançados no programa dominical).

As emissoras concorrentes não ficavam atrás. Na primeira semana de 1989, a TV Manchete mostraria um especial dirigido por Branco, que trazia imagens registradas pelo vocalista em Montreux e em outros lugares por onde o grupo passou na Europa. O programa incluía ainda clipes de "Cabeça dinossauro", "Massacre" e "Nome aos bois", que Branco produziu especialmente para o programa.

■ ■ ■

Sérgio Britto e Nando Reis eram dois jovens aspirantes a artistas quando montaram a dupla Milenar e Mineral para se apresentar no TV *Eclipson*, em 1983. Nessa época, apesar de já fazerem parte dos Titãs do Iê-Iê, não tinham ideia de que se tornariam dois grandes compositores. Mas, desde cedo fascinados pela arte de criar novas canções, se arriscavam a fazer versões em português de sucessos estrangeiros, seguindo uma prática herdada da Jovem Guarda. No primeiro álbum dos Titãs, Britto emplacaria "Balada para John e Yoko", sua tradução livre para "Ballad of John and Yoko", de Lennon e McCartney, e Nando registraria "Querem meu sangue", feita em cima de "The harder they come", de Jimmy Cliff.

Também entrou no primeiro disco do grupo uma versão que Britto e Nando fizeram juntos na casa dos pais do tecladista, em Pinheiros. Durante quase três horas, a dupla se trancou no quarto de Britto para ver o que conseguiriam criar a partir do reggae "Patches", de Dunbar e Johnson. Optaram por fazer uma versão quase literal, preservando as rimas e os acentos rítmicos do original. Depois de quase tudo pronto, faltava batizar o herói da história que ocuparia quatro minutos e 24 segundos do LP. O guitarrista Julian "Junior" Marvin, do Wailers, do qual ambos eram fãs, é o verdadeiro inspirador do nome da música, embora muitos teimem em relacioná-la ao cantor de soul music Marvin Gaye, assassinado pelo pai em abril de 1984, um ano depois do nascimento de uma das poucas parcerias de Nando e Britto.

A regravação de "Marvin" em *Go back* foi a grande responsável pelo êxito do quarto disco dos Titãs. Numa disputa acirrada com "Lua e flor", de Oswaldo Montenegro, a canção foi uma das mais tocadas na virada de 1988 para 1989, numa época em que o rock começava a perder sua força nas rádios. Nando, que deu voz ao reggae, constatou o fenômeno num hotel em Salvador, onde a banda se apresentaria. Ligou o rádio e tocava "Marvin". Trocou de estação para descobrir as novidades baianas, mas esbarrou novamente em "Marvin". Na terceira tentativa, lá estava "Marvin" em outra emissora! Já no ginásio Mineirinho, em Belo Horizonte, a banda foi surpreendida antes mesmo de pisar no palco. Do camarim, os Titãs puderam ouvir uma multidão cantando a letra inteira de "Marvin". Foi de arrepiar.

Além das temporadas cativas em casas tradicionais como Canecão, no Rio, e Olympia, em São Paulo, os sucessos de "Marvin", "Go back" e "Não vou me adaptar" (as três músicas mais executadas do LP) levariam os Titãs de volta a lugares mais populares, como a quadra da escola de samba Beija-Flor, em Nilópolis, na Baixada Fluminense, onde o grupo não se apresentava desde as caravanas do Chacrinha. "O povo está sem dinheiro, e nos subúrbios está parte significativa de nosso público. É importante fazer shows nos lugares em que o ingresso é barato", discursou Marcelo no *Jornal do Brasil* de 14 de novembro de 1988, que falava da primeira temporada de *Go back* no Rio, com dois shows no Canecão.

Da estreia da turnê nos dias 28, 29 e 30 de outubro, no Olympia, até junho de 1989, quando pararam para trabalhar no disco seguinte, foram cem shows e mais de 300 mil LPs vendidos. Porém, o álbum mais bem-sucedido dos Titãs até então não engordou a conta bancária dos músicos como deveria. Por ingenuidade ou por descrença no projeto de Montreux, os Titãs deixaram se convencer por André Midani de que *Go back* se tratava de um disco de exceção e, por isso, não entraria na conta dos três discos que o grupo devia à gravadora pelo contrato fechado em 1987. Ou seja, a banda teria que gravar mais dois álbuns, para só então renegociar luvas, participação em vendas e tudo mais a que tinham direito.

— Que cagada que vocês fizeram — criticou o empresário Manoel Poladian, assim que soube que os Titãs já tinham assinado o termo que fazia de *Go back* um disco de exceção.

Mas, a bem da verdade, Poladian foi outro que faturou mais do que a própria banda com o sucesso de *Go back*. Diferente de outros empresários que estiveram à frente da banda, ele não cobrava porcentagem do cachê. Em vez disso, comprava antecipadamente os shows por um preço fixo, ficando com o lucro ou o prejuízo das apresentações. No caso dos Titãs, que estavam estourados no país e fazendo shows para 20 mil pessoas, o empresário faturava um bocado com a bilheteria.

■ ■ ■

Finanças à parte, 1988 não poderia ter terminado artisticamente melhor para os Titãs. O resultado de *Go back* não aparecia somente nas vendas do LP ou nos shows lotados. Pela imprensa também era possível conferir a resposta do público nas eleições musicais dos melhores do ano. Tanto numa revista especializada, como a *Bizz*, como num veículo mais tradicional, como o *Jornal do Brasil*, a supremacia dos Titãs era confirmada. Na *Bizz*, o octeto levou os prêmios de LP, show e grupo, pelo segundo ano consecutivo. E na Diretas na Música, do *JB*, a dobradinha foi de melhor banda e disco.

Os resultados e números favoráveis, porém, não foram suficientes para que a turnê de *Go back* chegasse ao fim, em meados de 1989, sem grandes percalços. O pior incidente daquela temporada, e um dos mais desagradáveis da carreira dos Titãs, aconteceu no dia 24 de maio de 1989 numa apresentação em Salvador. O grupo se preparava para fazer o segundo show na Concha Acústica do Teatro Castro Alves quando começou a cair um temporal na capital baiana. Como o palco não tinha cobertura, a banda achou por bem esperar a chuva estiar para entrar em cena. O problema é que o público, que esgotou os 5300 ingressos à venda, também não tinha como se proteger. Além de encharcados, os baianos estavam sem paciência quando soaram os primeiros acordes de "Jesus não tem dentes no país dos banguelas", uma hora depois do previsto.

Os fãs logo esqueceram o atraso e a falta de parte do equipamento danificada pela água — inclusive os teclados de Britto —, cantando junto os sucessos da banda. Até que a chuva voltou a apertar e assustou os músicos. Eles temiam um curto-circuito no palco, que havia se tornado uma imensa poça d'água. Quarenta minutos depois, Britto, que já tinha levado vários choques, explicou os riscos que ele e os companheiros corriam de tomar uma descarga elétrica se permanecessem ali. Pensando que tudo estava resolvido, o grupo encerrou o show.

— Parou por quê? Por que parou? — berravam os fãs, mostrando que não tinham compreendido o discurso de Britto, muito menos a atitude da banda de se retirar do palco.

A maioria ainda gritava, quando uma pequena parte demonstrou mais explicitamente sua indignação. Enquanto os equipamentos eram desmontados pela equipe técnica, latas de cerveja e pedras eram arremessadas no palco.

Foi necessária a intervenção da Polícia Militar para que o tumulto chegasse ao fim. Mas a truculência dos policiais para conter o apedrejamento fez muitas pessoas caírem no chão. Ninguém ficou ferido gravemente, mas os Titãs precisaram esperar mais de uma hora para poder voltar ao hotel. O ônibus que os levaria teve o para-brisa quebrado por uma pedra. Por conta do incidente, o show extra que a banda faria no dia seguinte, uma segunda-feira, foi cancelado e os mais de 5 mil ingressos vendidos, devolvidos.

O incidente, pelo menos, serviu como um sinal de alerta. No fim do primeiro semestre de 1989, com quase cem shows nas costas, os Titãs constataram que precisavam parar para recarregar as baterias.

AGORA QUE EU FAÇO SUCESSO, VOCÊ NÃO ME DÁ MAIS SOSSEGO

▶ Trecho de "Seu interesse"

No fim de 1988, o Brasil estava mergulhado num grande mistério: quem matou Odete Roitman? Enquanto todo mundo tentava desvendar o assassino da vilã interpretada por Beatriz Segall na novela das oito *Vale tudo*, outro desafio instigava o mundo da música: a identidade secreta dos cantores da marchinha "Pipi popô", que tocava nas rádios jovens e era creditada ao grupo Vestidos de Espaço. Um tal de Pepino Carnale assumiu a autoria da canção, lançada pela wea num compacto antes do Carnaval de 1989, que trazia no lado B a igualmente divertida "A marcha do demo". Mas para aumentar o clima de suspense, Carnale — que dividia a cena com Lola, Zeno e Sebastian — só dava entrevistas por telefone e se apresentava com máscara nos shows.

Se no dia 7 de janeiro de 1989, no último capítulo de *Vale tudo*, o Brasil descobriu que Leila (Cássia Kiss) foi quem atirou em Odete Roitman, um mês antes, a *Folha de S.Paulo* já tinha revelado os nomes por trás das vozes dos Vestidos de Espaço, resolvendo a outra charada. "Titãs criam 'dublê de voz' e exibem face carnavalesca em 'Pipi popô'" era o título da reportagem publicada na capa da Ilustrada, que entregava também as participações especiais do compacto: a kid abelha Paula Toller, o cantor Jorge Mautner e o produtor Liminha. O jornal ainda desmascarou Pepino Carnale, incorporado pelo artista plástico Fernando Zarif. Sem confirmar nada, Zarif, ou melhor Carnale, deu entrevista ao lado de Lola (interpretada pela modelo Bronie) e falou do sucesso de "Pipi popô" nas rádios: "É uma coincidência. Há duas décadas estamos vivendo uma eterna quarta-feira de cinzas. Vamos ver se passamos para a quinta. Tudo está tendendo para a entropia".

Apesar da revelação da *Folha* e das vozes inconfundíveis de seus vocalistas nas rádios, os Titãs preferiram não assumir a identidade dos Vestidos de Espaço. Fazia parte da brincadeira, que começou nas gravações de *Jesus não tem dentes no país dos banguelas*, em setembro e outubro de 1987. Nessa época, enquanto alguns integrantes da banda trabalhavam no estúdio principal do Nas Nuvens, os outros subiam para o segundo andar e ocupavam o estúdio B, mais conhecido como Nas Neblinas. Lá, o passatempo era gravar canções debochadas que jamais entrariam no repertório do grupo. Foi daí que surgiu o Projeto Brega, dando origem a músicas como "Fazendinha", cantada com sotaque caipira. Foi também no Nas Neblinas que nasceu "Pipi popô", inspirado no axé music baiano, que já começava a dominar as rádios com suas letras de duplo sentido. O axé dos Titãs, que acabou virando marchinha, era puro nonsense:

> *Seu pipi no meu popô*
> *Seu popô no meu pipi*
> *Pipi popô*
> *Popô pipi*

Esses momentos se tornaram tão divertidos, que às vezes o Nas Neblinas ficava pequeno para tanta gente que queria participar. Além dos Titãs e do assistente de estúdio Antoine Midani, que operava a mesa de som, apareciam por lá o engenheiro de gravação Vitor Farias e, é claro, os convidados especiais Paula Toller e Jorge Mautner, atraídos para a farra numa visita ao Nas Nuvens. Não bastasse a bagunça que a turma fazia na parte de cima da casa, cada faixa concluída era comemorada com um desfile barulhento por todos os cômodos, incluindo o estúdio principal. A gravação de "A marcha do demo", que seria registrada no CD *E-Collection* em 2001, foi uma das mais concorridas. Branco assumiu o baixo, Paulo tocou sax, Marcelo fez a guitarra e Charles comandou a bateria eletrônica. Branco, Arnaldo, Britto, Paula, Mautner, Vitor e Liminha dividiram os vocais, fazendo sempre uma entonação diferente. Era para ficar mais engraçado e dificultar a identificação.

> Todos: *Não foi por falta de aviso*
> *Não foi por falta de alarde*

Agora nas chamas do inferno
O seu corpo arde

Paula: *Já dizia o capitão Nemo*
Cuidado com o demo, cuidado com o demo

Mautner: *Já dizia Pero Vaz*
Cuidado com Satanás

Arnaldo: *Já dizia Maria Antonieta*
Cuidado com o capeta, cuidado com o capeta

Vitor: *Já dizia Pai Jeú*
Cuidado com o belzebu

Todos: *Não foi por falta de aviso*
Não foi por falta de alarde
Agora nas chamas do inferno
O seu corpo arde

Paula: *Já dizia Napoleão*
Cuidado com o cão, cuidado com o cão

Britto: *Já dizia Santo Antônio*
Cuidado com o demônio

Todos: *Não foi por falta de aviso*
Não foi por falta de alarde
Agora nas chamas do inferno
O seu corpo arde

Branco: *Já dizia Lamartine Babo*
Cuidado com o diabo,
cuidado com o diabo

Liminha: *Já dizia Simbá, o Marujo*
Cuidado com o dito cujo

O que estava fadado a ficar só na intimidade inspirou os Titãs num projeto inusitado. Eles procuraram André Midani, presidente da Warner, e propuseram lançar um compacto para o Carnaval com as duas marchinhas. Só que o melhor da história era que a banda não apareceria. Ainda não se usava essa palavra, mas a ideia era criar um grupo virtual. Daí surgiu o Vestidos de Espaço, batizado por Jorge Mautner, que contou uma história sobre a Grécia Antiga, onde se dizia que, quando uma pessoa estava nua, ela estava vestida de espaço.

■ ■ ■

No meio da excursão de *Go back* pelo Nordeste sobraram uns dias de folga entre um show e outro, e os Titãs aproveitavam para dar um mergulho no mar, pegar um sol e relaxar. Numa dessas paradas, Nando, Charles, Paulo e Marcelo comiam um queijo coalho na praia da Boa Viagem, no Recife, quando viram se aproximar um casal de repentistas com seus netos. A dupla começou a cantar num idioma inidentificável, mas num ritmo contagiante.

Mauro, vestindo bermuda, camiseta, chinelos e um chapéu de palha decorado por fitas coloridas, se autointitulava o "rei do rock" e cantava balançando uma espécie de chocalho feito de papelão, chumbo e amarrado com panos. Sua mulher, Quitéria, de vestido cor-de-rosa e chapéu de palha enfeitado com flores de plástico, acompanhava a marcação com palmas e fazia a segunda voz. Os Titãs ficaram encantados com a sonoridade dos nordestinos que ganhavam a vida se apresentando para turistas.

Enquanto Nando e Charles ficaram conversando com o casal na praia, Marcelo e Paulo correram até o Othon Hotel, do outro lado da rua, para pegar o gravador portátil que o vocalista sempre levava nas viagens. De volta à praia, pediram que Mauro e Quitéria recomeçassem seu repertório, que misturava palavras em inglês, grego, russo, japonês, italiano, tudo numa pronúncia bem peculiar que só Mauro entendia.

Ajoelhado em frente ao idoso, o titã gravou uma hora de fita com oito músicas. Depois rebobinou tudo e colocou para os repentistas ouvirem. Mas Paulo nem desconfiava da reação dos dois. Mauro, que tinha ficado cego em 1982 em decorrência de problemas neurológicos, parecia uma criança de tanta alegria. Nos seus 68 anos de vida, era a primeira vez que ele ouvia sua voz gravada. Embora ninguém na roda soubesse, essa seria apenas a primeira de outras grandes surpresas que os Titãs reservariam para o ex-estivador, que agradeceu os trocados recebidos do quarteto e seguiu em frente, amparado pela esposa.

A fita de Mauro e Quitéria se tornou a trilha sonora do restante da turnê de *Go back*. De tanto escutar as músicas da dupla, os Titãs já tinham decorado as expressões inventadas pelo pernambucano. *Õ blésq blom* foi uma delas. Mesmo sem ter noção de seu significado, a expressão foi incorporada ao vocabulário dos músicos no período de pré-produção do sexto disco, na casa de Paulo, em Pinheiros. Dentro do Nas Coxas — apelido do estúdio de quatro canais do titã, numa brincadeira com o Nas Nuvens —, tudo o que soasse bom e tivesse chance de entrar no LP era "õ blésq blom pra caralho".

Nessas três semanas de junho de 1989, os Titãs fizeram quase todas as músicas juntos. Foi um período fértil. Como chegou a ser cogitada a possibilidade de se fazer um disco duplo, produziram mais de trinta canções. "Flores", uma das crias do Nas Coxas, foi aproveitada. Charles deu a sugestão do riff de guitarra que originou o futuro sucesso. Britto, por sua vez, teve a ideia da letra. Juntos com Paulo e Tony, o baterista e o tecladista chegaram ao resultado final, que entraria no disco praticamente sem retoques. Uma exceção no novo trabalho.

Outra música composta na casa de Paulo foi "32 dentes". Branco, Britto e Marcelo, todos rondando os trinta anos, pensaram em fazer algo em cima da maioridade. Não saía da cabeça do trio uma música dos irmãos Paulo Sérgio e Marcos Valle, chamada "Com mais de 30", cuja letra dizia que não se devia confiar em ninguém com mais de trinta anos. Britto sugeriu então que brincassem com a dentição completa de um adulto. Começaram a contar os dentes de cada um e... surpresa! Não tinham a mesma quantidade. Numa era pré-Google, foi preciso que consultassem um dentista para construir com mais propriedade o verso *"Não confio em ninguém com 32 dentes"*. Na gravação, Branco ainda recitaria uma parte de "Traumas", de Roberto e Erasmo Carlos: *"Meu pai um dia me falou para que eu nunca mentisse/ Mas ele se esqueceu de dizer a verdade"*.

Foi também do Nas Coxas que saiu "Miséria". Aproveitando um intervalo nos ensaios, Paulo mostrou a Britto algumas músicas de Bali que tinha em casa. Começaram a prestar atenção na sequência polifônica e, não demorou muito, Britto já estava no teclado e Paulo no baixo, tentando criar algo a partir daqueles sons. Daí chegaram primeiro à frase instrumental da introdução e depois fizeram toda a canção. O tecladista já estava em casa quando lembrou de uma letra que Arnaldo havia lhe mostrado, que encaixava naquela melodia. Ligou para o vocalista e pegou todos os versos por telefone. Britto reencontrou Paulo, os dois cortaram a letra, muito extensa, e começaram a cantar em cima da música.

Miséria é miséria em qualquer canto
Riquezas são diferentes
Índio, mulato, preto, branco
Miséria é miséria em qualquer canto

O resultado ficou tão bom que os três compositores disputaram o direito de cantar a música. Foi preciso promover uma votação e quem saiu perdendo foi Arnaldo. Britto e Paulo acabaram fazendo um dueto, fato inédito na banda, mas que se repetiria no próprio disco em "Deus e o Diabo" e em trabalhos futuros. Por uma ironia do destino, "Miséria", que se tornou uma das músicas preferidas dos Titãs, por pouco não foi gravada por outra banda. Arnaldo tinha oferecido a letra para o Gueto, que demorou muito para musicá-la e acabou perdendo uma obra-prima.

"Miséria" se tornou um clássico, mas Arnaldo nunca chegou a se lamentar de ter perdido essa votação. Até porque, no mesmo disco, ele emplacaria mais uma letra que também entraria para a história. E dessa vez na sua voz. Em "O pulso", o compositor se esmerou em pesquisar nomes de diversas doenças e transformá-los em versos com ritmo e rima. Arnaldo teve ainda a sutileza de incluir na lista as enfermidades da alma: ciúme, culpa, hipocrisia. A canção percorreu uma trajetória semelhante à de "Miséria". Tony e Marcelo criaram uma melodia independente numa tarde, enquanto faziam hora para buscar no colégio as filhas Nina e Susi. Quando terminaram, ligaram para o vocalista. Arnaldo, então, mostrou sua nova letra.

O repertório também guardava uma outra surpresa que atenderia pelo nome de "O camelo e o dromedário". Com letra e melodia quase infantis, a canção surpreenderia nas primeiras audições, por fugir completamente da linha das outras músicas dos Titãs. A história que Nando entregou para Paulo musicar parecia um trabalho árduo de pesquisa, mas não passava de um pseudocientificismo, em que a única coisa que o baixista sabia com certeza era o número de corcovas de cada um deles: *"Será que o bom dromedário com sua única corcova tem por cima mais espaço?/ E ficaria assim nosso amigo camelo exposto a um maior cansaço?"*. Paulo entrou no clima, gravou a base do reggae e diminuiu a velocidade, dando seriedade ao discurso.

Enquanto os Titãs criavam e ensaiavam, Liminha tentava arrumar uma maneira de levar a banda para gravar nos Estados Unidos, onde os estúdios estavam anos-luz à frente do Nas Nuvens. Tentou convencer a WEA a bancar o aluguel do estúdio de Prince, em Minneapolis, mas não teve sucesso. Conseguiu, pelo menos, trazer o engenheiro de som americano Brad Gilderman, que já havia trabalhado em discos de Janet Jackson e Tom Petty, além de uma infinidade de equipamentos novos. Antes de embarcar para o Brasil, Liminha ligou para a casa-estúdio de Paulo contando as novidades e para saber se alguém tinha uma encomenda.

— Lima, traz uma guitarra pra mim. Você conhece o meu jeito de tocar e vai saber qual escolher — pediu Marcelo, que recebeu do produtor uma Fender Telecaster.

Embora tenham emendado o fim da turnê de *Go back*, em junho, com a pré-produção do LP seguinte, alguns titãs ainda conseguiram conciliar os ensaios no Nas Coxas com atividades paralelas. Paulo participou do disco *Sanguinho novo*, um tributo a Arnaldo Baptista, cantando "Superfície do planeta" no mesmo órgão Hammond em que o ex-mutante havia gravado a versão original. Arnaldo Antunes editou a revista de poesias *Almanak 88*, ao lado da mulher, Zaba, e de outros artistas, como Sérgio Papi e Walter Silveira. E Nando coproduziu com Liminha e Victor Faria o disco *Benjor*, que marcava a mudança no sobrenome de Jorge Ben. Foi com o dinheiro que ganhou neste freelancer, aliás, que o baixista pôde enfim trocar seu Fusca 1980 por uma Parati zero quilômetro.

■ ■ ■

De volta ao Rio, os Titãs foram direto para o hotel Marina, na praia do Leblon, com exceção de Arnaldo. Prevendo mais uma longa temporada fora de casa, o vocalista alugou um apartamento na Lagoa para ficar com Zaba e a filha Rosa, então com seis meses. Os outros quase nem iam a São Paulo. Principalmente porque a maioria tinha com quem dividir as horas de folga no Rio: Tony, com Giulia Gam; Marcelo, com Betty Gofman; Branco começava a namorar a também atriz Angela Figueiredo; e Britto estava com Moira, ex-mulher de Paulo Ricardo.

Com exceção desse lado romântico, não foram nada fáceis os dias de gravação do sexto disco dos Titãs. A banda e Liminha se reencontraram com a ideia fixa de dar um passo adiante do que haviam feito no lado eletrônico de *Jesus não tem dentes*. E, apesar da vinda de Gilderman e da importação de equipamentos mais avançados terem sido fundamentais para atingir esse objetivo, as condições técnicas ainda estavam aquém de tudo o que se produziria naquele estúdio.

Antes de viajar para o Rio, os Titãs registraram no estúdio Rack, na rua Purpurina, as dez canções que entrariam no disco. Todas tinham, de alguma forma, uma forte ligação com a música brasileira. Esse desejo de fazer um disco mais voltado às origens era uma clara influência do encontro com Mauro e Quitéria. Mas a dupla de nordestinos ainda contribuiria mais para o LP. Numa ponte aérea Rio-São Paulo, os Titãs conversavam sobre o nome do novo trabalho. A faixa "Racio símio" era a mais cotada para batizá-lo, mas foi perdendo força por ter um conceito parecido com "Cabeça dinossauro". No meio da discussão, Nando sugeriu um título que estava no ar e ninguém tinha notado:

— Por que não Õ *blésq blom*?

Fosse qual fosse o significado daquelas palavras, todos concordaram que o nome era bom demais para o disco que estavam planejando e trataram de botar no papel o que até então era apenas um som confuso. Mais tarde, quando Mauro explicou que "õ blésq blom" se referia aos "primeiros homens que andaram sobre a Terra", pareceu o encaixe perfeito.

Além de terem dado o título, Mauro e Quitéria emprestaram suas vozes ao disco. Na gravação de "Miséria", Paulo deu a ideia de misturar trechos da fita da dupla pernambucana no álbum. Primeiro fizeram uma vinheta com uma das músicas dos repentistas, enquanto a canção de Britto, Arnaldo e Paulo aumentava de volume gradativamente. Depois, o tecladista e Liminha começaram a fazer experiências enquanto escolhiam os timbres da programação de teclados. Colocaram o trecho *"é na tela de cinema"* e depois o *"õ blésq blom"*. Britto deixou rolar a programação e ficou mexendo nos timbres que mais se ajustavam. Achou, por acaso, uma percussão na mesma divisão do teclado. Chamou Liminha na hora para mostrar e o produtor aprovou, empolgado. Uma sorte dessa merecia comemoração, porque todo o processo era muito demorado. O solo de Mauro e Quitéria era inserido na mão, assim como a procura pelo timbre certo. Algo inimaginável anos mais tarde, quando seriam inventados a gravação digital, Pro Tools e afins.

Não foi por acaso, portanto, que *Õ blésq blom* seria considerado, por parte da imprensa especializada, o disco mais bem produzido no Brasil. As dificuldades tecnológicas não impediram que cada faixa tivesse um acabamento impecável. Todos os timbres foram criados especialmente para o LP, beneficiando os teclados. Também foram produzidos para cada faixa sons originais de bateria, de baixo, de voz, além de efeitos eletrônicos. Esses detalhes todos renderam dois rótulos ao álbum. Os que não gostaram o chamavam de "bolo fofo" e os que curtiram apelidaram de "Sargent Pepper's brasileiro", em alusão ao clássico disco dos Beatles.

No meio desse enorme aparato, um instrumento importantíssimo desde a formação dos Titãs ficou meio apagado: a guitarra. E se esse detalhe já não fosse suficiente para que Tony e Marcelo tivessem restrições ao LP, a implicância da dupla aumentou na gravação de "Deus e o Diabo". Liminha gravou uma série de acordes na sua SP-1200 e Britto, o mais empolgado com todas as novidades tecnológicas, fez o solo de guitarra na bateria eletrônica. O resultado ficou surpreendente, mas foi frustrante para os guitarristas.

Enquanto a gravação do LP se estendia, Arnaldo, que assumira o design da capa, mantinha contato permanente com Silvia Panella. De São Paulo, a coordenadora gráfica executava a ideia do cantor. Fazendo jus a todo o trabalho do disco, a capa de *Õ blésq blom* também superava as limitações da época. O mosaico com as letras do título sobre colagens, que poderia ter sido criado em questão de minutos na computação gráfica, em pleno 1989 foi todo montado artesanalmente. Com borrões de café no papel, manchas de caneta e cinzas de cigarro, Arnaldo fazia suas colagens e mandava via malote para Silvia. Depois de seis versões, finalmente se chegou ao resultado final.

Em setembro, quando o LP enfim ficou pronto, com vinhetas de Mauro e Quitéria abrindo e fechando o repertório, todo o esforço e o estresse dos três meses trancados em estúdio foram recompensados. Os Titãs e Liminha se orgulhavam do que tinham feito, e quem ouvia as faixas os enchia de elogios. Certa tarde, numa visita ao Nas Nuvens, Herbert Vianna foi convidado pelo produtor para uma audição de *Õ blésq blom*. O líder dos Paralamas ficou encantado:

— O que a gente vai fazer depois disso, cara?

■ ■ ■

São Paulo ficou sabendo da existência da estranha expressão "Õ blésq blom" a partir da primeira semana de outubro de 1989, quando vários muros de lugares estratégicos da cidade amanheceram pichados com as palavras cantadas por Mauro e Quitéria. Era obra dos artistas do ateliê Tupinãodá, que, contratados pela WEA, se antecipavam ao lançamento do LP dos Titãs, marcado para o dia 16 daquele mês. Ainda mais sofisticada do que no disco anterior, a banda recebeu a imprensa numa audição no Museu da Imagem e do Som paulista, com uma festa regada a saquês e sashimis preparados pela banqueteira gaúcha Neka Mena Barreto. Tony e Marcelo causaram ainda mais frisson na plateia ao chegarem acompanhados de suas namoradas globais, Giulia Gam e Betty Gofman.

Nada disso, porém, provocou mais impacto do que o release de apresentação, escrito pelo fã mais ilustre do octeto, Caetano Veloso. "Os Titãs são, ao mesmo tempo, uma turma de colégio do secundário, um grupo de homens responsáveis, um exemplo de democracia harmoniosa (sem açúcar) e um time de craques do rock, música, cena e papo", descreveu o cantor, que assinou o texto com o filho Moreno Veloso, então com dezesseis anos.

Dois dias depois da audição, começaram a ser publicadas as críticas ao disco. A *Folha de S.Paulo* manteve o tratamento de gala, dando uma chamada com foto na primeira página e dedicando a capa inteira da Ilustrada ao grupo. "*Õ blésq blom*, o mais novo disco dos Titãs, reafirma o que todo mundo com um pingo de sangue nas veias já sabia — que eles são, de fato e de direito, a maior banda de rock do Brasil", elogiou André Forastieri. Outros jornais paulistas, porém, não tiveram a mesma impressão. "A possibilidade de um álbum conceitual, quase concretizada em *Cabeça dinossauro* e *Jesus não tem dentes no país dos banguelas*, parece naufragar definitivamente em *Õ blésq blom*", opinou Jimi Joe, do *Estado de S. Paulo*, numa reportagem intitulada "Oito timoneiros no barco sem rumo". Sônia Maia, do *Jornal da Tarde*, carregou ainda mais nas tintas: "Eles são os picaretas mais refinados que o rock tupiniquim já produziu. [...] Faltou neste LP um material coeso e menos dispersivo".

Aproveitando o release de Caetano, não faltaram comparações ao disco *Araçá azul*, de 1972, em que o baiano usara a voz de uma tocadora de pratos, vizinha de sua casa em Santo Amaro da Purificação. Também pelas vinhetas de Mauro e Quitéria, os Titãs foram acusados de estar indo na onda da world music, uma corrente pop que crescia na Europa e nos Estados Unidos, com músicos famosos misturando ritmos nativos da África e da Ásia com a tecnologia de sintetizadores e guitarras. Anos após o seu lançamento, porém, não se pode negar que com *Õ blésq blom* o octeto antecipou uma fusão da música brasileira com o rock e a música eletrônica, que teria seu *boom* na década de 1990. E mais: bebendo da mesma fonte, Pernambuco, de onde surgiria o movimento mangue beat, tendo à frente grupos como Chico Science & Nação Zumbi e mundo livre s/a (tudo em minúsculo mesmo).

Críticas e comparações à parte, a participação involuntária no disco dos Titãs transformou a dupla pernambucana em celebridade da noite para o dia. De sua humilde casa no bairro popular Jordão de Baixo, os repentistas deram entrevistas e se deixaram fotografar pelos principais veículos do país. "O rock é muito acreditado, é só o que o povo pede e corre atrás", disse Mauro a Letícia Lins, do *Jornal do Brasil*, em 31 de outubro de 1989. "O povo até grita na praia, 'vem cá, rei do rock'", contou Quitéria na mesma reportagem, para mostrar o quanto eles eram populares em Recife. Só não imaginavam que a fama já tinha se espalhado por todo o Brasil. Mais tarde, no entanto, puderam sentir o gostinho, abrindo shows dos Titãs em São Paulo e numa turnê pelo Nordeste. Sem ter noção do que significava, eles ainda dariam o ar da graça no especial *Homem 90*, que a Globo exibiu em 26 de dezembro de 1989, com a participação de astros como Tom Jobim, Chico Buarque, Gilberto Gil, Milton Nascimento e Paulinho da Viola.

A parceria com o octeto paulista também rendeu ao casal um alívio financeiro. Os pernambucanos, que ao gravarem suas vozes para os Titãs achavam que os rapazes eram turistas, não entenderam nada ao receber da WEA um cheque de 6 mil cruzados novos (cerca de 1.150 dólares na época) referente aos direitos autorais da venda do LP. Quitéria investiu 4 mil cruzados novos na reforma da casa e guardou o restante na poupança. Mauro morreu em 1992, aos 71 anos. Deixou de lembrança para os Titãs, além da inspiração para um de seus discos mais bem elaborados, uma frase carinhosa carregada de sua sábia simplicidade: "Espero que vocês continuem no topo da montanha e gritem a poesia".

■■■

Durante a audição do novo álbum, os Titãs falaram grosso com Manoel Poladian. Queriam negociar o que era praticamente inegociável: férias. O grupo, cansado por engatar um disco no outro desde o começo da carreira, queria um mês de folga. Poladian só aceitava vinte dias. E acabou vencendo a batalha. Na primeira semana de novembro, o octeto lançava seu novo show de maneira inusitada e talvez com recorde de público para uma estreia.

O repertório de *Õ blésq blom* foi ao ar em primeira mão no *Chá das cinco*, da Rádio Transamérica. Gravado nos estúdios da emissora, o programa foi transmitido simultaneamente pela TV Cultura. Foi a chance também para os ouvintes fazerem perguntas aos músicos e os locutores baterem na mesma tecla de toda a mídia: ali estava a melhor banda de rock do Brasil. "Não nos cabe comentar esse assunto. Buscamos basicamente um som original, com uma linguagem que acreditamos acrescentar e contribuir como um todo. Não gostamos de nos repetir, buscamos novos horizontes", disse Marcelo.

A turnê de *Õ blésq blom* estreou oficialmente numa minitemporada entre os dias 9 e 11 de novembro, no Olympia, em São Paulo. Era o início de uma longa maratona, que atravessaria um período de grandes acontecimentos: em novembro daquele ano, o Brasil escolheria o primeiro presidente depois de 29 anos, e, em junho de 1990, a seleção de futebol iria à Itália em busca do tetracampeonato na Copa do Mundo.

Com músicas como "Desordem", "Nome aos bois", "Polícia" e "Estado violência" no repertório e com um filho de político na sua formação, os Titãs eram inevitavelmente incitados a dar opiniões sobre os rumos do país nos programas de que participavam. "A banda procura não ter um candidato de consenso para as eleições presidenciais. Cada um tem, democraticamente, sua posição pessoal", disse Sérgio Britto a Fausto Silva, que tinha estreado em março daquele ano o *Domingão do Faustão*, na Globo. Para divulgar "Flores", escolhida como música de trabalho, os Titãs fizeram a tradicional peregrinação por emissoras de TV. Foram ao *Viva a noite!*, de Gugu Liberato, no SBT; ao *Milk shake*, de Angélica, na TV Manchete; e ao *Xou da Xuxa*, na Globo.

Foi também na Globo, nessa mesma época, que o octeto e uma jovem e promissora cantora se apresentaram pela primeira vez no mesmo palco. O programa *Babilônia*, gravado numa boate de mesmo nome no Rio, juntou os Titãs e Marisa Monte cantando "Comida". Marisa, que havia interpretado a música em seu primeiro disco, em 1988, era uma antiga fã da banda. O primeiro contato com o grupo foi na temporada que ela fez no Aeroanta, em São Paulo. Resolveu mandar convites para os Titãs. Todos já tinham ouvido falar — muito bem — da morena de voz encantadora e foram conferir. Ao saber da presença da banda na plateia, seu empresário, Lula, foi ao camarim e avisou Marisa, brincando:

— O Arnaldo está aí só esperando você chamá-lo para cantar "Comida".

Nem passou pela cabeça de Marisa que o empresário estivesse fazendo graça. Ela subiu ao palco e, acreditando que o compositor realmente aguardava o convite, chamou:

— Arnaldo, sobe aqui para cantar "Comida" comigo.

Arnaldo não entendeu nada, mas também não se fez de rogado. Subiu, cantou e ficou fascinado com o desembaraço daquela talentosa menina de vinte anos. Nascia ali uma afinidade que se transformaria numa rica parceria anos mais tarde, com Os Tribalistas.

Mas foi em outro titã que Marisa encontraria seu parceiro mais constante nessa época. Com Nando Reis, que logo se tornaria seu namorado, a cantora compôs boa parte do repertório do seu segundo álbum, *Mais*, que incluía ainda canções de Arnaldo e Branco. O encontro com Marisa foi também um divisor de águas para Nando, que desde o início dos Titãs sempre teve dificuldades para criar músicas com outros parceiros. Preferia compor solitariamente. A ligação com Marisa — afetiva e profissional — deu chance para o baixista fazer canções com vários nomes da música brasileira, hábito até então nunca cultivado pelos outros titãs.

A turnê de *Õ blésq blom*, com toda a parafernália necessária para reproduzir o som elaborado que os Titãs criaram no estúdio, percorreu o Brasil impulsionada pelo sucesso nas rádios de "Flores", "Miséria" e "O pulso". E era na estrada que a banda acompanhava os últimos acontecimentos. Na Bahia, por exemplo, onde fizeram o primeiro show depois da confusão no fim de 1988, o grupo decidiu participar de um comício de Lula. Era 9 de dezembro de 1989 e o candidato do PT disputaria oito dias depois o segundo turno da presidência com Fernando Collor de Mello, do PRN. Foi uma das poucas vezes que os Titãs manifestaram publicamente seu voto.

Antes disso, tinham participado da campanha de Fernando Henrique Cardoso para prefeito de São Paulo, em 1985, na eleição vencida por Jânio Quadros. Em 1990, voltariam a se envolver com política, mas de uma forma diferente: apareceram na TV no horário do PDT para falar de Almino Affonso, pai de Britto, candidato a governador de São Paulo.

■ ■ ■

Charles Gavin estava lendo jornal num voo de São Paulo para o Rio quando uma notinha no *Estado de S. Paulo* de 23 de março de 1988 chamou sua atenção. Leu, não gostou e mostrou aos companheiros. "Odeio os Titãs. Mas, se for para publicar, diz que eu adoro e tenho todos os discos." A declaração, creditada a uma famosa atriz da Globo, causou decepção na banda, que, vidrada em televisão, admirava o trabalho da artista e esperava, se não o mesmo tratamento, pelo menos respeito.

Mas o destino sempre surpreende e, meses depois, essa mesma atriz cruzou no saguão do hotel Maksoud Plaza, em São Paulo, com um sorridente rapaz de olhos verdes. Foi amor à primeira vista. Eram eles Malu Mader e Tony Bellotto. A atriz, então com 21 anos, nunca havia visto aquele homem na vida, mas ao dar de cara com ele na saída do elevador teve uma inexplicável sensação de que seria seu marido e com quem teria filhos. O encontro também encantou o guitarrista, que estava acompanhado da filha, Nina. Deixou a menina em casa e, pouco depois, naquela mesma noite, estava sentado numa mesa com sua namorada, Giulia Gam, e o casal Malu Mader e Taumaturgo Ferreira. Giulia e Taumaturgo tinham contracenado na novela *Mandala*, em 1987, e se reencontravam em São Paulo. A empatia entre o guitarrista e a atriz foi tão forte e imediata que, durante toda a noite, Tony e Malu esqueceram da presença dos outros dois, engatados numa conversa animada. Até que a uma certa altura, Tony não resistiu e mandou:

— Pena que você não gosta da gente...

Malu, que nem imaginava que o rapaz fazia parte de alguma banda, não entendeu nada. E ficou sem graça quando Tony contou a história do avião. Ela não tinha lido a tal nota, mas tratou de esclarecer:

— Eu recebi uma ligação de uma jornalista que estava fazendo uma enquete sobre os Titãs. Disse que não poderia participar por não conhecer direito a banda. Mas a repórter insistiu tanto que eu falei que podia botar que eu adorava e tinha todos os discos. Não imaginei que ela fosse escrever aquilo — contou, perplexa com a maldade da jornalista, que mesmo só tendo falado com a atriz pelo telefone, chegou a escrever que Malu franziu a testa antes de dar a resposta.

Fosse Tony um sujeito rancoroso, sua história com Malu teria acabado ali. Mas os dois se despediram e foram embora com seus respectivos pares, guardando ótimas impressões um do outro. Voltariam a se encontrar no ano seguinte por uma feliz coincidência. Betty Gofman, melhor amiga de Malu, tinha começado a namorar Marcelo Fromer, melhor amigo de Tony. Betty, que conhecera Marcelo no camarim de um show no Canecão, também se apaixonara à primeira vista. Fã da Eduarda da novela *Tititi*, o guitarrista era louco para conhecer sua intérprete e mal pôde acreditar quando deu de cara com a atriz. Foi em sua direção e disse, valorizando cada sílaba:

— Bet-ty Gof-man?!?

— Estou completamente apaixonada... — sussurrou Betty, no ouvido da também atriz Ana Beatriz Nogueira, que a acompanhava.

Para sorte de Malu, que já tinha se separado de Taumaturgo e pensava constantemente nos olhos verdes de Tony, Betty foi dividir um apartamento com ela em São Paulo, naquele comecinho de 1989, justamente quando namorava

Marcelo. Num breve rompimento com Giulia, Tony mostrou que também não havia esquecido a atriz, que àquela altura já tinha ouvido todos os discos dos Titãs e virado fã de carteirinha da banda. O guitarrista convidou Malu para jantar e nesse encontro a atriz teve certeza: queria se casar com aquele homem e ter filhos. Tony até reatou com Giulia Gam, mas Malu continuou rondando. Mandava recados por Marcelo ("o único cara que eu namoraria é o Tony") e apelava para os clichês típicos dos apaixonados: enviava para a casa de Tony fotos dela com dedicatória, bilhetes e livros como Os astros e o amor.

No fim de 1989, a atriz decidiu dar sua cartada final e convidou Tony, sem rodeios:

— A vida é curta. Vamos para Penedo passar o Natal na minha casa.

O guitarrista, a essa altura já solteiro e só pensando em Malu, aceitou na hora. Depois do Natal, a paixão dos dois era tão arrebatadora que não conseguiam imaginar como poderiam passar mais um dia separados. Mas Tony havia combinado uma viagem a Salvador com a filha, Nina, e não tinha como desmarcar. Malu então convidou seus amigos para passar o Réveillon em Porto Seguro. Tony queria pegar um avião ou um ônibus para encontrá-la, mas não conseguia passagem. Nem pensou duas vezes: chamou um táxi e chegou na pousada onde ela estava pouco antes da meia-noite, a tempo de romperem 1990 juntos. A partir do Ano-Novo, o guitarrista e a atriz nunca mais se desgrudaram.

Depois de conquistar Tony, porém, Malu precisou quebrar o gelo com o restante do grupo, ainda ressabiado com a notinha do jornal. Nos primeiros dos muitos shows que acompanharia dos bastidores, foi interpelada por Charles, que não costumava usar meias palavras:

— Agora então você gosta dos Titãs?

Bastou uma conversa sincera entre os dois para que o baterista deixasse de lado o ressentimento. Em pouco tempo a atriz iria se incorporar à trupe nas excursões pelo Brasil, em farras animadas. Sem férias desde que começou a trabalhar aos quinze anos, Malu se deu ao luxo de tirar um tempo para curtir o namoro com Tony e seu encantamento pelos Titãs. Caseira desde pequena, nunca fez parte de uma turma. Com a banda, enfim encontrou sua galera.

Outra atriz passou a integrar a turma na mesma época: Angela Figueiredo, namorada de Branco Mello. Diferentemente de Betty e Malu, porém,

Angela primeiro se aproximou dos Titãs e depois descobriu suas afinidades com Branco, que estava dirigindo um especial do grupo para a TV Manchete. Bailarina profissional, ela planejava montar um espetáculo usando músicas da banda e foi pedir permissão aos autores. Não só obteve a autorização como logo se tornou amiga dos Titãs e chegou a dar uma mãozinha para Branco na produção do especial. Numa viagem a Salvador, onde apresentaria seu espetáculo e a banda tocaria — aquele em dezembro de 1988, em que a chuva danificou os equipamentos e provocou a ira do público —, Angela e Branco tiveram que admitir que rolava mais do que amizade entre eles.

Um mês depois os dois assumiram o namoro e, quando se deram conta, já estavam vivendo juntos em São Paulo. O vocalista e a atriz primeiro moraram no hotel Bristol, no Centro, para onde ele tinha se mudado. Depois, passaram um período na casa da ex-mulher de Branco, Paula Mattoli, que recebeu o casal com a maior hospitalidade. No fim de 1989, Branco e Angela decidiram alugar um apartamento e levar para morar com eles a filha da atriz, Diana Bouth, então com oito anos.

Por coincidência, os três titãs com namoradas famosas se juntaram a Cuca Fromer e Thiago Kairovsky, irmãos de Marcelo, para abrir em Pinheiros a lanchonete Rock Dog, especializada em cachorros-quentes com molhos exóticos. O ambiente, claro, era o mais roqueiro possível. Na parede, discos de ouro e de platina do grupo, três guitarras e um prato de bateria, doado por Charles. No cardápio, sanduíches batizados com nome de popstars, como Tina Turner (atum, catupiry e salsicha) e The B-52's (rosbife, queijo, tomate e presunto no pão sírio). Nas caixas de som do bar, só clássicos do rock, de Chuck Berry a Jerry Lee Lewis.

Na inauguração, no dia 20 de setembro de 1990, uma multidão de mais de trezentas pessoas tentava se acomodar num lugar onde só cabiam trinta. Além dos donos Marcelo, Tony e Branco e de suas namoradas famosas, outras celebridades passaram a frequentar o lugar, transformando o Rock Dog no bar da moda. Mas o point de artistas, jornalistas e outros descolados duraria apenas dois anos. Cuca e Thiago, que realmente tocavam a casa enquanto os outros sócios viajavam pelo Brasil, ficaram esgotados e acharam melhor encerrar o negócio.

Se na divulgação de um empreendimento namorar atriz ajudava os Titãs, em outros momentos atraía críticas. Tony estava num hotel na Bahia, quando foi atender ao serviço de quarto. O garçom, de uns vinte anos entregou o pedido do guitarrista, mas deixou seu recado:

— Eu gosto dos Titãs. Mas vocês estão ficando meio cuzões namorando essas atrizes da Globo.

Tony disse poucas e boas para o atrevido, que provavelmente foi influenciado pela opinião de outros artistas, como Renato Russo, com quem os Titãs bateram boca na imprensa. "O rock perdeu o *punch*, estrelas globais estão na plateia usando e sendo usadas pela fama dos grupos, especialmente dos Titãs, que se superexpuseram no Canecão", criticou o líder da Legião Urbana no *Jornal da Tarde*, em outubro de 1989. "O Renato Russo não deveria ter dúvidas de um sistema ao qual ele está sujeito. Ele sugere dúvidas sobre a integridade dos Titãs. Se Malu Mader, Costinha e globais vão ao Canecão, outros 10 mil anônimos também vão", respondeu Nando no próprio *Jornal da Tarde* uma semana depois. Na mesma reportagem, Tony completou: "Essa manifestação faz parte do marketing do Renato".

Renato Russo faria o mea culpa na *Bizz* de novembro: "Foi um comentário leviano da minha parte. Porque, Deus me livre, os Titãs são maravilhosos. Somos iguais, tenho certeza de que no dia que nos encontrarmos de novo, daremos umas risadas, e vamos falar mal das gravadoras e de todo mundo e também vamos falar bem de todo mundo".

■ ■ ■

Em setembro de 1990, os Titãs embarcaram para os Estados Unidos para receber um prêmio inédito para o Brasil. No Universal Amphitheatre, em Los Angeles, o octeto participou do MTV Video Music Awards como vencedor da categoria melhor clipe estrangeiro. A MTV brasileira inauguraria suas transmissões no mês seguinte e aquela premiação era o pontapé inicial da emissora. O vídeo de "Flores" foi criado para o *Fantástico* por Jodele Larcher e teve direção de arte de Gringo Cardia. Construído com efeitos de *chroma key*, com os músicos aparecendo sobre várias camadas de flores, o clipe superou "Oceano", de Djavan; "O estrangeiro", de Caetano; "Perplexo", dos Paralamas; e "Alívio imediato", dos Engenheiros do Hawaii.

Além do privilégio de estrear na MTV Brasil antes de a emissora existir, os Titãs experimentaram o glamour da badalada cerimônia de entrega do Video Music Awards, dividindo espaço com astros da música pop e curtindo, entre um prêmio e outro, apresentações de Janet Jackson, Aerosmith, Phil Collins, Living Colour e MC Hammer. Graças também ao prêmio, indicado por figurões da indústria fonográfica, "Flores" passaria a integrar não só a programação da MTV brasileira como das filiais do mundo inteiro.

A festa e a entrevista que os Titãs deram em Los Angeles à jornalista Astrid Fontenelle foram exibidas só depois do dia 20 de outubro, quando a MTV entrou no ar, a princípio com transmissão apenas para São Paulo e Rio de Janeiro. Porém, no Rio, a estreia foi da pior maneira que podia acontecer a uma emissora especializada em música: sem som. O clipe exclusivo de Marina Lima, "Garota de Ipanema", ficou mudo. Até que alguém percebeu e botou um áudio nada apropriado à imagem no vídeo da cantora, toda sensual: um velho sucesso do Dire Straits.

Os problemas técnicos foram contornados e em poucos dias a MTV já exibia sua programação de meio-dia às duas da madrugada. À frente da produção estavam Rogério Gallo, diretor musical, e Zeca Camargo, âncora e responsável pelo noticiário (sobre música, claro) que costurava a grade de atrações, basicamente feita de clipes e entremeada por programas curtos sobre esportes radicais e cinema. A MTV despejou na telinha uma coleção de caras novas. Astrid, Gastão Moreira, Daniela Barbieri, Rodrigo, Cuca, Maria Paula e o anárquico Luiz Thunderbird formaram a primeira equipe de uma profissão até então inédita no Brasil: VJs (abreviação de videojóquei). Eles ocupavam todo o tempo no ar, à frente de atrações como *Disk MTV*, com a seleção de clipes feita pelos telespectadores; *Rockstória*, focando sempre uma banda ou um artista; e *Check Up*, no qual um convidado escolhia o que desejava ver.

Em três meses no ar, a MTV sacudiu o mercado com vinhetas bem boladas e um burburinho crescente entre os jovens. A emissora diversificou a grade e nasciam programas como *Fúria metal*, *Rap MTV* e *Top 10 Europa*. A poderosa Globo, atenta à popularidade da emissora novata, investiu pesado na cobertura do Rock in Rio II, em janeiro do ano seguinte, com programas diários e uma edição de imagens com cortes frenéticos. A MTV já estava fazendo escola.

Os Titãs aproveitaram a viagem aos Estados Unidos não só para receber o prêmio do canal, mas também para gravar o clipe de "Deus e o Diabo". Usando as ruas de Los Angeles como pano de fundo, o vídeo foi rodado numa madrugada regada a duas garrafas de Jack Daniel's. Foi uma noite divertida, mas nem todos os Titãs participaram. Nando, que não estava no hotel com os companheiros, faltou à gravação. Curtindo sua paixão pela nova namorada, Marisa Monte — com quem estava hospedado no apartamento de Arthur Fontes, um dos fundadores da Conspiração Filmes —, o baixista simplesmente esqueceu o compromisso. Mas não foi dessa vez que os Titãs viraram um septeto. Para não deixar Nando de fora do clipe, foi gravado um take só dele na cidade.

A viagem serviu também para alguns shows, mas bem diferente da megaestrutura que a banda apresentava no Brasil. Em Los Angeles, Nova York e Boston, os Titãs tocaram em lugares para no máximo quinhentas pessoas, quase todas brasileiras, e com a qualidade de som bem abaixo do nível a que estavam acostumados.

Quando o grupo retornou ao Brasil, renovou contrato com a WEA por mais quatro anos, com "bases milionárias", conforme a própria gravadora alardeou para a imprensa. E a companhia tinha motivos para se vangloriar do investimento. No fim de 1990, *Õ blésq blom* batia a casa das 220 mil cópias vendidas e os shows que a banda fazia pelo país, quatro ou cinco dias da semana, continuavam lotando. Além disso, depois de emplacar quatro discos de sucesso absoluto, os Titãs haviam se tornado um caso raro de unanimidade de crítica e público. O octeto virara sinônimo de inteligência no rock brasileiro e passou a ser referência em outras áreas além da musical. Era Arnaldo escrevendo poemas num jornal e Nando falando do seu carro novo em outro. Revistas de moda elogiavam o estilo titânico de se vestir e colunas sociais exploravam o namoro de Tony Bellotto e Malu Mader.

Tamanha exposição, somada ao cansaço de uma turnê longa e desgastante, fez acender uma luz de alerta na banda. Era hora de uma ruptura, os Titãs precisavam criar algo totalmente novo. Eles ainda não sabiam, mas estavam se despedindo do que mais tarde chamariam de *golden years*.

AGORA QUE EU FAÇO
SUCESSO, VOCÊ NÃO
ME DÁ MAIS SOSSEGO

NEM SEMPRE SE PODE SER DEUS

▶ Trecho de "Nem sempre se pode ser Deus"

Liminha estava enfurnado num estúdio em Los Angeles produzindo o disco *Secret stories*, do grupo de jazz-rock americano Full Circle. Mas, requisitado pelas principais estrelas da música pop nacional, já tinha se acostumado a viver numa permanente ponte aérea com o Brasil. Naqueles primeiros meses de 1991, também estava às voltas com a gravação de *Os grãos*, dos Paralamas do Sucesso, e de *Marina Lima*, álbum em que a cantora assumiu o sobrenome que carregaria desde então. Os Titãs, xodó do produtor e vice-versa, o esperavam para dar a partida a seu sétimo LP.

Depois da complexa e exaustiva gravação de *Õ blésq blom*, os Titãs resolveram que era hora de apostar num disco mais cru, primitivo, sem computadores e samplers. A ideia era retomar a característica de uma banda de músicos, sem o arsenal eletrônico do álbum anterior. Além do mais, ficar outros três meses internado num estúdio carioca, longe da família, não estava nos planos de ninguém. Os bons resultados — de venda e de crítica — dos quatro discos anteriores davam respaldo para o grupo decidir o que quisesse. Estava na hora de virar de cabeça para baixo a sonoridade, as letras, a forma de gravação, enfim, a cara da banda queridinha do Brasil. A unanimidade, definitivamente, incomodava os Titãs.

Por telefone, dos Estados Unidos, Liminha surgiu com uma ótima ideia para os novos e desafiadores planos da banda:

— Vamos gravar o próximo disco numa casa. Já fiz isso uma vez, usando uma casa alugada no Recreio, no Rio, e foi muito legal.

Os exemplos lá de fora também eram animadores: o Deep Purple produzira um disco num castelo e os Rolling Stones gravaram em quartos de hotel. Foi com esse espírito que em março Liminha pousou por alguns dias no Brasil. Levou para São Paulo a unidade móvel do estúdio Nas Nuvens, com uma mesa de dezesseis canais, para que a banda registrasse a demo tape com o repertório do novo disco. Feito isso, bastava que Liminha voasse novamente para os Estados Unidos, resolvesse suas pendências por lá no mês seguinte e retornasse para as primeiras gravações.

Se na teoria a programação parecia perfeita, na prática a coisa não funcionou. Passaram-se abril, maio, junho, e nada de Liminha conseguir uma brecha na agenda para os Titãs. No Brasil, a WEA cobrava o início das gravações, mas sabiamente não pressionava a banda a dar um ultimato ao produtor. O passe de Liminha no mercado custava caro e, apesar do contrato renovado no ano anterior com a banda, em bases altamente vantajosas para os músicos, os tempos eram bicudos e pouco favoráveis ao rock. O Plano Collor tinha confiscado, em março de 1990, contas com valores superiores a 50 mil cruzados novos e tirado parte do dinheiro de circulação. As vendas de disco despencaram e só se salvavam as duplas sertanejas, impulsionadas pelos hits "Pense em mim", de Leandro e Leonardo, e "É o amor", de Zezé Di Camargo e Luciano.

Em meados de junho de 1991, após alguns adiamentos para o início dos trabalhos e com uma casa já alugada para as gravações na Granja Viana, em Cotia, cidade vizinha a São Paulo, uma reunião no apartamento de Sérgio Britto decidiu uma radical mudança de rota: o sétimo disco, *Tudo ao mesmo tempo agora*, não teria a assinatura de Liminha. Era o fim de uma parceria afiada, que a partir de *Cabeça dinossauro* gerou quatro LPs de sucesso. Coube a Charles dar a notícia ao produtor, por telefone, dali mesmo da casa de Britto:

— Oi, Liminha, é o Charles.

— Fala, Charles! Como estão os ensaios? Olha, daqui a pouco eu vou estar aí no Brasil pra gente começar a gravar. Comprei uns equipamentos novos, espetaculares, que quero mostrar para vocês.

— Pois é, Liminha, nós esperamos você esse tempo todo, mas não vai dar para segurar mais. A gente vai fazer o disco sozinho.

— Como é que é? Vocês estão loucos, só podem estar cheirando muito pó! Estou quase terminando tudo aqui. Assim que acabar eu começo a produzir vocês. Porra, vocês precisam entender que eu tenho que aproveitar o meu *green card*, não posso largar os outros trabalhos no meio!

— Nós entendemos, claro, mas também temos uma agenda para cumprir. Estamos te esperando há muito tempo, a gravadora já está pressionando... Você nos desculpe, mas vamos nos autoproduzir.

A conversa foi breve e o rompimento, traumático. O voo cego — e confiante, diga-se de passagem — da banda era apenas mais uma das mudanças drásticas daquele período que dariam uma guinada no futuro dos Titãs, mas só notadas por eles bem mais tarde. O fim da dobradinha com Liminha aconteceu menos de um ano depois de desfeita outra parceria que trouxe bons resultados: a com o empresário Manoel Poladian. Mas se com o produtor a admiração e vontade de trabalhar sempre foram mútuas, com Poladian a relação se desgastou com o passar dos anos e dos sucessos. Com uma máquina de dinheiro nas mãos, o empresário multiplicava a quantidade de shows e os dividendos com a mesma facilidade com que os Titãs estouravam músicas nas rádios. Férias não faziam parte do vocabulário de Poladian, que vendia pacotes de apresentações mesmo durante os períodos de gravação de discos.

O cansaço, a vontade de se apresentar em lugares menores (e, portanto, menos lucrativos) e, principalmente, a ambição dos Titãs de tocar fora do país tornaram inviável a continuidade dos trabalhos com o empresário, que jamais admitiu interromper as turnês pelo Brasil por um período para a banda arriscar uma carreira internacional.

No fim de 1990, os Titãs estavam sem empresário e às vésperas de uma apresentação importante, no Rock in Rio II. Todos os detalhes da produção do show se voltaram para a única pessoa disponível: o recém-contratado Nelson Damascena. Ex-funcionário do Banco da Bahia em São Paulo, Nelson foi parar no escritório do grupo quase por acaso. Um cunhado de Arnaldo Antunes, diretor do banco cujos donos eram a família de Zaba, procurou-o para que ele indicasse alguém para cuidar da administração do escritório dos Titãs. Insatisfeito com o emprego em que estava, Nelson resolveu encarar a empreitada, mesmo sem ter a menor intimidade com o rock ou com o show business.

Os Titãs foram a segunda atração de uma das noites mais concorridas do Rock in Rio II, aberta pelo Hanói-Hanói e que contaria ainda com Faith No More, Billy Idol e a estrela máxima da noite, Guns N' Roses. Ainda não tinha escurecido totalmente quando o grupo paulista entrou no palco, naquele início de noite de 20 de janeiro de 1991. O show contagiou as 120 mil pessoas presentes ao estádio com a coleção de sucessos dos seis discos do grupo e teve seu auge em "Flores", com o Maracanã inteiro balançando os braços em sincronia com a música.

Mas nem tudo foram flores no Rock in Rio II, um festival de rock ainda desorganizado, cujos prejudicados novamente foram os artistas brasileiros. A passagem de som dos Titãs, prevista para as dez da manhã, só aconteceu por volta das três da tarde, quando os portões já estavam abertos e um bocado de gente ocupava a arquibancada e o gramado. Bastaram os primeiros acordes de "Lugar nenhum" saírem das caixas de som para que o público fosse surpreendido com a banda em pleno palco. Na dúvida se o show tinha começado ou não, todo mundo cantou com Arnaldo *não sou brasileiro/ não sou estrangeiro*".

Entre mortos e feridos, mais uma vez os Titãs saíam consagrados de um festival recheado de estrelas como Prince, INXS, A-Ha e George Michael. Mas a segunda edição do Rock in Rio deixou claro que a banda precisava buscar um novo empresário. Pesou nessa hora a equilibrada agenda de shows dos Paralamas do Sucesso, que lotavam as apresentações que faziam sem desgastar os músicos e já gozavam de um certo prestígio no mercado latino, com uma breve, porém sólida, carreira internacional.

Acostumados a se encontrar com os Paralamas em eventos e programas de TV, os Titãs — apesar de uma cordial rivalidade que só tratava de aumentar a cada ano — procuraram o empresário de Herbert Vianna, Bi Ribeiro e João Barone. Considerado o quarto paralama e à frente do grupo carioca desde seus primórdios, José Fortes não só topou a dupla jornada como propôs trabalhar da mesma forma como fazia com os Paralamas: recebendo uma fração equivalente à de cada músico. Mas enquanto os Paralamas eram um trio, os Titãs eram oito. Ou seja, a Os 4 Produções Artísticas, empresa de Zé Fortes, receberia apenas a nona parte do cachê ou da bilheteria. Bem diferente da relação com Manoel Poladian, que pagava à banda um valor fixo e vendia os shows por cifras bem maiores, abocanhando toda a diferença. O acordo com Zé Fortes foi fechado, e a confiança da banda no empresário foi instantânea, a tal ponto que as duas partes jamais assinaram um documento.

...

Sem Liminha pilotando a produção, na terceira semana de junho os Titãs entraram na casa de três andares na rua Invernada, nº 8, na Granja Viana, a quarenta quilômetros do Centro de São Paulo. Vazia e imensa, com alguns poucos móveis esquecidos nos cantos, a casa de estilo rústico foi escolhida por Marcelo Fromer depois que o guitarrista visitou uma dezena delas. Aquela parecia ideal: tinha um pé-direito alto e ambientes de tamanhos e paredes diferentes. O repertório estava afiado, assim como o espírito de banda de garagem que desejavam para o sétimo álbum: desde março, o grupo vinha ensaiando na nova casa de Marcelo, ainda vazia, também na Granja Viana.

O técnico de som Roberto Marques, com quem os Titãs já tinham trabalhado em shows e gravações, montou no subsolo a unidade móvel da ARP Produções — embora o encarte do disco diga erroneamente que o nome era AKD Produções. O enorme salão no térreo se transformou na principal sala de gravação. A bateria foi colocada numa parte mais alta, com chão de madeira. No segundo andar, ficaram os teclados, que, num disco fundamentado no trinômio guitarra-baixo-bateria, tiveram papel coadjuvante. Também no andar de cima eram gravadas as vozes. Para monitorar os arranjos e a estrutura musical de cada canção, foi instalado um computador, pilotado principalmente por Paulo Miklos.

Durante seis semanas, os Titãs passavam a maior parte do tempo na casa. Como companhias permanentes, além de Roberto Marques, apenas seu filho Thiago como assistente de gravação, o roadie Sombra Jones e meia dúzia de araras, que ficavam num viveiro no jardim, possível de ser visto na sala onde eram gravadas as guitarras, graças a uma porta de correr de vidro. Volta e meia, não se sabe se entusiasmadas com o som da banda ou em protesto pela barulheira, as araras desandavam a berrar, obrigando Marques a interromper as gravações.

Outros contratempos foram inevitáveis. Logo na primeira semana, a vizinhança, acostumada com a tranquilidade daquele bairro arborizado e sem movimento, teve as noites silenciosas rasgadas por guitarras distorcidas, marcações de baixo e viradas de bateria. Nem pensaram duas vezes: chamaram a polícia, para desespero de Marcelo, preocupado em ficar com fama de baderneiro justamente no bairro para onde tinha se mudado com sua segunda mulher, Ana Cristina Martinelli, a Tina. Um acordo de cavalheiros, então, estabeleceu que a banda encerraria os trabalhos sempre até as 22h. Com o passar dos dias, não só a paz voltou a reinar, como os vizinhos se encantaram com os Titãs. Adolescentes das redondezas esperavam intervalos nas gravações para tocar a campainha e ver de perto os ídolos, tirar fotos, pegar autógrafos. Mulheres e filhos dos músicos também passaram a frequentar a casa nos fins de semana, e tinha domingo que parecia dia de churrasco, com carrinhos de bebê e um exército de amigos espalhados pelo jardim.

A casa na Granja Viana deixou os Titãs à vontade como poucas vezes tinham ficado num estúdio. Ajudava um bocado o farto orçamento para a gravação, graças ao contrato renovado no ano anterior, depois dos bons resultados dos últimos quatro discos. A banda, mais do que gastar tudo o que podia com o aluguel da casa e com equipamentos de última geração, tinha um canal direto com João Rossini, diretor financeiro da WEA, para qualquer despesa extra. Era só ligar para a gravadora que mais uma generosa quantia era depositada na conta dos Titãs.

A despensa da casa, sob a responsabilidade de Marcelo, vivia repleta de vinhos franceses, queijos caríssimos e outras iguarias sofisticadas. A fartura era tão grande que, no intervalo de uma gravação, o guitarrista foi até o supermercado Casa Santa Luzia reabastecer a já abarrotada despensa e resolveu parar em sua casa, a algumas quadras dali, para deixar parte dos mantimentos. Só não esperava ser flagrado por Branco, que passava justamente no momento em que Marcelo tirava as compras do porta-malas do carro. O caixa dois gastronômico acabou azedando.

O passatempo no estúdio-casa, enquanto um ou outro descansava, eram os gameboys, uma verdadeira febre naquela época. Os joguinhos funcionavam como o recreio dos Titãs em meio a uma maratona de gravações que consumia doze, catorze horas por dia. Todos davam palpites, participavam dos arranjos, ofereciam alternativas para uma música encerrar.

Porém, ainda que não percebesse, a banda se ressentia da falta de um produtor, mais especificamente de Liminha. Roberto Marques, responsável pelas gravações, executava todos os delírios que cada um dos oito sugeria. Charles chegou a gravar uma bateria numa sala com quase cinquenta microfones apontados para o instrumento. A quantidade de ideias (e de confusões, é claro) se estenderam às mixagens com Vitor Farias, já no Nas Nuvens, no Rio. Numa certa tarde, Paulo e Sérgio simplesmente sumiram do estúdio e, quando voltaram, traziam debaixo do braço o LP *Instinct*, de Iggy Pop:

— O som tem que ser assim — decretaram, dando início a mais uma acalorada discussão.

Todo o processo de ensaio, gravação e mixagem foi acompanhado de perto por Arthur Fontes e Lula Buarque, garotões da zona sul carioca que estavam montando com outros dois amigos — José Henrique Fonseca e Claudio Torres — uma produtora que ainda ia dar o que falar: a Conspiração Filmes. Por intermédio de Marisa Monte, cuja irmã Letícia era casada com Lula, os produtores de primeira viagem chegaram aos Titãs e se ofereceram para rodar um documentário sobre o disco para ser exibido na MTV. A nova emissora, que precisava de material nacional para sua programação, topou dividir os custos.

A Conspiração, na época, funcionava numa pequena casa, cheia de goteiras, na rua Faro, no bairro Jardim Botânico. Desconhecidos no mercado, os sócios passavam o dia inteiro bolando projetos, enviando fitas para agências de publicidade e fumando maconha. O documentário dos Titãs era um dos trabalhos de estreia da produtora.

O primeiro encontro de Arthur, Lula e Claudio — que cuidou do roteiro — foi na nova casa de Marcelo Fromer. Depois de uma viagem de Caravan, entulhada de equipamentos de filmagens, os três foram recebidos em São Paulo pelos Titãs com entusiasmo. A partir daquele dia, e durante os cinco meses seguintes, os produtores passaram a fazer visitas regulares aos ensaios e às gravações do grupo. A convivência serviu não só para a Conspiração se projetar no mercado, mas principalmente para o trio aprender uma regra fundamental para a produtora prosperar nos anos seguintes, quando novos sócios entrariam: a boa convivência de vários egos e talentos.

— O segredo do sucesso dos Titãs se chama subgrupos intercambiáveis — confidenciou Marcelo a Arthur Fontes, nos últimos dias de filmagem.

A definição era perfeita. A vitalidade do grupo se devia justamente à relação mais próxima de alguns dos oito titãs a cada período e à permanente troca de parcerias entre eles. A Conspiração, desde então, resolveu pegar emprestado o lema.

∎∎∎

Mais do que nunca, *Tudo ao mesmo tempo agora* simbolizava a união dos Titãs. Além de se autoproduzir, o grupo tinha montado coletivamente um repertório inteiro. Embora as ideias de cada música selecionada tenham nascido a partir de duplas ou trios, todos queriam participar das faixas do álbum, sugerindo riffs de guitarra, acrescentando versos ou moldando os arranjos. Até mesmo pela falta de um produtor, eles se viram obrigados a bater o escanteio e correr para cabecear. Como nos velhos tempos.

O trabalho conjunto levou a banda a tomar uma decisão inédita: os oito titãs assinariam as quinze faixas do LP. Mesmo que em algumas músicas um ou outro não desse qualquer palpite, isso mostraria a coesão do grupo. A ideia foi bem-aceita por quase todos. Na votação interna, a unanimidade, que normalmente era conseguida após longas discussões, dessa vez não foi alcançada: deu 7 a 1. Arnaldo, o único voto dissidente, se mostrou profundamente contrariado.

— Se é para ser coletivo, então vamos realmente compor juntos. Vamos fazer as músicas a partir de um som que a gente toque nos ensaios — propôs Arnaldo.

Os Titãs bem que tentaram que as composições tivessem a participação de todos. Mas num grupo de oito pessoas essa unidade era praticamente inviável. Sem contar que algumas músicas já chegaram semiprontas aos ensaios na casa de Marcelo. "Clitóris", por exemplo, foi feita por Britto, Nando, Branco e Paulo durante a turnê de *Õ blésq blom*, e surpreendentemente ganhou um elogio rasgado do político Almino Affonso, pai do tecladista, que considerou a letra um "belo poema erótico". A melodia que deu origem à canção foi um samba-rock 'n' roll que Paulo criou no sampler, mais tarde transformada na versão mais pesada que foi parar no LP.

Já a faixa que encerra o disco nasceu nos primeiros ensaios, mas também sem a participação dos oito. Num momento de descontração, Britto sentou na bateria, Charles pegou emprestada uma guitarra — sendo que os dois não tocam tais instrumentos —, enquanto Arnaldo e Marcelo começaram a cantarolar repetidamente duas frases, sem muito sentido, que formariam a letra inteira: "*Uma coisa de cada vez/ Tudo ao mesmo tempo agora*". O primeiro verso batizou a canção e o segundo, o disco.

Como várias músicas não contavam com a participação ativa de todos os titãs, durante alguns dias Arnaldo tentou convencer os companheiros da importância de dar o crédito aos seus reais autores, justificando que o público merecia saber essa informação. Ele chegou a sugerir que os direitos autorais das quinze canções fossem divididos pelos oito, mas com cada faixa assinada no encarte por quem realmente as compôs. Não teve jeito. A decisão dos Titãs já estava tomada, até porque, numa banda tão numerosa e participativa, nem sempre era fácil detectar, depois da canção pronta, quem de fato eram os pais da criança. A autoria coletiva, de certa forma, resolveria esse problema.

Derrotado na votação interna dos Titãs, Arnaldo ganhava cada vez mais projeção fora da banda. Desde sua prisão em 1985, os jornais e revistas passaram a destacá-lo como líder. Era quase uma necessidade da mídia, já que os principais grupos do país tinham essa declarada estrutura presidencialista: Renato Russo estava à frente da Legião Urbana, Herbert Vianna era o porta-voz dos Paralamas do Sucesso e Humberto Gessinger personificava os Engenheiros do Hawaii.

Com visual exótico, performance marcante no palco, autor de textos aplaudidos por artistas e intelectuais (como os poetas concretistas Haroldo e Augusto de Campos e Décio Pignatari), parceiro cada vez mais constante de nomes reverenciados na MPB, Arnaldo tinha sido alçado ao posto de líder, contra a vontade da banda. Internamente, os Titãs nunca trataram um componente com mais relevância, nem o próprio Arnaldo se via assim. Mesmo quando os jornais não explicitavam isso, nas entrelinhas o vocalista recebia um destaque exagerado. Era comum uma música como "Comida", uma das mais aclamadas do grupo, ser atribuída somente a ele, sem citar Marcelo e Sérgio, os outros autores. Pior ainda quando Arnaldo ganhava o crédito único em "Flores", que ele nem sequer tinha feito. Uma situação desconfortável para todo mundo.

■ ■ ■

"Titãs no rumo do antissucesso". O título da crítica a *Tudo ao mesmo tempo agora*, assinada por Marcel Plasse no *Estado de S. Paulo* de 24 de setembro de 1991, era até leve, comparado ao texto devastador que vinha a seguir: "Como crianças que acabam de descobrir as diferenças entre os sexos, os Titãs berram 'clitóris', com orgulho, na faixa de abertura. [...] E agora babam por calcinhas sujas, balbuciando frases à toa, entorpecidos pela bajulação dos últimos anos". Na edição de outubro da *Bizz*, André Forastieri também detonou o sétimo disco da banda: "Os Titãs foram infelizes: entre riffs descarnados, palavrões e concretismo juvenil, nada em *Tudo ao mesmo tempo agora* alcança o impacto e a qualidade de 'Polícia' ou 'Lugar nenhum'".

A crítica, principalmente a paulista, não economizou desaforos para os Titãs. Contribuiu para isso a banda ter resolvido não dar entrevista no lançamento do álbum, como de praxe. Porém, antes de ser uma postura defensiva, a decisão foi um erro de estratégia. *Tudo ao mesmo tempo agora*, que chegou às lojas na última semana de setembro, seria lançado com uma série de shows a partir de outubro. Por conta disso, os Titãs imaginavam que seria melhor fazer uma única entrevista, alguns dias antes das apresentações. A atitude foi vista como uma postura arrogante de uma banda que até então vinha colecionando um sucesso atrás do outro. As únicas aspas dos oito titãs tiveram que ser extraídas do vídeo de trinta minutos produzido pela Conspiração, com o making of dos ensaios, gravações e mixagem, distribuído para a imprensa juntamente com o disco. Uma semana depois, o filme seria exibido na MTV.

Assim que ouviram as primeiras gravações de *Tudo ao mesmo tempo agora*, os executivos da WEA, com o diretor de marketing Sérgio Affonso à frente, perceberam que o disco era indigesto. Com o mercado em recessão, teriam um bocado de trabalho para torná-lo atraente comercialmente. Foi elaborada uma campanha de marketing arrojada para que o LP chegasse ao mercado com impacto e de uma só vez no Brasil inteiro. O receio era de que o álbum, sendo lançado primeiramente em São Paulo e no Rio de Janeiro, como era comum, recebesse uma enxurrada de críticas desfavoráveis — o que de fato aconteceria. Isso poderia contaminar outras praças, enterrando de vez sua vida útil.

A estratégia da WEA, de certa forma, amorteceu essa hostilidade nacional: *Tudo ao mesmo tempo agora*, fazendo jus ao título, ganhou audições num mesmo dia, 23 de setembro, em oito capitais: São Paulo, Rio de Janeiro, Belo Horizonte, Porto Alegre, Salvador, Brasília, Curitiba e Recife. Também diferentemente do habitual, essas audições não foram restritas a convidados, mas sim abertas ao público e, principalmente, aos fãs, que tinham tudo para aceitar melhor as letras desaforadas e o som sujo e pesado. As festas aconteceram em boates da moda, com exceção de Belo Horizonte, São Paulo e Rio, onde o lançamento foi ao ar livre.

Na imprensa, o sétimo disco dos Titãs ganhou o rótulo de escatológico, por conta de quatro canções que botavam o dedo na ferida, a começar por "Clitóris", que abria o LP: "*Virgem surja, ah! Surja suja/ Corpo surja, oh! Mente surja imunda/ Em cada berço que esse esperma espesso inunda/ Em cada fosso que esse gozo grosso suja*", cantava Paulo. "Flat-cemitério-apartamento" — que apesar de assinada coletivamente é de Nando, Marcelo, Britto e Branco — mirou no humor cáustico, mas que acabou sendo tachada como de mau gosto pelos críticos:

E se o jóquei promovesse alguns páreos com jumentos?
E se a Royal injetasse nos anões uma dose excessiva de fermento?
E se as Casas da Banha abatessem alguns gordos para seu
abastecimento?
E se a Dulcora lançasse no mercado um drops diet de cimento?

Flat-cemitério-apartamento
Flat-cemitério-apartamento

E se a Brunella preparasse algumas bombas com excremento?
E se a Duloren anunciasse uma nova linha de calcinhas que já vêm
com corrimento?
E se a Suvinil testasse nos albinos uma nova série de pigmentos?
E se o Adolpho Lindemberg entrasse no ramo dos flat cemitério
apartamento?

As duas outras músicas escatológicas do disco foram as que mais deram o que falar. "Isso para mim é perfume", composta por Nando e Marcelo enquanto o baixista esperava a namorada Marisa Monte cruzar a ponte aérea e desembarcar em São Paulo, foi considerada de extremo baixo nível, por causa de versos como *"amor, eu quero te ver cagar"* e *"cheirar sua calcinha suja na menstruação"*. Nas entrevistas, os Titãs tentavam explicar que se tratava de uma declaração de amor: "Essa música mostra o limite que se consegue ter ao participar da intimidade de uma outra pessoa, do que é da privacidade, da individualidade de cada um e o quanto isso pode ser dividido. É uma questão que incomoda", reconheceu Nando, numa reportagem da revista *Marie Claire*. "'Isso para mim é perfume' tem esse lado bizarro, grotesco, e ao mesmo tempo é uma canção de amor. São nuances de leitura, mas os caras param na palavra 'cagar'", queixou-se Sérgio Britto em entrevista à *Bizz*.

Já "Saia de mim", escolhida para ser a música de trabalho, foi boicotada por várias rádios, inclusive pela roqueira Fluminense FM. Todas alegavam o mesmo: a letra pegava muito pesado nas grosserias. Na televisão, o *Fantástico* — naquela época ainda um dos mais importantes canais de lançamento de disco — achou que a canção poderia chocar a tradicional família brasileira e vetou a exibição do clipe, jogando por terra o acerto feito com a WEA. Acabou passando no *Vídeo Show*, mas com aquele apito de censura cobrindo os palavrões. Tudo por causa da letra visceral:

> *Saia de mim como suor*
> *Tudo que eu sei de cor*
> *Saia de mim como excreto*
> *Tudo que está correto*
> [...]
> *Saia de mim como um peido*
> *Tudo que for perfeito*
> *Saia de mim como um grito*
> *Tudo que eu acredito*
> [...]
> *Saia de mim vomitado*
> *Expelido, exorcizado*
> *Tudo que está estagnado*
> *Saia de mim como escarro*
> *Espirro, pus, porra, sarro*
> *Sangue, lágrima, catarro*

Saia de mim a verdade
Saia de mim a verdade

Visceral, aliás, era a melhor definição para o disco. E foi justamente nesse espírito que o artista plástico Fernando Zarif criou a capa. Ele desmontou o desenho de um corpo humano visto por dentro, extraído da enciclopédia *Barsa*, e embaralhou os pedaços, numa espécie de quebra-cabeça de órgãos e músculos. Zarif era um velho amigo da banda, que dessa vez decidiu delegar a capa a uma pessoa de fora — desde *Televisão* a concepção era dos Titãs. Completam a estética do disco radiografias dos oito titãs no encarte. Segurando correntes, molas e cadeados, eles "posaram" para as máquinas de raio X. O resultado são crânios e vários outros ossos paramentados com peças de metal.

O pouco comercial *Tudo ao mesmo tempo agora*, que depois de um ano no mercado não passaria da marca de 150 mil cópias vendidas (número bem inferior ao de *Õ blésq blom*, o álbum anterior), tornou mais complicado também o papel do empresário José Fortes, trabalhando com a banda havia apenas alguns meses. Para evitar mais um confronto da crítica com os Titãs — mordidos pelas palavras pouco lisonjeiras dedicadas ao LP —, ele e a gravadora WEA decidiram cancelar uma grande apresentação planejada para a capital paulista em outubro. Era mais prudente iniciar a turnê de lançamento do LP com shows no interior de São Paulo e do Rio de Janeiro. A estratégia funcionou: o grupo teve a agenda cheia no último trimestre de 1991.

Em janeiro de 1992, os Titãs e os Paralamas do Sucesso protagonizariam um fato inédito para bandas brasileiras na história dos festivais internacionais realizados no país. O octeto, ao lado do trio, seriam *headliners* (artistas principais) da segunda noite do terceiro Hollywood Rock — na qual se apresentariam antes Cidade Negra, Jesus Jones e Seal. Com ambos os grupos empresariados por José Fortes, os shows ganhariam uma atração extra: um set conjunto, no fim, de Titãs e Paralamas. Onze pessoas no palco, em seis músicas, três de cada banda.

No sábado dia 18, no estádio do Pacaembu, em São Paulo, os Paralamas tocaram primeiro e os Titãs fecharam a noite. Uma semana depois, na praça da Apoteose, no Rio, as posições se inverteram. Tanto em uma quanto em outra, a dobradinha das duas bandas foi o ponto alto. Juntas, cantaram "Selvagem", "O beco" e "Meu erro", dos Paralamas; e "Diversão", "Comida" e "Marvin", dos Titãs, que encerrou a apresentação com arquibancadas e pistas de alma lavada. Em seus dois shows solo, os Titãs conquistaram o público, mesmo apresentando treze músicas do novo *Tudo ao mesmo tempo agora*, misturadas a alguns sucessos. Nando, com os ligamentos do joelho rompidos depois de uma partida de futebol, tocava sentado e se continha para não levantar.

Embora *Tudo ao mesmo tempo agora* não estivesse com força na mídia, a boa repercussão no Hollywood Rock levou o grupo a uma turnê pelo Nordeste com ginásios e estádios sempre lotados. Em oito dias, fizeram seis shows — e na volta teriam mais uma sequência de apresentações engatilhadas pelo Sudeste. Em Fortaleza, ainda no aeroporto, a banda constatou que as críticas cruéis ao sétimo LP não tinham feito o público minguar. Uma multidão aguardava o grupo, procedente de Aracaju, obrigando os Titãs a saírem do avião direto para o ônibus que os levaria ao hotel. Na hora do almoço, no restaurante Tudo em Cima, a euforia se repetiu. Mais de duzentas pessoas descobriram o grupo ali dentro e tentaram invadir o local. Atônito, temendo um quebra-quebra, o dono do restaurante trancou portas e janelas, enquanto os oito engoliam a comida e saíam à francesa pela porta dos fundos.

Nada, no entanto, foi mais assustador na excursão nordestina quanto uma parada para almoçar no interior de Pernambuco. Os Titãs tinham deixado Recife numa sexta-feira de manhã, de ônibus, com destino a João Pessoa, onde tocariam à noite. No meio da viagem, estacionaram e foram ao restaurante Buraco da Gia, na cidade de Goiana. Não imaginavam que tinham tanta popularidade naquele município de 40 mil habitantes. Ao descobrirem o grupo ali dentro, centenas de pessoas correram para a frente do restaurante e os garçons começaram a barrar a entrada com mesas. O alvoroço aumentou quando alguém avistou Malu Mader, que acompanhava Tony Bellotto na viagem:

— Olha lá a menina da novela!

— Não é aquela de *Pantanal*?

— Não. Ela trabalha na Globo, é a Márcia.

Malu, que na época tinha interpretado a Márcia na novela *O dono do mundo*, teve que sair escoltada por quatro policiais, que tentavam evitar que as pessoas guardassem de recordação um tufo dos cabelos da atriz. Involuntariamente, Malu acabou servindo de escudo para os Titãs, que chegaram sãos e salvos no ônibus estacionado na frente do restaurante.

Na estrada havia cinco meses com o show de *Tudo ao mesmo tempo agora*, o lançamento oficial em São Paulo só aconteceu em março — afinal, o Hollywood Rock tinha sido uma apresentação atípica —, numa temporada de quatro dias no Olympia, com abertura do Moleque de Rua. O grupo, cujo primeiro CD teve produção de Charles Gavin, inovava ao transformar tubos de PVC, latas e papelões em instrumentos musicais. Foram os onze integrantes do Moleque de Rua, garotos e adultos de origem humilde, que viraram o centro das atenções nas reportagens publicadas sobre a minitemporada em São Paulo. Os Titãs, ainda magoados com a imprensa paulista, se recusaram a dar entrevistas. Mas uma trégua forçada foi inevitável: o show mereceu elogios de quase todos os jornalistas.

Enquanto o novo disco dividia opiniões, um clássico dos Titãs estava mais em alta do que nunca. "Comida", escolhida em 1989 pela marca de roupas Hering como o hino de uma geração numa campanha publicitária para conquistar consumidores jovens, voltava à cena em 1992. Os versos *"A gente quer inteiro e não pela metade"* e *"A gente quer comida, diversão e arte"* estampavam os cartazes das passeatas de estudantes a favor do impeachment do presidente Fernando Collor de Melo, acusado de corrupção. O movimento batizado de "Caras Pintadas" fazia alusão às tintas que os jovens usavam para escrever em seus rostos frases como "Fora Collor" e "Cadeia Nelle". Um ano depois, "Comida" voltaria a ser cantada numa campanha, dessa vez contra a fome. A música foi cedida para o sociólogo Betinho usar na Ação da Campanha Contra a Miséria e pela Vida. Em 1991, a canção de Arnaldo, Britto e Fromer também havia marcado presença no campo intelectual. A letra de "Comida" foi tema de redação da Fuvest, responsável pelo vestibular da Universidade de São Paulo (USP).

Longe de imaginar o alcance que a música teria, Arnaldo apresentou os primeiros versos que misturavam a carência de cultura ao problema da fome a Marcelo e Britto numa viagem da turnê de *Cabeça dinossauro*, em 1986.

Num hotel, o tecladista e o guitarrista começaram a trabalhar na melodia e acrescentaram a estrofe *"Comida é água, bebida é pasto/ Você tem sede de quê?/ Você tem fome de quê?"*. Mas ainda faltava um refrão ou algo que funcionasse como gancho. Foi então que Britto criou a frase de teclado, que, casando com a letra primorosa idealizada por Arnaldo, transformou a canção numa obra-prima.

Apesar do eterno sucesso de "Comida", o disco dos Titãs que estava no mercado, *Tudo ao mesmo tempo agora*, continuava estacionado nas prateleiras das lojas. Com rádios ainda boicotando a banda e produtores mais conservadores alegando que preferiam não contratar o grupo para não escandalizar o público, o empresário José Fortes tinha um abacaxi nas mãos. Sem alternativa, se viu obrigado a baixar o cachê para não diminuir a frequência de apresentações. Os oito músicos sentiram na pele o problema: os hotéis quatro e cinco estrelas em que costumavam ficar hospedados nas turnês vitoriosas foram trocados por outros mais modestos.

A produção do show também não ajudava. O cenário vermelho, com cortinas de veludo e uma luz toda branca — concepção de Fernando Zarif — custava caro, assim como a equipe técnica, uma das maiores que uma banda de rock já teve no Brasil. Com tantos gastos, sobrava pouco para os músicos e José Fortes dividirem entre si.

Um integrante, no entanto, parecia alheio a tudo isso. Já fazia alguns meses que Arnaldo vivia calado, quase não ia jantar com a banda depois dos shows e nas viagens de ônibus, enquanto todos iam para a parte de trás confabular, ele se isolava num dos primeiros bancos, com um livro. Nas excursões em que levava a mulher, Zaba, só saía do quarto do hotel na hora de entrar no carro e ir para os shows. Compor em parceria com os outros titãs, a esta altura, já tinha deixado de ser um hábito prazeroso para se tornar não mais do que uma lembrança.

NEM SEMPRE
SE PODE SER DEUS

ATÉ PARECE LOUCURA, NÃO SEI EXPLICAR

▶ Trecho de "Insensível"

QUANDO TONY BELLOTTO CHEGOU AO ESTÚDIO OÁSIS, em Moema, naquele início de tarde de 11 de dezembro de 1992, já estavam lá Nando Reis, Marcelo Fromer e Arnaldo Antunes. Havia alguns dias tinham começado os ensaios para o oitavo disco dos Titãs, sempre a partir das 15h. Mal o guitarrista botou o pé na antessala do estúdio, Marcelo o puxou num canto, preocupado. Sempre brincalhão, dessa vez ele estava com a fisionomia tensa.

— O Décio está com uma cara estranha. Estou achando que ele vai sair da banda.

— Que isso?! Você está viajando!

Não estava. Assim que os outros titãs chegaram, Arnaldo — ou Décio, seu apelido no grupo, criado a partir da brincadeira Arnaldécio — não esperou que alguém ligasse os instrumentos. Avisou que precisava ter uma conversa importante e começou a falar, sem rodeios:

— Tenho um negócio para dizer: estou saindo dos Titãs. Eu já venho pensando nisso há um tempo. Quero levar adiante um projeto pessoal, que não vou conseguir encaixar aqui na banda, até porque não vou ter espaço para isso. O problema não é pessoal com ninguém, nem tem a ver com o som que a gente está fazendo. Mas estou perdendo o gosto pelo que faço com vocês e, ao mesmo tempo, venho me interessando cada vez mais por outro tipo de trabalho, que não tenho tempo para me dedicar paralelamente à banda.

A notícia foi um murro na cara de cada um. Por mais claro que fosse o distanciamento de Arnaldo nos últimos meses, os Titãs sempre se consideraram uma família indissolúvel. Desde que a carreira do grupo tinha decolado, jamais passara pela cabeça de qualquer um ficar sem um integrante. Tanto que alguns anos antes todos tinham feito um pacto de que jamais um deles largaria a banda.

Os outros sete, surpreendidos, ouviram calados as razões do vocalista e argumentaram apenas que a falta de espaço na banda era fruto do isolamento que ele mesmo provocara. Quando Arnaldo terminou seu discurso, estavam todos em choque. Ninguém sabia bem o que falar. O máximo que conseguiram foi dizer ao cantor que pensasse bem na decisão que estava tomando e se era aquilo mesmo que desejava. Frases clichês, que só evidenciavam ainda mais a perplexidade geral. Muito mais por diplomacia do que propriamente por indecisão — até porque já tinha maturado a ideia o suficiente nos últimos meses —, Arnaldo aceitou ir para casa e voltar no dia seguinte com uma posição, digamos assim, mais concreta.

Desestruturados, os outros sete cancelaram o ensaio. Aquela madrugada registrou uma quantidade frenética de telefonemas entre os integrantes da banda, como jamais tinha acontecido. A surpresa deu lugar à preocupação em relação ao futuro do grupo. Paulo, numa atitude impulsiva, tentou reverter o quadro ligando para o vocalista e amigo, o primeiro titã com quem se enturmou. Despejou para Arnaldo seu idealismo romântico, dizendo acreditar que os Titãs seriam eternos. No fim da madrugada, após dezenas de telefonemas, o sentimento de cada um era o de dar a volta por cima.

Quando Arnaldo chegou no dia seguinte ao Oásis, a conversa foi mais objetiva e menos emocional. O vocalista, no entanto, surpreendeu novamente:

— Olha, eu pensei bem e de repente é melhor gravar esse disco e depois a gente vê o que vai fazer.

Mas os Titãs já tinham se estruturado para a ruptura e foi a vez de Marcelo falar:

— Cara, se você não está a fim de continuar, é melhor sair logo agora.

— É, vocês têm razão...

E, em comum acordo, o pacto de fidelidade dos oito terminou ali. Por um lado, a decisão de Arnaldo eliminava um conflito de egos que vinha aumentando nos últimos meses. Por outro, trazia uma apreensão: será que a banda sobreviveria à saída de um integrante, e justamente o mais destacado pela mídia? Falou mais alto o espírito de união dos que ficaram.

Nos primeiros dias sem Arnaldo, o sentimento de todos misturava mágoa, raiva e tristeza. Bellotto caiu deprimido, preocupado com o futuro dos Titãs, principalmente depois de ver como a notícia foi recebida por sua mulher, Malu Mader. A mais constante companhia nas viagens fora a equipe técnica, Malu teve uma reação que, de certa forma, foi a mesma de todos na banda: num primeiro momento, tentou se mostrar indiferente. À noite, depois que caiu na real, sentiu-se órfã e chorou:

— Eu nunca mais vou ver o Arnaldo cantando "Comida"? — perguntava.

Marcelo, o principal aglutinador dos Titãs, tentava disfarçar a decepção fazendo piada:

— Daqui a dez anos ele volta — repetia, numa brincadeira pelo fato de Arnaldo estar saindo exatamente depois de completar uma década com a banda.

Mas talvez um dos mais atingidos pelo desligamento do vocalista tenha sido Britto, por mais que não expressasse isso. Algumas semanas antes, ele e Arnaldo tiveram uma áspera discussão. O motivo foi "Agonizando", música do repertório que entraria no oitavo disco. O tecladista queria incluir na letra uma frase extraída de uma faixa que fãs de Branco sempre levavam para os shows dos Titãs: "Branco até morrer", que se encaixava bem nos versos que giravam em torno da palavra "até". Arnaldo, no entanto, alegou que a interpretação poderia ser errada, dando uma conotação racista à música, cantada de forma gutural por Britto. E foi firme: não aceitava que a banda dissesse aquilo. O tecladista insistia que a preocupação era bobagem e os dois, de pé, travaram um bate-boca como poucas vezes se viu nos Titãs. Britto, enfim, cedeu e não incluiu o verso na parceria que tinha feito alguns dias antes com Marcelo. A última estrofe ficou intacta:

Até morrer, até morrer
Até espumar, até ferver
Até morrer, até morrer
Até secar, até apodrecer
Agonizando, agonizando
Agonizando, agonizando

A separação dos Titãs e Arnaldo Antunes foi amigável, mas, acima de tudo, dolorosa. Não houve despedidas, nem mesmo no palco, embora depois da conversa no estúdio Oásis ainda restasse uma apresentação retardatária da turnê de *Tudo ao mesmo tempo agora*. O show no Clube Baiano de Tênis, em Salvador, não foi digno de servir de cenário para o adeus de Arnaldo. Numa mesma noite em que tocariam Maurício Mattar, Jauperi (ex-integrante do Olodum que apostava numa carreira solo) e alguns representantes da crescente axé music, a banda entrou no palco quase às quatro horas da manhã, diante de um público cansado de tanto pular e que pouco se identificava com rock. Durante a apresentação, que terminou com o dia clareando, o único aviso sobre a novidade foi dado por Britto, entre uma música e outra:

— Esse talvez seja o último show que a gente faz com Arnaldo.

Mas o recado passou tão despercebido quanto o clima melancólico daquela madrugada.

■■■

O derradeiro show de Arnaldo como um titã, se não guardou boas recordações, ao menos deixou uma herança. "A verdadeira Mary Poppins" foi composta no Ondina Apart Hotel, em Salvador, como muitas canções feitas nos anos 1980. Os Titãs estavam em clima de luto, cada um em seu quarto, entocado. Para tentar curar a fossa, Marcelo pediu uma guitarra ao produtor Jeronymo Machado, ligou-a num pequeno amplificador Gorilla e começou a tocar sozinho, alternando melodias novas com outras antigas, mas não desenvolvidas. Britto e Paulo, vizinhos de quarto, foram despertados pelo som e bateram na porta de Marcelo. Começaram, então, a criar a letra, que mais tarde seria arrematada pelo tecladista: *Eu sou o verdadeiro Bruce Lee/ Eu sou o verdadeiro Bob Marley/ Eu sou o verdadeiro Peter Sellers/ Eu sou a verdadeira Mary Poppins*".

"A verdadeira Mary Poppins" foi uma das últimas músicas de *Titanomaquia*, o futuro disco, a ficar pronta, completando um repertório ainda mais pesado do que o de *Tudo ao mesmo tempo agora*. Os Titãs, porém, não queriam repetir as falhas do álbum anterior, quando tentaram se autoproduzir e o resultado foi um LP com gravação apenas razoável e mixagem sofrível. Faltou alguém para dar unidade aos instrumentos, para que eles sustentassem as guitarras, núcleo do som rasgado e sujo que desejavam.

Era preciso encontrar um bom produtor. E não podia ser Liminha, com quem o grupo andava estremecido. No Brasil ninguém enxergava bons nomes para o estilo quase hardcore das novas músicas. Muitas delas influenciadas pelos grupos que todos vinham ouvindo nos últimos tempos, como Mudhoney, Nirvana, Gruntruck e Skin Yard. Foi aí que deu um estalo em Charles: todas essas bandas levavam a assinatura de um mesmo nome, Jack Endino — também guitarrista do Skin Yard. Por que não convidá-lo?

A proposta audaciosa foi bem recebida pelos Titãs, mas esbarrou numa resistência da gravadora. Até a WEA perceber que importar o produtor poderia sair bem mais barato do que chamar um medalhão nacional. Jack tinha conquistado fama e respeito depois que gravou, em trinta horas e com o mísero orçamento de 600 dólares, o primeiro álbum do Nirvana, *Bleach*, quando a banda americana ainda percorria a trilha dos independentes.

Foi em 1986, no porão de sua casa, em Seattle, que Jack Endino montou um singelo estúdio de quatro canais. Ali, ele gravou os discos do Green River e do Soundgarden. Os álbuns, com tiragem reduzida, chamaram a atenção dos donos do selo independente Sub Pop, que bateram à sua porta propondo o relançamento dos LPs, com um número maior de cópias e uma distribuição decente. Nascia assim o grunge, rock sujo e agressivo, que virou um estouro no mundo todo e transformou Seattle em rota obrigatória dos homens da indústria fonográfica. Jack Endino assinava os discos de vários outros pesos-pesados do grunge. Todos com um ponto em comum: gravações rápidas e baratas.

Em dezembro, contatado pela WEA na Dinamarca, onde estava às voltas com uma banda local, Jack recebeu *Õ blésq blom*. Ouviu e o considerou um bom disco pop. Só não entendia por que diabos aquela banda brasileira, superproduzida e amparada em teclados e outras parafernálias eletrônicas, queria trabalhar justamente com ele. As coisas começaram a fazer sentido alguns dias depois, quando chegou *Tudo ao mesmo tempo agora* e uma fita de vídeo com a performance da banda no Hollywood Rock. Na mesma semana, um dinamarquês que trabalhava com o produtor no estúdio lhe apresentou *Cabeça dinossauro*, que tinha ganhado de presente de parentes que moravam em Salvador. Jack ouviu e ficou maravilhado. E decidiu que era hora de conhecer o Brasil. Pediu aos Titãs uma demo com o repertório do novo disco e mandou um recado: que a banda estivesse bem ensaiada, para ninguém perder tempo.

O produtor chegou a São Paulo no dia 27 de fevereiro. Charles, Tony e Britto foram buscá-lo no aeroporto, sem saber exatamente como ele era, afinal só o conheciam por uma foto. Até que um sujeito vestindo bermudas, tênis, boné e camiseta surrada bateu nas costas deles:

— Vocês têm cara de músicos. Vocês são dos Titãs?

Jack desembarcou praticamente sem bagagem. Trazia apenas uma mochila com poucas mudas de roupa e uma maleta de mão, na qual carregava alguns cabos, um analisador de espectros, um reverber barato e microfones enfiados dentro de meias, para protegê-los. Os quatro foram direto para o estúdio Oásis, onde a banda fazia os últimos ensaios antes de entrar no Art Mix, na Vila Maria, que, a partir de 11 de março, e durante 45 dias, se tornaria extensão da casa dos Titãs.

De cara, a banda viu que o modo de trabalho de Jack Endino era bem diferente do de Liminha. Em vez de retalhar as canções, recriar trechos e mudar arranjos, o americano praticamente não interferia na estrutura das músicas. O mérito de Jack estava em envenenar o som da banda, extraindo uma densidade maior de guitarras, baixo e bateria. Detalhista, ele trocava os microfones conforme o vocal desejado, fosse mais gutural como em "Agonizando" ou quase uma pregação religiosa como em "Disneylândia", duas canções, aliás, em que participou tocando guitarra. Até então, a gravação das vozes jamais tinha sido uma preocupação do grupo. Mas Jack era um workaholic perfeccionista, cuidava de cada detalhe. Com uma chave de fenda em punho, ele trocava as válvulas dos amplificadores, inventando combinações que garantissem sonoridades diferentes em determinadas músicas. Ou mudava a velocidade da fita, técnica pouco utilizada no Brasil, que permitia alcançar novos timbres e buscar precisão na afinação.

Em poucos dias, os Titãs se acostumaram com as experimentações, quase sempre certeiras, daquele sujeito que volta e meia podia ser visto no estúdio falando sozinho e que não largava uma sacola de supermercado, com biscoito de água e sal e uma garrafinha de água mineral. Nos dois meses em que ficou no Brasil — entre a gravação em São Paulo e a mixagem no Rio de Janeiro — Jack só folgou um fim de semana, quando foi com a banda para a casa de Tony Bellotto e Malu Mader em Penedo, cidade no sul do estado do Rio.

Antes de encarar a maratona no estúdio, Jack Endino teve uma única oportunidade de conferir o som dos Titãs no palco. O produtor estava no Brasil havia apenas uma semana e o grupo vivia aquele período de entressafra, em que já tinha encerrado a temporada de *Tudo ao mesmo tempo agora* e apenas ensaiava para o disco seguinte. O empresário José Fortes, porém, agendara para os dias 5 e 6 de março de 1993 duas apresentações da banda em Buenos Aires.

O show fazia parte da estratégia traçada com Zé Fortes de tentar conquistar o mercado sul-americano. Os Titãs abririam para os Paralamas, nessa época com um público cativo na Argentina, graças a trinta apresentações no país e a uma coletânea que já tinha atingido a respeitada marca de 110 mil cópias vendidas. O lugar não poderia ser mais apropriado: o ginásio Obras Sanitárias, com capacidade para 7 mil pessoas e rota certeira das estrelas do pop rock internacional em turnês pela América do Sul.

O show em Buenos Aires foi uma dupla estreia para os Titãs. Pela primeira vez eles romperiam fronteiras com um país latino e também pela primeira vez se apresentariam como um septeto, sem Arnaldo. O resultado, se não causou uma comoção portenha, foi satisfatório. Os Titãs fizeram um show potente, com músicas mais vigorosas, no espírito do som que vinham tocando nos últimos anos, inclusive mostrando em primeira mão composições do disco que estavam começando a produzir. Das conhecidas, destaque para "Lugar nenhum" (agora na voz de Branco), "Igreja" e "Polícia", esta última levando o público a entoar em massa um surpreendente "olê, olê, olá, Titãs, Titãs". E, num país onde o grupo era um ilustre desconhecido, a ausência de Arnaldo não foi sentida pelo público. Para dizer a verdade, nem pela própria banda.

Os encontros cada vez mais frequentes com os Paralamas foi criando uma afinidade maior com o trio, na mesma proporção em que crescia a rivalidade. É verdade que nesse período, com os Titãs fazendo um som pesado e com um público mais segmentado, os Paralamas se davam melhor. Dentro e fora do palco. Nas farras durante as excursões em conjunto, Herbert Vianna gostava de embebedar qualquer um que dividisse uma mesa de bar ou restaurante com ele. Inclusive Charles, um abstêmio convicto até os trinta anos, que nessa viagem a Buenos Aires cedeu ao papo envolvente do guitarrista e tomou seu primeiro porre. A noitada, regada a marguerita e tequila, terminou nas ruas do Centro de Buenos Aires, com as duas vans que carregavam os músicos andando emparelhadas e com Herbert com a calça arriada e balançando o traseiro na janela. No hotel, Charles sentiu no estômago os efeitos da bebedeira: ficou a madrugada toda vomitando e passou o dia da apresentação destruído, com uma ressaca inédita.

Um parceiro das aventuras etílicas de Herbert era Marcelo Fromer, ambos fãs de bons vinhos, mas sempre dispostos a encarar o que viesse pela frente. Depois de um show em Salvador, a dupla varou a madrugada tomando saquê e acabou criando um código que entraria no cardápio de conversas de bar das duas bandas: dez saquês equivaliam a um Enéas. E nessa balada baiana, Marcelo e Herbert contabilizaram um Enéas e meio para cada um. Nada menos do que quinze saquês.

A sintonia dos Titãs com os Paralamas nunca esteve tão afiada como nesse período, apesar da incessante competição entre as duas bandas. No entanto, a volta do grupo paulista a Buenos Aires, um ano depois, em abril de 1994, provocou o primeiro grande mal-estar entre eles. Ainda desconhecidos na Argentina — embora a WEA tivesse lançado por lá, em agosto de 1993, uma coletânea exclusiva com catorze canções, como "Massacre", "Cabeça dinossauro", "Diversão", "Flores" e "Clitóris" —, os Titãs desta vez iriam abrir três shows do Sepultura, a reboque do som pesado de *Titanomaquia*. Uma declaração de Sérgio Britto à revista argentina *Vos*, antes de embarcar, acabou soando arrogante e magoou os Paralamas.

— O público que vai assistir aos shows dos Paralamas é diferente. Eles são pop e os Titãs são heavy. O Sepultura tem mais a ver com o nosso som.

Britto nem chegou a ler a reportagem, mas ficou sabendo que o trio liderado por Herbert Vianna não gostou. Ele ligou, então, para Herbert para esclarecer que tentaram botar lenha na fogueira. Tudo o que o tecladista não queria era que os Paralamas achassem que os Titãs eram ingratos.

Se a banda carioca desfrutava de prestígio na Argentina, o Sepultura também tinha muitos fãs por lá, porém com uma diferença: muito mais radicais. Consagrado internacionalmente, o grupo formado pelos irmãos Max e Igor Cavalera, Andreas Kisser e Paulo Jr. já era, àquela altura, uma referência do heavy metal mundial. E Buenos Aires reunia uma das maiores quantidades de metaleiros por metro quadrado. Foi só Paulo Miklos abrir a noite com "Clitóris" que os protestos começaram.

— Sombra, por que estão jogando água no palco? — perguntou Malu Mader, na coxia, ao roadie de Tony.

— Não é água, não. Estão cuspindo neles! — esclareceu Sombra, enojado e chocado com a cena.

Malu esticou o pescoço e pôde ver o massacre que Paulo, Marcelo e Tony, os três da linha de frente, estavam sofrendo. Quase uma centena de argentinos, na fila do gargarejo, escarravam sem dó nos brasileiros. Os Titãs ocupavam a boca do palco, já que no fundo estava o equipamento do Sepultura. Usando lenços, brinquinhos de argola e tocando indisfarçáveis riffs de guitarra pop em algumas músicas, o grupo paulista, por mais que estivesse num momento pesado da carreira, nem sequer chegava perto do som da banda dos irmãos Cavalera. Os radicais metaleiros não perdoaram.

Pior do que a humilhação, a mais terrível já sofrida pela banda, seria encarar um inevitável repeteco de cusparadas nas duas noites seguintes. A primeira precaução dos Titãs foi mudar o setlist do show, incluindo apenas o que tivesse de mais pauleira em seu repertório. Nos bastidores do Obras Sanitárias, Sombra Jones e a produtora Laurinda Alencar, a Lau, achavam que a medida era insuficiente e pensavam numa forma de conter os argentinos insanos. Momentos antes do segundo show, embora suas funções não permitissem a ousadia, os dois bateram na porta do camarim do Sepultura. O baterista Igor Cavalera os recebeu. Sombra e Lau jogaram limpo: precisavam que eles se pronunciassem a favor dos Titãs, sob pena de a banda ser novamente castigada diante de quase 6 mil pessoas. Os músicos do Sepultura, que de enfezados só tinham a aparência, foram um doce.

— Pessoal, antes de começar, queríamos apresentar uns amigos nossos do Brasil, os Titãs, que vão abrir essa noite — anunciou no microfone o vocalista Max, fincando a bandeira de paz no palco.

A estratégia funcionou. Se os Titãs não saíram totalmente ilesos, pelo menos os cuspes e outros protestos foram mais brandos. As pretensões latinas, porém, temporariamente estavam enterradas.

■ ■ ■

Enquanto o grupo nadava rumo ao radicalismo em *Titanomaquia*, um titã remava contra a maré, sentindo-se violentado com as guitarras distorcidas, vocais grunhidos e uma sonoridade cada vez menos melódica. Nando vivia um paradoxo: curtia um som muito mais próximo da MPB — e experimentava parcerias com Marisa Monte, Samuel Rosa, Carlinhos Brown — e tocava com os Titãs quase um hardcore, que ele assumidamente repudiava. Resultado: não conseguia compor nada no estilo que a banda desejava.

O que era um baita incômodo, tanto para o baixista quanto para os Titãs, se tornou crônico quando Nando mostrou para a banda, ainda na fase de pré-produção, a canção "Meu aniversário", uma declaração de amor à mãe, Cecília, que morrera de câncer em 1989. A música, com uma letra sofrida (*"Eu não posso entender/ Essa vida é tão injusta/ Não vou fingir que já parou de doer/ Mas um dia isso vai acabar"*), não entusiasmou. Ainda assim e após muita insistência do baixista, o grupo aceitou gravá-la na demo em que seria registrado o repertório bruto. Só que, para se adequar ao estilo do álbum, a canção ganhou roupa nova: um arranjo pesado, com guitarras distorcidas.

No entanto, na hora de definir as catorze faixas que seriam gravadas no disco, "Meu aniversário" não foi escolhida. Não adiantaram os apelos de Nando, nem o lobby feito por Sérgio Affonso, diretor da WEA, que enxergava potencial na faixa. Dentro da banda, o baixista só encontrou dois apoios: Tony Bellotto e o até então defensor do som pesado do álbum Charles Gavin, a essa altura já preocupado com a inflexibilidade musical que tomava conta do disco — numa tentativa de atenuar o som, ele chegou a sugerir que se incluísse uma programação eletrônica de música indiana em "Disneylândia", mas foi rechaçado com comentários de que "isso é raciocínio dos Paralamas".

Como um dos trunfos dos Titãs sempre foi a democracia que reinou nas decisões, por quatro votos contrários "Meu aniversário" não passou. O episódio abateu Nando. Durante toda a gravação de *Titanomaquia*, ele não sorria, participava pouco das farras no estúdio e por pouco não seguiu pela porta aberta deixada por Arnaldo alguns meses antes. Uma família para criar e a certeza de que aquela fase sonora era passageira o fizeram não abrir mão dos Titãs. Em 1994, quando concretizou os planos de lançar seu primeiro disco solo, *12 de janeiro*, Nando gravou "Meu aniversário" com o arranjo original, bem mais melódico. A versão hard, registrada na demo, acabou entrando no CD *E-Collection*, com raridades dos Titãs, que seria lançado no início dos anos 2000.

O estremecimento do baixista com o grupo se refletiu na sua participação quase nula em *Titanomaquia*. Enquanto Paulo, Branco e Britto, os outros três vocalistas, cantavam quatro músicas cada um, a Nando coube apenas "Hereditário". Na autoria das canções, ele também não ajudou. Não fez uma única música, embora no encarte o grupo repetisse a fórmula de *Tudo ao mesmo tempo agora*, de a banda assinar todas as faixas, coletivamente — com exceção das três que Arnaldo fez antes de sair do grupo, creditadas a Titãs e Arnaldo Antunes.

Nando estava com os pés na banda, mas com a cabeça nas novas parcerias que fazia com artistas de outro universo musical. E essa contradição o fez mergulhar mais fundo no álcool e nas drogas. A ponto de estar em crise não só nos Titãs, como na família também, já que alguns meses antes tinha retomado seu casamento com Vânia (mãe de seus dois filhos, Theodoro e Sophia), de quem logo depois se separaria novamente. Durante semanas, o baixista frequentou quase diariamente a reunião dos Alcoólicos Anônimos na rua Joaquim Antunes, no Jardim Paulistano, próximo de onde morava.

Alertado pelas pessoas com quem convivia de que estava perdendo a capacidade crítica por causa da dependência alcoólica e química, Nando buscou o AA e teve a companhia de outro titã. Branco também sentiu os exageros se refletirem no seu dia a dia e ambos encontraram nos sofridos relatos ouvidos nas palestras a determinação que precisavam para pegarem mais leve. O grupo de ajuda, se não chegou a fazê-los largar o álcool — esse nem era o objetivo —, foi fundamental para que os dois moderassem no consumo e não caminhassem para uma dependência irreversível. Em 1999, Nando voltaria sozinho às palestras do AA, quando enfrentaria uma segunda dependência aguda, que se refletiria também em seu casamento e na banda. E, mais uma vez, ele superaria o problema.

■ ■ ■

Titanomaquia — o confronto dos titãs na mitologia grega, nome sugerido por Fernando Zarif, autor da capa — chegou às lojas na segunda semana de julho, pela primeira vez lançado simultaneamente também no formato de CD. Em todos os aspectos, era o disco mais sombrio dos Titãs. Além do repertório avesso ao que as rádios tocavam e algumas letras fortes e agressivas, a primeira tiragem do álbum, com 60 mil cópias, vinha embalada num saco preto, como os de lixo. Uma provocação às críticas duras que massacraram *Tudo ao mesmo tempo agora*. O título que a banda desejava para o disco, aliás, também era uma autoironia. "A volta dos mortos-vivos" seria a melhor forma de rasgar o atestado de óbito assinado pela imprensa especializada, mas foi descartado após esbarrar nos direitos autorais do filme homônimo.

As duas faixas que abriam o álbum foram escolhidas a dedo. "Será que é isso que eu necessito?", a música de trabalho composta por Britto, funcionava como um desabafo:

> *Quem é que se importa com o que os outros vão dizer?*
> *Quem é que se importa com o que os outros vão pensar?*
> *Será que é isso que eu necessito?*
> *Será que é isso que eu necessito?*
>
> *Não sei o que você quer, nem do que você gosta*
> *Não sei qual é o problema!*
> *Qual é o problema, seu bosta?!*
> *Quem aqui não tem medo de se achar ridículo?*
> *Quem aqui, como eu, tem a idade de Cristo quando morreu?*

As primeiras estrofes de "Nem sempre se pode ser Deus" (de Branco e Britto), que vinha logo a seguir, não escondia o espírito dos Titãs de desprezar a opinião dos críticos.

> *Não é que eu me arrependi*
> *Eu tô com vontade de rir*
> *Não é que eu me sinto mal*
> *Eu posso fazer igual*
>
> *Não é que eu vou fazer igual*
> *Eu vou fazer pior*
> *Não é que eu vou fazer igual*
> *Eu vou fazer pior*

Nem sempre se pode ser Deus
Nem sempre se pode ser Deus

Um outro verso dessa mesma música poderia muito bem sintetizar a agressividade verbal e sonora que os Titãs tinham assumido em *Titanomaquia*: "*Não é que eu passei do limite/ Isso pra mim é normal*". O resultado do disco não deixou de ser um reflexo dos efeitos que as drogas, até então consumidas sem moderação, estavam provocando em alguns integrantes da banda — com exceção de Charles, que nunca experimentou nem sequer um cigarro de maconha, e de Arnaldo e Tony, que decidiram parar na temporada de *Tudo ao mesmo tempo agora*.

Britto, um dos principais defensores do disco pesado, vivia às voltas com sentimentos de ansiedade e angústia provocados pela cocaína. Em alguns shows da turnê anterior, ele chegara a ter rápidos desmaios no palco. As drogas começaram a se tornar contraproducentes e a atrapalhá-lo a compor e a tocar. O que até então era combustível para a criatividade, com o passar dos anos se tornou tortura. Passando mal com frequência, Britto ficou preocupado e resolveu fazer um check-up. Os exames não revelaram qualquer doença, mas mostraram para o tecladista o que já se anunciava: estava exagerando nas drogas. Após duas tentativas fracassadas de largar o vício, ele fez um balanço de vida e constatou que o prazer perdia feio para o sofrimento. *Domingo*, o disco seguinte, traria um Sérgio Britto limpo, compondo com igual regularidade, mais concentrado e tocando de uma forma ainda mais afiada.

O ápice das drogas e da bebedeira levou os Titãs a uma autocrítica após os shows. Não bastava mais cada um, simplesmente, reclamar do parceiro pelos cantos. A partir dessa necessidade nasceu a Liga, uma forma de controlar os excessos que já começavam a minar a convivência. A Liga entrava em ação quase sempre no café da manhã seguinte às apresentações. Se algum titã tinha passado dos limites, os outros o advertiam e formalizavam a queixa, olho no olho. A entidade virtual, presidida informalmente por Marcelo Fromer — que nem por isso escapava de ser repreendido quando necessário —, serviu para moralizar e evitar vexames que pareciam prestes a explodir. Outro mecanismo de defesa do grupo era o "sincerão", conversa franca em que cada um lavava a roupa suja e botava os pingos nos is. O objetivo dos "sincerões", neste caso aberto também a amigos com quem tivesse havido alguma divergência, era sair dali sem pendengas ou rancores.

Nessa época, em Montes Claros, no norte de Minas Gerais, a 425 quilômetros de Belo Horizonte, os problemas de Branco não foram com a Liga, mas com a polícia. No meio da apresentação no principal ginásio da cidade, o vocalista se irritou com um cordão de isolamento feito por policiais, de costas para o palco, que mantinha a multidão distante da banda. Inconformado, ele soltou sua ironia no microfone:

— Nossa, eu nunca vi tanto bumbum fardado na minha frente...

Deu azar. O sargento responsável pelo policiamento no ginásio ouviu e, na mesma hora, mandou quatro policiais esperarem Branco na saída do palco. Terminado o show, enquanto a plateia pedia bis, o cantor foi agarrado pelos braços em direção a uma salinha ao lado do improvisado camarim. Lauro Silva, segurança da banda desde 1987 e com medidas que intimidavam qualquer um (1,94 m de altura e 120 kg), segurou o titã por trás e avisou que ninguém iria prendê-lo. O produtor Jeronymo Machado também apareceu para socorrê-lo. Branco parecia um cabo de guerra, puxado de um lado por policiais e do outro por Lauro e Jeronymo, que resistiam heroicamente, apesar das bordoadas de cassetete que levavam nas costas.

Os contratantes do show entraram no circuito, sobraram tapas para todos os lados e a banda inteira foi parar numa outra sala, onde a polícia mineira tinha montado sua base. Um coronel avesso a rock, para não levar Branco para a cadeia por desacato, obrigou o vocalista a pedir desculpas a todos os policiais. Só assim a banda foi liberada para voltar ao hotel. Os fãs ficaram sem bis.

Dois anos antes, no dia 20 de março de 1991, por muito pouco outro episódio envolvendo Branco não terminou em tragédia. O cenário dessa vez não era um palco, mas sim o estádio do Pacaembu, no jogo Flamengo × Corinthians pela Taça Libertadores da América. Corintiano, Charles ia ao jogo e Branco resolveu acompanhá-lo, levando junto o ator rubro-negro Marcelo Serrado — amigo de Angela Figueiredo, mulher do vocalista —, que estava em São Paulo e queria assistir à partida. Foram os três para as cadeiras numeradas.

Apesar de palmeirense, Branco sempre defendeu a tese de que torcedor de um clube paulista, num confronto com um carioca, tem que ser solidário.

E começou a torcer explicitamente para o Corinthians. Mas o time comandado pelo meio-campo Neto não estava numa tarde inspirada e, antes de terminar o primeiro tempo, o Flamengo vencia por 2 a 0 e massacrava o adversário. A torcida corintiana, que lotava o Pacaembu, começou a vaiar o time. Branco tomou as dores, ficou em pé nas cadeiras e começou a berrar, xingar e ofender os onze jogadores, quase descontrolado.

Claro que um sujeito cabeludo, tatuado e tão exaltado chamou a atenção de todo mundo, mesmo porque aquele setor reunia principalmente famílias e não as barulhentas torcidas organizadas. Um garoto, fã dos Titãs, olhou para trás e reconheceu o cantor:

— Ei, aquele ali é o Branco Mello, dos Titãs. E o Branco é palmeirense! — falou alto, para todo mundo escutar.

Foi o suficiente para os corintianos, já inconformados com o jogo medíocre do time, ficarem tomados de raiva.

— Palmeirense xingando meu time eu não aceito! — gritou um.

— Ô, palhaço, torcedor do Palmeiras aqui não tem vez não! Vai torcer pra bosta do Flamengo! — berrou outro.

O clima pesou. Acuados e ameaçados, Branco, Charles e Serrado se sentiram obrigados a deixar as cadeiras antes do intervalo e foram parar ao lado das cabines de rádio. Uma atitude sensata. No segundo tempo, com o Flamengo dando um baile em campo, o Pacaembu se tornou uma panela de pressão prestes a explodir: os torcedores do Corinthians começaram a atirar garrafas de cerveja no gramado e aos 26 minutos invadiram o campo. O juiz Renato Marsiglia precisou interromper a partida com o placar de 2 a 0 para o time carioca.

■ ■ ■

No início de maio de 1993, a WEA reuniu seus gerentes, vendedores e divulgadores para a primeira audição de *Titanomaquia*, num coquetel no estúdio Nas Nuvens, onde o disco tinha sido mixado. Nervoso, pouco acostumado a trabalhar com multinacionais, o tímido Jack Endino fez de tudo para não ir. Inventou de visitar o Pão de Açúcar e o Cristo Redentor naquela tarde só para perder o compromisso. Foi resgatado por Paulo Junqueiro, o engenheiro de som do álbum. Jack tinha razão para estar apreensivo. Bastou as primeiras faixas começarem a tocar para as fisionomias sorridentes murcharem. O pessoal, que esperava os Titãs de volta aos bons tempos de *Õ blésq blom*, percebeu mais uma vez que teria um trabalho árduo para emplacar o álbum na mídia.

Apesar de mais pesado e raivoso do que *Tudo ao mesmo tempo agora*, *Titanomaquia* aguçou os ouvidos da crítica e, se não foi unanimidade, mereceu algumas boas avaliações. A produção de Jack Endino, é verdade, ajudou a fazer a diferença. "Entregar a produção do álbum ao gringo Jack Endino foi um risco calculado e necessário. [...] Deu certo: rock sem adjetivos, sem truques", resumiu Alex Antunes na *Folha de S.Paulo* de 10 de julho de 1993. No mesmo dia, Tom Leão exaltava o álbum no *Globo*: "Pode não ser o melhor disco de rock brasileiro de sua geração, mas certamente *Titanomaquia* é um dos melhores discos de rock brasileiro em termos técnicos. É pauleira contínua e certamente vai dar trabalho para os programadores de rádio: não tem faixa lenta". Até mesmo quem não era especialista no assunto foi despertado pelo disco dos Titãs. No Júri B, do *Jornal do Brasil*, o compositor Aldir Blanc surpreendeu ao dar três estrelas (ótimo) para o álbum.

Titanomaquia não agradou a gregos e troianos, como já se esperava, mas mesmo as críticas negativas enxergaram qualidades. Na revista *Veja* de 14 de julho, Okky de Souza fez o estilo morde e assopra: aplaudiu a mão certeira de Jack Endino na produção, mas condenou quase todas as letras: "O grupo apresenta seu habitual filmezinho de terror-cabeça, que fala em rasgar, bater, furar, feder, apodrecer, degolar, perfurar o crânio, partir a bacia, arrancar as entranhas e esmagar as vítimas". Marcel Plasse seguiu a mesma linha no *Estado de S. Paulo* de 10 de julho: "*Titanomaquia* é um disco revoltado. Tem o barulho, os berros e a atitude. Mas fica a impressão de que falta objetivo nessa revolta".

O show de lançamento oficial de *Titanomaquia* aconteceu só dois meses depois que o disco já estava na praça, entre os dias 10 e 12 de setembro, no Olympia — antes, a banda se apresentou em Vitória, Curitiba e Belo Horizonte, mas sem o cenário assinado por Fernando Zarif, com centenas de pratos de metal que criavam um belo efeito. Na mesma semana, chegava às lojas *Nome*, primeiro álbum solo de Arnaldo Antunes, lançado pela gravadora BMG. Tratava-se, na verdade, de um projeto multimídia, que reunia ainda livro e vídeo, vendidos separadamente. Mas, enquanto os Titãs pisavam fundo no rock pesado, Arnaldo buscava experiências com ritmos brasileiros e poesia concretista.

No Rio, *Titanomaquia* ganhou lançamento duas semanas depois de São Paulo. O palco foi o Canecão, o mesmo onde três semanas antes Branco tinha protagonizado um episódio histórico no show de Tim Maia, seu amigo. O vocalista dos Titãs foi assistir à estreia da temporada acompanhado de Sérgio Britto e Marisa Monte. Canecão lotado, todos sentados, no meio da apresentação Branco começou a falar alto com Tim, da mesa. Percebendo que o titã estava alterado, o cantor o cumprimentou no microfone:

— Fala, Brancão!

Entrou por um ouvido e saiu pelo outro. Branco passou a falar mais alto, levantou e começou a andar em direção ao palco. Tim, tenso, parou de cantar e pediu que ele se acalmasse.

— Brancão, segura sua onda. Fica tranquilão aí, rapaz.

O titã parou bem na frente de Tim Maia, que, acostumado a provocar saias justas, dessa vez se via do outro lado do balcão. Na dúvida, resolveu retomar o show. De repente, Branco pulou no palco. Tim se assustou e começou a gritar:

— Segurança! Segurança!!!

O vocalista, trôpego, se atirou nos braços dos seguranças e foi arrastado em direção aos camarins. Assim que a música terminou, Tim deixou o palco e Britto perguntou a Marisa Monte:

— Onde será que o Branco se meteu?

— Ah, ele deve estar lá atrás com o Tim, fumando um.

Mas o astro da noite voltou, com uma outra camisa. Tinha saído apenas para trocar de roupa. Já Branco continuava sumido. Britto e Marisa levantaram no meio da apresentação em busca do amigo e descobriram que ele tinha sido expulso pelo dono do Canecão, Mário Priolli. O empresário foi tentar acalmá-lo, mas acabou insultado pelo titã.

Preocupados, Britto e Marisa saíram para encontrá-lo. Afinal, em março daquele ano, o cantor Renato Russo já tinha passado maus bocados nos bastidores da casa de shows carioca. Depois de assistir a uma apresentação de Emerson, Lake & Palmer, ele forçou a barra para entrar no camarim para falar com os ídolos e foi retirado à força pelos seguranças, que o jogaram no chão e o agrediram. Branco, tão alucinado quanto Renato estava, corria o risco de ter o mesmo destino.

A cantora e o tecladista dos Titãs acharam o vocalista no lado de fora do Canecão, na calçada, rodeado de policiais. Se não bastasse a confusão armada lá dentro, ele xingou PMs que passavam de carro. Até que num raro momento de lucidez, Branco desandou a chorar e Marisa e Britto aproveitaram para apelar aos policiais que não o prendessem. A situação caminhava para um final feliz. Um capitão da PM, sensibilizado, baixou a guarda:

— Tudo bem, eu entendo vocês artistas. Eu também sou artista. Sou bailarino.

Branco enxugou as lágrimas e, numa provocação infantil e sem noção, dirigiu-se ao capitão:

— Ah, o senhor dança, é?

O bate-boca recomeçou e só não teve consequências mais drásticas porque Britto e Marisa usaram sua habilidade diplomática para convencer os policiais a deixarem Branco ir embora. No dia seguinte, a cantora ligou para Tim Maia para pedir desculpas por não ter ido cumprimentá-lo no camarim.

— É que eu estava com o Branco, Tim...

O cantor preferiu que ela não explicasse:

— Marisa, eu gosto muito do Brancão, mas não quero mais falar sobre isso.

■ ■ ■

Antes de partir em excursão pelo país com a turnê de *Titanomaquia*, os Titãs fizeram uma escala em Los Angeles, em setembro de 1993. Foram receber o prêmio de Melhor Vídeo Brasil do MTV Awards por "Será que é isso que eu necessito?", dirigido por Ralph Strelow e Beto Brant. Acompanhando os sete titãs, estavam Carol Civita e Anna Butler, gerente e supervisora do Departamento de Relações Artísticas da emissora. Nos Estados Unidos, se juntaram ao grupo Malu Mader e a repórter da MTV Cris Lobo, casada com Charles Gavin.

A programação nos Estados Unidos misturava muito lazer e pouco trabalho. A banda gravou algumas reportagens para a MTV, na época com uma programação tão pesada quanto o som dos Titãs, e curtiu várias baladas inesquecíveis, com direito até a esticada na Disneyworld e na Universal Studios. Na Rainbow, uma boate célebre, Britto, Charles, Cris e Anna sentaram na mesa de Lemmy Kilmister, baixista, vocalista e líder do lendário Motörhead, e dançaram até o DJ desligar o som.

Numa das noitadas, Anna e Carol conheceram o empresário do Faith No More, que as convidou para um churrasco na casa dele, em que também estariam Billy Gould, baixista da banda, e todas as integrantes do grupo feminino L7.

— Muito obrigado, mas a gente não pode ir sem os Titãs — agradeceu Anna Butler.

— Tudo bem, vocês podem levá-los.

Foi a senha para um bando de onze pessoas (as agregadas Malu e Cris faziam parte do pacote) invadirem a mansão. À tarde, na piscina, brasileiros e americanos já estavam conversando e bebendo como velhos amigos.

A MTV ajudou a impulsionar a temporada de *Titanomaquia* no Brasil. Com "Nem sempre se pode ser Deus" e "Será que é isso que eu necessito?" em alta rotação na emissora, as rádios ficaram mais flexíveis e os Titãs conseguiram furar o bloqueio da programação. A banda acreditou que era um bom momento para tentar penetrar nos Estados Unidos. Aproveitando a grife de Jack Endino, traduziu oito músicas do repertório do novo disco e gravou versões em inglês. O produtor levou uma fita para o seu país, deu a amigos, mas o que o grupo temia de fato aconteceu: as letras fortes e criativas se esvaziavam em outra língua. Já o som sujo e rasgado, por mais bem gravado que fosse, tinha aos montes por lá. As cópias de *Titanomaquia* na versão original que Jack também fez questão de distribuir não surtiram efeito. O produtor ficou desapontado. Não conseguiu convencer ninguém de que rock cantado em português tinha seu valor.

No Brasil, os shows confirmaram o que já começava a se desenhar na turnê anterior: um público cada vez mais masculino e raivoso, condizente com o estilo musical que a banda fazia. Numa apresentação no interior de Minas Gerais, um fã chegou ao extremo: tirou de uma bolsa um coelho degolado e jogou a cabeça no palco, em pleno refrão de "Bichos escrotos" ("*Oncinha pintada/ Zebrinha listrada/ Coelhinho peludo/ Vão se foder*"). A cena de horror, mais apropriada aos shows do "comedor" de morcegos Ozzy Osbourne, mostrava que muita coisa tinha mudado nos Titãs. Estava na hora de virar o leme.

EU APRENDI,
A VIDA É UM JOGO

▶ Trecho de "Homem primata"

Os organizadores do show de Sorocaba, em São Paulo, em março de 1992, acharam que estavam fazendo um bom negócio ao fechar uma parceria com a *Bizz*. Tivessem lido as últimas edições não teriam cogitado espalhar faixas da revista num ginásio em que os Titãs iriam se apresentar. "A banda veio murcha como um palhaço desdentado, e o repertório foi equivocado ao extremo. Músicas pouco conhecidas, especialmente do *Tudo ao mesmo tempo agora*, o disco que ninguém ouviu/comprou/gostou. Tudo bem, o vinil está criando teia de aranha nas lojas e é preciso divulgá-lo, mas paciência tem limite", escreveu Camilo Rocha, entre outras palavras pouco carinhosas na crítica da apresentação no Hollywood Rock, em que o grupo dividiu a cena com os Paralamas do Sucesso.

A primeira providência que os Titãs tomaram ao subir ao palco, à tarde, para passar o som foi pedir para que todo e qualquer cartaz da revista que estivesse ao alcance dos olhos do grupo fosse retirado. À noite, durante o show, foi mais explícita a demonstração do sentimento da banda em relação à publicação de música mais famosa do país. Percebendo que todos que entraram no ginásio receberam um exemplar da *Bizz*, justamente o da edição de fevereiro que vinha com a crítica malcriada, Branco Mello começou a fazer um discurso inflamado:

— O que vocês estão fazendo com essa merda de revista que fica enchendo o saco das pessoas que fazem música? Essa revista não está do lado de vocês, não está do lado de ninguém. Essa revista é uma merda!

Contagiado pelas palavras do vocalista, o público de 3 mil pessoas começou a rasgar os exemplares e jogar os pedacinhos de papel para o alto, como se fosse um ritual de decretação de morte da revista, que viveria até 2007 e voltaria a bater firme nos Titãs. Mas na mesma medida em que mordia, a *Bizz* assoprava. Grande parte dos leitores gostava do septeto e isso obrigava a publicação a ceder espaço à banda — que entre 1987 e 1989 abocanhou as principais categorias do prêmio Bizz, na eleição dos melhores de cada ano. Por isso, não era raro ver uma foto do grupo estampando a capa da revista. Esse era o plano para a edição de julho de 1993. Em abril, André Forastieri, então editor-chefe, queria que um repórter colasse nos sete titãs e acompanhasse de perto a gravação do oitavo disco. Escalou para essa missão Carlos Eduardo Miranda.

— Mas por que eu, que sou o pior jornalista dessa revista? — perguntou Miranda, um gaúcho barbudo e de longos cabelos grisalhos, sem entender sinceramente a ligação que um repórter do underground, mais envolvido com bandas novas, teria com os Titãs.

— Porque você é o único que ainda não tem o filme queimado com os caras. Todo mundo aqui já meteu o pau neles — respondeu Forastieri, mantendo o nível de franqueza.

Lá se foi Miranda para o estúdio Art Mix encontrar os cabreiros Titãs. Não sem antes encher sua mochila com fitas demo que recebia de bandas de todo o país e que fazia questão de mostrar para quem cruzasse o seu caminho. Com o septeto, Miranda alimentava a esperança de que os Titãs convidassem alguns daqueles grupos novatos para abrir seus shows. A banda já havia feito isso com Moleque de Rua e Volkana, e poderiam se interessar em abrir espaço também para Raimundos, Little Quail and the Mad Birds, mundo livre s/a ou outro grupo que fizesse parte do catálogo daquela mochila.

Mas, como era de esperar, Miranda não foi recebido com sorrisos e tapinhas nas costas. Mal pisou no estúdio Art Mix, já ouviu: "Aquele ali é o cara da *Bizz*", um cartão de visita que não era dos melhores. O jornalista, porém, logo descobriu que tinha um trunfo na manga. Ele já havia chegado à fase final do Sonic e passou a dar dicas de como ganhar vidas e bônus no jogo eletrônico que Branco, Britto e Nando se esforçavam para passar da segunda fase, no Mega Drive do estúdio. Entre partidas de videogame e conversas paralelas, Miranda foi conquistando os músicos. Além da entrevista sobre o disco, eles falaram sobre a relação entre artistas e crítica (Miranda tinha tocado nas bandas gaúchas Urubu Rei, Taranatiriça e Atahualpa Y Us Panquis) e, é claro, sobre os grupos que o jornalista apresentava dia a dia.

Quando os Titãs foram para o Rio mixar o disco *Titanomaquia*, uma conversa entre o diretor de marketing da WEA, Sérgio Affonso, e Charles acabou indicando o caminho para aquelas demos. Sabendo que o baterista era um profundo conhecedor de discos fora de catálogo e um verdadeiro rato de arquivos, o executivo fez uma proposta:

— Seria legal se eu pudesse contar com os Titãs para descobrir novos talentos. Vocês estão sempre viajando e poderiam descobrir algumas bandas pelo Brasil. O que você acha disso?

A preocupação de Sérgio Affonso em descobrir artistas era compreensível. A Sony tinha lançado o selo Chaos e colheu resultados rapidamente, com o sucesso dos grupos Skank, Chico Science & Nação Zumbi e do rapper Gabriel O Pensador. A BMG, por sua vez, anunciava a reativação do selo Plug, que nos anos 1980 revelara Engenheiros do Hawaii, DeFalla e Picassos Falsos. Faltava a Warner fazer algo pela geração anos 1990. E a resposta de Charles mostrou que o diretor de marketing da gravadora procurou os parceiros certos.

— A gente conheceu um cara que está com o contato de muita banda boa — disse o baterista, narrando a história de Miranda e deixando agendada uma reunião com os Titãs, o jornalista e executivos da Warner.

■ ■ ■

Os Titãs estavam empolgados, a gravadora interessada, mas ainda não tinha nada garantido. Então, enquanto o grupo terminava o disco e a ideia do selo não se concretizava, Miranda voltou ao seu trabalho na *Bizz*, tendo que manter sigilo absoluto sobre o assunto. Quer dizer, quase absoluto. Para não perder as bandas para os concorrentes, começou a fazer uma reserva nos bastidores. E, apesar de estarem sendo cantados por outras gravadoras, os grupos esperavam pela boa nova que sairia dessa negociação. Não só por consideração a Miranda, mas principalmente por ter uma banda do porte dos Titãs envolvida.

Para os grupos iniciantes, os Titãs eram vistos mais como um exemplo do que como um mito. Eles enxergavam nos futuros patrões uma banda empreendedora e o exemplo mais próximo disso era a autoprodução em *Tudo ao mesmo tempo agora*. Também contava a favor a banda dar força para as mais novas, convidando-as para abrirem seus shows — um canal pouco utilizado pelo pessoal da geração dos anos 1980.

O próprio Miranda passou a admirar mais os Titãs depois de conviver com eles naqueles dias no estúdio. Musicalmente, até *Titanomaquia*, não curtia muito os futuros parceiros ("eles não cantam para mim", costumava dizer). O único disco da banda que chegou a ter, antes do encontro no Art Mix, foi *Tudo ao mesmo tempo agora*, que ficou apenas algumas horas em suas mãos, já que ele deu o álbum para Mike Patton, vocalista do Faith No More, num encontro na casa de Max Cavalera.

Os Titãs e a Warner também tinham razões para confiar que Miranda seria um bom aliado num projeto de renovação do rock brasileiro. Pouca gente no mercado possuía contatos tão quentes quanto o gaúcho que chegou em São Paulo em 1988 para assistir a um show de Iggy Pop e acabou ficando. E, apesar de ter sido um articulador da cena roqueira em Porto Alegre na década de 1980, a ligação de Miranda com a geração dos anos 1990 começou por um motivo muito mais prosaico. Sofrendo de síndrome de Reiter, uma doença que provoca inflamações nas articulações e deixa a pessoa praticamente paralítica, o jornalista aventureiro, que dava uma colaboração aqui e outra ali, foi obrigado a procurar pela primeira vez um trabalho fixo, remunerado e com carteira assinada. Carismático, boa-praça, além de um profissional criativo e antenado, Miranda logo recebeu dois convites: Bia Abramo o chamou para trabalhar no Folhateen, caderno jovem da *Folha de S.Paulo*, e José Augusto Lemos quis levá-lo para a *Bizz*. Ficou com a segunda opção.

Na revista, Miranda teve a ideia de fuçar o que tinha de novo no Brasil ao perceber que o filé da produção nacional ia para as mãos dos jornalistas mais experientes. O primeiro passo foi ligar para os correspondentes da *Bizz* para descobrir o que vinha acontecendo nas outras regiões. Foi um balde de água fria. Ninguém conhecia nada. Inconformado, Miranda foi desabafar com André Forastieri, que lhe ensinou um truque:

— Escreve uma matéria e diz que não tem nada de novo acontecendo no Brasil. O máximo que vai acontecer é que vão começar a te ligar e mandar material.

E foi assim que Miranda ficou sabendo, por José Teles, de Recife, do movimento Mangue Beat, que tinha como representantes o Nação Zumbi e o mundo livre s/a, entre outros. Carlos Marcelo, do *Correio Braziliense*, contou da nova geração roqueira do Planalto Central: Little Quail, Low Dream e uma banda que estava voltando à atividade, "que faz um forró-core, chamada Raimundos". As demos não paravam de chegar à redação e Miranda, até ser escalado para a entrevista com os Titãs, não sabia o que podia fazer para dar uma força àqueles artistas cheios de potencial.

Se a Warner estava tranquila em relação ao know how do jornalista — nessa época já recuperado da doença — e à força da marca Titãs, faltava um profissional para assumir a parte administrativa do selo. A multinacional hesitava em entregar tudo nas mãos de um cabeludo meio roqueiro, meio hippie. O problema é que enquanto esse nome de confiança não aparecia, o negócio não andava. E se os Titãs, envolvidos com a finalização de *Titanomaquia*, não se preocupavam tanto com a conclusão do projeto, Miranda não se segurava de ansiedade e receio de perder os artistas para outras gravadoras.

Cinco meses já haviam se passado desde as primeiras conversas no Art Mix até o lançamento de *Titanomaquia*, em setembro. Louco por uma resposta da Warner, Miranda tinha até quem indicar para trabalhar na área que preocupava a empresa: o amigo Wagner Garcia, da Eldorado. E foi ao lado de Wagner que Miranda acabou seduzido por uma ideia de André Forastieri, que estava prestes a se desligar da *Bizz* para lançar a revista *General*. Também colunista do Folhateen, Forastieri deu a dica ao parceiro:

— Cara, essa história do selo é capa certa da Ilustrada. É a oportunidade para o projeto deslanchar.

Miranda resolveu arriscar e contou tudo:

— O negócio é o seguinte: o selo se chama Banguela e vai ter as bandas Raimundos, mundo livre s/a e Maskavo Roots. Os Raimundos, inclusive, vão abrir os shows de lançamento do *Titanomaquia* no Olympia e no Canecão.

O nome do selo e o detalhe de os Raimundos abrirem para os Titãs foi uma precipitação de Miranda, porque eram questões ainda em discussão.

Porém, a matéria, publicada no dia 15 de setembro de 1993, exagerou ainda mais: dizia que o selo seria anunciado naquele dia com uma entrevista coletiva e que produziria dois discos até o fim do ano. Mais: haveria outros seis no ano seguinte, fora as estreias dos Titãs em projetos solos.

Miranda passou o dia se explicando. Para começar, teve que dar satisfações ao seu diretor de redação na *Bizz*, Carlos Arruda, que acabou deixando o jornalista continuar trabalhando lá. Depois foram os Titãs e o pessoal da Warner que telefonaram para saber quem tinha autorizado divulgar aquelas informações. Como parte do plano armado com Forastieri, Miranda botou a culpa no colega de redação:

— Eu estava conversando com ele como amigo. Estava no bar, tomando uma cerveja, trocando uma ideia. Não imaginava que ele ia publicar aquilo. Forastieri é louco! Sabe como é jornalista...

Desculpas aceitas, Miranda terminou o dia orgulhoso porque a alegria superou a tensão: as bandas que havia tanto tempo esperavam a notícia estavam eufóricas. Só restava uma questão para resolver: os Raimundos iriam mesmo abrir os shows de *Titanomaquia*? Os Titãs sabiam que era uma boa ideia, até porque já tinham ouvido e gostado muito da demo dos brasilienses, mas a gravadora resistia. Por fim, a Warner deu uma ajuda de custo para que o quarteto se apresentasse em São Paulo e no Rio. Mas a verba só pagava as passagens — de ônibus. A hospedagem teve que ser improvisada: na capital paulista, eles ficaram no apartamento de Miranda e no Rio, na casa de parentes e amigos.

A repercussão dos shows em São Paulo foi tão boa que Miranda se empolgou, pegou um ônibus e foi atrás de seus pupilos no Rio. E o sucesso se repetiu, com uma vantagem: o glamour dos convidados VIPs, que costumam frequentar o Canecão. Herbert Vianna foi ao camarim cumprimentar os Raimundos. Fez reverência ao vocalista Rodolfo e se ofereceu para produzir o primeiro disco dos brasilienses.

No domingo, último dia da aventura pelo Rio, a sensação era de que nada poderia estragar aquele momento de glória. Ou quase nada. Era 26 de setembro, véspera do dia de Cosme e Damião, e o baterista Fred gostava de distribuir doces na data. Comprou uns bombons e decidiu atirar para a plateia antes de encerrar o show. Animado, Fred voltou do camarim, correu pelo palco e voou por cima dos incrédulos roqueiros. O baterista imaginava que seria amparado pelos braços da plateia, mas o que conseguiu nesse mergulho louco foi se estatelar no chão do Canecão. Meio zonzo, com sangue saindo pela boca e pelo nariz, foi socorrido e levado para uma clínica em Botafogo, vizinha à casa de shows, mas liberado em seguida. Os médicos e os amigos estavam certos de que havia sido apenas um susto. Fred não. Passou a noite inteira tentando convencer a todos de que não estava bem. Em vão. Com os outros três companheiros, o combalido baterista ainda assistiu ao fim do show dos Titãs e foi carregado para uma balada.

Só no dia seguinte, numa reunião na Warner — que iria tratar da contratação dos Raimundos — é que alguém resolveu dar atenção às reclamações do baterista. Cristina Dória, Andréa Rock'n'Roll e Adriana Pena, que trabalhavam na companhia, meteram Fred no carro e o levaram para a Clínica São Bernardo, na Barra da Tijuca. Lá foi descoberto que ele tinha sofrido um traumatismo craniano e precisava ser operado com urgência porque estava com um coágulo na membrana do crânio. Foi uma rápida viagem do céu ao inferno. E também a primeira grande provação dos membros do Banguela. A operação de Fred foi acompanhada de perto por todos os Titãs. Ele enxergou o lado bom do drama.

— Pô, a Malu Mader veio me visitar! — festejava.

Depois de sete dias internado, Fred voltou a Brasília. Muito abalado, acreditava que jamais voltaria a tocar bateria. A família já estava procurando psicólogo e neurologista para cuidar do problema, quando Haroldo, baterista do Skank, fez os dois papéis numa só tacada. Fred assistia do backstage a uma apresentação dos mineiros no Planalto Central, quando o colega lhe entregou as baquetas e disse para terminar o show.

— Mas eu não sei mais tocar, cara — respondeu o baterista dos Raimundos, em pânico.

Haroldo se fez de desentendido e Fred não teve alternativa: foi até a bateria e, sem maiores dificuldades, cumpriu o dever. O músico se convenceu de que estava pronto para entrar em estúdio e gravar o primeiro CD de sua banda, que inauguraria a história do Banguela Records.

■ ■ ■

A criação do selo que lançaria bandas só se concretizou quando a Warner nomeou o advogado José Carlos Costa Neto para tomar conta da parte burocrática. O nome, que Miranda antecipara na reportagem da *Folha de S.Paulo*, seria Banguela mesmo, sugestão de Nando, em homenagem ao seu disco preferido, *Jesus não tem dentes no país dos banguelas*. Com orçamento de 18 mil dólares por disco (incluindo aí gravação, divulgação, promoção e qualquer outro custo), o Banguela Records estreou contratando Raimundos, seus conterrâneos Little Quail and The Mad Birds e Maskavo Roots, o grupo pernambucano mundo livre s/a e o gaúcho Graforreia Xilarmônica.

Mas se o selo tinha cast, faltava um endereço. A solução encontrada uniu o útil ao agradável: alugaram um espaço no andar de cima do estúdio Be Bop, na rua Morás, 98, no Alto de Pinheiros, que se tornou a residência de Miranda e dos Raimundos desde que começaram a produzir o primeiro disco dos brasilienses, em janeiro de 1994, e onde seriam gravados todos os álbuns do selo.

O disco de estreia, batizado apenas de *Raimundos*, deu ideia da camaradagem que iria reinar no Banguela. Miranda, o diretor artístico do selo, assinou a produção. Tony Bellotto emprestou uma guitarra para Digão tocar, Charles arrumou pratos para a bateria de Fred, Branco cedeu um baixo para Canisso e Nando tocou violão em "Puteiro em João Pessoa" e "Selim". A principal contribuição dos Titãs no primeiro disco, porém, foi a aula de backing vocal que Britto, Branco e Paulo deram ao participar de três faixas ("Be a Bá", "Bicharada" e "Carro forte"). Os Raimundos ficaram tão fascinados com o efeito que levaram como herança essa preocupação de ter sempre um coro com três vozes nas músicas da banda.

Gravado a toque de caixa para não estourar o orçamento e também para satisfazer a ansiedade de ter um produto do Banguela, o disco *Raimundos* chegou às lojas em maio de 1994 cercado de expectativas. Só quem ainda não estava muito confiante no sucesso do grupo era a Warner, que prensou apenas 5 mil cópias, esgotadas em poucos dias, graças à propaganda boca a boca e às apresentações no circuito alternativo. Uma nova remessa, também pequena, foi encomendada e mais uma vez a procura foi maior do que a oferta. E assim foi até o estouro do grupo, em outubro, com a nada comportada "Selim" (*"Eu queria ser o banquinho da bicicleta/ Pra ficar bem no meio das pernas/ E sentir o seu ânus suar"*) tocando em todas as rádios jovens.

Em pouco tempo, a popularidade do Banguela ganhou o Brasil e o selo se tornou o sonho de consumo das bandas iniciantes: quem não ia querer ter um disco produzido pelos Titãs, num selo independente e com distribuição de uma gravadora multinacional? Dobrou a quantidade de demos que chegavam para Miranda filtrar e mostrar as melhores para os parceiros.

Algumas bandas iam até a rua Morás em busca de uma oportunidade. Uma delas foi o Utopia. Miranda ouviu a demo, não gostou nem levou para os Titãs. "Que graça tem uma banda que tenta imitar o RPM, com um vocalista metido a Paulo Ricardo e um japonês chato?", pensou o diretor artístico com seus botões. Eram Dinho, Alberto, Samuel, Sérgio e Júlio, que meses mais tarde iriam repaginar seu som e mudar o nome para Mamonas Assassinas. Depois de se tornar um fenômeno nacional, contratado pela EMI, o quinteto não esqueceria a frustração por não ter sido aprovado pelo selo dos Titãs: Dinho e companhia sempre contavam nas entrevistas a visita ao Banguela. Só omitiam o fato de que faziam um som completamente diferente.

Outro frequentador assíduo do Be Bop também se transformaria em estrela. Chorão, sempre que vinha de Santos, passava pelo Banguela para bater papo com o amigo Miranda. A banda do vocalista, Charlie Brown Jr., chegou a abrir shows dos Titãs em sua cidade natal, mas perdeu a chance de ser contratada pelo selo por fazer parte de uma turma que, influenciada pelo sucesso do Sepultura no exterior, preferia cantar em inglês. E um dos pré-requisitos impostos pelos Titãs na criação do selo era justamente que seus artistas cantassem em português. O Maskavo Roots, que tinha um repertório inteiro de músicas em inglês, aceitou mudar o idioma e foi contratado. Já o Charlie Brown Jr. custou a cantar na própria língua e saiu dos planos do Banguela.

Os Titãs e Miranda também não viram como contratar uma banda carioca que fazia um hip-hop de qualidade, mas que pegava pesado nas letras, com referências constantes e diretas à maconha. Amigo de Marcelo D2, vocalista do Planet Hemp, Miranda torcia para que o grupo fechasse com uma grande gravadora, com estrutura para bancar os problemas com a polícia que os cariocas, de fato, enfrentariam no futuro. Mais do que torcer, Miranda deu uma mãozinha para o Planet virar artista da Sony: anunciou uma falsa proposta para a banda, fazendo a multinacional contratá-la para um disco e não para uma participação numa coletânea, plano inicial da gravadora.

Não eram só os que queriam uma chance que apareciam no Banguela, atraídos pelo sucesso dos Raimundos. Artistas rodados também visitavam o selo e acabavam virando colaboradores. Na gravação seguinte, que marcava a estreia do mundo livre s/a, houve um recorde de participações: o percussionista Naná Vasconcelos; a guitarrista Syang, na época do P.U.S.; o saxofonista Chico Amaral e o trompetista João Vianna, do Skank; Nasi, vocalista do Ira!; Apolo IX, percussionista do Jungle Bells (que viria a ser mais tarde produtor dos discos solo do cantor pernambucano Otto); Gilmar Bola 8, Toca, Gira, Canhoto e Alexandre Dengue, percussionistas do Nação Zumbi; o cantor e guitarrista Skowa; James Muller, percussionista do Heartbreakers; Nando Machado, cantor do Exhort; Ligeirinho, vocalista da banda Guanabara; Sérgio Boneka, rapper dos Anjinhos da Babilônia; e Johnny Monster e Gastão Moreira, do R.I.P. Monsters (Gastão na época também era vj da MTV).

O mundo livre também contou, é claro, com as colaborações caseiras de Charles Gavin, Paulo Miklos, Nando Reis, Miranda, Tatiana Kwiezynski (namorada de Miranda, vj da MTV e assistente no estúdio), Ana Lúcia Faria (mulher do dono do Be Bop, Marcelo Rossi) e Malu Mader, numa participação especial e rara de backing vocal em "Musa da Ilha Grande".

Mas não foi fácil a gravação desse segundo disco do Banguela, com produção de Miranda e Charles. Para começar, Zero Quatro (cavaquinho, guitarra e voz), Fábio Montenegro (baixo), Otto (percussão), Chefe Tony (bateria) e Bactéria (teclados e guitarra) levaram de Recife para São Paulo apenas um baixo, um cavaquinho e um bongô — os demais instrumentos foram emprestados pelos Titãs, inclusive a bateria. O primeiro ensaio da turma foi desanimador. A complexidade criativa apresentada na demo do mundo livre se traduziu numa bagunça em que cada músico do grupo tocava num tom. Os produtores gravaram um ensaio e cada integrante levou uma fita para estudar novos arranjos. No dia seguinte, Miranda e Charles juntaram suas anotações para, enfim, começar a trabalhar no disco que seria batizado de *Samba esquema noise*.

Antes de concluírem o álbum aclamado pela crítica especializada, a dupla ainda penou. Mais pela inexperiência do grupo do que pela diferença de estilo dos produtores, que era gritante. A tranquilidade e a aparente anarquia de Miranda contrastavam com o alto grau de exigência do metódico Charles. Ambos, porém, respeitavam-se e tinham em comum o amor por colecionar discos. Por conta dessas diferenças, era natural que os pernambucanos tivessem mais liberdade com Miranda do que com o baterista. Mas essa cumplicidade se confundiu com abuso num período de três dias em que o diretor artístico precisou se ausentar. Quando voltou ao estúdio, encontrou Charles aborrecido e um mundo livre entediado.

— E aí, Charles? Quantas músicas vocês gravaram?

— Meia... — respondeu o baterista.

O problema era com o baixista Fábio, que não conseguia fazer o que Charles queria. Assim que o baterista deixou o estúdio para viajar com os Titãs, Miranda foi conversar com o músico pernambucano para tentar entender o que estava acontecendo.

— Ah, Miranda... você não estava aqui, resolvi te esperar...

— Cara, se o Charles descobre isso, vai querer te matar — repreendeu Miranda, que terminou de gravar todo o baixo do disco em dois dias para evitar novos problemas. Na música "Livre iniciativa", que Fábio não conseguia tocar sem dar a ressoada numa corda que irritava Charles, Nando tratou de assumir o baixo.

Por essas e outras, o prazo de gravação do disco obviamente estourou, assim como o orçamento — apesar de todos os descontos que o estúdio concedeu pelos três meses de produção. Foi o começo da derrocada do Banguela. Como explicar para a Warner que o segundo disco do selo custou mais de 40 mil dólares? Os outros Titãs ficaram enfurecidos e foram cobrar de Charles. Sem experiência em produção, o baterista conduziu a gravação olhando apenas pelo prisma artístico, ignorando o lado empresarial. Deixou o atraso cair na conta da gravadora. Só se esqueceu de que os donos daquele selo eram os próprios Titãs e que o prejuízo seria deles próprios.

Depois que os Titãs encerraram a turnê de *Titanomaquia* e entraram em longas férias, programadas para terminar só em abril de 1995, tomaram a frente do selo, ora nas reuniões para escolher futuras contratações, ora no estúdio gravando ou produzindo alguma banda. Ainda sob o fantasma do rombo do disco do mundo livre, os trabalhos seguintes foram gravados dentro do prazo. Mas *Lírou quêiol en de méd bãrds*, do Little Quail, e *Coisa de louco II*, do Granforreia Xilarmônica, produzidos por Miranda, e o álbum *Maskavo Roots*, da banda homônima, coprodução do diretor artístico com Nando, não conseguiram repetir o estouro dos Raimundos, apesar do resultado em estúdio ter sido satisfatório.

O sucesso da estrela do Banguela, porém, ajudou a saldar as dívidas da segunda produção do selo e restabelecer a paz com a Warner. Graças às mais de 100 mil cópias vendidas pelos Raimundos, a empresa pagava seus custos e, no Natal de 1994, ainda sobrou uma caixinha de 4 mil reais para cada um dos sete titãs — a quantia, aliás, foi tudo o que o grupo ganhou no pouco mais de um ano de existência do selo.

Animados com o convívio com aquela garotada cheia de vontade de tocar rock 'n' roll, Branco e Britto aproveitaram a estrutura para montar uma banda bem no espírito das que contratavam no Banguela. O vocalista assumiu o baixo e o tecladista virou guitarrista. Para completar um power trio, tiveram a ideia de chamar uma mulher para a bateria. Espalharam a notícia entre os músicos conhecidos e marcaram uma audição no estúdio Oásis. No dia programado, meia dúzia de meninas se apresentou para a dupla. Roberta Parisi, uma loura de dezenove anos, ficou com a vaga.

A banda, batizada de Kleiderman, numa irônica homenagem ao pianista francês Richard Clayderman, gravou no Be Bop o disco *Con el mundo a mis pies*, ainda mais radical do que os dois últimos álbuns dos Titãs. Além das guitarras distorcidas, transitando entre o hard rock e o punk rock, os vocalistas maltrataram suas gargantas berrando e forçando a voz em quase todas as dezessete faixas. O projeto paralelo de Branco e Britto — que usaram da condição de donos do Banguela para serem os primeiros artistas do selo a gravar algumas canções em inglês — cumpriu os planos da dupla. Sem pretensão de tocar nas rádios ou fazer sucesso, eles se apresentaram em casas menores do circuito Rio-São Paulo, com seu repertório de músicas curtas e som básico e pesado. Uma boa diversão para as férias.

■ ■ ■

No começo de 1995, o Banguela ia tão bem das pernas que mudou de sede. Trocou as microssalas em Pinheiros por uma casa na Vila Beatriz. Os Raimundos estavam melhores ainda e passaram a ser sondados por outras gravadoras, como a Virgin, recém-chegada ao Brasil. O assédio à banda provocou um duro golpe nos Titãs: aproveitando uma brecha no contrato, os Raimundos rescindiram com o selo e foram para a WEA. Traição dos dois lados. A Warner, que abrigava o Banguela e a WEA, justificou a atitude como uma forma de preservar o dinheiro investido no grupo. Já Rodolfo, Fred, Canisso e Digão, que agiram na surdina, tiveram que ouvir poucas e boas dos ex-patrões.

Influenciados principalmente pelo empresário, José Muniz, que "não via no Banguela uma estrutura para um grupo ganhador de disco de ouro", o quarteto acreditava que estava fazendo o melhor para sua carreira. Mas não se sentiam confortáveis. Tinham medo de que pensassem que havia um quê de ingratidão em relação à força que receberam dos Titãs. Os quatro músicos evitaram ao máximo o encontro com os donos do Banguela, que, como maridos traídos, foram os últimos a saber. Quando não deu mais para adiar a reunião na sede do selo, Canisso hesitou em sair do carro: temeu que o sisudo Charles Gavin partisse para o braço. O baixista e os três companheiros foram obrigados a ouvir as broncas.

— Não esqueçam que quando contratamos vocês, a banda não tinha vendido nada. Não venham agora, só porque ganharam um disco de ouro, achar que são mais do que eram antes. Como é que vocês nos aprontam um negócio desses?! Vocês são uns moleques! — disparou Charles, olhando nos olhos de Fred, quem normalmente tomava a frente nas decisões mais difíceis para os Raimundos.

Naquela noite, porém, o baterista desabafou:

— Não posso ficar aqui nessa reunião. Não quero brigar com vocês, não quero discutir com vocês como se fossem empresários — disse Fred, antes de se levantar da mesa da cozinha do Banguela e cair num choro que misturava pressão e tristeza.

Aquela conversa foi tão difícil que virou um tabu para todos os que participaram. A recusa dos envolvidos em comentar o teor da discussão reforçava os boatos de que as duas bandas saíram no tapa. Não houve confronto corporal, apesar do clima pesado. A relação entre os dois grupos, porém, só voltou ao normal depois que os Titãs deixaram de ser donos de selo.

O episódio, por si só, poderia ter fechado o caixão do Banguela. Mas outros fatores começaram a minar o selo. Só a quantidade de bandas contratadas já era uma dor de cabeça. No afã de aproveitar tudo de bom que aparecia pela frente, o cast chegou a ser maior do que o da matriz Warner. Os Titãs se deram conta de que estavam errando a mão quando descobriram que o grupo carioca Blues Etílicos havia sido contratado por Brian Butler, amigo da banda e novo diretor administrativo. Fã de blues e admirador do grupo carioca, Brian mostrou a demo para os patrões, que acreditaram ser desnecessário dizer que não tinha o perfil do selo. O diretor, porém, não entendeu a mensagem e assinou contrato com o Blues Etílicos.

— Vocês me demitam se quiserem. Mas vocês vivem viajando, não deram uma resposta e então resolvi contratar — justificou Brian.

Pisar na sede do Banguela passou a ser sinônimo de aborrecimento para os Titãs, que, em meados de 1995, preparavam o nono disco. Quando não era um caso de contratação inadequada, era uma banda pedindo dinheiro porque a verba de gravação acabara ou um outro artista reclamando da má distribuição do seu álbum — tarefa que cabia à Warner, e não aos Titãs. A coisa piorou quando o grupo passou a ser importunado em casa com telefonemas dos pais dos integrantes da banda Party Up, todos menores de idade, cobrando que o disco de seus filhos não saía.

A história do Party Up foi uma frustração à parte para os donos do Banguela. Todos os Titãs adoraram o punk pop dos garotos paulistas, que lembrava os ingleses do Primitives. Charles, que estava com viagem marcada para Londres, se ofereceu para produzir o disco da banda por lá. Todos de classe média alta, os adolescentes teriam a passagem bancada pelos pais e só a gravação sairia por conta do selo — o estúdio na Inglaterra, aliás, era mais barato do que os do Brasil. O Party Up, no entanto, preferiu ser produzido pelo baterista do Sepultura, Igor Cavalera. Montou-se o mesmo esquema organizado por Charles, só que o destino foram os Estados Unidos. Mas a gravação decepcionou os Titãs. O som dos meninos se tornou muito pesado, bem diferente do punk pop que tanto tinha chamado a atenção. Por conta disso, o álbum foi para a geladeira. Depois de insistentes cobranças dos pais dos músicos e seus advogados, foi firmado um acordo: o grupo ficaria com a fita master e poderia lançar o disco por qualquer outra gravadora.

O episódio serviu para os Titãs constatarem o desgaste que tinham à frente do selo. O barato de descobrir novos grupos e lançá-los no mercado tinha passado. No lugar disso, estavam envolvidos num mar de burocracia e não tinham tempo nem disposição para aquilo. Preferiram voltar para o outro lado e cuidar somente do próprio nariz. E, tão rápido quanto montaram o selo, a banda resolveu encerrá-lo.

Surpreendido com a decisão, Miranda se reuniu com os parceiros e conseguiu adiar o inevitável fim do Banguela, que fecharia suas portas com a missão cumprida de revelar artistas da geração anos 1990. Eles entraram num acordo de manter a informação sob sigilo por dois meses. Seria mantida a estrutura física do selo, enquanto Miranda e Brian tentariam se organizar para não deixar o sonho morrer. Britto, Charles e Branco até toparam continuar na empreitada. Os outros titãs, assim como a Warner, se despediram do projeto.

Num almoço no restaurante Casa Ricardo, em Pinheiros, em agosto de 1995, Brian, Miranda e os três titãs que resistiram criaram a São Roque Excelente Discos, que marcaria a estreia de uma parceria com a PolyGram. O novo selo de bandas independentes lançaria Maria do Relento e Virgulóides, entre outros. Na estrada, promovendo *Domingo*, o nono disco da banda, Britto, Branco e Charles não conseguiram conciliar as duas funções e, alguns meses depois, encerraram definitivamente a participação dos Titãs no processo de renovação do rock brasileiro.

A Excelente também teria vida curta. Em 1998, seus remanescentes partiriam para novos desafios em gravadoras recém-criadas. Brian foi para a Abril Music, fundada pelo Grupo Abril, e Miranda aceitou o convite da Trama, criada pelo produtor e baterista João Marcelo Bôscoli, para montar o selo Matraca. Ambos dariam continuidade ao trabalho de caça-talentos iniciado no Banguela. Em 2006, Miranda saiu dos bastidores e se tornou conhecido em todo o Brasil como jurado no programa *Ídolos*, do SBT. Participou ainda de outros programas do gênero nos anos seguintes. Em 2018, sofreu um mal súbito em casa e morreu, um dia após completar 56 anos.

SERÁ QUE EU FALEI O QUE NINGUÉM OUVIA?

▶ Trecho de "Não vou me adaptar"

ERA PARA SER UM REENCONTRO AGRADÁVEL. Depois de oito meses, os Titãs voltavam a se reunir como Titãs para tratar do repertório do próximo disco. Mas o clima estava tenso na casa de Paulo Miklos naquela tarde de abril de 1995. Enquanto do lado de fora cresciam os boatos de que o fim da banda era iminente, do lado de dentro os sete tentavam recuperar a intimidade necessária para cada um expor seus desejos sem magoar os demais. Não foi possível, porém, manter a cerimônia por muito tempo. Estava claro pela dispersão e pelo desânimo pairando no ar que nem todo mundo concordava que aquela era a hora de voltar. As cartas foram postas na mesa, quando uma frase de Nando detonou uma discussão áspera com Charles.

— Eu não estou pronto para voltar. E se eu não estou pronto, os Titãs também não estão.

— Você acha legal o que você está falando, Nando? É o contrário. Os Titãs estão prontos, então você tem que estar pronto — respondeu o baterista, dando início ao bate-boca que logo envolveria os outros.

Charles e Nando estavam nos dois extremos da situação que os Titãs viviam desde a separação, planejada depois da saída de Arnaldo Antunes, justamente para que cada um dos integrantes desse vazão a seus projetos pessoais sem ter necessidade de deixar a banda. O baterista aproveitou as férias para fazer um curso de engenharia de áudio, em Londres, bancado pela Warner, num investimento da gravadora em novos produtores. Depois de quase sete meses, ele voltou da Inglaterra com seiscentos discos e cheio de ideias para o novo álbum dos Titãs. Teve que abrir mão do segundo semestre do curso para reencontrar os companheiros na data marcada e por isso não se conformava de só depois de chegar ao Brasil ficar sabendo que nem todo mundo estava disponível.

Nando justificou que queria apenas ter o direito de divulgar seu disco solo, como fizeram os outros colegas. A produção de seu primeiro álbum, *12 de janeiro*, sofrera um atraso e só chegaria às lojas no mês seguinte. Mas já era assunto nos jornais. A boa fase de Nando botava lenha na fogueira das vaidades. Enquanto os Titãs estavam longe da mídia e os trabalhos parale-los dos outros tinham obtido repercussão discreta, crescia a fama do baixis-ta como compositor de MPB. Nos primeiros meses de 1995, a ex-namorada Marisa Monte rodava o Brasil com o concorrido show *Verde, anil, amarelo, cor-de-rosa e carvão*, repleto de músicas de Nando; o Cidade Negra estava estourado com "Onde você mora?" (parceria do titã com Marisa); e Cássia Eller fazia sucesso com "E.C.T." (também composta com Marisa e Carlinhos Brown). Tudo isso criou uma expectativa em torno do álbum do titã, que já foi lançado com um hit nas rádios, "Me diga".

12 de janeiro se tornou um disco declaradamente autobiográfico, a co-meçar pelo nome, data do aniversário de Nando. A música de trabalho foi feita para a mulher, Vânia, grávida de sete meses do terceiro filho do ca-sal, Sebastião, quando o álbum foi lançado, em maio. Os versos *"Então me diga/ Se você ainda gosta de mim/ Porque de você eu gosto/ E isso não pode ser assim tão ruim"* foram escritos num dos dois períodos em que saiu de casa. "Foi embora" e "A Urca", o baixista compôs para Marisa, na época em que namoravam — justamente nas fases em que estava separado de Vânia. Mú-sicas que Nando tentou emplacar em álbuns dos Titãs também entraram, como "Meu aniversário", a homenagem à mãe barrada de *Titanomaquia*, e "A menina e o passarinho", de 1982, descartada por Lulu Santos do reper-tório de *Televisão*.

Esse impulso na carreira solo e o risco de vê-la interrompida de forma precoce com a volta à banda trouxe à tona novamente a vontade do baixista de deixar os Titãs. O primeiro reflexo dessas intenções foi seu sumiço no tra-balho de pré-produção do disco novo. Enquanto os outros se reuniam em pe-quenos ou grandes grupos para compor, Nando nem dava as caras. Mantinha contato apenas com Marcelo, com quem assinava desde as férias a coluna de futebol "Minuto de silêncio", na *Folha de S.Paulo*.

Na hora de fechar o repertório, a única canção que o baixista levou foi "O caroço da cabeça", uma parceria com Marcelo e Herbert Vianna, que os Paralamas também gravariam em *Nove luas*, de 1996. Repetindo o que aconteceu em *Titanomaquia*, Nando teve que brigar para poder pôr sua voz no novo álbum e cantou apenas a música que apresentou.

A questão financeira mais uma vez pesou para o baixista ficar na banda. Longe de alcançar suas expectativas, *12 de janeiro* vendeu pouco mais do que 20 mil cópias, e a procura pelo seu show era muito menor do que a dos Titãs nos piores momentos. E, apesar de magoado com a falta de apoio dos companheiros na carreira solo, o lado emocional também falou alto: Nando ainda tinha muito prazer em tocar com a banda e não conseguia se imaginar fora dela. Mas os últimos episódios deixariam traumas. A partir dessa fase, compor para o baixista se tornaria um processo cada vez mais individual, apesar das várias tentativas dos outros titãs em trabalhar com ele. A exceção seria aberta apenas para parceiros de fora.

■ ■ ■

Nando não foi o único titã em seu disco solo a seguir uma linha totalmente diferente da de *Tudo ao mesmo tempo agora* e *Titanomaquia*. Paulo Miklos, no álbum batizado com o seu nome, também partiu para uma direção mais melódica e acústica. "O disco mistura MPB e um pouco da bagagem que trago do pop. É um trabalho calcado em violão, voz, baixo acústico e muitas cordas. Essa segmentação de trabalhos no grupo é uma coisa natural. A gente é muito fértil, cria bastante coisa juntos, mas também temos desejos particulares", explicou o cantor a Antônio Carlos Miguel no jornal *O Globo* de 8 de novembro de 1994. Na crítica publicada no dia 1º de dezembro, o mesmo jornalista deu nota máxima ao LP/CD: "Nas rebuscadas canções de amor e desamor, Miklos atinge o clímax. É o que se ouve, em sequência, em 'Todos os motivos', a bossa-novista 'Eu perco você' (melhor faixa do álbum) e na melancólica 'Abandono'. Provas de que ainda é possível fazer uma simples e ótima MPB".

Apesar dos elogios da crítica e de Paulo ter tido tempo para divulgar seu trabalho com shows pelo Brasil, o disco também ficou na faixa das 20 mil cópias vendidas. Mas, além da possibilidade de fazer um trabalho de voz e violão mais próximo do processo de composição do cantor, ficou da experiência o contato com novos músicos, como o baterista e percussionista James Miller, o baixista Reginaldo Feliciano e um talentoso guitarrista de 22 anos chamado Emerson Villani.

Uma outra influência dos Titãs, mais oculta do que a MPB, veio à tona nas férias do grupo: o brega. Maior defensor da presença da banda em programas de auditório como *Raul Gil*, *Barros de Alencar* e afins, Marcelo assumiu sua porção popular produzindo o disco *Loucuras de amor*, do cantor romântico Tivas Miguel, pela Continental (braço da Warner, responsável por artistas populares). "Eu sempre ouvi Roberto Carlos e até hoje gosto mais de escutar rádio do que CDs", disse o guitarrista à *Veja* de 24 de julho de 1996, numa época em que se confessar fã do Rei não era ser *cult* como mais tarde se tornaria.

A mesma reportagem falava de uma outra contribuição dos Titãs para o universo brega. "Baby", de Paulo, Marcelo e Arnaldo Antunes, tinha sido escolhida música de trabalho do disco *Minhas canções*, que marcava a volta por cima de um ídolo da época dos Titãs do Iê-Iê: Odair José. A canção composta na estrada, durante a turnê de *Cabeça dinossauro* em 1987, parecia mesmo ter sido feita para alguém como o intérprete de "Pare de tomar a pílula" e "Que saudade de você", sucessos dos anos 1970.

> *Tanto tempo faz*
> *Já nem lembro mais*
> *Tudo ficou pra trás*
> *E eu não fui capaz*
> *De te amar*
> *Um dia talvez eu volte*
> *Quem sabe, eu telefone*
> *E você choraria ao ouvir*
> *Minha voz*
> *Dizendo baby*
> *Volta pra mim, baby*
> *Não me deixe sozinho*
> *Durante todo meu caminho*
> *Eu lembrarei que fomos felizes*

Vou no meu carro a cem
Outro cigarro acendo
Nossos momentos loucos
Vou recordando aos poucos
E talvez um dia
Talvez eu volte
Quem sabe, eu telefone
E você choraria ao ouvir
Minha voz
Dizendo baby
Volta pra mim, baby
Não me deixe sozinho
Durante todo meu caminho
Eu lembrarei que fomos felizes
Oh, oh, oh baby

Esse intercâmbio com um gênero tão diferente do rock poderia ter sido o mais inusitado projeto paralelo dos Titãs. Mas Tony Bellotto surgiu com a maior de todas as surpresas, desviando seu foco da música e se arriscando na carreira literária. O romance policial *Bellini e a esfinge* — lançado em junho de 1995, um mês depois do nascimento de João, primeiro filho de Tony com Malu Mader — foi o resultado de uma atividade impulsionada pela crise dos trinta anos e por um processo de depressão. Em 1993, aos 33 anos, decidiu encarar pela primeira vez o sofá de um analista. A terapia o levou a descobrir que escrever ajudava a aliviar suas angústias. Enveredou pelo caminho do suspense, usando como cenário o submundo de cidades grandes como São Paulo e Rio. O personagem principal era o detetive Reno Bellini, de 33 anos, fã de blues e de Jack Daniel's. Parece com alguém?

Bellini e a esfinge, que em um mês esgotou a primeira edição, passou pelo crivo de todos os Titãs. Acostumado a compartilhar ideias e críticas com os companheiros, Tony achou importante saber a opinião dos seis amigos antes de publicá-lo. Ouviu uma ou outra sugestão e teve a aprovação geral. Em 2002, o livro viraria filme estrelado por Malu Mader e Fábio Assunção no papel do detetive. Era o início de uma consistente carreira como escritor, que deu origem a mais três títulos com Bellini como protagonista e outros romances. Entre eles, "Dom", de 2020, que originou uma série com o mesmo nome, exibida pelo canal de streaming Prime Video no ano seguinte.

■ ■ ■

O primeiro Video Music Brasil, marcado para 31 de agosto de 1995, era anunciado como o Oscar do clipe nacional, pegando carona na pomposa festa do Video Music Awards da MTV americana. Seguindo a linha da cerimônia da matriz, foram escalados para cantar entre as entregas dos prêmios das diversas categorias alguns dos artistas que tinham se destacado no último ano. Gente como Marisa Monte (que levaria o principal prêmio da noite, o de melhor clipe do ano, por "Segue o seco"), Paralamas do Sucesso e Sepultura. No clímax da festa organizada no Memorial da América Latina, a apresentadora Marisa Orth anunciou a atração surpresa: exatamente um ano depois de sua última apresentação pública, surgiram os Titãs cantando "Domingo".

Foi mesmo um impacto. A nova canção era melódica, de refrão fácil e letra simples (*Domingo eu quero ver/ O domingo passar*). Paulo Miklos não gritava como os vocalistas faziam no pesadíssimo *Titanomaquia*. Os Titãs estavam de volta e totalmente mudados — ou mais parecidos do que nunca com os velhos Titãs. Enquanto o septeto se apresentava, o seleto público (formado por artistas, publicitários, jornalistas e profissionais de gravadoras) recebia o single de "Domingo", que no dia seguinte estaria tocando nas rádios brasileiras. Na capa do CD promocional, uma foto tirada por Charles Gavin da mulher, Cris Lobo, dentro de uma piscina de água natural no Egito.

Os Titãs entrariam no estúdio Be Bop para começar a gravar o novo disco somente na semana seguinte. A faixa, pré-produzida por Paulo Junqueiro e pela banda, foi preparada especialmente para o VMB. O grupo decidiu aceitar o convite da MTV para dar uma resposta concreta e original à boataria sobre o fim da banda. As especulações cresciam em cima de possíveis evidências: os dois últimos discos afastaram a banda da mídia; as carreiras paralelas mostravam que alguns de seus componentes discordavam do som pesado que o grupo vinha fazendo e, para piorar, a Warner lançara a caixa

"84/94" contendo dois CDs com os maiores sucessos dos dez anos de Titãs na companhia. Uma coletânea com cara de despedida.

Os dois discos, na verdade, eram uma solução para quitar uma antiga dívida da banda com a gravadora. Na época de *Õ blésq blom*, depois de terem recebido todos os adiantamentos a que tinham direito, os Titãs pegaram um empréstimo com a Warner a juros baixíssimos. Cada um dos oito músicos recebeu o equivalente a 5 mil dólares. O tempo passou e nenhum deles se lembrou de acertar as contas. A companhia, é claro, não se esqueceu de cobrar. Para que ninguém tivesse que tirar dinheiro do próprio bolso, a Warner propôs o lançamento das coletâneas. Para saldar a dívida, todo o lucro iria para a gravadora. No fim, o credor se deu muito bem. Os dois volumes "84/94" venderam cerca de 200 mil cópias cada um.

No Be Bop, mais uma vez sob o comando de Jack Endino, os Titãs já estavam afinados com o que queriam para o nono disco. Com o apoio do produtor, que foi para Seattle com todos os álbuns da banda e descobriu que o septeto não era só heavy rock, o grupo estava decidido a apostar novamente na diversidade e voltaria a usar mais teclados e sequenciadores. Daria espaço para uma guitarra mais pesada, mas não sacrificaria canções melódicas. Também por questão de sobrevivência, os Titãs estavam dispostos a voltar a ser pop. O repertório cru e sujo restringia cada vez mais o público, e eles estavam perdendo fãs e vendendo menos discos. Por fim, uma outra razão com um peso considerável, porém mais difícil de admitir: do outro lado da gangorra, os Paralamas faziam um enorme sucesso com o disco *Vamo batê lata*, que já tinha emplacado nas rádios e TVs a faixa-título, "Uma brasileira", "Luiz Inácio" e "Saber amar".

Os Titãs queriam virar o jogo, mas antes de partir para a briga precisavam resolver algumas pendências internas. Foi necessário muito jogo de cintura, na fase de pré-produção, de abril a agosto, para driblar os problemas de vaidades que surgiram em consequência dos trabalhos individuais. Britto era o mais melindrado em relação aos créditos das músicas. No novo álbum, as faixas viriam com o nome de cada compositor, abolindo a assinatura conjunta que adotaram nos dois álbuns anteriores. Mas o tecladista ainda não estava satisfeito. Queria que se fizesse uma divisão que discriminasse os compositores das letras e os das músicas. Coisa que o grupo nunca havia feito nem cogitava passar a fazer, apesar da insistência de Britto. Segundo ele, da maneira tradicional os créditos não faziam jus a todo o trabalho que estava tendo naquela fase de pré-produção.

De fato, das treze faixas gravadas em *Domingo*, apenas "O caroço da cabeça" não teve o dedo do tecladista. E, embora seu nome estivesse nos créditos das outras, o incomodava especialmente dividir a parceria com tanta gente em "Eu não vou dizer nada (Além do que estou dizendo)", registrada como de Britto, Paulo, Charles, Tony, Marcelo e Nando, e "Qualquer negócio", creditada a Britto, Paulo, Charles, Branco, Tony e Marcelo. Autor de todos os versos de ambas as músicas, ele imaginou que pelo fato de Marcelo e Nando terem uma coluna num jornal e Tony ter escrito um livro, os méritos das letras iriam naturalmente para eles. O que não era justo. Britto usou todos os seus argumentos, mas não foi convincente. Amargou uma das poucas derrotas nas brigas que comprou na banda.

Coincidentemente, outra rara derrota do tecladista também aconteceu na produção de *Domingo*. Charles teve a ideia de convidar para tocarem no disco músicos dos Paralamas e do Sepultura, que tinham ficado mais próximos dos Titãs nas viagens à Argentina. De cara, Britto se mostrou contrário à novidade.

— Parece que a gente está precisando da ajuda dos amigos para chamar a atenção para o que a gente está fazendo. Acho que vai parecer que não estamos dando conta do recado — argumentou.

— Não, cara! É legal a gente trocar ideias com outros músicos. Isso só vai contribuir para que o disco fique mais bacana — devolveu o baterista, convencendo o colega.

Empolgado com o efeito que ele e João Barone conseguiram imprimir no Hollywood Rock, tocando duas baterias simultaneamente, Charles quis reproduzir a experiência no álbum. Com o baterista dos Paralamas, fez uma dobradinha em "Eu não vou dizer nada". Igor Cavalera, do Sepultura, que apareceu no Be Bop com Andreas Kisser, guitarrista de sua banda, gravou a segunda bateria em "Brasileiro", um rock ainda com mais peso. Para não desperdiçar a visita, Andreas fez a terceira guitarra na mesma faixa. O disco teria outras participações especiais: Herbert Vianna, num solo de guitarra em "O caroço da cabeça"; Marcos Suzano, na percussão em "Eu não aguento", "Turnê" e "Qualquer negócio"; Sérgio Boneka, do Tiroteio, no vocal de "Eu não aguento"; e Áureo Galli, no sampler em "Rock americano".

Outro ineditismo de *Domingo* foi a gravação de uma música fora do repertório próprio dos Titãs, uma possibilidade que ganhou força com a convivência que o grupo passou a ter, no Banguela, com artistas da nova geração. Apesar de não ter sido contratada pelo selo, a banda Tiroteio caiu nas graças do septeto, principalmente por conta de suas letras. A que mais chamou a atenção foi "Eu não aguento", transformada pelos Titãs num rap com levada de samba.

"Domingo", a música que deu nome ao nono disco dos Titãs, começou a ganhar forma em Nova York, durante os quatro meses que Tony passou lá com Malu. Nostálgico, o guitarrista contou para a mulher:

— Quero fazer uma música sobre domingo. Essa coisa de todo mundo ter essa sensação de ser um dia meio estranho, meio esquisito...

Quando voltou ao Brasil, Tony já tinha alguns versos e parte da música na cabeça. Mostrou o que havia feito a Britto. Os dois terminaram a letra e o tecladista fez a demo em seu estúdio caseiro: bolou o riff de guitarra e as camadas de backing vocals que marcam a canção.

A primeira música de trabalho do álbum levou os Titãs de volta às rádios, mas não à poderosa Globo. O clipe foi barrado da programação por causa do trecho "*É dia de descanso/ Programa Silvio Santos*". Em compensação, o SBT abriu as portas para o grupo. Como não faziam há anos, os paulistas encararam os auditórios do próprio *Programa Silvio Santos*, o de Gugu Liberato e o de Hebe Camargo, que voltou a chamá-los de "gracinhas".

O disco emplacaria ainda outros hits, como "Eu não aguento" e a filosófica "Eu não vou dizer nada (Além do que estou dizendo)". Esta última, com autorreferências ("*Eu não vou falar de flores/ E nem da televisão*"), acabou inspirando André Midani no release de apresentação do álbum (o último do grupo, aliás, a sair no formato vinil): "Eu não vou falar dos Titãs... Todo mundo fala. Eu não vou falar dos discos dos Titãs... Todo mundo vai falar. Eu vou falar o que uma vez já falei... os Titãs amam, brigam, gritam, cantam, compõem, choram, riem, discordam, exultam, discutem, suam, reclamam, duvidam e afirmam até as últimas consequências e incansavelmente... em seguida, tomam uma decisão e vão em frente... [...] A democracia dos Titãs deveria inspirar os políticos do nosso país para que não 'nos tratem como putas', para que não 'nos tratem como perros' [inspirado na música 'Vámonos', de Sérgio Britto]".

O disco mais diversificado dos Titãs traria ainda uma canção de Mauro e Quitéria ("Rock americano", adaptada por Britto), duas faixas em outro idioma ("Vámonos", em espanhol, e "Ridi Pagliaccio", em italiano), uma parceria com Arnaldo Antunes ("Tudo em dia") e uma versão para um folclore popular, que, pela irreverência, parecia ter saído do Nas Neblinas, na época dos Vestidos de Espaço. Os versos de "Um copo de pinga" foram apresentados à banda por um goiano conhecido como Almeida, que sempre acompanhava os paulistas nas viagens à capital de Goiás. Certa vez, no camarim, empolgado com o show a que tinha assistido, ele recitou:

> *Na segunda eu planto a cana*
> *Na terça amanhece nascendo*
> *Na quarta eu colho a cana*
> *Na quinta eu faço o engenho*
> *Na sexta eu faço a pinga*
> *No sábado eu amanheço bebendo*
> *No domingo minha mãe disse meu filho para de beber*
> *Essa sina eu vou cumprir até morrer*
>
> *Da garrafa eu faço a vela*
> *Da prateleira eu faço o caixão*
> *Eu quero é que me enterrem com um copo de pinga na mão*
> *Eu quero é que me enterrem com um copo de pinga na mão*

Os Titãs se divertiram com a letra e Britto pediu para que Almeida a escrevesse para ele. O tecladista musicou os versos de domínio público e a canção entrou no repertório.

Em outubro de 1995, Tony, Britto e Charles formariam a comissão que embarcou com Jack Endino para dar o toque final do disco em Seattle. A Warner resolveu bancar a mixagem nos Estados Unidos ao descobrir que o processo sairia quatro vezes mais barato do que se fosse realizado no Brasil. Bom para Jack, que pôde trabalhar num estúdio que conhecia como a palma da mão, o Hanzek Audio, o mesmo onde mixara álbuns de alguns dos grupos grunges que estouraram mundo afora. Bom também para os três titãs, que puderam conhecer um pouco do berço do rock dos anos 1990 e voltar de lá com mais experiência em produção.

■ ■ ■

Titanomaquia havia encerrado um ciclo da carreira dos Titãs e a banda começaria a nova fase sob os cuidados de outro empresário. O ciúme constante que os paulistas tinham do tratamento que José Fortes dispensava aos Paralamas — racionalmente compreensível, já que o empresário trabalhava com o trio desde o primeiro disco — desgastou a relação. Mas o que mais pesou na decisão foi a necessidade de uma mão firme na briga com gravadoras e contratantes. Zé Fortes sempre foi um sujeito de perfil conciliador, boa-praça, do tipo que evita conflitos. Chegou a um ponto em que isso começou a incomodar os briguentos Titãs.

Depois de alguns meses sem representante, a banda decidiu voltar a trabalhar com Manoel Poladian. O empresário dos *golden years*, que rondava constantemente o septeto nos três anos em que passaram com Zé Fortes, só esperava a banda abandonar o rock pesado para voltar a investir no grupo. Quando os Titãs estavam gravando *Titanomaquia*, Marcelo — o mais chegado a Poladian — mostrou a demo para tentar convencê-lo de que aquele disco prometia. O empresário, porém, parou na primeira faixa, "Será que é isso que eu necessito?", ao ouvir o verso *"Ninguém fez nada demais, filha da puta"*:

— Palavrão não, Marcelo! Só vou trabalhar de novo com vocês quando pararem de cantar essas músicas com palavrão.

Com *Domingo*, o terreno estava pronto para Poladian atuar. E para marcar a volta do empresário em grande estilo, a estreia do show foi agendada para o dia 24 de novembro, no Vale do Anhangabaú, em São Paulo, com entrada franca. No repertório, além das novas músicas, outras melódicas de álbuns antigos que andavam esquecidas por não combinar com o estilo hard rock dos últimos anos: "Go back", "Família" e "Querem meu sangue", que o

Cidade Negra havia transformado em hit ao regravar no disco *Sobre todas as coisas*, de 1994.

Em três meses, *Domingo* já tinha batido as 150 mil cópias de *Tudo ao mesmo tempo agora* e *Titanomaquia*, mas ainda estava bem longe das novas sensações do momento: Skank e Mamonas Assassinas, que passavam da casa do milhão de CDs vendidos. Apesar dos números contrastantes, a hierarquia ainda era mantida em shows, como o de aniversário de dez anos da Rádio 89 FM, no Sambódromo, no Anhembi, em que os Titãs fecharam a noite que teve a participação dos dois grupos badalados. Nos camarins, as marcas de vendas também não faziam diferença. Fenômeno popular, como a música brasileira não via desde os tempos de RPM, graças às debochadas "Vira-vira", "Pelados em Santos" e "Robocop gay", os Mamonas não resistiram quando deram de cara com os Titãs. Esqueceram que também eram artistas e trataram de pedir autógrafos e tirar fotos com os ídolos.

Ainda assim, o confronto de gerações era inevitável.

— Como o Skank pode abrir o show de vocês, se eles fazem mais sucesso? — perguntou Nina, então com treze anos, para o pai Tony Bellotto.

Magoado, o guitarrista respondeu:

— Eles fazem agora...

Os sete Titãs, que apareceram em novembro de 1995, com toda a sua prole, na capa da *Showbizz* (o nome que a *Bizz* passara a adotar no mês anterior, inaugurando um formato mais comportamental), tinham o desafio de provar que sua música não havia envelhecido e sobreviveria ao estouro de uma geração que eles mesmos ajudaram a erguer com o Banguela. *Domingo* botou o pé na porta do sucesso. Tudo o que eles queriam a partir daí era arrombá-la de vez.

SERÁ QUE EU FALEI
O QUE NINGUÉM OUVIA?

DIVERSÃO É SOLUÇÃO SIM!

▶ trecho de "Diversão"

O Olympia estava lotado como há muito tempo não se via. Os Titãs, recordistas absolutos de apresentações na casa de shows paulistana, estavam lá. Mas não eram os responsáveis por aquele sucesso todo. Na verdade, o grupo nem estava completo. Apenas Charles Gavin, Tony Bellotto e Paulo Miklos circulavam entre os convidados da estreia da arrebatadora turnê *Nove luas*, dos Paralamas do Sucesso. Era 18 de outubro de 1996, uma sexta-feira, e Herbert Vianna, João Barone e Bi Ribeiro ficariam em São Paulo o fim de semana todo, numa temporada de dar gosto: os ingressos para os três dias se esgotaram assim que foram postos à venda.

A fase dos Paralamas era invejável. O grupo, que tinha acabado de voltar de uma excursão pela Europa, superara a marca de 1 milhão de cópias vendidas com o disco anterior, *Vamo batê lata*, e, a julgar pela repercussão dos primeiros shows, repetiria a dose com *Nove luas*. O novo álbum, lançado em julho, já tinha um hit, "Lourinha Bombril", e vários outros em potencial. Feliz pelo bom momento, o trio quis dividir com os fãs as boas novas.

— Estamos comemorando com esse show a venda de 150 mil cópias do nosso último CD. A gente está muito feliz e queria aproveitar pra dizer pra vocês que, dentro de alguns meses, os Paralamas vão gravar um disco acústico — anunciou Herbert Vianna.

O Olympia veio abaixo, mas três pessoas da plateia torceram o nariz para a novidade. Paulo, Charles e Tony não gostaram nada de saber que o projeto que estava nas mãos dos Titãs ia ser tomado pelos amigos-rivais. Saíram dali indignados e decididos a não perder aquela parada.

A MTV americana tinha descoberto que colocar astros pop para tocar no estilo um-banquinho-e-um-violão dava ibope. E mais do que isso: os discos gravados a partir desses especiais também eram minas de ouro. A emissora tratou de registrar o nome *Unplugged*, garantindo que os álbuns com a marca deveriam ter sua autorização e, é claro, sua participação nos fartos lucros. A matriz já tinha emplacado *unpluggeds* bem-sucedidos com Nirvana, Eric Clapton e Alice in Chains, quando a MTV brasileira começou a prestar atenção nesse filão. Gilberto Gil, Legião Urbana, Barão Vermelho e Moraes Moreira haviam gravado os programas. Mas, num primeiro momento, só os de Gil e Moreira viraram disco. A emissora paulista procurava uma banda de rock para lançar o terceiro álbum e fortalecer a marca, batizada em bom português de "Acústico". Depois de uma discussão interna, já que parte da diretoria sustentava que era mais seguro investir num grupo que estivesse numa fase melhor de vendagens, a MTV convidou os Titãs.

A imagem dos sete roqueiros sentados num banquinho, trocando suas guitarras por violões e cantando num volume mais baixo, soou estranha a princípio. Mas depois de um longo trabalho de convencimento, puxado principalmente por Sérgio Affonso (que havia sido promovido a diretor executivo da WEA), os Titãs toparam desligar os amplificadores. O problema é que, quando finalmente a banda abraçou o projeto, a gravadora e a MTV começaram a se desentender.

A Warner tinha todo o interesse nesse disco. O acústico de Gilberto Gil, também artista da WEA, estava perto da marca das 500 mil cópias vendidas, uma das melhores da carreira do baiano. Mas a companhia não abria mão de ter as mesmas condições oferecidas pela MTV, em 1994, quando foi lançado o CD do cantor. O problema é que a emissora vivia uma realidade bem diferente da de dois anos antes: não era mais 100% do Grupo Abril e, por conta disso, não existia mais a permuta com as revistas da editora, o que onerava o investimento em mídia. Além do mais, por ter sido o primeiro projeto da marca, o acústico do Gil fora tratado pela diretoria da época como uma campanha institucional, ou seja, a prioridade total da emissora. Para piorar, a participação da MTV nos custos da produção dessa vez seria menor.

Sérgio Affonso, que assumiu as negociações com o aval do presidente da Warner, Beto Boaventura, não queria saber desses detalhes. Ele acreditava que, sem o esquema usado no disco de Gil, o projeto poderia naufragar. E por isso estava irredutível: os Titãs teriam que ter o mesmo tratamento, senão o CD não sairia.

Enquanto a pendenga, que durou quase todo o ano de 1996, rolava entre os diretores da gravadora e da MTV, os Titãs ensaiavam para o novo disco. Chegaram a se reunir numa casa na Granja Viana, discutindo repertório e estudando novos arranjo, mas foram avisados de que o projeto tinha sido cancelado. Tentando uma última cartada, a WEA ameaçou gravar um disco no mesmo formato no programa *Som Brasil*, da Globo, ou oferecer uma proposta parecida para o SBT. A MTV contra-atacou, como Charles, Paulo e Tony descobriram ao vivo e a cores em outubro de 1996: convidou os Paralamas para gravarem o terceiro CD acústico de sua história.

A verdade é que Herbert Vianna injetou nos Titãs o estímulo que faltava para tomarem a frente nessa briga. No dia seguinte, no Aeroporto de Congonhas, antes de embarcarem para um show em Blumenau, Santa Catarina, o trio contou a descoberta:

— Vamos perder o acústico para os Paralamas. Um projeto que estava nas nossas mãos... — disse Charles.

— Ah, mas não vamos mesmo! — retrucou Marcelo Fromer, já cheio de ideias para virar o jogo.

Assim que o grupo chegou a Blumenau, onde se apresentaria como padrinho da final do Skol Rock, o guitarrista ligou para Paulo Junqueiro, na época diretor artístico da WEA e um dos jurados do festival em que os Titãs tocariam. Menos de uma hora depois, os sete titãs e Junqueiro estavam sentados à mesa do restaurante alemão Frohsinn. Pediram salsichão com chope escuro. Mas antes que o garçom voltasse com a bebida, Marcelo foi logo falando:

— O que está acontecendo com a gente é inadmissível. A EMI está passando a perna na Warner. Os Paralamas vão gravar o acústico na nossa frente! — contou o guitarrista, empurrando a responsabilidade toda para a gravadora.

O diretor artístico voltou para o Rio com a missão de botar um ponto-final na disputa da WEA com a MTV. Defensor do projeto, não foi difícil para Junqueiro comprar a briga dos Titãs e carregar nas tintas para ser mais convincente em seus argumentos. Em três dias, conseguiu marcar uma reunião no restaurante Guimas, na Gávea. Na mesa estavam Paulo Junqueiro e

Sérgio Affonso, pela WEA, e Anna Butler, agora diretora de relações artísticas, e André Vaisman, diretor de programação, ambos da MTV. Depois dos últimos acertos, com as duas partes cedendo um pouco, ficou fechado que os Titãs gravariam o disco no primeiro trimestre de 1997.

■ ■ ■

Foi necessária uma campanha pesada de Sérgio Affonso, do empresário Manoel Poladian e do diretor André Vaisman (via Charles, que era casado com a repórter da emissora, Cris Lobo) para convencer os Titãs a sentarem no tal banquinho do *Acústico*. Ninguém duvidava do potencial comercial da marca e do poder do repertório que haviam colecionado em quinze anos. O problema era ver como aquelas músicas funcionariam com violões. Seria preciso longas e dedicadas sessões de ensaio para encarar uma gravação ao vivo com arranjos e instrumentos diferentes.

Marcelo, como sempre, se antecipou para encontrar uma maneira de tornar esses ensaios momentos agradáveis. Arranjou uma casa desocupada na Granja Viana, que — não por acaso — ficava pertinho da sua. A ideia era reproduzir o clima que viveram nas gravações de *Tudo ao mesmo tempo agora*, sem pressão de aluguel de estúdio ou hora marcada.

Até escolher o repertório que se adequaria à roupagem comportada, o mais próximo que os Titãs haviam chegado de uma canção acústica tinha sido num remix de "Eu não vou dizer nada (Além do que estou dizendo)". A faixa, que saiu nas tiragens de *Domingo* prensadas depois dos 100 mil CDs vendidos, só com violões, baixo e sequenciadores, não serviu apenas de referência para o novo trabalho, foi também o ponto de partida para a volta de uma parceria interrompida havia sete anos. Liminha, produtor do remix, era o nome certo para o projeto que comemoraria os quinze anos da banda.

Desde a discussão com Charles no telefone, na época de *Tudo ao mesmo tempo agora*, a relação dos Titãs com o produtor ficara esquisita. Liminha estava ressentido e demonstrava isso sempre que se encontrava com o grupo. Mas ele também sentia saudade de trabalhar com os velhos amigos e por isso enterrou a mágoa quando foi chamado para voltar a produzi-los num disco que reveria sucessos do grupo. Em vez de valorizar o convite como no primeiro contato com a banda, em 1986, mostrou logo que ficou feliz. Afinal, não era pequena a sua participação naquela década e meia de história.

Morando de novo no Brasil desde 1995, Liminha, claro, andava ocupado quando recebeu a proposta dos Titãs. Estava terminando o disco *O Rappa- -Mundi*, do grupo carioca O Rappa. Mas abriu espaço na agenda para reatar a parceria. Os Titãs começaram a ensaiar sem ele na casa da Granja em meados de agosto de 1996. Mal o produtor se juntou ao grupo, no entanto, tiveram que parar os trabalhos. A gravadora avisou que o projeto estava cancelado, jogando um balde de água fria na animação que lembrava os velhos tempos de gravação no Nas Nuvens.

Foram mais algumas semanas de negociação até que WEA e MTV finalmente se acertassem. Como o contrato temporário de aluguel da casa estava acabando, Charles ofereceu seu apartamento, na alameda Franca, nos Jardins, para retomarem os trabalhos. Transformou o maior dos três quartos num estúdio e contou com a compreensão dos vizinhos, já que o cômodo não tinha isolamento acústico. As vibrações positivas que saíam daquele estúdio improvisado certamente contagiaram a vizinhança. Tudo parecia conspirar a favor. O grupo estava empolgado como nunca, e Liminha, animadíssimo com o reencontro. O produtor assumiu o violão para mostrar um arranjo e não largou mais. Acompanhava todas as músicas e, naturalmente, foi incorporado novamente à banda. E mais do que isso: pelo seu virtuosismo, tornou-se peça- -chave na gravação.

Para melhorar o clima, nesse período de ensaios *Cabeça dinossauro* foi o disco mais lembrado, numa eleição realizada com 44 críticos pela revista *Showbizz*, como o melhor álbum de pop rock já produzido no Brasil em todos os tempos.

Empolgados, os Titãs gravaram as demos com os primeiros arranjos do *Acústico*. Foi também no apartamento de Charles que escolheram a maioria das músicas que seriam regravadas e quais inéditas entrariam no CD. A princípio, o álbum só traria uma canção nova, o que já era uma novidade no formato que privilegiava exclusivamente os sucessos dos artistas. Entre as quatro apresentadas, por votação ganhou "Os cegos do castelo", de Nando Reis. A decisão foi democrática, mas não contentou a todos — o que, no regimento dos Titãs, tem poder para impugnar uma eleição. Britto e Branco eram os mais descontentes, e os demais acabaram concordando que era melhor que cada um dos quatro vocalistas tivesse direito a cantar uma música inédita. Assim, Britto ficaria com "Nem 5 minutos guardados", Branco cantaria "A melhor forma" e Paulo, "Não vou lutar", as três compostas na época de *Õ blésq blom* e adaptadas ao novo formato. Das quatro inéditas, só a canção de Nando tinha sido feita especialmente para o *Acústico*.

Para desespero da gravadora, do empresário da banda e da MTV, que dividiam os custos da produção do disco, a animação dos Titãs produzia novidades que enriqueciam o projeto — e aumentavam as despesas. A banda e Liminha tiveram a ideia de convidar uma orquestra de cordas e sopros para acompanhá-los nos novos arranjos. Para levar à frente tal ousadia, precisavam do reforço de um arranjador. O produtor indicou o nome ideal para o projeto: Jaques Morelenbaum, que já tinha trabalhado com Caetano Veloso. O violoncelista e maestro ouviu a demo produzida no apartamento de Charles e começou a produzir em cima das músicas. Mas a banda e o arranjador só foram se encontrar de fato a quinze dias da gravação, nos ensaios finais no Nas Nuvens.

Outra novidade pensada pelos Titãs, que se tornaria praxe nos acústicos seguintes, foram os convidados especiais. Para comemorar seus quinze anos, a banda procurou chamar artistas que de alguma maneira tinham ligação com sua carreira. O nome mais óbvio e imprescindível foi o de Arnaldo Antunes, convidado para cantar "O pulso". Marisa Monte, que de fã virou parceira de alguns dos titãs, também foi chamada. E, apesar de ter se afastado da banda depois do fim do namoro com Nando, aceitou na hora. O clima entre o ex-casal nos ensaios no Nas Nuvens, porém, foi de estranheza. Desde que romperam, em meados de 1994, aquela era a segunda vez que se encontravam. A primeira foi na estreia da turnê *Verde, anil, amarelo, cor-de-rosa e carvão*, da qual, aliás, o baixista iria fazer parte se não tivessem se separado.

Num reencontro cercado de profissionalismo e com pouco diálogo entre os dois, Marisa mostrou ao menos que continuava admirando as composições do ex-namorado. "Os cegos do castelo" foi uma das músicas que pediu para interpretar, assim como "Flores", a escolhida para cantar. Marisa mostrou também interesse em outra música, "Sonífera ilha". Mas o primeiro sucesso dos Titãs ficou fora do repertório porque seria utilizado numa campanha publicitária dos chinelos Rider, que acabou não saindo do papel.

Outro convidado que também teve preferência por "Sonífera" foi Caetano Veloso. O baiano, antigo admirador da obra do septeto, queria participar do *Acústico*. Mas o convite esbarrou na sua mulher e empresária, Paula Lavigne, que não o liberou por conta de uma rusga recente com Liminha. O que não impediu, contudo, que o cantor desse uma canja, mais tarde, num show em Salvador da turnê do *Acústico*. Caetano cantou "Sonífera ilha", àquela altura já integrada ao repertório dos shows.

A gravação do *Acústico* teria ainda duas participações internacionais. Jimmy Cliff dividiu com Nando Reis os vocais em "Querem meu sangue", uma versão do baixista de "The Harder They Come", do cantor jamaicano. E o argentino Fito Páez cantou com Britto a versão em espanhol de "Go back", gravada anteriormente pelos Paralamas.

Rita Lee e Maria Bethânia não conseguiram acertar suas agendas para participar dos shows de gravação, mas ofereceram uma alternativa: um encontro com a banda em estúdio. À roqueira caberia "Televisão" e para a baiana foi reservada "Miséria". Os Titãs também cometeram a ousadia de mandar um fax convidando sua majestade Roberto Carlos, ídolo da maioria, para emprestar sua voz ao disco. A banda nunca soube se o convite chegou às mãos do Rei. O fato é que não tiveram resposta alguma. Quatro anos depois, Tony seria convidado para gravar o *Acústico* de Roberto. É claro que nem pensou em se vingar e aceitou no ato.

■■■

Exatamente dez anos depois da explosiva apresentação de *Cabeça dinossauro*, os Titãs estavam de volta a um teatro da praça Tiradentes, no Centro do Rio. Dessa vez, um quarteto de cordas e um sexteto de sopro davam a segurança de que seria um show comportado, sem perigo de terminar com poltronas destruídas. O pessoal do Carlos Gomes, em todo caso, preferiu não correr o risco e não permitiu que a banda gravasse o *Acústico* em seu palco. O vizinho Teatro João Caetano, no entanto, após algumas negociações, abriu as portas para que nos dias 6 e 7 de março de 1997 os Titãs registrassem o disco que comemoraria seus quinze anos.

A ideia de gravar o álbum num teatro do Rio era justamente uma deferência ao show antológico no Carlos Gomes, em março de 1987. Significaria mais uma mudança nos rumos do formato acústico, cujos discos sempre eram produzidos em estúdio com uma pequena plateia. Uma sugestão do empresário Manoel Poladian tornou o projeto dos Titãs ainda mais peculiar: além dos tradicionais convites para artistas, amigos, família e imprensa, ingressos foram colocados à venda — e esgotados na primeira hora. Como bom empresário que era, Poladian pensava numa maneira de ajudar a pagar os altos custos da produção. Mas foi importante também para a alta temperatura da gravação e, como as demais inovações testadas pela banda, passou a ser repetida por outros artistas.

Na estreia, uma quinta-feira, enquanto o teatro se enchia de convidados e fãs, na coxia os Titãs viviam um misto de ansiedade e tensão. A preocupação com que nada saísse errado naquele dia por pouco não se transformou em pânico, quando eles souberam à tarde, poucas horas antes do ensaio geral, que Paulo Junqueiro, que cuidaria do som do show, tinha sido internado num hospital da Barra com uma crise renal. Mas, de tão envolvido com o *Acústico*, exigiu que lhe dessem um remédio poderoso para suportar a dor, em vez de ficar deitado numa cama de hospital e atrapalhar os planos da banda. Ofereceu alguns ingressos ao jovem médico que o examinou e conseguiu sua liberação. Dias depois, Junqueiro descobriu que seus rins estavam funcionando perfeitamente. A dor era resultado de uma contração muscular, fruto do estresse que envolveu todos nos preparativos para o grande dia.

Apesar de tudo ter saído como planejado no ensaio final, a banda e Liminha — que tocaria violão em todas as músicas e baixo em "Os cegos do castelo" —, resolveram fazer um pacto para evitar riscos: entrariam no palco caretas. O uisquinho e a cervejinha para descontrair momentos antes de cada apresentação foram substituídos por água mineral. Não queriam errar nenhuma nota, o que numa gravação para a TV poderia significar a repetição de uma canção inteira.

Sóbrios, tensos e felizes, os Titãs surgiram no palco do João Caetano como nunca tinham sido vistos antes: sentados, tocando baixinho e cantando pausadamente. A música de abertura foi "Televisão", na voz de um cabeludo, mas comportado Branco Mello. "Go back", em espanhol, com Fito Páez, e "Família" foram as seguintes. A quarta canção surpreendeu os fãs mais fiéis e soou como inédita para os mais recentes. "Pra dizer adeus", que no repertório do disco *Televisão* era um reggae interpretado por Nando, virou um pop romântico, com cara de hit na voz de Paulo Miklos e com novo arranjo de cordas e violões.

> *Você apareceu do nada*
> *E você mexeu demais comigo*
> *Não quero ser só mais um amigo*
>
> *Você nunca me viu sozinho*
> *E você nunca me ouviu chorar*
> *Não dá pra imaginar quanto*
> *É cedo ou tarde demais*
> *Pra dizer adeus, pra dizer jamais*

Divulgada pela imprensa, a lista de convidados que participariam da gravação não era nenhuma novidade para quem assistia ao show. Ainda assim, a maior catarse da noite foi quando Branco anunciou: "Queria chamar aqui ao palco um amigo da gente de sempre, Arnaldo Antunes". Saudosos da formação clássica dos Titãs, os fãs aplaudiram os três minutos de "O pulso", pedindo que ele continuasse o show com os ex-companheiros. No meio da plateia, grávida de três meses do segundo filho, Antonio, Malu Mader chorou. Lá estavam os oito amigos juntos novamente. Mesmo que fosse por pouco tempo.

A convidada seguinte ficaria mais um pouquinho no palco. Marisa Monte, que se apresentou com flores no cabelo para combinar com a canção que escolheu, teve que cantar três vezes a música até garantir a gravação ideal. Com a agenda lotada do show *Barulhinho bom*, Marisa acertou com os Titãs que sua participação seria apenas no primeiro dia de gravação. Diferentemente de Arnaldo, Fito Páez e Jimmy Cliff, que voltariam na sexta-feira.

Todo o capricho da orquestra regida por Jaques Morelenbaum dava um efeito não apenas sonoro, mas visual — contando com o percussionista

Marcos Suzano, que tocou em todas as músicas, eram 21 pessoas no palco. A vibração do público, no entanto, fez os Titãs esquecerem por alguns momentos que faziam um show acústico. Nas partes mais agitadas das canções, os vocalistas dispensavam os banquinhos e, nos intervalos, fãs ainda estranhando o novo estilo pediam "Polícia" e "Bichos escrotos", incompatíveis com aquele formato. A espontaneidade acabou premiada: os dois sucessos, cantados em coro enquanto eventuais problemas técnicos eram resolvidos, foram parar no disco como vinhetas.

■ ■ ■

"A maioria das músicas saiu vitoriosa, ou ao menos ilesa, do delicado processo de desplugamento. 'Comida' recebeu uma roupagem forte, superior até mesmo à excelente versão original, ganhando em interpretação pela bela voz de Paulo Miklos e em calor humano pela participação da plateia", elogiou Ricardo Alexandre, no *Estado de S. Paulo* de 8 de março de 1997. No mesmo dia, Luiz Antônio Ryff, da *Folha de S.Paulo*, fez algumas críticas, mas também destacou pontos positivos na apresentação: "O formato causou estranhamento. Em contrapartida, alguns Titãs se sentiram aprisionados. [...] Mas, como Alice in Chains e Nirvana anteriormente, os Titãs mostraram que boas músicas sobrevivem sem eletricidade".

Aplaudido ou alvo de algumas críticas, o *Acústico* dos Titãs foi assunto para os dias que se seguiram às gravações. Não somente os shows em si, mas os próximos passos da banda, que ainda tinha encontros marcados com Rita Lee e Maria Bethânia. Rita colocou a voz em "Televisão", no estúdio Art Mix, em São Paulo, na primeira semana de abril. Seu marido, Roberto de Carvalho, também participou da faixa, tocando piano. No Nas Nuvens, outra cantora deixaria sua marca. Marina Lima foi chamada para recitar a letra de "Cabeça dinossauro". A música, que a princípio não estava prevista para o álbum, acabou entrando por insistência de Branco Mello. O vocalista não se conformava que um disco comemorativo dos quinze anos não tivesse uma canção tão importante para a história do grupo. Conversando com Liminha, Branco e o produtor tiveram a ideia de colocar no fundo o som da orquestra afinando seus instrumentos.

Chamaram então Marina para recitar os versos de "Cabeça dinossauro", que virou uma vinheta.

— Só vocês mesmo para me fazer dizer "pança" — brincou ela, na gravação.

O *Acústico* ganhou uma cantora, mas perdeu outra. Maria Bethânia, no princípio animada, começou a adiar a gravação, alegando falta de tempo. Até que, no fim de abril, em cima do prazo para terminar o disco, a baiana elegantemente avisou que não poderia participar por um problema de agenda. O grupo não entendeu nada.

A razão para a desistência em cima da hora foi um mistério para os Titãs por muito tempo, até descobrirem, anos mais tarde, que a cantora não havia gostado de uma reportagem publicada na *Folha de S.Paulo* em 6 de março de 1997. O trecho que a chateou dizia: "Sérgio Britto justifica a participação de uma cantora romântica como Bethânia em disco de uma banda com público tão diverso: 'É por ser diferente mesmo'". A baiana confessou a amigos que ficou desapontada por não ter recebido nenhum telefonema dos Titãs para consertar o que saíra no jornal. Bethânia tinha se sentido desprestigiada ao ser classificada como cantora romântica.

■ ■ ■

O *Acústico* MTV dos Titãs foi lançado em 13 de maio de 1997, com uma pré-estreia do especial promovida pela emissora no Cine Iguatemi, em São Paulo. Na mesma semana, o esperado disco começava a ser apresentado pela imprensa. "O som conseguiu preservar a energia do show e ressaltar as qualidades da apresentação da banda. Talvez a mais importante delas seja provar que não é preciso acoplar guitarras elétricas em paredões de amplificadores para fazer um show vigoroso", escreveu Luiz Antônio Ryff na *Folha de S.Paulo* de 16 de maio. No dia seguinte, Jamari França assinaria a crítica do *Jornal do Brasil*, dando quatro estrelas (excelente) para o álbum: "O *Acústico* mostra a força dos Titãs e deve abrir novos caminhos para o grupo".

Em 23 de maio, um dia depois da estreia do especial na MTV, o CD chegava às lojas. Em apenas uma semana, 150 mil cópias já haviam sido vendidas.

A repercussão rápida, aliada ao bom momento econômico que o país atravessava, prenunciava que esses números iriam longe.

No palco do Palace, em São Paulo, no encerramento do Kaiser Bock Winter Festival, o grupo deu o pontapé inicial naquela que se tornaria sua mais bem-sucedida turnê. Ainda em ritmo de comemoração, agora não apenas pelos quinze anos, mas pela ótima receptividade do disco, a banda convidou Arnaldo Antunes e Rita Lee para darem uma canja no show. Num reflexo do estouro do *Acústico*, os ingressos se esgotaram numa velocidade frenética.

Mais descontraídos do que nos shows de gravação do CD, os Titãs fizeram uma festa no Palace, junto com outros treze músicos, que os acompanhariam nas apresentações pelo Brasil. Além de Liminha, no violão e no baixo, a nova formação contava com um quarteto de cordas, um sexteto de sopros, uma harpista e um percussionista.

Em julho, já com 300 mil cópias vendidas do novo disco, a banda voltaria a lotar o Teatro João Caetano na primeira temporada do show *Acústico*. O palco era o mesmo, mas a postura do grupo foi outra. Sem o compromisso da gravação para a TV, os vocalistas ficaram muito mais à vontade e quase dispensaram os banquinhos. A descontração contagiou o público, que também levantava das poltronas para dançar na maioria das músicas. O sucesso arrebatador garantiu mais três datas no teatro no fim de semana seguinte.

Já nessa temporada carioca, apenas três titãs precisaram se hospedar num hotel. Branco, Charles e Britto, seguindo o exemplo de Bellotto, tinham se mudado para a cidade. O processo de conquista dos paulistas convictos começou nas duas semanas que o grupo passou ensaiando no Nas Nuvens. O alto-astral daquele período acabou derrubando preconceitos. Em vez de prestar atenção nos defeitos do Rio de Janeiro, os músicos passaram a exaltar as qualidades. Branco, casado com uma carioca, ligava para Angela e se declarava:

— Você precisa ver como a cidade está linda hoje. A gente podia morar um tempo no Rio, hein? — instigava o vocalista, que precisou fazer uma forte campanha para convencer a mulher, totalmente adaptada ao cotidiano da capital paulista, a voltar ao Rio.

Acabou conseguindo. Em junho de 1997, Branco, Angela, o filho Bento, com seis anos, e a enteada Diana, com dezesseis, se mudaram para uma casa no Alto da Boa Vista.

Na mesma época, Britto alugou um apartamento em Ipanema, em frente ao de Tony, na rua Nascimento Silva. Dos Titãs, ele era o que mais poderia se identificar com a cidade. Afinal, apesar de ter passado boa parte da vida em São Paulo e como os outros integrantes da banda ter sotaque e costumes paulistanos, o tecladista nasceu no Rio.

Britto, que já namorava a paulista Raquel Garrido, não se desfez de seu apartamento em Perdizes e se dividiu entre as duas capitais até voltar de vez para São Paulo, no ano seguinte. Ele e Raquel decidiram morar juntos e o titã achou melhor deixar uma das residências. O tecladista desejava passar mais um tempo no Rio, mas optou por São Paulo para que a mulher ficasse perto da família e dos amigos e não se sentisse sozinha nas constantes viagens da banda. A fase em que morou na cidade natal rendeu uma parceria com Marina Lima — "Leva (Esse samba, esse amor)", que entrou no disco da cantora *Pierrot do Brasil*, de 1998 — e a música "Só lembrança", gravada em 2000 no CD solo do tecladista, *A minha cara*.

Para Charles, o novo endereço também era uma mudança de vida. Separado de Cris Lobo, o baterista não se apaixonara apenas pelo Rio, mas pela bailarina carioca Mariana Roquette-Pinto.

Os novos residentes do Rio, porém, tiveram muito pouco tempo em 1997 para curtir a cidade. O sucesso do *Acústico* fez com que a turnê, que a princípio visitaria poucas praças por conta da estrutura grandiosa, crescesse consideravelmente. E como experimentavam uma popularidade inédita para os Titãs, não se incomodavam com a agenda lotada e com as apresentações que o empresário Manoel Poladian marcava em todos os cantos do país. As três carretas que levavam o equipamento da banda e da orquestra paravam em lugares inimagináveis para um show acústico, como feiras agropecuárias, ginásios, estádios, praias e até um estacionamento, em Manaus. Onde havia público, lá estavam os Titãs.

O número de admiradores também crescia. Se uma parte dos fãs antigos se sentira traída pela nova linha que o grupo seguia, outras gerações começavam a descobrir o trabalho do septeto. Adolescentes, que ainda engatinhavam quando Tony e Nando compuseram "Pra dizer adeus", esbarravam nos shows com adultos na faixa dos trinta, quarenta anos.

Graças aos perfis distintos dos novos fãs, os Titãs experimentavam tipos diferentes de assédio. Causavam histeria nas meninas em tardes de autógrafos e alvoroço em lugares refinados. Num mesmo fim de semana, em Curitiba, viveram as duas situações. Depois de passar a tarde inteira ouvindo gritinhos, dando autógrafos e tirando fotos, Britto, Branco e Tony foram almoçar num restaurante sofisticado. Entraram conversando e rindo, quase se esquecendo da nova fase de popstars, até perceberem que todos olhavam para eles. Viraram o assunto das mesas e, quando estavam de saída, foram aplaudidos. Branco não perdeu a piada:

— Nossa, somos os três tenores!

Perto de completar cem apresentações da turnê, os Titãs viveram um momento especial no *Programa Raul Gil*. Escalados numa tarde que também tinha como atrações a cantora Maria Alcina e o grupo amazonense Carrapicho, os paulistas levaram para o apresentador uma cópia do primeiro disco de diamante do *Acústico*. Com 1 milhão de CDs vendidos, os Titãs não precisavam fazer playback na TV. Mas quiseram voltar ao programa e prestar a homenagem por gratidão: em 1984, quando eram apenas oito desconhecidos loucos para estrear na TV, foi o apresentador quem abriu as portas para eles. "Eu passei uma fase difícil da minha carreira, de 1987 a 1990, fora da TV, e as únicas pessoas que me procuraram para saber se eu precisava de alguma coisa foram os componentes dos Titãs", contou um emocionado Raul Gil.

Outro apresentador a quem os Titãs nunca fizeram restrições foi Serginho Groisman. Independentemente da emissora e do programa, os convites do amigo dos tempos do Equipe costumavam ser recebidos como verdadeiras convocações. E a consideração era recíproca. Groisman, que sempre chamou o grupo de pé de coelho, o escalava nas datas mais importantes, como no *Programa livre* especial de Réveillon. A gravação no dia 8 de dezembro de 1997 deu o maior trabalho para o septeto, já que a produção exigia que todos estivessem de branco. A banda vinha se apresentando de terno na turnê do *Acústico* e não tinha nenhuma peça de cor clara.

Nos bastidores do SBT — onde o apresentador ficou por oito anos até ir para a Globo, em 2000, comandar o *Altas horas* —, os Titãs e Serginho fizeram um bolão que já se tornara clássico sempre que iam à atração: cada um apostava quanto tempo ia demorar para que um dos "garotos" (como Serginho chama os jovens da plateia) perguntasse de onde viera o nome Titãs. Quando a tal pergunta surgia — e ela sempre surgia —, todos conferiam em seus relógios quantos minutos tinha levado. E em cena, a banda e o apresentador trocavam olhares cúmplices, com direito a uma risada discreta do campeão. Coisa de amigos.

■ ■ ■

As participações especiais no disco deram frutos na turnê do *Acústico*, e os Titãs tiveram a ideia de convidar não só os artistas que estiveram na gravação como outros amigos. Numa mesma temporada no Metropolitan, no Rio, de 19 a 21 de setembro de 1997, Sandra de Sá cantou "Os cegos do castelo", na sexta-feira; Elza Soares deu canja em "Flores", no sábado; e Luiz Melodia interpretou "Comida", no domingo.

No mês seguinte, a banda causou polêmica convidando os pagodeiros do Katinguelê para a última das três noites em que se apresentaria no Olympia. Na época, o grupo alegou que queria misturar rock com samba, aproveitando que "Nem 5 minutos guardados", a música em que Britto dividiria os vocais com Salgadinho, terminava em ritmo de Carnaval. Mas choveram críticas na imprensa. Disseram que era uma armação da gravadora — o Katinguelê era da Continental, que, como a WEA dos Titãs, pertence à Warner — e que a banda estava querendo tirar proveito da onda crescente de pagode, que consagrava grupos como Só Pra Contrariar, Molejo, Exaltasamba e o próprio Katinguelê, estourado com o hit "Engraçadinha".

— Quem não entender isso, bom sujeito não é. É ruim da cabeça ou doente do pé — provocou Britto, citando "Samba da minha terra" de Dorival Caymmi, ao chamar os convidados ao palco.

O alcance do *Acústico* nas camadas mais populares — "Pra dizer adeus" chegou a tocar em rádios AM — propiciou um novo encontro inusitado. Dessa vez, o convite partiu do outro lado: os sertanejos Chitãozinho e Xororó chamaram Paulo Miklos para cantar num show da dupla no Palace. Paulo aceitou na hora. Com um chapéu na cabeça, entrou no clima, dando uma canja em "Pura emoção" (*"Jeito de caubói, num corpo de mulher/ Do tipo que não olha pra ninguém"*).

O mais inesquecível encontro do grupo, porém, aconteceu em 17 de dezembro de 1997, no especial de Natal de Roberto Carlos. Paulo, um dos maiores fãs do Rei dentro da banda, foi o primeiro a conhecer vossa majestade. Uma semana antes da gravação do programa, o titã, a mulher, Rachel, o empresário Manoel Poladian e sua esposa, Elizabeth, assistiram a um show do cantor no Olympia, justamente para fazer o primeiro contato antes do grande dia. Roberto foi amável e Paulo aproveitou para se derreter: abraçou, beijou e derramou elogios.

Para o especial, Roberto escolheu cantar "Pra dizer adeus" e os Titãs optaram por "É preciso saber viver", do Rei e de Erasmo Carlos. As fortes emoções do encontro já começaram no ensaio. No fundo do Teatro Fênix, onde era gravado o programa da Globo, Erasmo achou tão bonito ver a dobradinha do grupo com o amigo em "É preciso saber viver" que não resistiu e chorou. De fato, a música na voz de Paulo funcionou tão bem que acabaria entrando no disco seguinte da banda.

Nesse encontro foi impossível para Paulo não lembrar de sua juventude. O primeiro disco que o titã teve na vida foi *E que tudo mais vá pro inferno* e, anos mais tarde, lá estava ele, cantando ao lado do dono daquela voz que tanto o inspirou. Quando terminou a gravação, como era de praxe, Roberto Carlos reviu a fita para saber se estava aprovada. Meticuloso, o Rei não tinha cerimônias em pedir para repetir um número, caso não gostasse de algum detalhe. Já sabendo disso, os Titãs foram para o camarim apreensivos. Até que alguém foi avisá-los que o cantor tinha não só gostado como queria falar com eles. Nervoso por conta da experiência ainda recente, Paulo deixou os amigos irem na frente. Chegou a tempo de ouvir o Rei comentando com os outros:

— Paulinho sabe tudo!

■ ■ ■

Com a agenda sempre cheia, sobrava pouco tempo para curtir a família e cuidar de outros assuntos que não fossem a banda. As férias para dar espaço aos projetos paralelos, programadas para 1998, tiveram que ser adiadas. O que não aborrecia ninguém, já que pela primeira vez em muito tempo todos os sete estavam igualmente envolvidos com um projeto e extremamente satisfeitos com o rumo que o *Acústico* vinha tomando. Mas nem tudo foi um mar de rosas na melhor fase dos Titãs. Justamente por permanecerem mais tempo juntos, foi difícil evitar alguns desgastes. Apesar de terem passado da fase mais pesada, as drogas ainda eram o pivô de algumas brigas.

No fim de 1997, o escorregão foi de Nando Reis. Os Titãs eram a atração principal do *Programa Ana Maria Braga*, na Record TV, que tinha também entre seus convidados a banda Olodum, a cantora Rosemary e o grupo de pagode Toke Divinal. Era uma terça-feira e o septeto vinha de um dia cheio, com gravações em outros canais. Nando já tinha bebido além da conta no jantar, antes de ir para o programa noturno comandado ao vivo por Ana Maria. Mas, num intervalo da atração, o baixista passou do limite: foi ao banheiro e cheirou uma carreira de cocaína. Estava alucinado quando a banda foi chamada para conversar com a apresentadora. Poderia até ter passado despercebido, se não tivesse inventado de ler a carta que uma fã mandou para o grupo por intermédio da produção da TV.

Depois de ler o texto, o baixista entrou num processo que os Titãs batizaram de "elipsoidal", em que a pessoa — normalmente alterada — engata uma história na outra sem se dar conta de que está dando voltas sobre um mesmo tema. Nando queria contar para Ana Maria Braga algo que tinha acontecido com eles num programa da Globo. Para não dizer o nome da concorrente, recorreu ao famoso "outra emissora". O problema é que ele achou que não estava se fazendo entender e começou a repetir insistentemente:

— Na oooutra emissora... na oooutra emissora... na ooooutra...

O constrangimento foi inevitável. Mas Ana Maria, já escaldada com imprevistos a que os programas ao vivo estão sujeitos, contornou a situação. Mudou de assunto e passou a palavra para os outros titãs. Nando foi proibido de pegar novamente o microfone.

No dia seguinte, Marcelo recebeu uma ligação do amigo Casagrande.

— Marcelo, eu vi vocês ontem na ooooutra emissora...

Seria cômico se não fosse trágico. Extremamente disciplinados e profissionais, os Titãs não acharam graça de ter que enfrentar uma situação daquelas no ar, diante de milhões de pessoas. A Liga, obviamente, entrou em ação e Nando foi obrigado a ouvir um sermão dos companheiros.

A Liga também tinha entrado no circuito meses antes, com Paulo. Sempre amável em seu estado natural, o cantor passou a ter momentos de agressividade quando começou a enfrentar problemas com as drogas. Dessa vez, a banda estava indo para o Projac, centro de produção da Globo, onde gravaria uma participação no *Angel mix*, quando Paulo iniciou uma briga com todos dentro da van. Num acesso de ira, mandou o carro parar e desceu em plena avenida das Américas, via expressa na Barra da Tijuca.

— Vão sem mim! Não vou mais!

Os outros seis ficaram possessos e desesperados. A música de trabalho ainda era "Pra dizer adeus", cantada justamente por Paulo. Não viram outra saída senão passar a bola para Sérgio Britto. O tecladista pegou um encarte do disco que levavam para divulgar e começou a ler repetidamente a letra, com medo de errar alguma parte. Mas Britto não precisou cantar. Paulo voltou ao hotel, tomou uma chuveirada, recuperou a razão e pegou um táxi correndo para não deixar os amigos na mão. Chegou a tempo, mas não se livrou das broncas.

■ ■ ■

Em abril de 1997, Marcelo Fromer surgiu no jornal MTV *no ar* com uma bomba: os Titãs estavam se separando.

— É difícil explicar, né? Porque é uma coisa muito interna da banda, uma dificuldade de resolvermos nossos próprios problemas. São quinze anos... Fora os problemas musicais, houve problemas de ordem pessoal e alguns embaços, que já se arrastavam desde a saída do Arnaldo. Definitivamente, a gente achou melhor cada um seguir o seu caminho, mas sem rancor, sem nada. Eu tô triste de estar falando isso, mas acho que cada um tem qualidade artística e condição de resolver o seu trabalho e sua vida sozinho — disse o guitarrista, caprichando no discurso.

A encenação, como o próprio Marcelo explicou no dia seguinte, era uma brincadeira de 1º de abril, armada pela emissora em parceria com a gravadora para divulgar o *Acústico*. Mas a pegadinha enganou muita gente, que já esperava por aquela notícia há tempos, tendo por base a trajetória dos últimos discos da banda e o envolvimento dos integrantes com projetos paralelos. Uma resposta muito mais forte do que aquela piada, porém, viria com o *Acústico*. No fim de 1997, com as vendas do CD já batendo 1,5 milhão de cópias vendidas, os Titãs não precisavam mais provar que estavam vivos.

Como consequência do sucesso comercial, vieram os prêmios nas eleições promovidas pela imprensa. Na *Folha de S.Paulo* e no *Jornal do Brasil*, os Titãs venceram nas categorias grupo, disco, show e música ("Pra dizer adeus"). Na *Showbizz*, a banda conquistou os mesmos prêmios, mas os leitores votaram em "Nem 5 minutos guardados" como a melhor canção do ano.

Os campeões não perderam a chance de cutucar quem havia mexido com eles e previsto sua morte. "As pessoas diziam que éramos uma banda inexpressiva e começaram a questionar nossa importância. Então o *Acústico* foi uma redenção. O sucesso foi bom para nós, para a música e para todos que pensavam que estávamos acabados", disparou Marcelo Fromer na *Showbizz* de fevereiro de 1998, que trazia os melhores de 1997.

No balanço de um ano extremamente positivo para a indústria fonográfica, com o real equiparado ao dólar e o poder de compra de volta às mãos do consumidor, a WEA não tinha do que reclamar. O investimento no *Acústico* dos Titãs foi alto, as negociações, desgastantes, mas no fim o álbum deu à gravadora seu recorde de vendagens.

O *Acústico* ainda tinha fôlego no ano seguinte para chegar à fantástica marca de 1,7 milhão e emplacar mais dois sucessos nas rádios: as inéditas "Os cegos do castelo" e "Nem 5 minutos guardados". De todos os discos lançados nesse formato, o dos Titãs continuaria sendo o mais vendido, superando até mesmo o *Acústico* de Roberto Carlos. Também não faltava disposição para se manterem no topo. Como já tinham encontrado o caminho, não precisavam mudar de direção.

FIQUE COM SEU BOM GOSTO QUE EU VOU FICAR COM O MEU

▶ Trecho de "Bom gosto"

"**FILHA DE EMPRESÁRIO É SEQUESTRADA**", anunciava com destaque na primeira página *O Globo* de 22 de junho de 1998. O início do texto da reportagem informava: "Acabou o descanso dos agentes da Divisão Antissequestro (DAS). Sábado à tarde, quatro homens bem-vestidos sequestraram a bailarina Mariana Roquette-Pinto, de 27 anos, filha do empresário Ricardo Roquette-Pinto — ex-vice-presidente de companhia de seguros — e namorada do baterista dos Titãs, Charles Gavin".

O sequestro de Mariana, em plena gravação do CD *Volume dois*, era o maior dos muitos problemas que os Titãs vinham enfrentando na primeira metade de 1998. Em paz com o sucesso e com a crítica, com a agenda de shows lotada e faturando os maiores cachês de sua carreira, o grupo tinha tudo para sorrir. Mas uma série de percalços transformaram aquele semestre num período triste.

Na tarde do sábado 20 de junho, Mariana voltava de carro da padaria e foi rendida por cinco homens quando chegava em sua casa, num condomínio de São Conrado, bairro nobre do Rio. A ação dos bandidos foi rápida e ousada. Desarmaram os dois seguranças que estavam na guarita do condomínio, entraram e ficaram aguardando a bailarina aparecer. Quando ela parou, viu pelo espelho retrovisor dois sujeitos se aproximarem, um deles com uma bolsa. Achou que se tratava de um entregador. Da bolsa, porém, o bandido tirou uma pistola e lhe ordenou que saísse do carro.

Mariana foi colocada dentro do automóvel dos criminosos, obrigada a se deitar no piso e coberta por um lençol. Pouco depois, chegava em seu primeiro cárcere, uma casa pequena, suja e extremamente quente. Teve os olhos vendados e ordens expressas para não abrir a boca. Ainda na noite de sábado, a quadrilha a transferiu para um barraco no alto do morro do Vidigal. Durante quatro dias, a bailarina ficou o tempo todo com a mesma calça marrom e o casaco de lã do momento em que foi levada. Pior: a única coisa que comeu nesse período foi um macarrão grudento e salgado, preparado por um dos bandidos, três dias depois do sequestro.

A agonia de Charles começou alguns minutos depois que Mariana foi sequestrada. Terminando as gravações de *Volume dois*, o baterista passava a noite toda no estúdio Nas Nuvens, no Jardim Botânico, e voltava para casa apenas no fim da madrugada. Dormia de manhã, acordava à tarde e retornava para o estúdio, sem praticamente encontrar Mariana, que trabalhava durante o dia e dormia cedo. Os dois mal se cruzavam dentro de casa e se falavam por bilhetes. Quando a mulher foi rendida na porta de casa, o baterista tinha acabado de acordar. Vizinhos que viram, sem nada poder fazer, correram para avisá-lo. Estava só começando o sofrimento de Charles e dos pais da bailarina.

No início da tarde de quarta-feira, 24 de junho, a partir de uma ligação para o Disque Denúncia, vinte homens da Divisão Antissequestro da Polícia Civil do Rio, comandados pelo delegado Marcos Reimão, seguiram uma trilha que começava na avenida Niemeyer e levava até o morro do Vidigal. A equipe já havia descoberto que Mariana tinha sido vítima de traficantes daquela região, sem experiência em sequestros, que buscavam uma alternativa para ganhar dinheiro diante do cerco policial que havia se instalado no morro alguns meses antes. Quando a levaram, os bandidos nem sequer sabiam de quem se tratava e foram atraídos apenas pelo carro importado, um jipe Toyota, que ela dirigia.

Os policiais chegaram à porta do barraco usado como cárcere, mas quase passaram direto. Os vizinhos não colaboravam e negavam que o lugar estivesse sendo ocupado por sequestradores. Por sorte, Mariana percebeu a movimentação do lado de fora e soltou um grito de socorro que lhe salvou a vida. Os policiais invadiram a casa encravada na encosta e pegaram de surpresa o único carcereiro que tomava conta do lugar. A bailarina estava deitada num colchão de casal. Aparentemente bem e apenas um pouco debilitada pelos quatro dias de cárcere. Ela não se conteve:

— Sempre acreditei em anjos. E, neste momento, vocês são os meus.

Do próprio barraco, o delegado Marcos Reimão telefonou para Ricardo Roquette-Pinto, pai da bailarina. Em poucos minutos já estava toda a família de Mariana na base do morro. Com os olhos marejados, Charles se agarrou à mulher:

— Eu nunca mais vou deixar você sozinha.

Os agentes da DAS festejaram o final feliz cantando "Polícia": *"Polícia para quem precisa! Polícia para quem precisa de polícia!"*. O sucesso dos Titãs, apesar de uma crítica à instituição, virou o hino daquele drama que chegava ao fim. Charles cumprimentou Reimão e rasgou elogios em entrevista ao batalhão de jornalistas que a essa altura já cercava Mariana e seus parentes.

— Esses caras são muito bons mesmo. São a melhor polícia do país. Se ainda existe algo que presta nesse Brasil, é a polícia do Rio.

A gratidão não ficou esquecida ali. Na mesma noite, Charles mandou uma loja de discos entregar na sede da DAS, no Leblon, trinta CDs *Acústico*, último álbum dos Titãs. A maior homenagem, no entanto, seria prestada três meses depois. Na noite de 18 de setembro, durante uma apresentação no Metropolitan, na Barra da Tijuca, no Rio, o baterista tocou com uma camisa da DAS e reservou um camarote da casa de shows para os policiais que participaram da operação. Mariana fez questão de assistir junto com os agentes. No meio da apresentação, Britto foi ao microfone agradecer à polícia em nome dos Titãs. Chegou a provocar um início de vaia, mas logo em seguida foi calorosamente aplaudido:

— O Rio deveria se orgulhar de policiais como os que integram a Divisão Antissequestro. Se Mariana, mulher de Charles, está em liberdade hoje é graças à DAS. As coisas boas nós temos a obrigação de dizer.

Britto sabia bem o que estava falando. No dia 18 de fevereiro do mesmo ano, ele tinha sido o alvo de bandidos e escapou por pouco de um desfecho trágico. O tecladista ia para um jantar com um amigo quando parou no sinal vermelho com seu jipe Pajero, no cruzamento da rua Rússia com a avenida Europa, no Jardim Europa, em São Paulo. De repente, surgiram dois homens armados, que o obrigaram a passar para o banco do carona. Enquanto um deles assumia o volante, o outro, no banco de trás, apontava uma arma para o cantor. Os assaltantes não o reconheceram e começaram a circular pela cidade com Britto, para ter certeza de que o carro não tinha algum dispositivo que cortasse o combustível ou desligasse a parte elétrica após alguns quilômetros rodados.

O que, a princípio, parecia ser não mais do que um roubo, tomou proporções aflitivas quando uma fã de Britto, num outro carro, viu que o músico estava sendo assaltado. A fã começou a perseguir o jipe e o bandido ao volante percebeu. Passou a acelerar enlouquecido, furando os sinais vermelhos e cortando os demais carros. Para alívio do titã, os criminosos conseguiram despistá-la e, depois de uma hora rodando por São Paulo, libertaram o tecladista na avenida 23 de Maio. Além do carro, levaram um talão de cheques e 100 reais que Britto tinha na carteira. Só deixaram 2 reais para que ele pudesse pegar um ônibus.

Até ali, Britto se julgava um sujeito de sorte em relação a situações como essas. Em 1994, ele foi único dos sete titãs que não tinha ido à pizzaria Oficina de Pizzas, na rua Purpurina, na Vila Madalena, na madrugada em que três homens armados invadiram o local. A banda voltava de um show na própria capital e resolveu parar para comer alguma coisa. Os pratos tinham acabado de chegar à mesa quando os bandidos, nervosos e aparentando estar drogados, anunciaram o assalto. Bellotto, que tinha sacado dinheiro num caixa eletrônico, foi o primeiro a ficar sem a carteira. Na sequência, os outros titãs foram obrigados a entregar dinheiro, cheques e cartões. Nando perdeu o irrecuperável: um relógio Ômega, que seu avô lhe deixara quando morreu. O único que não guardava um tostão no bolso nem um objeto de valor era Branco. E justamente ele, ligeiramente alterado, resolveu se solidarizar com a quadrilha:

— Esse país é uma injustiça mesmo, eu até entendo vocês...

Branco desandou a falar. O discurso deixou os ladrões num misto de surpresa e mais irritação, para desespero de Marcelo, que por baixo da mesa chutava o companheiro para que ficasse quieto, antes que um deles disparasse a arma. Mas a única consequência do assalto, além de dinheiro e objetos roubados, foi a tensão. Os bandidos fugiram depois de manter os Titãs e outros fregueses sob a mira de pistolas durante dez minutos.

■ ■ ■

Os problemas envolvendo o *Volume dois* não se resumiram à violência. A produção do 11º disco foi a mais conturbada da carreira da banda. A começar pelo atraso do sempre requisitado produtor Liminha, que mais uma vez estava às voltas com outros artistas e custou a dar a partida nas gravações no Nas Nuvens. O pontapé inicial, previsto para o início de abril, começou somente um mês e meio depois. A demora foi uma bola de neve. Logo nos primeiros dias de junho de 1998, no meio das gravações do álbum, que já deveriam estar terminando, Marcelo Fromer deixou os Titãs no estúdio para comentar os jogos da Copa do Mundo da França para o canal por assinatura SporTv. Ele já tinha encerrado boa parte de suas guitarras e violões e fez o que restava a toque de caixa, a tempo de embarcar para ficar quarenta dias fora do país. A viagem, combinada desde abril e sem dar margem a negociações com a banda, criou um mal-estar no estúdio, que seria só o começo da turbulência que viria nos meses seguintes. Liminha assumiu as guitarras e violões que Marcelo não teve tempo de tocar ou que ainda não estavam perfeitos.

Já sem Marcelo, em junho a banda também ficou sem Charles — que foi relaxar da tensão do sequestro de Mariana na Europa, onde o casal passou quinze dias. Com as gravações em marcha lenta, Britto perdeu a paciência e na semana final dos trabalhos resolveu voltar para São Paulo. Seu apartamento estava em obras e a mulher, Raquel, grávida de dois meses. Ansioso, Britto não aguentava mais ficar no Nas Nuvens, no Rio, esperando a hora de fazer pequenos acabamentos no teclado. Chegou a gravar algumas vozes num quarto no segundo andar do estúdio, que servia para guardar fitas.

Às vésperas da mixagem, em julho, a banda sofreria mais uma baixa. Em maio, antes de o grupo iniciar as gravações, Nando partiu para uma viagem à Europa com a mulher, Vânia, agendada havia tempos. Imaginava que até lá o disco estivesse pronto. Só que o cronograma, que dificilmente é cumprido à risca, dessa vez extrapolou. E Nando não adiou a passagem. Com tantos desfalques, o clima de desânimo tomou conta do que restou da banda.

Aos trancos e barrancos, os Titãs em agosto, enfim, terminaram o *Volume dois*. Pelo menos a partir dali o grupo não precisava mais ficar naquela roda-viva de gravação de discos, problemas sucessivos e shows, que pipocavam aqui e ali — mesmo durante o período de gravações, o empresário Manoel Poladian não deixava de marcar apresentações da bem-sucedida turnê do *Acústico*. Com o novo disco em fase de acabamento, os Titãs achavam que poderiam relaxar e se dedicar com calma aos ensaios da próxima turnê.

Ledo engano. Nos primeiros dias de setembro, Branco foi fazer um check-up, que vinha protelando havia quase três anos. Andava esgotado e com uma persistente insônia. E fazia tempos que estava encanado que pudesse ter algum problema na garganta ou no pulmão, já que tinha fumado e bebido a vida inteira, de forma intensa. A morte de seu pai, Joaquim, em 1984, de câncer na garganta, o assustava ainda mais. O melhor jeito de eliminar qualquer dúvida seria fazendo uma bateria de exames.

Branco se consultou no Rio com o dr. Jorge Ronald Spitz, que no mesmo dia deu o diagnóstico: não havia qualquer dano no pulmão ou na garganta. O problema estava no coração, e era preciso procurar um cirurgião cardiovascular o mais rápido possível. O titã então ligou para um amigo da família, o médico Raul Cutait, que lhe recomendou o dr. Roberto Kalil Filho, de São Paulo. Sem ter noção da gravidade do seu caso, Branco achou que poderia cumprir a agenda de shows da banda para então procurar o cardiologista. Só no dia 8 de setembro, o cantor — sempre acompanhado da mulher, Angela Figueiredo — foi se consultar com dr. Kalil. O médico, preocupado, pediu a Branco que refizesse os exames no hospital Sírio-Libanês, em frente ao seu consultório. Pouco depois, o cantor já estava com tudo nas mãos. Dr. Kalil olhou e não teve dúvidas:

— Seu problema é gravíssimo. Você vai ser internado agora. Não pode sair andando por São Paulo, porque seu coração corre o risco de explodir a qualquer momento.

Branco estava com um aneurisma na veia aorta, muito próximo ao coração. Não pôde nem sequer ir até o estúdio Nota por Nota para avisar que não teria como participar do ensaio para a nova turnê que a banda começava a fazer. Na manhã do dia 10 de setembro, o vocalista estava na mesa de cirurgia do Sírio-Libanês, fazendo uma delicada operação com o cardiologista Fábio Jatene. Foram quase doze horas de cirurgia, em que um coração artificial foi usado para bombear o sangue, enquanto se colocava uma prótese no lugar do aneurisma e uma válvula aórtica de metal no peito. No fim, Branco estava novo em folha, mas com uma obrigação médica que carregaria pelo resto da vida: tomar um remédio diariamente e, uma vez por mês, fazer um exame para checar se seu sangue não está engrossando demais — o que poderia comprometer a válvula de metal.

Nos dias em que Branco permaneceu no hospital, ele nunca ficou sozinho. Além de Angela, os Titãs com suas respectivas esposas e alguns outros amigos se revezavam para ter sempre alguém por perto. Logo no primeiro dia em que deixou a UTI, o vocalista — usando uma pantufa e um robe presenteados por Nando — recebeu todos na unidade semi-intensiva. Os médicos liberaram as visitas por perceber que estar com os amigos fazia muito bem a Branco e podia evitar que o paciente caísse em depressão, comum a quem passa por cirurgias cardíacas. Mas nem tudo foi perfeito no pós-operatório. Quase 48 horas depois de deixar a UTI, a pressão de Branco baixou, ele começou a sentir um estranho cansaço e de repente desmaiou. Angela, que já tinha sido avisada que isso poderia acontecer, chamou os enfermeiros. O cantor teve que fazer uma transfusão de sangue para voltar ao estado normal.

A meticulosa cirurgia a que Branco se submetera mudaria sua vida por completo. A começar pela recomendação que dr. Kalil fez ainda no hospital:

— Nunca mais você vai poder cheirar uma linha de cocaína — avisou o médico, para depois explicar: — Nós nunca vamos ter certeza do que gerou o aneurisma, se você nasceu com ele ou se foi provocado por outra razão. Mas você não deve cheirar mais porque existe a possibilidade de o aneurisma ter sido desenvolvido pelo consumo da cocaína.

Não poderiam ser mais oportunas aquelas palavras. Havia tempos, Branco já tentava largar a droga. Aproveitou para abandonar um outro hábito que o incomodava: fumar. Ele começou diminuindo a quantidade de cigarros a cada dia, até conseguir parar de vez com o vício, seis meses depois.

O vocalista saiu do hospital no dia 16 de setembro e, para ficar perto dos médicos, passou o período de recuperação em seu apartamento em São Paulo, sozinho, já que Angela tinha que voltar ao Rio por causa do colégio dos filhos, Diana e Bento. O pós-operatório impressionou a todos: a depressão nem passou perto do cantor, que cumpria à risca todas as recomendações médicas. Só não teve como escapar de algumas situações de aperto pitorescas. Certa tarde, com o peito tapado por um enorme curativo, bateu no titã uma incontrolável e perigosa vontade de espirrar. Sem ter como evitar, se abraçou com força a uma almofada. O espirro veio fraco. Mas a dor não.

Branco se sentiu explodindo por dentro. Só foi espirrar de novo quando já estava com o peito devidamente cicatrizado.

Dois meses depois, assim que foi liberado para voltar aos palcos, Branco convidou os médicos Kalil, Jatene e Cutait para assistir a um show dos Titãs no Olympia. Quem não sabia do drama pelo qual o vocalista havia passado nunca ia desconfiar. Estava ali o Branco de sempre: cantava com o mesmo vigor e fazia todas as suas movimentadas coreografias. Do camarote, Kalil e Jatene, estreando na plateia da banda, se espantaram. Começaram a se questionar se não liberaram o cantor antes da hora.

— Você sabe quanto está a pressão arterial do Branco agora? — perguntou Jatene ao colega.

Preocupados, porém orgulhosos e felizes, os médicos foram cumprimentar o ex-paciente no camarim. Definitivamente, Branco estava recuperado. E não poderia ter recebido um presente melhor na sua nova vida: no dia 10 de setembro de 1999, exatamente um ano depois da operação que o salvou, nascia seu segundo filho, Joaquim.

■ ■ ■

Como o próprio nome indicava, *Volume dois* era uma continuidade do fenômeno *Acústico*. Os Titãs resolveram unir o útil ao agradável: recriar outros velhos sucessos no novo formato e manter a bem-sucedida investida comercial. Repertório para isso a banda tinha de sobra. Hits dos primórdios da carreira, como "Sonífera ilha" e "Insensível", não haviam entrado no CD anterior, assim como outros como "Lugar nenhum", "Domingo" e "Miséria" — que, por conta da desistência de Maria Bethânia em gravá-lo, sobrou do setlist do *Acústico*.

Como em time que está ganhando não se mexe, mais uma vez foi convocado Jaques Morelenbaum para criar os arranjos de cordas e metais, além de uma orquestra de 37 músicos. A diferença é que dessa vez os Titãs produziriam um disco de estúdio e, experimentando o que jamais tinham feito nos dez álbuns anteriores, com duas regravações: "Senhor delegado", samba de breque de Antoninho Lopes e Jaú que emendaria com "Eu não aguento", e "É preciso saber viver", de Roberto e Erasmo Carlos.

Se o *Acústico* foi recheado de participações ilustres como Marisa Monte, Jimmy Cliff e Rita Lee, o *Volume dois* também contou com músicos convidados, não tão populares como o do CD anterior, mas também de grosso calibre. O então iniciante grupo vocal Fat Family fez coro na canção de Roberto e Erasmo. Flávio Guimarães, do Blues Etílicos, emprestou sua gaita a "Domingo" e "Lugar nenhum". Já o tecladista William Magalhães — que mais tarde remontaria a Banda Black Rio, criada por seu pai, Oberdan — participou na faixa inédita "Amanhã não se sabe", composta por Sérgio Britto. Isso sem contar Liminha e o próprio Morelenbaum, que também tocaram no disco. O álbum contou ainda com o talento de outro peso-pesado da música brasileira, consagrado no exterior. O arranjador Eumir Deodato criou os números de cordas e metais em duas faixas: "Miséria" e "Eu e ela", outra inédita, composta por Nando e cantada por Paulo.

Volume dois, em relação ao CD antecessor, equilibrou melhor sucessos e canções novas, que somavam seis no total. Além de "Amanhã não se sabe" e "Eu e ela", estavam no álbum "Sua impossível chance" (Nando), "Era uma vez" (Britto, Branco, Marcelo, Tony e Arnaldo Antunes), "Senhora e senhor" (Paulo, Marcelo e Arnaldo) e "Caras como eu" (Tony). Esta última com direito a trompetes com sabor de Beatles, num arranjo de Morelenbaum que foi uma grata surpresa para os próprios titãs.

— Você está cada vez melhor, George Martin! — brincou Tony, assim que ouviu a música no estúdio, numa alusão ao produtor dos Beatles.

Volume dois trouxe outra particularidade em relação ao *Acústico*: as releituras das músicas da banda, de uma forma geral, foram mais transformadoras. "Sonífera ilha" ficou mais arisca e incisiva, com uma levada de sopros rapidíssima, inexistente na versão original. "Não vou me adaptar", por sua vez, deixou de ser o reggae gravado em *Televisão* e em *Go back* para se tornar muito mais melódica, toda estruturada a partir de violinos, cellos e flauta.

Já "Desordem" e "Insensível" sofreram adaptações não só nos arranjos, mas também em alguns versos. Britto não estava totalmente satisfeito com as letras que havia escrito e refez trechos. Em "Insensível", entraram as frases *"Às vezes você esquece/ O que eu finjo esquecer/ Mas pra mim é difícil/ Não consigo entender"*. Em "Desordem", a mudança foi basicamente uma atualização, já que a ideia original da música era fazer uma colagem de notícias de jornais. Assim *"Os preços fogem do controle/ Mas que loucura esta nação!"*, que se referia à inflação desenfreada que o país enfrentava em 1987, quando a canção foi composta, virou *"Quando estão fora de controle/ Não são as regras exceção"*. Os versos *"População enlouquecida/ Começa então o linchamento"* deram lugar a *"Nas invasões, nos linchamentos/ Como não ver contradição"*, numa alusão ao Movimento Sem Terra (MST), que ganhou força nos anos 1990.

Britto também mostrou um lado mais otimista na nova versão, trocando *"O que mais pode acontecer/ Num país pobre e miserável?/ E ainda pode se encontrar/ Quem acredite no futuro..."* por *"O que mais pode acontecer/ Neste país rico e no entanto miserável/ Em que pese isso sempre há, graças a Deus/ Quem acredite no futuro"*. No fim da canção, o trecho *"Os sindicatos fazem greve/ Porque ninguém é consultado"*, dos anos 1980, perdeu o sentido numa década sem mobilização e sem emprego também, como a letra de 1998 frisou: *"Põem a esperança lado a lado/ Às filas de desempregados"*.

■ ■ ■

Na primeira semana de outubro chegava às lojas *Volume dois*, com "É preciso saber viver", cantada por Paulo, já com boa execução nas rádios. O lançamento para a imprensa mereceu tratamento de gala: foi realizado um coquetel no 41º e penúltimo andar do imponente Edifício Itália, um dos mais altos de São Paulo. Em vez de uma entrevista coletiva com todos os integrantes numa mesa, os Titãs foram divididos em duplas para conversar com os jornalistas: Marcelo/Charles, Tony/Paulo e Britto/Nando davam entrevistas, enquanto Branco — em sua primeira aparição pública depois da operação — circulava e palpitava nos bate-papos dos companheiros, já que por recomendações médicas ainda não podia acelerar o ritmo de trabalho. Britto resumiu bem o discurso do grupo na reportagem ao *Estado de S. Paulo* no dia 7 de outubro: "Acho que, dessa vez, conseguimos exorcizar todo o nosso repertório".

Volume dois, apesar de ter caído no gosto do público, não foi recebido com boa vontade por parte da crítica, que deixou as análises musicais em segundo plano. A principal acusação era de que o grupo queria unicamente estender o sucesso do *Acústico*. Na mesma reportagem do *Estado de S. Paulo*, Paulo Miklos não se fez de rogado: "Entramos na massa e não acho que isso seja nojento".

O orgulho pelo fato de o CD *Acústico* ter superado — e com folga — a marca do milhão de discos vendidos não foi compreendida pelos jornalistas especializados. "Titãs acomodados e novamente desplugados" era o título da crítica de Carlos Albuquerque também no dia 7 de outubro no jornal *O Globo*. No texto, o jornalista até elogiava as novas roupagens de "Domingo" e "Miséria", mas guardava as baterias para o fim, em que batia firme: "Infelizmente, o *Volume dois* traz os Titãs se submetendo ao mercado, em vez de subvertê-lo, como já fizeram em outras ocasiões". No jornal de música *International Magazine*, Marcelo Janot igualmente aplaudiu boa parte das canções, só que destilou ironia ao formato: "Seria pura patrulha recriminá-los, já que se grava disco para vender e fazer shows, nem que seja em feira agropecuária para milhares de pessoas, como eles vêm fazendo".

De fato, as feiras e os rodeios em cidades do interior eram um grande filão para os Titãs e o empresário Manoel Poladian. A banda não tinha o menor preconceito com isso. Muito pelo contrário. A estupenda marca de 150 shows do *Acústico* em onze meses de turnê — sem contar algumas apresentações que fizeram mesmo durante a gravação do *Volume dois* — levaram os Titãs a cidades a que jamais tinham ido. O novo show, que estreou em Porto Alegre no dia 23 de outubro, retornaria à boa parte dos palcos pelos quais já tinham passado. O setlist incluía, além de treze das dezesseis faixas do CD recém-lançado, outras onze do *Acústico*. E uma surpresa: "Resposta", parceria de Nando Reis com Samuel Rosa. A balada, gravada com sucesso pelo Skank, foi uma sugestão de Nando, bem-aceita pelos Titãs, para equilibrar o número de músicas cantadas pelos quatro vocalistas.

A turnê do *Volume dois* repetiu a façanha da excursão anterior e, um ano depois, contabilizava outras 150 apresentações. Para baratear os custos, a orquestra de treze músicos foi reduzida para dez, o que facilitou inclusive uma viagem em 1999 para Portugal, onde os Titãs dividiram o palco com os velhos conhecidos do grupo Xutos & Pontapés. O objetivo da excursão, além de fazer shows, era divulgar o CD duplo que a Warner resolvera lançar por lá, acreditando que o novo formato poderia, enfim, transformar os Titãs num sucesso fora do Brasil. O álbum, que reunia o *Acústico* e o *Volume dois*, ganhou um encarte próprio e chegou a ser bem executado nas rádios portuguesas, mas teve venda insignificante.

A maior lembrança da turnê, porém, foi um episódio que aconteceu na viagem de ida para Lisboa. O voo atrasou três horas e o avião só decolou à meia-noite. Àquela altura todos já estavam impacientes e famintos. Quando o jantar era servido, por volta de uma da madrugada, um homem começou a passar mal. Os tripulantes acudiram, fazendo massagem cardíaca. Uma comissária de bordo perguntou se havia algum médico no voo e dois se apresentaram. Ao verem a gravidade da situação e perceberem que provavelmente o homem estava enfartando, todos os Titãs voltaram os olhos para o recém-operado Branco, preocupados com sua reação. O vocalista, porém, estava entretido com seu vinho e sua comida e não se abalou com a movimentação dentro da aeronave. Depois de os médicos tentarem reanimar o passageiro, foi a vez de um padre passar em direção à poltrona do sujeito. Quando viu o religioso voltando, Branco resolveu perguntar:

— E aí, padre, o que aconteceu?

— Perdemos um irmão.

O titã abaixou a cabeça e voltou ao seu jantar. Pensou em como era bom estar vivo. Como era bom não ser ele o enfartado. O homem viajava sozinho e sua morte não chegou a ser uma comoção. Mas também ninguém pôde ignorar que havia um cadáver naquele avião. O corpo ficou estendido em frente ao banheiro e foi companhia para todos até o desembarque em Lisboa.

■ ■ ■

Críticas da imprensa à parte, *Volume dois* atingiria a respeitável marca de 800 mil cópias vendidas depois de um ano. O reconhecimento popular veio através do Prêmio Multishow, em junho de 1999, em que o público votava nos melhores do ano da música brasileira. Numa cerimônia realizada no Canecão, no Rio, os Titãs abocanharam três prêmios: Melhor Grupo, Melhor CD e Melhor Música ("É preciso saber viver").

Em meio às consecutivas apresentações do *Volume dois*, os empresários Manoel Poladian e José Fortes, que seguia trabalhando com os Paralamas do Sucesso, arregimentaram um projeto ousado: uma turnê nacional das duas maiores bandas do país, Titãs e Paralamas, para ser levada apenas a palcos nobres de grandes cidades. Assim nasceu o *Sempre Livre Mix*, patrocinado pela Johnson & Johnson, fabricante do absorvente que dava nome ao show. Cada banda tocava durante quarenta minutos. No fim, encontravam-se no palco e mostravam outras oito canções, quatro de cada repertório, lembrando a memorável apresentação em dobradinha do Hollywood Rock de 1992.

Foram treze noites, que começaram em São Paulo em abril de 1999, passaram por locais como Aracaju, Brasília, Campinas e Goiânia, e terminaram no Rio de Janeiro, no dia 20 de novembro. Essa última apresentação, no Metropolitan, rendeu um CD ao vivo, que virou brinde para quem comprasse o absorvente. O disco promocional reunia, além de entrevista com os integrantes das bandas e o jingle do Sempre Livre, justamente a parte final do show, com as duas bandas no palco. O repertório que foi gravado trazia "Lanterna dos afogados", "O beco", "Ska" e "Pólvora", dos Paralamas, e "Nem 5 minutos guardados", "Diversão", "Lugar nenhum" e "Comida", dos Titãs.

A turnê deixou os grupos mais próximos do que nunca, já que quase duas vezes por mês se encontravam. Jantavam juntos depois dos shows, faziam farra nos camarins e sentavam para resolver qualquer problema pendente nos célebres "sincerões".

O show do Rio do *Sempre Livre Mix* serviu também como o último encontro reunindo todos os músicos das duas bandas antes de uma tragédia que atingiria o trio carioca. Na tarde do dia 4 de fevereiro de 2001, dois meses após o lançamento do disco *Arquivo II*, dos Paralamas, o ultraleve pilotado por Herbert Vianna caiu em Mangaratiba, a sessenta quilômetros da cidade do Rio. O músico estava indo com sua mulher, Lucy, para a casa de Dado Villa-Lobos, guitarrista da Legião Urbana. A aeronave caiu a vinte metros da praia, em frente ao condomínio de Dado. Lucy morreu na hora e Herbert, após ser resgatado por um iatista, foi transferido para o Hospital Copa D'Or, em Copacabana, com traumatismo craniano.

Nos dias seguintes ao acidente, Nando, Tony, Branco e Charles foram ao hospital acompanhar a lenta recuperação de Herbert. A rivalidade, que tanto marcara a trajetória das duas bandas, naquele momento não fazia a menor diferença e se transformava numa corrente pela volta dos Paralamas aos palcos, com o guitarrista à frente. Em abril de 2002, Herbert — numa cadeira de rodas —, Bi e Barone entrariam em estúdio para gravar o novo CD do trio, *Longo caminho*, lançado em setembro.

∎ ∎ ∎

Em meados de maio de 1999, Charles ligou de São Paulo para Jack Endino, em Seattle. O baterista foi direto ao ponto:

— Jack, queremos fazer outro disco com você.

O produtor, que tinha se tornado amigo dos sete titãs e gostava de trabalhar com a banda, adorou a notícia. Mas se espantou quando Charles disse que ele e os companheiros só teriam três semanas para gravar o CD.

— Vai ser complicado. Estou com problemas pessoais. Não posso sair daqui agora.

— E se nós gravássemos aí?

— Seria ótimo! Com certeza um dos estúdios daqui servirá para gravar o disco de vocês.

Charles desligou o telefone e foi conversar com os amigos sobre a resposta de Jack. A rapidez na negociação era necessária. Menos de dois meses antes, os Titãs e, principalmente, a WEA e o empresário Manoel Poladian chegaram à conclusão de que a banda deveria gravar um disco ainda em 1999. Era preciso aproveitar aquele excelente momento de vendas, inédito na carreira do grupo. Mas, quando foram olhar a agenda para saber em que época poderiam parar para produzir o álbum, perceberam que tinham tantos shows marcados que não haveria mais do que três semanas. Com um prazo apertado, nem pensaram em chamar Liminha, sempre envolvido com vários compromissos. Charles logo sugeriu o nome de Jack Endino, com quem sempre mantinha contato via e-mail e telefone. O produtor de *Titanomaquia* e *Domingo* era rápido e tiraria de letra a missão.

Um mês após o telefonema, Charles embarcou sozinho para Seattle, levando uma fita demo que a banda produzira nos ensaios na casa de Tony, nos Jardins, em São Paulo — apelidada de Esporão Estúdios, em homenagem à vinícola portuguesa que produzira os vinhos que os Titãs consumiram nos dias que passaram ensaiando. Para que o produtor se familiarizasse com as novas canções, Charles tocou com ele algumas faixas, enquanto o restante do grupo ainda não chegava. A dupla também escolheu o estúdio de gravação, o Iron Woods Studios, por conta do excelente preço, 600 dólares por dia, e por ter uma aparelhagem dos anos 1970 de ótima qualidade e muito bem preservada. E a decoração vintage fazia os frequentadores se sentirem na própria década de 1970.

Oito dias depois, desembarcavam na cidade do grunge Nando, Tony, Marcelo e Britto, que levou também a mulher, Raquel, e o filho, José, com apenas cinco meses de idade. Os Titãs ficariam completos na semana seguinte, com a chegada de Paulo e Branco.

Apesar do trabalho intenso no estúdio, que começava às 14h e não tinha hora para acabar, os dias em Seattle tinham sabor de férias. Desde que lançaram o *Acústico*, era a primeira vez que tiravam folga dos shows e de todos os outros compromissos. Diariamente, antes de começarem a gravar, passeavam pelas ruas arborizadas da cidade, que, além do grunge, deu ao mundo Bill Gates e Jimi Hendrix. Tony, Marcelo e Britto aproveitavam as primeiras horas do dia para correr em volta de um lago em frente ao hotel da banda. Na hora do almoço, Marcelo e Tony vasculhavam o guia da cidade e buscavam os melhores restaurantes.

O clima do lado de fora refletia no estúdio. Os Titãs estavam unidos, alegres e dispostos a levar para o Brasil um disco caprichado, apesar do pouco tempo que tinham para gravá-lo. A boa reputação de Jack também ajudava a compor um ambiente agradável. Muitos músicos de Seattle apareciam no Iron Woods para dar um alô ao produtor, deixando claro o quanto ele era importante e querido na cena local. O prestígio do anfitrião, aliás, garantiu à banda muitos descontos nas lojas de instrumentos da cidade. Era só falar que estava trabalhando com Jack Endino que o preço caía significativamente.

A banda voltou ao Brasil no início de julho, mas, no mês seguinte, Charles, Tony e Britto embarcaram novamente para Seattle para mixar o disco com o produtor. O estúdio escolhido foi o X (ex-Bad Animals), lugar em que Neil Young, Pearl Jam, Soundgarden e Alice in Chains gravaram e mixaram seus álbuns. Os três titãs, porém, não acompanharam a masterização do novo CD. Jack viajou sozinho para Nova York para trabalhar com George

Marino, um dos mais respeitados engenheiros do mundo, responsável por vários discos de Led Zeppelin e de outros medalhões.

■ ■ ■

A vida estava muito boa para os Titãs. Graças ao estouro do *Acústico*, os músicos conseguiam realizar projetos que alimentavam nos quinze anos de estrada. Nando comprou sua casa no Itaim Bibi. Britto aumentou o patrimônio com um apartamento no Ibirapuera e uma casa na praia. Tony comprou a casa nos Jardins onde a banda passaria a ensaiar. Branco se mudou com a família para São Conrado, no Rio. Se o *Volume dois* não repetia os números das vendas, ao menos permitia manter o novo padrão de vida. Diante desse panorama e àquela altura beirando os quarenta anos, com filhos para criar, os Titãs resolveram desfrutar do sucesso. E a maior prova disso foi a banda ter aceitado gravar um disco no meio da turnê do *Volume dois*.

Instigados por Poladian e pela gravadora, os Titãs concordaram que deveriam aproveitar o bom momento para lançar um terceiro álbum. O problema é que não queriam mais repetir a fórmula de regravações do próprio repertório, esgotada no *Volume dois* e também não viam como produzir um disco com inéditas no pouco tempo que dispunham. A solução partiu de Sérgio Affonso.

— Por que vocês não gravam um disco de covers? — propôs o diretor executivo da WEA, na hora imaginando um projeto radical, com os Titãs cantando músicas do Nirvana e outras bandas de punk rock.

O septeto comprou a ideia, mas partiu para um outro caminho. Combinaram que cada um faria uma lista com suas dez músicas brasileiras favoritas e o repertório seria decidido por eliminação. Só entraria no disco o que fosse aprovado por todos. Britto fez sua lista, a princípio contrariado. Ele não queria emendar mais um álbum antes das férias. O projeto de covers também não o agradava nem um pouco:

— O nosso forte são as composições. Nunca fomos vistos como grandes músicos ou intérpretes.

Mas ele acabou convencido pelos demais de que fazer um CD fácil e matar um dos discos do contrato com a gravadora era uma solução prática.

Todos, em comum acordo, caíram em tentação. Tony aproveitou que sua nova casa em São Paulo ainda estava sem móveis e improvisou um estúdio, onde a banda ensaiou cerca de vinte músicas, até escolher as dez que entrariam no álbum.

Uma das unanimidades foi "Pelados em Santos", dos Mamonas Assassinas. Os Titãs já haviam dedicado o *Acústico* ao grupo, que em março de 1996, no auge do sucesso, teve a carreira abreviada de forma trágica: o avião fretado em que estavam os cinco integrantes se chocou com a Serra da Cantareira, em São Paulo, matando todos eles e outras quatro pessoas. Voltar a homenagear os Mamonas no disco pareceu algo simpático e agradou aos filhos dos Titãs, fãs dos rapazes de Guarulhos. Mas foi o prato cheio para as críticas negativas que se seguiram e as acusações de que a banda tinha se vendido. Por sorte, uma versão roqueira de "É o amor", dos sertanejos Zezé Di Camargo e Luciano, foi eliminada aos 45 minutos do segundo tempo.

As outras homenagens se encaixaram mais com o estilo titânico. Britto escolheu cantar "Sete cidades", da Legião Urbana, do seu amigo Renato Russo; "Aluga-se", do ídolo Raul Seixas (esta dividindo com Paulo); e "Querem acabar comigo", de Roberto Carlos, que depois de "É preciso saber viver" não soava mais estranho no repertório dos Titãs. Paulo ficou com "Fuga Nº II", dos Mutantes; e "Um certo alguém", de Lulu Santos. Branco, que produziu o primeiro disco dos Inocentes, cantou "Rotina", do grupo punk; "Gostava tanto de você", num tributo ao amigo Tim Maia, morto em 1998; e dividiu "Pelados em Santos", com Nando. O baixista também emprestou sua voz a "Circo de feras", dos portugueses Xutos & Pontapés (única canção gringa da lista); e "Ciúme", do Ultraje a Rigor.

O disco, batizado apenas de *As dez mais*, não fugiria totalmente do formato acústico. Vinte e quatro músicos de cordas e metais, além do percussionista Ricardo Imperatore, foram convidados para a parte da gravação feita no estúdio AR, na Barra da Tijuca, no Rio, com arranjos de Eumir Deodato.

■ ■ ■

Quando *As dez mais* chegou às lojas no fim de outubro de 1999, a versão dos Titãs para "Pelados em Santos", claro, foi o principal alvo das resenhas sobre o novo disco. "Na voz de Nando Reis, que capricha no sotaque *very, very beautiful,* a música ficou involuntariamente mais engraçada do que na versão original", escreveu Claudia Assef, na *Folha de S.Paulo* de 1º de novembro, na reportagem que tinha o seguinte título: "Titãs maltratam ouvinte em disco só de covers". No dia anterior, a crítica do *O Globo* pegou pesado: "O recém-lançado *As dez mais* é a sombria confirmação de que o grupo virou um portentoso supermercado de hits, de que estão a serviço da indústria fonográfica e não da música", detonou Mário Marques.

Os Titãs, escaldados com críticas anteriores, se anteciparam aos ataques que certamente viriam e criaram uma forma irônica para responder a quem os chamasse de comerciais. Contrataram Washington Olivetto, o papa da publicidade, para dirigir o clipe de "Pelados em Santos". Atrás de um balcão, os músicos anunciavam produtos com a marca da banda, como o Xampu Titãs (com o careca Sérgio Britto de garoto-propaganda), a batata frita Cannabis, camisinhas gigantes e a indefectível Brasília amarela da música. Além dos Titãs, participavam do clipe Carlos Moreno, célebre garoto-propaganda da Bombril, e duas modelos de seios nus — uma delas, Bárbara Paz, que dois anos depois ficaria famosa como a vencedora da primeira edição do reality show *Casa dos artistas*, do SBT, e como atriz de novelas da Globo.

Se parte da imprensa não gostou, *As dez mais* ao menos recebeu o aval dos homenageados e da família dos que já tinham morrido. Como mostrou o release do disco assinado por essas pessoas. "Um antigo sonho que foi realizado: Raul Seixas e Titãs juntos finalmente", escreveu Kika Seixas, ex-mulher de Raul. "A-do-rei a regravação, ficou meio Petula Clark, meio pop ingênuo dos primórdios dos 1960 do século passado, Titãs do Iê-Iê-Iê. O Miklos é um cantor de fato, e os Titãs serão sempre a melhor banda do momento. Bacanérrimo. Brigado", agradeceu Lulu Santos. Dado Villa-Lobos, guitarrista da Legião Urbana, também aprovou a versão de "Sete cidades" e reservou algumas palavras para Sérgio Britto, que a cantava: "Já estava previsto há sete mil anos que os sete Titãs se encontrariam com a Legião Urbana em 'Sete cidades'. Uma bela versão na voz do titã preferido do Renato, selando com atraso um encontro há um tempão desejado".

Para um titã em especial não fazia muita diferença quem falava mal ou quem elogiava. No fim de 1999, Paulo Miklos estava mais preocupado com a saúde da mulher, Rachel. Diabética desde a gravidez da filha do casal, Manoela, Rachel enfrentava uma fase aguda da doença. Começou a perder muito peso e precisou ser internada algumas vezes. Paulo se dividia entre os compromissos com a banda e a atenção à mulher e à filha, que, aos quinze anos, dava todo o apoio à mãe, enquanto o pai viajava com o grupo. A situação de Rachel ficou ainda mais crítica em junho de 2000, quando passou quatro meses internada no Hospital Albert Einstein, em São Paulo. Com os Titãs entrando de férias, Paulo não desgrudou da mulher, que chegou a ter que tomar morfina para suportar a nevralgia (dores nos nervos), provocada pela diabetes. Nesse período, o grupo e Arnaldo Antunes fizeram constantes visitas ao casal e Marcelo, morando em Portugal, sempre ligava querendo saber notícias. A partir de 2001, Rachel se restabeleceria e voltaria a controlar a doença.

■ ■ ■

Depois de três turnês quase ininterruptas e de 450 shows em três anos, os Titãs chegaram em junho de 2000 esgotados. Mais do que isso: a relação entre eles estava totalmente desgastada. Os músicos passavam a maior parte do tempo longe das famílias, que só encontravam às segundas e terças-feiras. Mesmo assim, nesses dias, volta e meia tinham entrevistas, gravações em programas de TV, reuniões com a gravadora e outros compromissos da banda. As férias, adiadas fazia mais de dois anos, eram mais do que urgentes.

O período serviu para cada um descansar e, principalmente, dar vazão a trabalhos individuais, o que não acontecia desde 1994, após uma pausa depois do turbulento *Titanomaquia*. Nando foi o primeiro a tirar da cartola um CD solo, o segundo de sua carreira. Em agosto, lançou pela Warner *Para quando o arco-íris encontrar o pote de ouro*, produzido por ele próprio, Tom Capone e um velho conhecido: Jack Endino. Encantado com a viagem que fez no ano anterior a Seattle, Nando resolveu gravar por lá parte do disco, justamente a que Jack produziu. Levou para os Estados Unidos o baixista Fernando Nunes — no álbum o titã só toca violão — e o guitarrista Walter Villaça. Em Seattle, recrutou o tecladista Alex Veley, que tinha visto anteriormente tocando na banda local Maktub, e o baterista Barret Martin, indicado por Jack. Em duas faixas, "Dessa vez" e "Frases mais azuis", ele contou com a ilustre participação de Peter Buck, do grupo americano R.E.M., tocando bandolim e guitarra de doze cordas.

Com a banda formada, em três semanas as gravações dos instrumentos estavam prontas. Nando voltou ao Brasil e no estúdio Toca do Bandido, no Rio de Janeiro, sob a batuta de Tom Capone, gravou as vozes e backing vocals, abrilhantados por dois amigos: Cássia Eller e Rogério Flausino, vocalista do Jota Quest. Arnaldo Antunes também deu sua colaboração, escrevendo o release distribuído à imprensa.

Diferentemente de seu primeiro disco, cuja divulgação coincidiu com a entrada dos Titãs em estúdio, dessa vez Nando teve tempo não só para aparecer melhor na mídia, como também para fazer shows solo. O álbum teve uma recepção discreta, porém aplaudida pela crítica. Mas, com pouco empenho da gravadora em promovê-lo, não passou das 25 mil cópias vendidas.

Em dezembro foi a vez de Sérgio Britto lançar seu primeiro CD solo, depois do experimental disco do Kleiderman, que tinha gravado com Branco e a baterista Roberta Parisi, em 1994. *A minha cara* estava muito distante do hardcore que o trio fazia. O disco, um pop suave, foi lançado pela Abril Music e reunia treze faixas. Além de canções que Britto compôs sozinho, o álbum trazia parcerias com Fromer ("A minha cara" e "Igual a todo mundo"), com Arnaldo ("Pensamento #2" e "Os olhos do sol"), um poema do tropicalista Torquato Neto que o tecladista musicou ("O bem, o mal") e uma regravação de "Cinco bombas atômicas", de Jorge Mautner e Nelson Jacobina.

Com produção do inglês Paul Ralphes — que já havia trabalhado anteriormente com o Skank, no disco *Siderado* —, *A minha cara* trouxe Britto não só no piano e nos teclados, como de costume. Ele tocou guitarra, escaleta e até percussão, na faixa "Cama, mesa e banho". E deu palpites na produção o tempo inteiro, fazendo jus ao título do CD.

Em 35 dias, a estreia solo de Britto estava inteiramente gravada e mixada. Mais do que preocupado em aproveitar as vendas de Natal, ele temia que um lançamento empurrado para 2001 pudesse coincidir com o reencontro dos Titãs, marcado para abril. Deu tempo, porém, de fazer shows de lançamento do disco em estados como São Paulo, Rio de Janeiro e Minas Gerais.

O terceiro a lançar disco solo foi Paulo Miklos, no fim das férias dos Titãs. *Vou ser feliz e já volto*, apesar de previsto para ser gravado entre setembro e outubro de 2000, atrasou por conta da internação de Rachel e só saiu em março de 2001, também pela Abril Music. O segundo álbum solo de Paulo reunia onze faixas, nove delas assinadas pelo próprio cantor, uma parceria com Arnaldo ("Sem amor") e a sertaneja "O milagre do ladrão", composta por Léo Canhoto e Zilo, e descoberta por Paulo numa coletânea de Chitãozinho e Xororó.

Mas diferentemente de seu primeiro disco solo, em que exercitou seu talento de multi-instrumentista, dessa vez ele se limitou a cantar, para poder se dedicar aos vocais e lapidar as letras, quase todas feitas especialmente para o CD. A produção ficou a cargo do badalado Dudu Marote, que gravou todas as canções em seu próprio estúdio, o Dr. Dd, na Zona Oeste de São Paulo, repleto de instrumentos antigos e raros, como guitarras Gibson Les Paul e teclados Clavinet Hohner D6. O ambiente era perfeito para o que Paulo queria: um disco de rock 'n' roll emocional, flertando com a MPB. Na capa, um contraste com a sonoridade do álbum: o cantor aparecia correndo nas ruas de Nova York de cabelos descoloridos, óculos de lentes vermelhas e jaqueta dourada, num típico visual clubber.

Se Nando, Britto e Paulo se dedicavam a discos solos, Branco atacava em duas frentes: cantava acompanhado da banda S Futurismo em palcos do Rio e preparava um projeto infantil. Com a S Futurismo, o ponto alto aconteceu em janeiro de 2001, no Rock in Rio III, em Jacarepaguá. O grupo, que começou a tocar por diversão, acabou convidado para uma das noites da Tenda Brasil, palco onde desfilariam 49 artistas brasileiros, entre eles Luiz Melodia, Biquini Cavadão, Plebe Rude e Pepeu Gomes, além de Nando Reis e Arnaldo Antunes.

Em suas apresentações, Branco e a S Futurismo cantavam algumas músicas do repertório da ópera rock infantil *Eu e meu guarda-chuva*, que se transformaria num CD, lançado em novembro de 2001. As músicas da ópera rock foram compostas por Branco e Ciro Pessoa, entre 1984 e 1985, logo depois que Ciro deixou os Titãs do Iê-Iê. Branco, que produziu o projeto ao lado da mulher, Angela, convidou para participar do CD um punhado de amigos-estrelas: Elza Soares, Toni Garrido, Frejat, Cássia Eller, João Barone, Arnaldo Antunes, Marcelo D2 (Planet Hemp), Falcão (O Rappa) e Rodolfo (ex-Raimundos). Das dez faixas, nove canções permaneciam inéditas — a exceção era "Dona Nenê", gravada em 1985 pelos Titãs no LP *Televisão*.

O disco vinha acompanhado de um livro com texto de Hugo Possolo e ilustrações de Rico Lins, criados a partir de um argumento de Branco. As aventuras do menino Eugênio acabariam indo parar no palco em outubro de 2002, numa montagem teatral protagonizada por Andréa Beltrão (coprodutora da peça ao lado de Angela e Fernanda Signorini). Em 2010, a história inspirou um filme dirigido por Toni Vanzolini, com Lucas Cotrim no papel principal.

Tony Bellotto aproveitou as férias para lançar em 2001, de uma só tacada, *O livro do guitarrista* e *BR 163*. O primeiro, voltado para crianças e adolescentes, era quase um almanaque para a garotada que se iniciava na guitarra. Já o romance *BR 163* contava a história de duas mulheres — uma policial e uma garota de programa — com uma coisa em comum: são órfãs. As histórias das duas se cruzavam justamente na estrada que dá nome ao livro.

Paralelamente, Tony ainda cuidava, ao lado de Charles Gavin, Andreas Kisser e Eduardo Queiroz, da trilha sonora do filme *Bellini e a esfinge*, baseado no seu primeiro livro. A canção-título do longa-metragem ele fez em parceria com Nando. Tony também assumiu o comando do *Afiando a língua*, programa jovem com dicas sobre língua portuguesa, que estreou no canal a cabo Futura, em outubro de 1999, ficando no ar até 2016. Em maio de 2001, ele retomaria o violão para participar do aguardado (e várias vezes adiado) disco *Acústico* de Roberto Carlos: tocou uma música do Rei que conhecia bem, "É preciso saber viver". Na seleta plateia de cem convidados, além da mulher Malu Mader, estava o amigo Marcelo Fromer, com a nova namorada, a jornalista Karen Kupfer.

Um pouco antes das férias dos Titãs, Marcelo também tinha lançado um livro, *Você tem fome de quê?*, em que juntava receitas e comentários sobre os melhores restaurantes que conheceu Brasil afora, muitos deles em viagens com a banda. Para os fãs, um prato cheio: a cada restaurante destacado, Marcelo dava a cifra de uma canção dos Titãs, precedida da explicação de como ela foi composta.

Enquanto os companheiros gravavam CDs solo e escreviam livros, Charles mergulhava fundo em pesquisas musicais. A paixão por discos antigos e raros o transformou num especialista no assunto e as gravadoras descobriram que o baterista, uma enciclopédia musical, poderia ser útil na garimpagem e recuperação de discos fora de catálogo de artistas como Hyldon,

Secos & Molhados, Trio Ternura, Tom Zé, Edson Machado, Novos Baianos, Walter Franco, Dom Salvador e Abolição, Maysa e Lady Zu. Mais do que descobrir raridades, Charles também passou a pilotar a remasterização de alguns álbuns e a recuperar informações importantes das gravações, muitas delas perdidas no tempo.

Foi com a produção executiva do baterista que a Warner lançou o CD duplo dos Titãs da série *E-collection*, cuja proposta era juntar um CD de sucessos a outro com raridades. Graças ao trabalho de Charles, o dos Titãs acabou sendo o melhor de toda a coleção e uma pérola para os fãs. O primeiro disco traz hits, porém em versões jamais lançadas comercialmente, como o célebre remix de "O quê", feito por Iraí Campos e Tuta Aquino nos anos 1980, e o registro ao vivo de "Televisão" no show *Acústico* do Teatro João Caetano, com Fito Páez ao piano, que acabou não indo parar no CD porque a versão escolhida foi a de estúdio, com a participação de Rita Lee. Incluía também a gravação de "Domingo" produzida por Paulo Junqueiro exclusivamente para o single apresentado em primeira mão no VMB de 1995.

No segundo disco estão canções obscuras, retiradas de fitas demo, como seis faixas descartadas do LP *Õ blésq blom* e registradas no estúdio de quatro canais da casa de Paulo Miklos. São elas "Eu prefiro correr" (Paulo, Britto e Tony), "Estrelas" (Britto e Arnaldo), "Minha namorada" (Paulo, Charles e Arnaldo), "Aqui é legal" (Britto e Arnaldo), "Saber sangrar" (Paulo, Tony, Branco e Arnaldo) e "Porta principal" (Arnaldo, Paulo e Nando). Há também a hilária "A marcha do demo", do grupo virtual Vestidos de Espaço, e "Planeta morto" (Marcelo, Arnaldo e Britto), que fez parte do especial infantil da Globo *A era dos Halley*, exibido em outubro de 1985. Fuçar o baú dos Titãs, mais do que uma obrigação, foi para Charles uma viagem no tempo.

Em maio de 2001, porém, ele mataria a saudade de tocar com os seis companheiros. Depois de quase um ano de férias, iriam começar os ensaios para o 13º álbum da banda.

HOJE AQUI, AMANHÃ NÃO SE SABE

▶ Trecho de "Amanhã não se sabe"

POR CAUSA DO RACIONAMENTO DE ENERGIA determinado pelo governo, o trecho da avenida Europa quase esquina com a rua Portugal, nos Jardins, estava mais escuro do que o habitual naquela segunda-feira, 11 de junho de 2001. O trânsito nas quatro faixas, às 18h20, era intenso. A cerca de vinte metros da faixa de pedestre, um homem vestindo calção, camiseta e tênis tentava atravessar a avenida de mão dupla. De repente, num ponto de ônibus próximo, todos ouviram um barulho forte. Correram para olhar. O corpo do homem estava estirado no asfalto, coberto de sangue. Os carros frearam e alguns motoristas desceram para acudi-lo. Um bancário de trinta anos testemunhou o momento em que ele foi atropelado por um motociclista de uma empresa de entregas, que ainda parou e telefonou para o socorro, antes de subir novamente na moto e partir em disparada.

A ambulância demorou a chegar, cerca de 25 minutos depois do choque. Sem carteira ou qualquer outro documento de identificação, o acidentado foi levado para o Hospital das Clínicas, em estado grave. Somente às 22h30, graças a uma tatuagem do personagem dos desenhos animados Supermouse no braço esquerdo, ele pôde ser reconhecido: era Marcelo Fromer.

A jornalista Karen Kupfer, namorada de Marcelo, percebeu que alguma coisa estava errada pouco depois das 20h. Sempre pontual, o guitarrista não ligou para ela como tinha combinado, nem estava em seu flat. Os dois sairiam para jantar no restaurante japonês Jun Sakamoto, para comemorar antecipadamente o Dia dos Namorados, já que na manhã seguinte ele voaria para o Rio de Janeiro, onde daria início às gravações do 13º disco dos Titãs. Karen entrou no apartamento e viu que Marcelo não levara documentos nem telefone celular. O computador estava ligado, como se não fosse demorar. Ela começou a ficar realmente preocupada quando o porteiro informou que o guitarrista tinha deixado o prédio no fim da tarde, com roupa de corrida.

A primeira iniciativa foi ligar para Nelson Damascena, responsável pelo escritório dos Titãs. Nelson já estava no Rio, cuidando dos últimos detalhes do novo CD, e não sabia do guitarrista. Karen deu mais alguns telefonemas e nada de achar o namorado. Por volta das 22h, resolveu ir com o amigo Daniel Klabin até a 15ª DP, no Itaim Bibi. Enquanto registrava seu desaparecimento, um soldado da PM chegou do Hospital das Clínicas com a informação de que um homem, com as características de Marcelo, tinha sofrido um acidente sério. Começavam as 44 horas mais dramáticas vividas pelos Titãs e pelos parentes do guitarrista.

No caminho para o Hospital das Clínicas, Karen ligou para Nelson e Tony Bellotto, ambos no Rio, e para Sérgio Britto, que estava em São Paulo. Avisou que checaria se o acidentado que tinha dado entrada na emergência era de fato Marcelo. No Rio, alertado do sumiço do músico, Nelson ficou com a pulga atrás da orelha e interfonou de seu quarto, o 1103 no Royalty Barra, para o 1106, onde estava Nando, que já havia chegado ao hotel carioca. Do quarto de Nelson, o baixista deu alguns telefonemas para São Paulo e também soube do acidentado que estava no Hospital das Clínicas. Pediu para falar com o setor de emergência para checar se era ou não Marcelo.

— Sinto muito, mas não posso sair daqui nem dar essa informação por telefone — disse o homem do outro lado da linha.

— Olha, você vai ter que ir lá ver sim, isso é uma questão humana, porque é o meu irmão que pode estar lá! — exaltou-se Nando.

O sujeito, percebendo o nervosismo do baixista, foi atender ao pedido e voltou logo em seguida.

— E então, ele tem uma tatuagem no braço esquerdo??? — perguntou o titã, aflito.

— Tem, sim.

Ao mesmo tempo que Nando se desesperava, voltava a tocar o celular de Bellotto, que também estava no Rio, mas em seu apartamento, em Ipanema. Era novamente Karen, dessa vez aos prantos:

— Tony, é ele, é o Marcelo! O Daniel acabou de entrar lá e reconheceu o Marcelo!

Em poucos minutos, todos os titãs souberam do acidente. Britto, o primeiro a chegar ao hospital, foi quem telefonou para Cuca Fromer, irmã do guitarrista. Por volta das 23h, a família de Marcelo, Paulo Miklos e alguns amigos já estavam no HC. O *Jornal da Globo* deu a notícia logo depois e, no início da madrugada, um batalhão de jornalistas e fãs se aglomerava no saguão para conseguir mais informações sobre o músico. Do Rio, Branco ligou para o dr. Roberto Kalil Filho, seu cardiologista, para saber se ele tinha como conseguir informações mais precisas sobre o estado de Marcelo. Dr. Kalil entrou em contato com um neurologista amigo dele, no hospital, que não mostrou otimismo: o quadro era realmente gravíssimo e as chances de recuperação, remotas.

Por volta de 1h30 da madrugada, Marcelo entrou na sala de cirurgia, para uma operação que levou mais de quatro horas, a fim de aliviar a pressão de um edema no cérebro, resultado do traumatismo craniano. No fim, o neurocirurgião Hector Navarro foi sincero com a família: se Marcelo sobrevivesse, ficaria com sequelas irreversíveis.

Amanhecia quando Branco, Nando, Charles, Tony e Nelson chegaram ao Aeroporto Santos Dumont para pegar a primeira ponte aérea com destino a São Paulo. Tinham ficado a noite em claro, acompanhando por telefone as informações passadas por Britto, Paulo, Karen e a família de Marcelo. A essa altura já sabiam do estado grave do guitarrista. Fizeram a viagem mais baixo-astral e agonizante de todos os tempos na carreira dos Titãs e chegaram ao Hospital das Clínicas pouco depois das 8h.

Ao longo de toda a terça-feira, fãs fizeram vigília na frente do hospital, enquanto amigos entravam e saíam em busca de uma boa notícia que não vinha. O guitarrista estava em coma profundo, respirando com a ajuda de aparelhos. Durante o tempo em que Marcelo ficou internado, além dos parentes e companheiros de banda, um amigo não arredou pé do HC: o então comentarista da Globo e ex-jogador Walter Casagrande era o parceiro mais constante do guitarrista nos últimos anos, especialmente nos muitos projetos extra-Titãs nos quais Fromer se envolvia.

Os dois se conheceram em 1994, quando Marcelo foi convidado pela MTV para participar, ao lado de Nando e da VJ Astrid Fontenelle, do *Copa na mesa.* O programa era uma mesa-redonda despojada sobre o Mundial dos Estados Unidos, com músicos convidados. Para completar a bancada, a emissora queria um jogador de futebol bem-humorado e que tivesse o espírito roqueiro. O guitarrista logo lembrou do atacante, que sempre adorou rock e em 1983 chegou a assistir a uma apresentação dos Titãs no programa da TV Cultura *Fábrica do som*, destinado a novas bandas. Mesmo sem nunca ter falado com Casagrande, Marcelo ligou para ele com a proposta. Explicou todo o projeto, mas avisou:

— Só tem um problema: não vai ter muita grana...

— Ô, Marcelo, nem precisa se preocupar com isso. Eu tô nessa.

Em dez minutos de conversa, foi dado o pontapé inicial para uma amizade que ainda renderia muitas parcerias. Em 1996, Marcelo e Casagrande comandaram o programa *89 Gol*, na Rádio 89, que juntava as duas paixões da dupla, futebol e música, num formato até então pioneiro em FM. Dois anos depois, na Copa da França, aproveitando que Marcelo era comentarista do SporTV e Casagrande, da Globo, eles criaram o *Bistrô Brasil*, também no SporTV. Saíam pelas ruas mostrando a cultura e os costumes de Paris, sempre num tom descontraído.

Marcelo e Casagrande voltaram da Europa como amigos inseparáveis. Falavam-se praticamente todos os dias, jantavam juntos com frequência, jogavam futebol sempre que surgia uma pelada, iam às partidas do São Paulo e, quando calhava de o comentarista estar numa mesma cidade do Brasil onde os Titãs iriam tocar, fazia questão de encontrar o companheiro e a banda. A dobradinha rendeu ainda uma coluna no jornal paulista *Notícias populares* e, em 2001, um outro programa de rádio, o *Programa piloto,* este na Transamérica FM. Tratava-se de um projeto idealizado em 1999 pela dupla e por Serginho Groisman. Mas o apresentador, às voltas com as gravações do *Altas horas*, que estrearia na Globo em outubro do ano seguinte, não teve tempo para participar e acabou deixando a atração sob o comando de Marcelo e Casagrande.

Depois de longos meses na gaveta, o *Programa piloto* foi ao ar pela primeira vez em maio de 2001, um mês antes do acidente com o guitarrista. Semanal, era transmitido às segundas-feiras, às 22h, ao vivo. Na noite em que Marcelo era internado no Hospital das Clínicas, Casagrande estava no microfone da Transamérica, sem desconfiar de nada. Tinha falado com o guitarrista à tarde e, mesmo sabendo que ele era extremamente responsável, imaginou que algum compromisso do novo disco dos Titãs pudesse ter surgido de última hora. O ex-jogador chegou a brincar com os convidados:

— Marcelo hoje não veio e não trouxe minha guitarra. Não vai dar para eu tocar nada.

O acidente interrompeu uma outra ideia que a dupla já começava a botar em prática havia alguns meses: a biografia de Casagrande, apesar da resistência inicial do ex-jogador. Nos últimos encontros dos dois, no restaurante paulistano Bolinha, no Jardim Europa, o guitarrista sempre levava um gravador para colher histórias do amigo.

Inquieto, Fromer também planejava um segundo livro, mas sobre outro assunto: com curiosidades e receitas de Roberta Sudbrack, chef de cozinha do então presidente Fernando Henrique Cardoso, em Brasília. *Roberta Sudbrack — Uma chef, um Palácio* seria escrito em parceria com a jornalista Luciana Fróes, que conhecera na sexta-feira anterior ao atropelamento, por intermédio de Alexandre Dórea, dono da Editora DBA. Num jantar oferecido pelo casal dono da importadora de bebidas Expand, Tânia e Otávio Piva de Albuquerque — para cerca de trinta pessoas e com a própria Roberta comandando a cozinha —, Marcelo chegou a contar que estava mantendo a forma graças às corridas regulares que vinha praticando nas ruas de São Paulo.

No domingo, 10 de junho, Nando Reis pôde comprovar o novo hábito do companheiro. O baixista chegava em sua casa, no Itaim, no início da noite, e embicou o carro no portão da vila onde morava. Ao descer para abri-lo, passava Marcelo, de short e camiseta escura, praticando corrida. Ele parou, os dois se falaram rapidamente e o guitarrista seguiu. Estava voltando de seu exercício diário.

Ao lado de Nando, Marcelo escreveu em 1994 a coluna sobre futebol "Minuto de silêncio", na *Folha de S.Paulo*, na mesma época em que os dois participaram do *Copa na mesa*, na MTV. Durante os meses que antecederam o Mundial dos Estados Unidos, eles resolveram fazer uma campanha feroz contra Carlos Alberto Parreira, treinador que não admitiam no comando da seleção. Além das críticas ranzinzas a Parreira, a dupla iniciou uma contagem regressiva nada otimista, anunciando quantos dias faltavam para o Brasil ser eliminado da Copa. Mas, sem vocação para videntes, na tarde de 17 de julho, os dois testemunharam pela televisão Dunga levantando a taça do tetracampeonato mundial. Marcelo e Nando acabaram demitidos da *Folha*. Nem bem se acostumaram com a situação, foram convidados para ter uma coluna de crônicas, com o nome deles, no suplemento jovem Diário da Tribo, do jornal *Diário do Grande ABC*, onde permaneceram até 1996.

O guitarrista voltaria a escrever sobre futebol em 2000, dessa vez na internet, numa coluna diária no Portal IG. A identificação de Marcelo com o esporte era tanta que ele foi convidado pela *Placar* a protagonizar um comercial mensal, sempre às vésperas da revista ir para as bancas, com direção de um velho conhecido: Arthur Fontes, da Conspiração Filmes, um dos responsáveis pelo making of do disco *Tudo ao mesmo tempo agora* e pelo clipe de "Eu não aguento".

Desde o livro *Você tem fome de quê?*, lançado em 1999, Marcelo passou a ser também requisitado para escrever sobre gastronomia. Teve uma coluna semanal no *Estado de S. Paulo* e outra na revista especializada *Sabor*. Para fazer ambas, visitava restaurantes e lanchonetes com o intuito de escrever críticas ou simplesmente descobrir novidades da cozinha.

No fim desse mesmo ano, o guitarrista decidiu se dividir entre Brasil e Portugal. Ele, a segunda mulher, Ana Cristina Martinelli, a Tina, os filhos do casal, Alice e Max, e a enteada do titã, Mila, se mudaram para Lisboa em busca de mais tranquilidade e menos violência, aproveitando que Tina tinha bons amigos por lá. Marcelo, terminando a turnê de *As dez mais* e prestes a entrar de férias na banda, passou a ficar algumas semanas na capital portuguesa e outras em sua casa na Granja Viana, de acordo com os compromissos dos Titãs. Durante mais de um ano, o guitarrista cruzava o Atlântico como se fosse a ponte aérea Rio-São Paulo. Às vezes, conseguia sossego: ficava um mês sem voltar ao Brasil, apenas mandando por e-mail suas colunas de jornais, revistas e sites.

Foi nessa fase lusitana que ele ficou muito próximo de Paulo Junqueiro, que tinha deixado a Warner brasileira e voltado para sua terra natal. Junqueiro foi o avalista da casa alugada por Marcelo na cidade litorânea de Cascais (a trinta quilômetros de Lisboa) e o principal companheiro de jantares, sempre regados a bons vinhos portugueses — o tinto Cortes de Cima era o favorito do guitarrista. Especialista no assunto e extremamente sociável, Marcelo às vezes pegava o carro e cismava de conhecer uma vinícola e seu dono. Foi assim com João Portugal Ramos, um dos mais célebres produtores da região, a quem Marcelo se apresentou sem a menor cerimônia. No mesmo dia, os dois já estavam almoçando juntos. E tomando excelentes vinhos.

No início de 2001, o guitarrista resolveu unir seu talento para negócios com a paixão pela bebida. Em sociedade com Alexandre Dórea, da Editora DBA, criou a importadora Garrafeira, especializada em trazer vinhos portugueses para o Brasil. A empolgação com a gastronomia era tanta que ele também se tornou um dos donos da pizzaria Campana, na Granja Viana.

Mesmo após se separar de Tina, Marcelo continuou a ir para a Europa com regularidade para encontrar os dois filhos menores, que continuavam morando em Lisboa. No dia 2 de janeiro de 2001, o guitarrista resolveu começar o ano em grande estilo, esticando a festa de Réveillon: juntou Max, Alice e a filha Susi, de seu primeiro casamento, e convidou o amigo Tony Bellotto a fazer o mesmo. Tony reuniu Malu com os filhos João e Antônio, e a mais velha, Nina, que carregou também o namorado. Todos se encontraram em Portugal e passaram duas semanas juntos, percorrendo várias cidades, numa viagem com gosto de confraternização para as duas famílias dos Curingas, como eram chamados nos tempos em que dividiam um mesmo quarto de hotel.

Foi também ao lado de Tony e Malu que Marcelo comemorou seu aniversário de 39 anos, no dia 3 de dezembro de 2000. Recém-separado de Tina, ele estava disposto a passar a data sozinho, viajando pela Europa. Malu e Tony acharam inadmissível. Não só improvisaram uma festa para o guitarrista em seu apartamento em Ipanema como o acolheram durante algumas semanas no quarto de hóspedes.

Paulistano com orgulho, Fromer vivia uma fase de encantamento com os cariocas. Era capaz de ir ao Rio para curtir um programa e voltar algumas horas depois para a capital paulista. Como na quinta-feira anterior ao acidente, quando ele e a namorada Karen foram convidados pelo publicitário Nizan Guanaes e sua mulher, Donata Meirelles, para ver o show *Noites do Norte*, de Caetano Veloso, no Canecão. Pegaram um jatinho com Nizan à noite, assistiram à apresentação, esticaram até o Antiquarius do Rio para jantar e, de madrugada, retornaram satisfeitos para São Paulo.

■■■

Os Titãs já estavam com o repertório do novo disco praticamente pronto quando, nos primeiros dias de junho de 2001, Marcelo apareceu sem avisar na casa de Arnaldo Antunes, na Vila Madalena.

— Eu, Tony e Paulo fizemos essa música aqui com o Jack Endino, mas não rolou nenhuma letra. Vê se você consegue fazer alguma coisa em cima.

Marcelo deixou com o amigo uma fita com a canção que tinham composto na semana anterior, quando Jack desembarcou no Brasil para cuidar da pré-produção do 13º disco. Alguns dias depois, Arnaldo ligou para o guitarrista, dizendo que a letra da música estava pronta e combinando um encontro para mostrá-la. E lá se foram Marcelo, Tony e Paulo. Os quatro passaram uma tarde como nos velhos tempos: bebendo vodca, cerveja e compondo sem parar. Entre as canções que surgiram desse encontro, uma delas entusiasmou mais o quarteto: "Cuidado com você", criada a partir de uma letra antiga que Arnaldo, ainda nos Titãs, tinha feito com Marcelo. Na época, a banda chegou a musicar a letra, mas, como tantas outras, acabou descartada e foi parar no monte de rascunhos que o cantor sempre guardou. Como ninguém lembrava da melodia, "Cuidado com você" foi refeita, como um rock meio raivoso, meio punk, e com retoques nos versos.

Estão olhando pra você
Estão falando de você
A chuva é pra molhar você
A guerra é pra matar você
A reza é pra salvar você
Cachorros latem pra você
Estão pensando em você
Cuidado com você
Cuidado!
Cuidado!
Com você!

Quem tem dinheiro te roubou
Quem tem amante te traiu
Se alguém partiu te abandonou
Se ela é puta, te pariu
Se não tem pai o filho é seu
Se alguém morreu a culpa é sua
O prazer é todo seu
Se você entra a casa é sua
Cuidado!
Cuidado!
Com você!

Olha para os outros e se vê
Todos são espelhos pra você
Só pra você a vida corre
Quando você dorme o mundo morre
Até você morrer
Até
Até
Você morrer!
Cuidado!
Cuidado!
Com você!

Naquela tarde com gosto de revival, duas músicas saíram inteiramente prontas: a parceria com Jack Endino, "Vou morrer de velhice", que foi parar no baú de músicas não aproveitadas dos Titãs, e "Cuidado com você". Esta última, cantada com vigor por Paulo Miklos, seria escolhida como a faixa que encerra *A melhor banda de todos os tempos da última semana*, que começaria a ser gravado dentro de uma semana.

Marcelo estava particularmente empolgado com o 13º disco, o primeiro do grupo por uma nova companhia, a Abril Music. Na quinta-feira, 7 de junho, ele ligou para Martha, sua primeira mulher, que morava no Rio, e avisou que iria para lá na semana seguinte para o início das gravações. Tinha alugado um apart-hotel no Leblon e queria aproveitar a temporada carioca para ficar ao lado da filha, então com dezessete anos.

—Avisa a Susi para não viajar não, porque ela vai ficar no apart comigo. Estou indo pro Rio na terça.

■ ■ ■

Na quarta-feira, 13 de junho, às 15h, os médicos do Hospital das Clínicas deram a notícia que a essa altura era inevitável: a morte cerebral de Marcelo. A mãe do guitarrista, Lúcia Kairovsky, mesmo contrariando os preceitos do judaísmo, resolveu doar os órgãos do filho e consultou a família e os Titãs sobre a ideia. Com aprovação unânime, o ato se tornou um exemplo aplaudido pelo país inteiro: o músico teve seus rins, coração, fígado, pâncreas e córneas transplantados para pacientes que aguardavam numa longa e lenta fila.

A doação foi lembrada no emocionado comunicado lido no hospital por Branco e assinado pelos sete Titãs — Arnaldo Antunes entre eles: "Os Titãs agradecem o apoio, o carinho e a torcida dos fãs e dos amigos de todo o Brasil que estiveram conosco nesta passagem mais do que difícil. O nosso irmão Marcelo Fromer morreu. Marcelo foi para nós um permanente doador de alegria. Durante mais de vinte anos convivemos com ele diariamente. É impossível expressar em palavras a importância que ele teve não só na música, como na vida de cada um de nós. Assim como os órgãos de Marcelo sobreviverão nos corpos de outras pessoas, a arte dele continuará na música e no espírito dos Titãs. Amanhã, 14 de junho, a partir das 9h e até as 16h, haverá um velório aberto a todos no Cemitério da Paz, em São Paulo. O sepultamento, às 17h, será restrito aos familiares e amigos. São Paulo, 13 de junho de 2001. Branco Mello, Paulo Miklos, Sérgio Britto, Tony Bellotto, Charles Gavin, Nando Reis e Arnaldo Antunes".

Marcelo foi enterrado ao som de "Pra dizer adeus", tocada no violão por Tony e cantada pelos Titãs, por parentes e por amigos.

■ ■ ■

Somente um ano depois da morte de Marcelo, o motoboy que o atropelou foi preso, graças a uma denúncia anônima. Erasmo Castro da Costa Júnior, de 31 anos, confessou no dia 2 de julho de 2002 que ultrapassou um carro pela esquerda e, por causa da escuridão, não viu o guitarrista parado na faixa contínua. O motoqueiro, com a carteira de habilitação vencida, achou melhor não se apresentar à polícia. Um mês depois do acidente, perdeu o emprego e vendeu sua moto vermelha CG 125. Como chegou a ligar de um celular pedindo socorro, embora depois tenha fugido, Erasmo pôde aguardar o julgamento em liberdade. Em março de 2004, o homem que matou Marcelo foi condenado a três anos e quatro meses de prisão, mas a pena foi convertida em prestação de serviços à comunidade.

TÃO FORTES SOMOS TODOS OUTROS TITÃS

▶ Trecho de "O mundo é bão, Sebastião!"

João Augusto estava duplamente arrasado. Diretor artístico da Abril Music e um dos principais articuladores da contratação dos Titãs, ele recebeu a notícia da morte cerebral de Marcelo Fromer no próprio Hospital das Clínicas, naquele 13 de junho, como um golpe duro. João perdia não só o titã de quem ficara mais próximo nos últimos meses — era Marcelo o homem de negócios do grupo — como acreditava também ter perdido os próprios Titãs. João Augusto achava pouquíssimo provável que a banda tivesse estrutura para superar a morte do integrante que mais os unia, em circunstância tão repentina e dolorosa. Aquela tragédia provavelmente iria abreviar uma carreira de dezenove anos e doze discos, todos lançados pela mesma gravadora, a Warner. O primeiro álbum por uma nova companhia, ele imaginava, não sairia do papel.

Pouco depois de anunciada a morte de Marcelo, João reuniu os Titãs numa sala no próprio hospital.

— Olha, vocês fiquem à vontade para resolver o que acharem melhor. Para a gravadora, inclusive, está tudo bem se preferirem cancelar o projeto e desfazer o contrato.

— João, nós vamos gravar o disco. Se cada um for para sua casa agora, vai ser muito pior. Trabalhar vai ajudar a gente a não ficar pensando só na morte do Marcelo — disse Britto.

Em 18 de junho, uma segunda-feira, cinco dias depois dessa conversa no Hospital das Clínicas, os Titãs entraram no estúdio AR, na Barra da Tijuca, no Rio, para dar partida nas gravações que deveriam ter começado uma semana antes. Embora houvesse um consenso de que o melhor remédio era trabalhar, especialmente no início foi complicado o exercício de superação de cada um. Alguns explicitavam isso, como Nando, que entre um intervalo e outro, chorava sozinho num canto do estúdio. Ou mesmo Jack Endino, que, ainda abalado com a morte do amigo, não conseguia conter as lágrimas diante do equipamento do guitarrista, montado para as gravações desde o dia do acidente. Às vezes, a tristeza dava lugar à revolta e alguém gritava:

— Esse filho da puta não podia fazer isso com o Marcelo!

Se emocionalmente a ausência de Fromer era difícil de aceitar, na hora de ligar os amplificadores ele também fazia muita falta. Tony, que num primeiro momento pensou em gravar sozinho todas as guitarras do disco, não se sentiu à vontade para isso, embora tecnicamente a solução fosse simples. Os Titãs tinham por hábito gravar as guitarras juntos e, mesmo quando o faziam isoladamente, havia um permanente bate-bola entre ele e Marcelo. Há quase vinte anos dividindo estúdios e palcos com o amigo, Tony tinha uma espécie de ritual antes de iniciar as gravações de cada disco. Depois do repertório escolhido e devidamente ensaiado com a banda, ele e Marcelo se juntavam durante uma semana e repassavam todas as canções, apenas os dois, até atingir a sonoridade que desejavam. Tocavam cada música à exaustão, num duelo de guitarras em que ninguém perdia.

Era vital para Tony, portanto, um segundo guitarrista no estúdio. Durante alguns dias, Paulo, Britto, Branco e Nando pensaram em se dividir e assumir o instrumento. Cogitaram também a possibilidade de convidar amigos para participações em cada faixa, como Lulu Santos e Liminha (que acabaria gravando duas guitarras e o baixo de "Eu não presto"). Todas as ideias, porém, foram abortadas. Tornou-se consenso no grupo que era necessário registrar as músicas exatamente como Marcelo havia tocado na fita demo, uma semana antes do acidente. Para isso, um único músico imprimiria a unidade desejada pelo grupo.

Jack Endino, que tinha chegado ao Brasil antes para preparar essa fita, poderia ser uma opção. No fim de semana anterior à entrada no AR, Jack passou uma noite inteira no apartamento de Tony, em Ipanema, ouvindo a demo. A ideia era reproduzir com perfeição o que Marcelo criara. O próprio produtor, no entanto, reconheceu que ele tinha características bem diferentes. Até para deixar Jack mais concentrado no disco todo, um nome surgiu como alternativa ideal: Emerson Villani, guitarrista de 29 anos, talentoso, disciplinado e que conhecia bem o estilo de Marcelo.

Paulo Miklos foi quem indicou o nome do guitarrista, que tinha participado de seu primeiro disco solo. Integrante do grupo Funk Como Le Gusta, Emerson já vinha substituindo o titã em situações eventuais desde fevereiro de 1996, quando a filha de Marcelo, Alice, estava para nascer. Durante uma semana, Emerson ficou de stand-by, apenas aguardando a notícia de que poderia entrar em cena a qualquer momento. Com a banda em plena turnê de *Domingo*, ele não teve tempo nem sequer de fazer um ensaio. Apenas recebeu uma fita com 28 músicas, preparada especialmente para seu treinamento: de um lado do fone, ouvia todos os instrumentos e do outro, apenas a guitarra de Marcelo. Até que, numa tarde de quinta-feira, o produtor Nelson Damascena ligou, avisando que sua estreia seria no dia seguinte. Ele fez as malas e só teve tempo de tocar com todos os Titãs durante a passagem de som, momentos antes do show.

Emerson não decepcionou. Mostrou segurança, talento e, desde então, virou um curinga. Quando em 1997 nasceu Antônio, filho de Tony, também foi chamado às pressas para assumir o posto. No ano seguinte, no fim da turnê do *Acústico*, fez sua mais longa sequência de shows com a banda, substituindo Marcelo, que passaria quarenta dias na França comentando a Copa para o SporTV. Em seguida, emendou em várias apresentações do *Volume dois*, participando como terceiro guitarrista. E a partir dali, sempre que Marcelo ou Tony tinha algum problema, lá estava Emerson de prontidão para subir ao palco. Mais do que qualquer um, ele estava habilitado a gravar o novo disco dos Titãs. E também se tornaria a solução natural para acompanhar a banda na turnê que começaria em outubro de 2001 — Emerson ficaria como segundo guitarrista dos Titãs até 2007.

O clima nas gravações, que tinha tudo para ser pesado, acabou fortalecido pela determinação dos Titãs em fazer um disco que orgulhasse a banda e os fãs, calando de vez a crítica. Logo no primeiro dia no estúdio AR, uma visita emocionou e deu mais força ao agora sexteto. Arnaldo Antunes fez questão de comparecer, levando solidariedade e seus dez anos como titã. O cantor passou alguns dias no Rio e apresentou uma letra, de apenas três versos, que fez pensando em Marcelo.

Se a vida não faz sentido
Por que é que morrer
Haveria de fazer?

Aproveitando que estavam hospedados no mesmo hotel, o Royalty Barra, ao lado do estúdio, Arnaldo e Nando se juntaram a Branco e musicaram a pequena letra no AR. Chegaram a gravar a canção ali mesmo, mas ela acabou ficando fora no disco, já que a ideia dos Titãs era manter o repertório pré-montado até o momento do acidente de Marcelo.

Naquela mesma noite, um show do grupo The Silva's — marcado bem antes do atropelamento — acabou se tornando uma homenagem ao guitarrista. A banda era uma brincadeira de músicos amigos, que, alguns anos antes, se reuniram para celebrar o 15º aniversário de Branca, enteada do baterista João Barone. Empolgaram-se e resolveram fazer alguns shows isolados, quase sempre em lugares pequenos. Mas naquela segunda-feira, 18 de junho, o grupo formado por Barone, Dé (baixo), Liminha e Daniel Farias (guitarras) e Henrique Band (saxofone) se apresentaria num palco bem mais nobre: o Canecão. E como um dos convidados da noite seria Branco Mello, a homenagem dos Silva's a Marcelo foi espontânea, até porque o guitarrista, sempre bem-humorado, era muito querido no cenário roqueiro. O show também teve as participações de Frejat e Samuel Rosa, e terminou com canja de Branco cantando "Flores". Um Canecão lotado aplaudiu calorosamente.

O show-homenagem dos Silva's serviu como mais uma injeção de ânimo para os Titãs não baixarem a cabeça no estúdio. Durante a gravação do novo disco, a banda mostrou uma determinação que não se via desde o *Acústico*. O grupo voltava à velha forma, não só tocando como também nas finas ironias. O título do CD (que num primeiro momento se chamaria *O mundo é bão*) simbolizava bem o tom. Foi extraído de uma música feita por Britto e Branco, "A melhor banda de todos os tempos da última semana", que dava uma resposta debochada às críticas que numa hora exaltavam o grupo e, no instante seguinte, não economizavam palavras cruéis — como as disparadas contra *As dez mais*, ainda atravessadas na garganta de cada um.

Na reta final das gravações, porém, o baixo-astral voltou a tomar conta do estúdio AR. Jack Endino recebeu uma ligação avisando que seu pai havia morrido nos Estados Unidos, aos 84 anos. O produtor teve que largar os Titãs para viajar às pressas. Faltava apenas botar as vozes, e João Augusto chegou a pensar em interromper os trabalhos. Mas Britto avisou que Paul Ralphes, que produzira seu álbum solo, seguraria as pontas sem perder a qualidade, até Jack voltar, na semana seguinte.

Na segunda quinzena de agosto, foi a vez de o produtor receber os Titãs em Seattle para a mixagem de *A melhor banda*. Tony, Britto e Charles — o mesmo trio que tinha cuidado de *As dez mais* — foram escalados para a tarefa no Studio X, ao lado de João Augusto. Após duas semanas de trabalho, no início de setembro Tony e Britto voltaram ao Brasil. Charles e João Augusto ficaram mais dois dias para masterizar o disco em Nova York e, em seguida, emendaram breves férias. Acompanhados das mulheres, resolveram permanecer na cidade, para descansar dos últimos três meses trancados em estúdio. João voltou logo depois, mas Charles prolongou a temporada e se arrependeu profundamente. No dia 11 de setembro, ele e Mariana testemunhariam in loco a tragédia que castigou Nova York após os atentados terroristas às torres gêmeas do World Trade Center.

■ ■ ■

Depois de uma carreira inteira na Warner, os Titãs decidiram em 2000 que estava na hora de mudar de endereço. Em *As dez mais* — terceiro álbum do contrato iniciado em 1997 com o *Acústico* —, o grupo passou a perceber uma falta de entusiasmo da gravadora em promover o CD. A sensação dos Titãs era de que as acusações da imprensa de que a banda se vendera ao sucesso fácil no *Volume dois* e em *As dez mais* tinham encontrado eco nos gerentes e na equipe de promoção da gravadora. Algumas semanas antes de sentarem à mesa para discutir a renovação do contrato, Marcelo chegou a ligar para o diretor executivo, Sérgio Affonso, dizendo que a banda estava insatisfeita com a divulgação do último CD e pedindo que toda a equipe de promoção fosse demitida. Affonso, claro, não acatou e viu que as negociações iam ser indigestas. Até porque a indústria fonográfica, naquele momento, também dava sinal de desaceleração.

Mas os Titãs não se sentiam ameaçados pelos números pessimistas. Afinal, desfrutavam de uma situação confortável: tinham vendido a estrondosa marca de 1,7 milhão de cópias do *Acústico*, 800 mil do *Volume dois* e 500 mil de *As dez mais*. Desgastados com a Warner e já predispostos a não renovar o contrato, nem pensaram duas vezes: fizeram uma proposta alta, como imaginava Affonso. Pediram um adiantamento robusto, que, para ser coberto, exigiria a venda de mais de 3 milhões de cópias dos três CDs seguintes. A gravadora alegou que essa marca era quase impossível de atingir naqueles novos tempos e tentou apresentar uma contraproposta. Mas os Titãs estavam irredutíveis. O contrato não foi renovado, e a banda, ainda devendo um disco à Warner, acabou pagando com a coletânea dupla *E-collection*.

Nos bastidores, o empresário, Manoel Poladian, já vinha mantendo conversas paralelas com seu amigo Marcos Maynard, presidente da Abril Music, uma gravadora que crescia na contramão da crise que abalava bichos-papões como Sony e Universal. Em junho de 2000, uma reunião na sede da Abril, na rua Mário Ferraz, no Jardim Paulistano, começou a selar o destino dos Titãs. Estavam lá Poladian, Marcelo e o diretor artístico João Augusto, todos na sala de Maynard. Falaram de negócios, projetos dos Titãs e mercado de discos. A conversa prosseguiu no restaurante La Tambouille, onde o assunto principal passou a ser vinho, paixão de Marcelo e do sommelier nas horas vagas João Augusto. Beberam um Barolo e deixaram engatilhada outra conversa para a semana seguinte.

No dia 26 de julho, depois de algumas reuniões sempre capitaneadas por Marcelo e Poladian, todos os titãs foram até a Abril Music assinar o contrato — por sinal, fechado nas mesmas bases propostas para a Warner — e brindar com champanhe a nova fase da banda. As comemorações se estenderam ao restaurante Rufino's, em frente à sede da companhia, onde um almoço regado a muitas garrafas do tinto chileno Don Melchor preparou o septeto para uma entrevista coletiva no fim da tarde, com a finalidade de anunciar a parceria do grupo com a nova gravadora.

A assinatura do contrato foi feita numa época em que os Titãs voltavam a se desgastar com Poladian. E, novamente, pelo mesmo motivo que havia encerrado a dobradinha da banda com o empresário no início dos anos 1990: a agenda de shows sem freio. Poladian não dava ponto sem nó. Aproveitando o bom momento de público do *Acústico* e do *Volume dois*, foi emendando uma turnê na outra, até *As dez mais*. Vendia shows com tal velocidade que algumas vezes os Titãs nem sequer sabiam para qual cidade iriam nos dias seguintes. A luz de alerta acendeu em Caraguatatuba, no litoral paulista, em janeiro de 1999. A apresentação seria gravada e exibida no canal Multishow, mas o empresário omitiu do grupo essa informação. Para a banda, tratava-se de mais um show como outro qualquer. Somente poucas horas antes souberam da gravação.

Os Titãs não gostaram da surpresa. Até porque Britto, esperando para qualquer momento o nascimento do filho, José, ficara em São Paulo. E Branco, que cantaria algumas músicas do tecladista, estava mais eufórico do que o normal. O grupo havia tocado na mesma noite, mais cedo, no Sesc Pompeia, no projeto *Pratas da casa*, e no caminho parou no La Tambouille, onde tomou algumas garrafas de vinho. No jantar, o vocalista anunciou que seria pai pela segunda vez e não economizou nas taças.

Sempre muito profissionais e cuidadosos, os Titãs se sentiram traídos por não terem sido avisados da gravação do Multishow. Branco, o mais indignado, argumentou com Poladian depois do show que aquele especial não poderia ser exibido. Primeiro, porque o grupo não havia se preparado. E, segundo, porque Britto não tinha participado. Mas o empresário, que havia negociado o especial à revelia da banda, não aceitou voltar atrás. Os Titãs cederam, mas o vocalista detestara sua performance e exigiu que as partes em que aparecia cantando fossem retiradas da edição. Sem Branco e sem Britto, o programa do Multishow foi ao ar com apenas dois vocalistas: Nando e Paulo. A partir desse episódio, ficou ainda mais claro o que todos já sabiam: Poladian pensava exclusivamente em sua conta bancária, deixando de lado a imagem do grupo.

A situação ficou insustentável no fim de 2000. Além da mudança de gravadora, a banda decidiu vender a editora Cyclope, responsável pela arrecadação dos direitos de suas músicas. Sabendo do interesse de Miguel Aranega, dono da Warner Chappell, os Titãs resolveram fazer todas as negociações sem envolver Poladian. Os sete temiam que o empresário, cuja principal virtude era uma incrível capacidade de arrancar dinheiro de seu interlocutor, abocanhasse uma fatia da bolada que estavam prestes a receber, como já havia feito na transferência da banda da Warner para a Abril Music. Dessa vez, toda a transação foi conduzida às escondidas de Poladian, até que alguém comentou:

— Se a gente está com receio de que nosso empresário passe a perna na gente, alguma coisa está errada — observou Charles.

De fato, fazia algum tempo que o grupo tinha perdido a confiança em Poladian. Mas como Marcelo e o empresário eram muito ligados, e o guitarrista estava sempre à frente de qualquer negociação dos Titãs, independentemente de amizade, a preocupação era bem administrada. E, mal ou bem, a banda não deixava de faturar — embora às custas de exaustivas turnês. Durante a venda da Cyclope para a Warner Chappell, porém, até Marcelo fez questão de não informar Poladian. Era o sinal de que o ciclo com o empresário estava encerrado.

Envolvido com a recuperação de discos fora de catálogo, entre eles alguns de Caetano Veloso, Charles se aproximou de Paula Lavigne, mulher do compositor. Dona da gravadora e produtora de shows Natasha, Paula tinha entre seus clientes nomes de ponta da MPB, como o próprio Caetano. Em algumas conversas, o baterista comentou a insatisfação com Poladian e a empresária abriu uma porta para trabalhar com a banda.

Os papos informais viraram proposta oficial num almoço de Paula e Charles no restaurante Gero, em São Paulo, onde por coincidência Marcelo também estava. O guitarrista aproveitou e sentou à mesa com eles. Paula fez um convite tentador: apostar numa agenda qualitativa e não quantitativa. Na ponta do lápis, a banda não perderia dinheiro e lucraria em descanso e conforto. Cada um receberia o mesmo que vinha ganhando desde as turnês do *Acústico*, mas fazendo menos apresentações, já que os cachês seriam proporcionalmente mais altos. Paula alertou, porém, que se tratava de um trabalho de médio a longo prazo, cujo primeiro objetivo seria recuperar a imagem dos Titãs, arranhada por conta dos dois últimos CDs, considerados oportunistas pela mídia. Resumindo, a Natasha trabalhava com uma filosofia radicalmente oposta à de Poladian e que, naquele momento, parecia mais adequada aos anseios do grupo.

Com gravadora e empresário novos, em março de 2001 os Titãs voltaram de férias e se reuniram para os primeiros ensaios de seu 13º disco. Os encontros, no estúdio do apartamento de São Paulo de Charles, serviram não só para cada um mostrar o que tinha feito durante o período de quase um ano como também estimularam o grupo a compor em conjunto. Foi depois

298 HÉRICA MARMO E LUIZ ANDRÉ ALZER

de um almoço no Antiquarius paulistano que Branco, Marcelo, Tony e Charles tiveram uma tarde fértil e fizeram de uma só tacada "Não fuja da dor" e "Alma lavada", a partir de duas ideias de Marcelo. Ainda no restaurante, ele abriu o laptop que carregava para cima e para baixo e mostrou aos companheiros alguns rascunhos.

Os quatro voltaram para o apartamento de Charles e, entre taças de vinho e sob o olhar atento do sommelier Manoel Beato — amigo de Marcelo que estava no restaurante e acabou convidado a esticar até o ensaio —, as duas canções foram compostas e finalizadas.

Os dias seguintes foram produtivos. Sérgio Britto trouxe de casa "Daqui pra lá", feita a partir de um poema inédito do tropicalista Torquato Neto, que chegou às suas mãos por intermédio do cineasta Ivan Cardoso, diretor de *Nosferato no Brasil*, de 1971, protagonizado pelo poeta. Em 1992, Cardoso ligou para Britto pedindo autorização para usar "Go back" no especial *Torquato Neto, o anjo torto da Tropicália*, que seria exibido pela TV Manchete, e na conversa perguntou se o tecladista conhecia os poemas inéditos do tropicalista, aos quais teve acesso graças à amizade com a viúva de Torquato. Ele mandou por fax "Daqui pra lá", que Britto musicou e apresentou aos Titãs somente em 2001.

Outra contribuição do tecladista foi "Epitáfio". A música caiu no gosto da banda, mas todos concordaram que merecia um refrão mais impactante. Paulo, a quem Britto havia oferecido a canção para interpretar, foi quem mais o incentivou a lapidar a versão inicial, que nem chegou a ser ensaiada pelo grupo:

> *Não quero mais esquecer*
> *O que já devia ter aprendido*
> *O acaso vai me proteger*
> *Enquanto eu andar distraído*

Britto voltou para o piano, cortou os dois primeiros versos, deixou a melodia mais rica e deu os últimos retoques na letra, que fala sobre as coisas simples da vida, só valorizadas na velhice. Quando mostrou a nova versão, Paulo se empolgou:

— Agora sim, está lindo!

— Mas agora eu é que vou cantar — avisou Britto.

Quem ouvia "Epitáfio" não tinha dúvidas de que seria um sucesso. Caetano Veloso conheceu a canção ainda na fita demo que recebeu de Paula Lavigne. Ficou encantado com o refrão. Quando Charles masterizava o disco, no estúdio Sterling Sound, em Nova York, Caetano voltou a ouvir a música, agora pronta, e se encantou de vez. O apresentador Serginho Groisman também farejou que "Epitáfio" seria um hit e, logo que o CD foi lançado, pediu à banda Altas Horas para ensaiar a canção. Serginho queria que a plateia de seu programa aprendesse a letra. Já Liminha a conheceu ao ouvir o novo álbum dos Titãs numa loja de discos. Dias depois, numa festa na casa de Tony, comentou com Britto:

— Cara, fiquei chapado com essa música!

"Epitáfio" era barbada para ser o carro-chefe do disco. Uma das faixas favoritas da banda, era também muito bem-vista pelo diretor artístico João Augusto e pelo produtor Jack Endino. Pela primeira vez, aliás, os Titãs abriam seu repertório bruto para uma opinião de fora. João e Jack ouviram mais de vinte músicas, das quais doze ou treze entrariam inicialmente no CD. *A melhor banda*, porém, foi para a rua com dezesseis faixas. A morte de Marcelo fez com que o grupo resolvesse manter o repertório exatamente no ponto em que estava no momento do acidente.

Terminadas as gravações em agosto, e enquanto o álbum era mixado em Seattle, João Augusto argumentou que "Epitáfio", apesar de ter vocação para o sucesso, não era a melhor opção para puxar o disco. A letra, melancólica demais, no próprio título já remetia à morte. E tudo que os Titãs queriam no momento era fugir de alusões ao acidente fatal de Marcelo. Até porque, além de "Epitáfio", outras letras também giravam em torno do tema, como "Cuidado com você", "Alma lavada" e, a mais explícita, "Um morto de férias". As três, aliás, tendo o guitarrista como coautor. A última, uma parceria com Bellotto e Britto, nascera da verve afiada de Fromer. Era mais prudente guardar "Epitáfio" para ser trabalhada mais tarde. "A melhor banda de todos os tempos da última semana" foi escolhida como música de trabalho.

João Augusto também teve atuação decisiva na ordem das canções no disco. A banda queria encerrá-lo com "Vamos ao trabalho", rock vigoroso e contagiante, composto e cantado por Paulo, com um grito de guerra da volta dos Titãs. João convenceu-os de que, justamente por isso, era a faixa ideal para abrir o álbum.

— Vai afastar o fantasma de que vocês ficaram borocoxô nas gravações — alegou.

Jack Endino, em sua quarta produção com os Titãs, já se sentia mais confortável para dar sugestões fora da área técnica. Ainda nos ensaios no apartamento de Charles, quando a banda peneirava seu vasto repertório de inéditas, ele defendeu algumas músicas ameaçadas de serem descartadas. "É bom desconfiar", de Nando, era uma que estava na marca do pênalti e acabou entrando graças à insistência de Jack. O produtor sempre desejou um equilíbrio entre os vocalistas. Mas Nando, que nos últimos anos cantava apenas as próprias músicas, novamente tinha apresentado pouquíssimas canções, todas feitas às vésperas dos primeiros ensaios. Pior: mais uma vez só tinha composto sozinho, enquanto os parceiros reviviam os bons tempos dividindo várias parcerias.

Porém, das três canções de Nando selecionadas para o disco, uma conseguiu unanimidade, assim que ele a tocou pela primeira vez. "O mundo é bão, Sebastião!" foi feita durante a mixagem do CD *Acústico* de Cássia Eller, cuja produção ficara a cargo do baixista. Num intervalo no estúdio, preocupado em abastecer o disco dos Titãs, Nando começou a esboçar uma música em homenagem ao terceiro filho, então com cinco anos, a partir de uma frase que sua mulher, Vânia, dizia quando o menino estava tristonho: "Não fica assim não, o mundo é bão, Sebastião!".

Com a harmonia na cabeça, Nando olhou para os lados e não viu um único violão ou guitarra no estúdio. Apenas um piano, instrumento que não sabia tocar. Sem querer perder a melodia que acabara de criar, pediu a Cássia Eller que reproduzisse os acordes, enquanto ele cantarolava. Algumas semanas depois, "O mundo é bão, Sebastião!" conquistou todos os Titãs, especialmente por um verso, uma declaração de amor explícita à banda: *"Tão fortes somos todos outros Titãs"*.

Durante os três meses em que o grupo deu forma ao novo repertório, os encontros no apartamento de Charles se tornaram quase diários. Desde *Domingo* a banda não ensaiava tanto. Mas, assim como aconteceu no álbum de 1995, em que Nando conciliara as gravações com a divulgação de seu primeiro disco solo, dessa vez quem estava dividido era Paulo. O motivo não era seu segundo CD, que já estava na praça, mas sim sua estreia como ator no longa-metragem *O invasor*, cujas filmagens coincidiram com os ensaios. Paulo cumpria jornada dupla: de dia, tocava com os Titãs. À noite e de madrugada, rodava com o cineasta Beto Brant as cenas do filme em que vivia o personagem-título, o matador de aluguel Anísio. Resultado: dormia pouquíssimo e, quando encontrava a banda, travava uma luta feroz contra o sono.

O sacrifício foi recompensado. Exibido pela primeira vez no 34º Festival de Brasília, em novembro de 2001, *O invasor* sagrou-se o grande vencedor, faturando seis prêmios, entre eles o de ator revelação para Paulo. O cantor-ator, aclamado pela crítica, tornou-se a sensação do longa e ajudou o filme de Brant a ter uma carreira vitoriosa no circuito comercial, ficando mais de cinco meses em cartaz desde sua estreia, em abril de 2002. Ao longo do ano, Paulo ganharia outros prêmios por sua atuação, incluindo o de ator coadjuvante no Festival de Cinema Brasileiro de Miami. A partir daí, passaram a chover convites para ele atuar, não só em filmes, mas no teatro e em séries de TV e novelas na Globo. O ator Paulo Miklos começava a dividir a cena com o músico que o Brasil já conhecia.

■ ■ ■

"Titãs se purificam do 'mal' em disco que surpreende. Grupo retoma pegada do início da carreira e transborda musicalidade." O título e o subtítulo da crítica de Mário Marques, no jornal *O Globo* de 9 de outubro de 2001, resumiam bem como *A melhor banda de todos os tempos da última semana* foi recebido pela imprensa. Marques encerrava o texto rasgando elogios: "Enquanto a geração 90 não produz coisa que preste, fiquemos, então, com o melhor CD pop nacional do ano até aqui. Dos anos 80".

Na *Folha de S.Paulo* de 4 de outubro, Pedro Alexandre Sanches exaltava quase todas as faixas e deixava claro que os Titãs estavam fazendo as pazes com a crítica especializada: "Os Titãs ainda são cheios de fazer música aberta, inédita e criativa". No *Estado de S. Paulo* de 9 de outubro, Jotabê Medeiros também aplaudiu o CD já no título: "Grupo cria disco que respeita a própria história". No texto, o certificado de qualidade: "Cristalizada uma fórmula de pop rock, distante daquele hard rock que gestou discos nervosos como *Jesus não tem dentes no país dos banguelas* e *Cabeça dinossauro*, eles agora assumem a sua condição de banda de ponta do rock nacional. Não são alternativos, mas um bando de sujeitos inteligentes e calejados".

A melhor banda foi lançado com uma estratégia nova, que vinha sendo experimentada com relativo sucesso: a venda também em bancas de jornais. Menos de um ano antes, Lobão tinha feito isso com o disco independente *Manifesto — A vida é doce* e alcançado a surpreendente marca de 100 mil cópias vendidas. No rastro do cantor, outros artistas botaram seus álbuns nas mãos dos jornaleiros e descobriram um novo ponto de venda, que permitia baratear o preço final para o consumidor. No caso dos Titãs, quem comprasse *A melhor banda* nas bancas levaria, além do CD, uma revista com um teste debochado sobre os músicos e uma irreverente fotonovela com a história do grupo.

O que poderia ser um tiro certeiro acabou prejudicado pela inexperiência da gravadora nesse tipo de ação. A equipe de promoções não conseguiu que os donos de bancas dessem destaque ao CD/revista. O preço não ajudava: 19,90 reais, muito salgado para o público que comprava discos no jornaleiro, acostumado com valores que nunca ultrapassavam os 14,90 reais — alguns CDs, no mesmo período em que *A melhor banda* foi lançado, custavam menos de 10 reais. Para piorar, no dia 4 de outubro, um galpão da Miramax, empresa responsável pelo manuseio e distribuição do novo álbum, foi assaltado em Barueri, cidade vizinha a São Paulo. Numa nebulosa ação, bandidos armados invadiram o local e levaram 60 mil unidades do CD/revista.

Apesar das críticas favoráveis, faltava a banda cair na estrada. O show de lançamento do novo álbum aconteceu em 18 de outubro, no Credicard Hall em São Paulo. No palco, além dos seis titãs, estavam o guitarrista Emerson Villani e o percussionista Marcos Lobo. No meio do show, Nando tirou do bolso uma carta que tinha escrito para Marcelo.

> *O mais difícil é recomeçar*
> *Começar de novo o que não acabou*
> *Porque só não acaba o que é eterno*
> *Onde estava Deus que não viu essa dor?*

Deus estava dentro do homem,
Dentro da alma.
Deus não é um sábio senhor
De longas e brancas barbas
Deus é o amor tão velho e tão jovem.

A vida começa em toda manhã que desperta
E a morte não acaba pra quem já sonhou

Que fazer com esse absurdo
Oh, coração, oh inquieto coração...!

Rica é a memória que faz música sem palavras
E põe olhos no coração.

Esse show é dedicado ao Marcelo Fromer

A homenagem se repetiria ao longo da turnê. No dia 1º de novembro, aconteceu o lançamento do novo CD no Rio, também numa só noite, num Canecão entupido. Depois do show, uma festa não menos lotada no bar 00, na Gávea, reuniu uma constelação de artistas, como Luana Piovani, Alessandra Negrini, Marcelo Serrado, Lulu Santos e Gabriel O Pensador.

Rio e São Paulo assistiriam no fim de novembro a novas apresentações da banda no encerramento do Pão Music, projeto de shows gratuitos que reuniu em 2001 nomes como Rita Lee, Marisa Monte e Skank, acompanhados de orquestra. Em São Paulo, ao lado da Orquestra Arte Viva, os Titãs tocaram no Parque Ibirapuera, para 120 mil pessoas. No Rio, 70 mil assistiram à banda na praia de Copacabana. Estava preparado o terreno para os Titãs se lançarem numa turnê nacional, como não faziam havia quase dois anos.

Os últimos dias de 2001, porém, foram particularmente difíceis para Nando. Às 19h05 do sábado 29 de dezembro, na Casa de Saúde Santa Maria, em Laranjeiras, no Rio, morreu Cássia Eller, de uma forma tão repentina quanto conturbada. Na véspera, a cantora tinha passado a noite deprimida e bebendo muito. No dia 29 pela manhã, ligou para a percussionista de sua banda, Lan Lan, que ao chegar ao apartamento de Cássia a encontrou agitada e desorientada. A amiga sugeriu que a cantora — na época, fazendo um tratamento para se livrar das drogas — procurasse a clínica Santa Maria. As duas foram para lá e, na porta, Cássia teve um surto e ameaçou fugir. Os médicos a trouxeram de volta e às 13h ela foi internada. Uma hora depois de entrar andando na casa de saúde, Cássia era transferida para a UTI, em estado de coma. Pouco depois das 16h sofreria duas paradas cardíacas e acabaria não resistindo.

Nando tinha uma admiração profunda por Cássia Eller e nos últimos tempos mantinha uma parceria profissional estreita com a amiga. Ele havia sido um dos responsáveis pelo salto na carreira de Cássia, depois de produzir seus discos, *Com você... meu mundo ficaria completo* e *Acústico*, e de compor músicas que se tornaram sucessos na voz rouca da cantora.

Em abril de 2002, Nando aproveitaria três das canções que havia feito para Cássia em seu terceiro CD solo: "E.C.T.", "O segundo sol" e "Infernal" — que batizava o álbum, juntamente com o enorme subtítulo "But There is Still a Full Moon Shining Over Jalalabad". O disco, aliás, reunia interpretações do baixista para suas próprias canções gravadas por outros nomes como Jota Quest ("A minha gratidão é uma pessoa"), Skank ("Resposta", parceria com Samuel Rosa) e Cidade Negra ("Onde você mora?", que fez com Marisa Monte).

■ ■ ■

Os Titãs iniciaram 2002 com um ritmo de shows muito aquém do que desejavam. Com disco novo no mercado, era duro de engolir uma única apresentação por semana, ou mesmo nem isso. Embora os planos da Natasha para a banda não fossem a curto prazo, ninguém ali podia se dar ao luxo de ficar uma semana inteira parado. A principal receita do grupo, ao longo de toda a sua carreira, vinha dos shows, já que, por ser uma banda numerosa, os direitos autorais provenientes de discos e execução de músicas se diluíam. O sexteto — que, vale dizer, continuava dividindo o cachê por sete e passando uma parte para os filhos de Marcelo — começou a se incomodar com a ociosidade. Ligavam para a Natasha, mas o argumento era sempre o mesmo: para reerguer a imagem do grupo, não valia a pena aceitar shows em cidades pequenas ou com empresários desacostumados a trabalhar com artistas do primeiro time.

A paciência chegou ao limite em março de 2002, quando os Titãs só tiveram marcadas duas apresentações. Os músicos passaram a ligar para Paula Lavigne e sua sócia, Conceição Lopes, cobrando uma agenda mais dinâmica. No fundo, o grupo e as empresárias já estavam entendendo que a relação perdia o interesse de ambas as partes. A filosofia adotada pela Natasha não era compatível com o que os Titãs desejavam naquele momento: divulgar o disco fazendo muitos shows pelo país. Num clima amistoso, a banda rompeu com a produtora, dando início a uma nova fase.

Por sugestão da própria Natasha, o grupo começou a procurar uma pessoa exclusivamente para vender seus shows. Com o suporte do escritório de Nelson Damascena, os Titãs passariam a se autoempresariar. Ainda cumprindo os compromissos agendados pelas ex-empresárias, a banda se reunia para levantar nomes de profissionais para a nova empreitada. Não queriam voltar a trabalhar com Poladian, mas também não pretendiam ficar longe dos palcos. Conversaram com algumas pessoas, até que Angela Figueiredo lembrou de Deyse Simões e comentou com Branco. Deyse era amiga dos Titãs desde os tempos em que trabalhou na casa de shows paulistana Aeroanta, na década de 1980. Mas a referência que Angela usou foi o trabalho como empresária de grupos de rock dos anos 1990, como Raimundos e Natiruts. Branco levou a ideia aos companheiros.

Três dias depois da sugestão de Angela, Deyse e os Titãs se encontraram por acaso no festival Planeta Atlântida, em Florianópolis, onde o sexteto e os Raimundos eram atrações. Na semana seguinte, Branco, a empresária e seu marido, o artista plástico Zé Carratu, se reuniram no restaurante Di Bistrot, no Itaim, e o titã fez sua proposta.

— Só que não opero assim. Eu trabalho cuidando do grupo — estranhou Deyse, ao receber o convite para apenas vender shows.

— Mas a gente tem a estrutura, inclusive um escritório. O que precisamos agora é que alguém venda os nossos shows. Você topa? — perguntou Branco.

Deyse não só topou como em poucas semanas multiplicou o número de apresentações da banda. O sucesso da parceria foi tão animador que os

Titãs, em dois meses, decidiram promovê-la a empresária, para cuidar também de outros assuntos, como conversas com a Abril, a Warner e o que mais precisasse resolver.

Em paralelo, os Titãs miravam boas execuções nas rádios. Embora o diretor artístico João Augusto tivesse deixado a Abril Music no fim de 2001, a gravadora seguia a estratégia que ele traçara para a banda e começava a trabalhar a segunda música do disco, "Isso". A balada de Tony Bellotto era uma das canções defendidas por João, assim como "Epitáfio", "É bom desconfiar" e "Mesmo sozinho".

— Para a gravadora é importante que, além de outras músicas mais pesadas, que são geniais, tenha algumas com perfil mais melódico, porque a gente sabe como é a posição das rádios hoje em dia — justificava João.

Lúcidos em relação ao mercado, os Titãs não tiveram problema em criar uma versão ainda mais leve para "Isso", diferente da que está no disco. Bellotto foi para o estúdio e trocou a guitarra pesada por uma mais suave. O objetivo era emplacar a música nas rádios populares. A nova versão, porém, foi atropelada por uma outra faixa do CD, "Epitáfio". Guardada pela Abril Music para promover na mídia um pouco mais tarde, a música foi selecionada por Mariozinho Rocha para entrar na trilha sonora da novela das sete *Desejos de mulher*. Tema dos personagens Nicolau (Daniel Del Sarto) e Letícia (Regiane Alves), ganhou uma projeção instantânea, e a gravadora, percebendo sua força, parou de investir em "Isso".

"Epitáfio" funcionou como um motor turbo em *A melhor banda*, que em março de 2002 garantiu aos Titãs um disco de platina por 250 mil cópias vendidas. Em maio, a música de Sérgio Britto já estava consagrada: fechou o mês em primeiro lugar de execução nas rádios de São Paulo. E permaneceu no topo das paradas paulistanas durante quatro meses, sem perder o posto uma semana sequer.

O efeito do sucesso repercutiu na agenda de shows. Os Titãs passaram a fazer de três a quatro apresentações por semana, inclusive em junho, em plena Copa do Mundo do Japão e da Coreia. O ritmo continuaria intenso em julho, agosto e setembro, com escalas em quase todos os estados do país. O Prêmio Multishow, em que o público vota nos melhores do ano da música brasileira, já tinha refletido, no dia 4 de junho, o bom momento da banda, que venceu na categoria Melhor Grupo.

Na noite de 22 de agosto, no Credicard Hall, em São Paulo, o que era bom ficou ainda melhor. Os Titãs se consagraram como os grandes vencedores do Video Music Brasil, da MTV. Desde que o prêmio nacional fora criado, em 1995, o grupo jamais tinha vencido em alguma categoria. A justiça tardou, mas não falhou: o clipe de "Epitáfio", dirigido por Oscar Rodrigues Alves e seu pai, Francisco, faturou de uma só vez três prêmios: Videoclipe de Rock, Videoclipe do Ano e Escolha da Audiência. Ou seja, aclamação da crítica e do público.

A dobradinha dos Titãs com Oscar ainda renderia outros frutos nas próximas duas décadas. Mesmo antes de ganhar os prêmios da MTV com o clipe do novo sucesso da banda, o diretor já estava envolvido num projeto pioneiro no rock nacional: preparar, ao lado de Branco, um documentário de longa-metragem contando a trajetória da banda desde o primeiro show no Sesc Pompeia, em 1982. O filme só estrearia seis anos depois, mas aquele momento de apogeu dos Titãs não poderia ser mais propício para dar início aos trabalhos.

TÃO FORTES SOMOS
TODOS OUTROS TITÃS

CADA UM SABE A ALEGRIA E A DOR QUE TRAZ NO CORAÇÃO

▶ Trecho de "Epitáfio"

ERAM QUASE TRÊS DA TARDE QUANDO OS TITÃS entraram para almoçar no restaurante A Varanda, em São Luís. Tinham acabado de chegar à capital maranhense, onde tocariam no parque de exposições Expoema naquela quinta-feira, 5 de setembro de 2002. À mesa, em meio a garfadas de filés de pescada e goles de vinho, a banda acertava os últimos detalhes da gravação de seu 14º disco, assunto que já vinha sendo discutido havia algumas semanas. Branco, Tony, Paulo, Britto e Charles combinavam que entrariam em estúdio em março do ano seguinte, para lançar o novo CD entre maio e junho. Uma voz, porém, não estava afinada com o grupo e criava um impasse. Nando não queria que os Titãs lançassem um disco em 2003. Achava melhor pararem um ano após a turnê de *A melhor banda de todos os tempos da última semana*, para só em 2004 voltarem a gravar.

No almoço, Nando praticamente não ficou na mesa com os outros titãs. Passou a maior parte do tempo na parte externa do restaurante, falando ao celular e andando de um lado para o outro. Distante física e emocionalmente, não chegou a ver o momento em que a empresária Deyse Simões ligou de São Paulo para a banda. Contou que tinha sondado Tom Capone para saber se ele gostaria e estaria disponível para produzir o disco de um dos grupos com os quais trabalhava, sem dizer exatamente que eram os Titãs, mas dando todas as dicas para isso — afinal, Capone era diretor artístico da Warner. O produtor entendeu e se empolgou com a ideia, só levantou uma questão: alguns dias antes, também tinha sido consultado sobre a possibilidade de cuidar do novo CD solo de Nando, o primeiro pela gravadora Universal, previsto para ser gravado entre fevereiro e março.

Na mesma ligação, Deyse aproveitou para contar que acabara de receber um telefonema do jornalista Sérgio Martins, da revista *Veja*, que estava preparando um perfil do baixista. Ele desejava saber qual era o cachê dos Titãs. Queria fazer uma comparação, já que Nando havia lhe dito que ganhava mais em seus shows solo do que a fração que recebia na banda.

As duas notícias caíram como uma bomba sobre os cinco. Que o baixista tinha assinado um contrato com a Universal, todos sabiam — embora pela imprensa e por amigos em comum, Nando jamais comunicara oficialmente aos Titãs. O que ninguém imaginava era que as gravações do álbum solo aconteceriam no mesmo período em que o grupo estaria ensaiando para seu novo disco. E aquela reportagem na *Veja,* focando a carreira individual de Nando e falando de cifras, cheirava a armadilha, com o objetivo de provocar intrigas e mostrar só um lado da moeda.

A falta de sintonia entre o baixista e os Titãs exigia um papo franco, que não tinha mais como ser protelado. E não poderia ser nada informal, num restaurante ou numa viagem de ônibus. Quando no fim do almoço Nando voltou à mesa, Charles falou sério com ele:

— Desata esse nó, Nando. É melhor resolver isso logo.

Voltaram todos para o hotel Sofitel, pediram para reservar uma das salas de reuniões no primeiro piso e às nove da noite estavam os seis em volta de uma mesa, a portas fechadas. O assunto principal: até quando a banda poderia contar com Nando? Sem desconfiar que os outros sabiam de sua sondagem a Tom Capone, o baixista tentou se explicar, insistindo que não estava preparado para gravar um novo CD no começo de 2003:

— Eu não quero entrar em estúdio desse jeito, ter só uma participação burocrática. A ideia do disco é estar todo mundo envolvido e eu não estou preparado ainda. Acho que a gente tem que dar uma parada. É um erro gravarmos agora.

— Peraí, Nando, a gente está num puta barato, todo mundo curtindo tocar, os shows estão lotados, a gente está fazendo o que gosta... E acabamos de voltar de um período de férias, meu! A gente quer aproveitar o bom momento, não dá para parar agora. O que está pegando, afinal? — perguntou Branco.

— Pra mim está errado gravar um disco emendado depois de uma turnê. Não quero fazer um disco de qualquer jeito. No mínimo, deveríamos passar o lançamento para depois de setembro — disse o baixista.

Tony rebateu, alegando que a banda não ia fazer um CD de uma hora para outra. Ao contrário. Nem mesmo na época de *Cabeça dinossauro* os Titãs tiveram tanto tempo para preparar um álbum.

— Não tem precipitação nenhuma. Faltam pelo menos sete meses até a gente entrar em estúdio, dá para fazer tudo com a maior calma do mundo. Sem contar que nosso último CD foi gravado há mais de um ano, em 2001. Agora está todo mundo compondo, com o maior tesão de gravar.

— Mas eu não me sinto à vontade de entrar em estúdio agora. Se for para fazer assim, eu não vou gravar esse disco — avisou Nando.

— Não está dando para entender direito. Deixa eu tentar te ajudar: você está saindo da banda, é isso? — falou Britto.

— É... é mais ou menos isso.

Os demais se calaram. Queriam ouvir da boca do baixista que a parceria de vinte anos acabava ali. Esperavam ainda ouvi-lo dizer que estava na hora de se dedicar a um novo projeto e que a partir daquele momento estaria optando por seu trabalho solo. Mas Nando não verbalizou, ficou quieto.

— Então é isso, você está saindo da banda — repetiu Britto, dessa vez para deixar bem clara a situação.

Tony não conseguiu se segurar e desabafou:

— Você me desculpa, Nando, mas me sinto um pouco traído por essa atitude. Não priorizar um projeto da gente, justamente nos vinte anos da banda, num momento em que a gente está bem, depois de ganhar todos os prêmios da MTV e com um contrato novo, acho isso uma traição ao compromisso que a gente assumiu.

O clima na sala de reuniões era tenso. Incomodado, Nando se levantou e falou:

— Olha, eu vou lá pra fora e vocês resolvam o que acharem melhor.

Os outros cinco ficaram ali sem ouvir explicitamente do baixista que ele estava largando os Titãs, mas convictos de que a partir daquele momento Nando tinha botado um ponto-final em sua convivência de duas décadas com a banda. As diferenças entre Nando e o grupo, a cada dia mais latentes, dessa vez tinham antecipado o que se imaginava que poderia acontecer somente no fim da turnê de *A melhor banda*. Branco, Paulo, Britto, Charles e Tony ainda ficaram na sala de reuniões durante quase uma hora. E já começaram a discutir uma solução prática para levar adiante a agenda lotada de shows até o fim do ano. A presença de Nando no grupo — isso era fato consumado — terminaria naquela viagem. A partir da semana seguinte os Titãs seriam um quinteto.

As três últimas apresentações de Nando com os Titãs aconteceram no fim daquela própria noite em São Luís; no dia seguinte, sexta-feira, em Belém; e, por último, no sábado, 7 de setembro, em Manaus. Ironicamente, o Dia da Independência.

■ ■ ■

A saída de Nando já vinha se desenhando como uma possibilidade real desde o seu terceiro disco solo, *Infernal*, que chegou às lojas em abril de 2002. Mas o processo que levou à ruptura começou de fato muitos anos antes, na época de *Titanomaquia*. O disco mais pesado na carreira da banda encontrou uma resistência no baixista, que não conseguiu se encaixar no formato radical que os Titãs buscavam, justamente quando Nando começava a produzir em larga escala com nomes que flertavam com a MPB, como Marisa Monte e Carlinhos Brown. Com pouco espaço para encaixar suas ideias e canções nos Titãs, passou a se fechar para parcerias com os companheiros de banda, optando por experimentar composições com outros artistas.

O disco seguinte, *Domingo*, foi um sinal ainda mais evidente de que a afinação entre o baixista e o grupo já não era a mesma. Mais envolvido com seu primeiro disco solo do que com o álbum dos Titãs, Nando só participou da autoria de duas das catorze faixas — ainda assim, uma delas, "O caroço da cabeça", foi em parceria com Herbert Vianna e Marcelo Fromer, que sempre foi o titã mais próximo do baixista. A partir do *Acústico*, nunca mais voltou a compor com sua banda. Todas as músicas que apresentava eram feitas individualmente, enquanto sua carreira como produtor e compositor fora do grupo ganhava fôlego.

As diferenças, de qualquer forma, vinham sendo administradas e a boa convivência nunca chegou a se deteriorar, mesmo porque a vontade dos Titãs de tocar junto sempre falou mais alto. O lançamento de *Infernal*, porém, criou uma situação embaraçosa. Nos primeiros dias de maio de 2002, quando a banda tinha acabado de romper com a Natasha, foi marcada uma reunião para traçar os planos para os meses seguintes. Na pauta, a agenda de divulgação de *A melhor banda*.

Mas assim que começaram a acertar as datas em que participariam de programas de televisão e de rádio, descobriram que Nando estava com alguns dias comprometidos para promover seu disco solo. Tinha uma música de trabalho ("Eu e ela"), um clipe na MTV e dois grandes shows de lançamento, no Sesc Vila Mariana, em São Paulo, e no Canecão, no Rio. Isso tudo quase simultaneamente ao lançamento do clipe de "Epitáfio" e às minitemporadas dos Titãs também nas duas capitais.

Fazia um bom tempo que os shows solo de cada titã vinham trazendo dor de cabeça para a banda, inclusive no aspecto financeiro. Alguns meses antes, produtores haviam contratado apresentações isoladas de Nando, Britto, Paulo e da banda S Futurismo, de Branco. Encaixavam uma atrás da outra, em dias consecutivos, e divulgavam a sequência como um tributo a Marcelo Fromer. Ou seja, pagavam cachês mais modestos — já que individualmente cada titã tinha seu empresário e shows com estrutura e preço menores — e faturavam alto. Quando os músicos perceberam o golpe, mais do que nunca viram que era hora de priorizar o grupo. Nessa reunião em maio, o objetivo era unificar a posição dos Titãs.

— Nando, vamos assumir a realidade: você está lançando um disco num momento inconveniente para os Titãs — abriu o jogo Branco.

Mas àquela altura não havia muito o que fazer. *Infernal* já estava na rua, e Nando programava seus shows nas brechas da agenda dos Titãs. O baixista ainda estava prestes a fechar um contrato com a Universal. Previa o lançamento de três CDs, e a companhia apostava pesado em seu novo artista, inclusive como sucessor de Cássia Eller. Marcelo Castello Branco, presidente da gravadora da qual Cássia fizera parte, mais tarde declararia à imprensa que Nando era o herdeiro natural dos fãs órfãos com a morte prematura da cantora.

Ao saber das negociações, Branco, seu companheiro de banda, ficou preocupado e foi falar com o baixista.

— Você precisa contar as coisas para os Titãs. Não pode deixar chegar recado através de terceiros. Tem que falar o que está fazendo, quais são seus planos — disse o vocalista, o titã mais próximo de Nando após a morte de Marcelo.

Nando concordou, mas a conversa com todo o grupo nunca aconteceu. Em junho de 2002, quando começaram a traçar um cronograma para o ano seguinte, a pouca informação sobre o que o baixista havia acertado com a Universal criou um desconforto. Como a banda era contratada da Abril Music, Nando deveria ter dado a prioridade de sua carreira solo à gravadora. O grupo marcou uma nova reunião, dessa vez no apartamento de São Paulo de Charles, e o clima azedou. Os Titãs cobraram uma posição do baixista, que por sua vez ressaltou que sua carreira solo e a da banda não concorriam entre si. Ele alegou que a preferência eram os Titãs, e que a Universal estava ciente disso. Disse ainda que, antes de acertar com a nova gravadora, havia oferecido seu trabalho individual à Abril, mas a companhia não se interessara em tê-lo no seu cast. A lavagem de roupa suja durou quase duas horas e a banda voltou a reclamar do lançamento de *Infernal* em plena turnê dos Titãs, quando o combinado era cada um dar vazão a projetos solo em períodos de férias, para não prejudicar o grupo.

O disco fora de hora de Nando estava entalado na garganta dos outros titãs, mas a reunião, pelo menos, servira para colocar os pingos nos is. Qual não foi a surpresa de Tony, Branco e Charles, dois dias depois, quando descobriram num jantar com o diretor de marketing da Abril, Alexandre Ktenas, que a ida do baixista para a Universal criara um enorme constrangimento na companhia. Segundo Ktenas, Nando não ofereceu seu trabalho solo para a Abril. Pior: o presidente da gravadora, Marcos Maynard, ficara irritado ao descobrir o acerto com a concorrente. Pelo contrato que a banda assinara, a Abril poderia acionar judicialmente o baixista, mas preferiu não fazê-lo. A partir desse episódio, os outros Titãs e a companhia começaram a se preparar para a saída de Nando do grupo.

Um outro indício do que estava por vir foi uma reportagem publicada no jornal *O Globo*, em 2 de agosto, em que Nando resolveu tornar pública a conversa na casa de Charles. Na entrevista ao repórter Bernardo Araújo, o baixista desabafou: "Fui convocado para uma reunião com a banda, em que fui interpelado, porque estaria colocando a minha carreira solo na frente da dos Titãs". O cantor deixava claro que sua carreira individual corria paralelamente à do grupo e não cogitava a possibilidade de abrir mão de nenhuma das duas: "É outra onda, outro público, outro tamanho. Meu disco vende só 20 mil cópias. O dos Titãs chega, pelo menos, a 250 mil. Sou baixista dos Titãs para sempre, é um grande prazer e uma honra tocar naquela banda, mas isso não deve me impedir de fazer as minhas próprias coisas".

No dia 24 de agosto, no ônibus que levava o grupo para um show em Sorocaba, foi difícil controlar os atritos. Tudo começou com Tony e Britto contando como tinha sido a reunião que os dois, a empresária Deyse Simões e o diretor artístico da Abril Music, Guto Campos, tiveram alguns dias antes, já planejando o futuro disco. A ideia seria entrar em estúdio em fevereiro, logo depois das últimas apresentações de *A melhor banda*. Charles, porém, cortou o papo e avisou que achava fevereiro cedo. Sua primeira filha nasceria em outubro de 2002, em plena turnê, e ele queria aproveitar pelo menos algumas semanas com o bebê, longe da roda-viva de shows ou trancado em estúdio.

No fundo do ônibus, Nando ouviu a discussão e resolveu participar, tomando partido do baterista. No entanto, o baixista não queria adiar a gravação em um ou dois meses, como propôs Charles. Argumentou que era vital para o grupo parar um ano e só retomar os trabalhos em 2004. A proposta de Nando, de tão divergente do que todos queriam — até mesmo Charles —, deixou os companheiros surpresos. Era a primeira vez que ele manifestava seu desejo de não gravar o CD em 2003. Era também a primeira vez que os Titãs constatavam que a falta de sintonia do baixista com o grupo era muito maior do que imaginavam. Paulo se exaltou e reclamou que a sugestão soava absurda:

— Mas você está louco?! Quer dizer que o projeto dos Titãs é se reencontrar de três em três anos ou talvez de cinco em cinco? Eu não sei como uma banda sobrevive no mercado gravando desse jeito, e nem sei se eu sobrevivo a isso.

A indignação de Paulo foi interrompida pela chegada do ônibus a Sorocaba. Mas ficou a certeza de que era necessária uma reunião formal para acertar o calendário da banda para o primeiro semestre do ano seguinte e, principalmente, a posição de Nando. Com metade da banda morando em São Paulo e a outra metade no Rio, a conversa ficou marcada para seis dias depois, 30 de agosto, num restaurante no Aeroporto de Congonhas, onde às 13h se encontraram os Titãs e Deyse — às 15h, a banda seguiria num jatinho fretado para tocar em Avaré, no interior paulista.

Nessa reunião, em tom sério e sem descontração, a banda esperava de Nando uma decisão, que não veio. A essa altura, Charles já tinha recuado em relação à sua proposta inicial e a banda também cedeu um pouco. Ficou combinado, então, que as gravações começariam em março, com os ensaios sendo iniciados um mês antes. Permanecer um ano parado é que estava fora de cogitação. O problema era convencer do contrário o baixista, que alegava estar num momento delicado de sua vida, após as mortes, com diferença de apenas seis meses, de Marcelo Fromer e Cássia Eller, seus dois amigos mais próximos nos últimos anos.

Paulo voltou a questionar Nando e o impasse continuou. A reunião definitiva, portanto, seria na segunda-feira, 2 de setembro, num almoço em Natal, onde a banda se apresentaria. Foi no restaurante Abade que os Titãs cobraram uma posição do baixista.

— Nando, a gente não está querendo te pressionar, mas também não temos todo o tempo do mundo. Você precisa se decidir sobre o que vai fazer ou quando pretende gravar o disco. E aí, o que resolveu? — perguntou Bellotto.

— Isso é uma decisão muito pessoal e difícil para mim. Eu não vou conseguir resolver agora. Por favor, me deem mais alguns dias. A gente conversa na viagem do fim dessa semana.

A primeira escala foi São Luís, na quinta-feira, 5 de setembro. Naquela noite, seria enfim sacramentada a separação de Nando Reis e dos Titãs.

■ ■ ■

Duas horas depois da derradeira conversa na sala de reuniões do hotel Sofitel, na capital maranhense, os Titãs e Nando estavam no palco para a primeira das três últimas apresentações do grupo como sexteto. O baixista foi na van para o parque de exposições, local do show, praticamente calado, e subiu ao palco com os olhos vermelhos e marejados, de quem tinha despejado toda a angústia e tensão que vinha vivendo nos últimos dias. Embora todos no palco — inclusive ele próprio — estivessem sob o impacto daquela desagradável novidade, o show transcorreu normalmente, sem qualquer alteração no roteiro ou palavras que fizessem o público suspeitar da decisão até então mantida em sigilo.

O baixista, aliás, não sabia o que tinha sido resolvido pelos Titãs após sair da sala de reuniões. Desconfiava de que aquele fim de semana era seu último na banda, mas o assunto não chegou a ser discutido e Nando também não procurou ninguém para saber. Na manhã da sexta-feira, 6 de setembro, depois de voar para Belém, os Titãs decidiram que na segunda-feira seguinte soltariam um comunicado para a imprensa anunciando a saída do baixista. Ao mesmo tempo, já começavam a se movimentar para encontrar um músico para substituí-lo até o fim da turnê de A melhor banda, prevista para terminar só em janeiro de 2003. Uma coisa era certa: queriam alguém que tivesse o espírito de um grupo de rock.

O primeiro nome pensado foi o de Dé, integrante da formação inicial do Barão Vermelho e amigo dos Titãs. Ligaram para o baixista, mas ele estava comprometido com uma série de shows de Adriana Calcanhotto. Outro músico lembrado foi Dadi, ex-Cor do Som e ex-Novos Baianos. Porém Charles lembrou que ele não estava disponível: vinha acompanhando Rita Lee. Foi justamente um parceiro de Rita que acabou se tornando unanimidade no grupo e caiu como uma luva: Lee Marcucci, coautor de sucessos como "Jardins da Babilônia" e "Miss Brasil 2000". Além de excelente baixista, Marcucci era contemporâneo da banda e circulou pelos mesmos palcos dos Titãs no início dos anos 1980, quando integrava o grupo pop Rádio Táxi. Ele cumpriria a agenda até o último show de A melhor banda, como músico convidado, tal como já eram o guitarrista Emerson Villani e o percussionista Marco Lobo.

Com o substituto de Nando escolhido, no sábado, 7 de setembro, a banda chegou para tocar no Atenas Music Hall, em Manaus, consciente de que aquele show seria o último do baixista. Nando — que nos últimos dois dias tinha passado todo o tempo praticamente sem encontrar os companheiros, almoçando e jantando sozinho ou com Marco Lobo e a equipe técnica — sentou ao lado de Charles no camarim. Falou de sua tristeza por estar se apresentando pela última vez como um dos Titãs e pediu para dizer algumas palavras de despedida antes de subir ao palco.

Não teve tempo. A fita que anunciava a entrada da banda já estava rodando nas caixas de som da casa noturna. Paulo também não deu espaço para Nando dizer qualquer coisa. O vocalista não quis mais falar com o baixista depois que soube de um comentário que ele fez com Branco, de que a banda já havia virado uma instituição e por isso durava tanto tempo. Quando percebeu que Nando ensaiava o breve discurso de despedida no camarim, empurrou os Titãs para o palco. Ficaram o baixista e Charles olhando um para o outro, sem saber exatamente o que fazer. Começava uma das apresentações mais melancólicas da história da banda.

Terminado o show, voltaram todos para o hotel. Branco tentou conversar com Nando para quebrar o clima ruim e confortá-lo. Interfonou para o quarto do baixista, mas ele disse que estava muito triste e queria dormir. Na manhã de domingo, Branco foi novamente procurá-lo, porém o amigo já não estava mais no hotel. Tinha fechado a conta às cinco da madrugada e embarcado para o Amapá, onde participaria com a banda que o acompanhava na carreira solo do programa *Bem Brasil*, da TV Cultura, que naquele dia seria transmitido ao vivo da capital Macapá. Um compromisso que nenhum dos titãs sabia.

Para a imprensa e os fãs, a saída de Nando foi anunciada num comunicado de sete linhas no início da tarde de segunda-feira, 9 de setembro: "Os Titãs informam que o baixista e cantor Nando Reis saiu da banda por motivos pessoais. Branco Mello, Charles Gavin, Paulo Miklos, Tony Bellotto e Sérgio Britto afirmam que o grupo continua e que cumprirão toda a agenda de shows da turnê *A melhor banda de todos os tempos da última semana*. Os Titãs entram em estúdio em março de 2003 para a gravação de seu próximo disco com músicas inéditas". A banda optou por uma explicação sintética, até porque decidira não dar qualquer entrevista sobre o assunto para não alimentar polêmicas na imprensa.

A notícia, porém, foi recebida com surpresa nas redações. No fim da tarde, foi a vez de Nando soltar um comunicado, justificando sua saída: "Minha decisão de deixar o grupo se deve única e exclusivamente a uma incompatibilidade de pensamento em relação ao futuro da preparação do que seria o nosso próximo disco. Por acreditar que um trabalho dessa natureza exige a total dedicação que por razões pessoais não poderia oferecer, achamos melhor nos desligarmos no início da preparação e dos ensaios. Faço isso com profundo pesar no coração, pois em nenhum momento imaginei que isso viesse a acontecer. De modo quase infantil, sempre acreditei que os Titãs na minha vida seriam eternos, como de fato são e serão, mas agora de modo diferente. Os acontecimentos trágicos como a morte do Marcelo Fromer e da Cássia Eller tiveram repercussão profunda em meu coração e me fizeram ver a vida de modo diferente. Saio com a consciência tranquila de que ajo com honestidade e consideração. Desejo o melhor futuro para a minha banda e para os meus amigos de uma vida inteira. O resto é mera especulação. Com amor, Nando Reis".

As notas oficiais, no entanto, estavam longe de demonstrar o verdadeiro sentimento das duas partes. Os titãs remanescentes guardavam uma certa mágoa pela forma como Nando se desligou. Não era a mesma sensação que tiveram quando Arnaldo comunicou que estava partindo para um projeto solo. A comparação com a separação de dez anos antes, aliás, era inevitável. No fundo, os cinco não aceitavam não ter ouvido da boca de Nando que ele estava saindo do grupo para se dedicar a outro trabalho.

Nando, por sua vez, atribuía a falta de clareza reclamada pelos Titãs à sua personalidade mais retraída e à sua exclusão imposta pela banda. Nos últimos tempos, ele se sentia perdendo espaço no grupo, que não o deixava à vontade para falar sobre sua carreira solo. Ele se ressentia de que ninguém o procurava para fazer qualquer comentário sobre seus discos ou canções e achava que seu trabalho, sempre que era citado, provocava constrangimento nos companheiros. A mágoa que tomou conta dos Titãs já tinha afetado o baixista em outros momentos.

■ ■ ■

A saída de Nando foi anunciada na véspera do dia em que o grupo festejaria as boas vendas de *A melhor banda* e os três prêmios conquistados com "Epitáfio" no Video Music Brasil, da MTV, num jantar oferecido pelo presidente da Abril Music, Marcos Maynard. Naquela terça-feira, antes de ir para o encontro à noite, na própria casa de Maynard, Branco achou que não podia ficar com sentimentos ruins em relação ao amigo — um misto de incompreensão, revolta e mágoa. Decidiu ligar para Nando a fim de saber como ele estava e os dois conversaram por alguns minutos, apenas o suficiente para quebrar o mal-estar. Foi a primeira e última vez que um dos Titãs falou com o baixista nos meses que se seguiram.

Lee Marcucci não seria a única novidade no show em que os Titãs estreariam como um quinteto, marcado para a quinta-feira, 12 de setembro, em Campinas. O setlist sofreria algumas modificações. Como a maior parte das músicas que Nando cantava era extremamente pessoal e tinha uma interpretação peculiar, a banda resolveu sacá-las. Trouxe de volta hits antigos, como "Go back", e algumas canções do último CD que não vinham sendo tocadas com frequência, como "Eu não presto". Saíram "Os cegos do castelo", "Jesus não tem dentes no país dos banguelas", "Nome aos bois" e "O mundo é bão, Sebastião!". Esta última era um problema à parte: ela começava a ser trabalhada nas rádios e foi necessário que a Abril Music a recolhesse rapidamente para dar lugar a "Isso", que acabara de entrar na trilha sonora da nova novela das sete da Globo, *O beijo do vampiro*. Já o sucesso imbatível "Marvin", parceria de Nando com Britto, continuaria nos shows, mas ganharia um arranjo acústico, com violões, e seria cantado por Branco.

A passagem de som no ginásio da Unicamp, em Campinas, no fim da tarde, serviu para Lee Marcucci tocar pela primeira vez com os Titãs o que já vinha ensaiando em casa sozinho nos últimos dias. Pouco antes da meia-noite, a banda entrou no palco. O que já seria um show diferente acabou tenso por conta de um infeliz incidente. Na ânsia de conter um grupo de jovens que tentava entrar sem pagar, truculentos seguranças contratados pela produção dispararam tiros a esmo. Um deles atingiu e matou Luís Felipe Fischer, de dezessete anos, que vendia correntinhas na parte de fora do ginásio. O barulho dos tiros foi ouvido no palco, logo no início da apresentação, e os Titãs chegaram a interrompê-la para pedir calma à plateia de 5 mil pessoas. Só no camarim, depois do bis, a banda soube da tragédia.

O baixo-astral tomou conta de músicos e técnicos da turnê, que carregaram a tristeza para a apresentação seguinte, em Campo Grande, Mato Grosso do Sul. Os shows que se seguiram, porém, aos poucos serviriam para Lee Marcucci se entrosar com o grupo e os Titãs se unirem ainda mais, característica da banda que já tinha sido mostrada após episódios como a saída de Arnaldo Antunes e a morte de Marcelo Fromer. O desligamento de Nando jamais chegou a ser mencionado no palco, mas Paulo volta e meia anunciava a nova fase:

— Os Titãs deixam de ser uma banda grande para mais do que nunca ser uma grande banda!

■ ■ ■

Superado o impacto da saída de Nando, os Titãs seguiram a bem-sucedida trajetória que não saboreavam desde o *Acústico*. Com um ótimo disco na praça, "Epitáfio" estourada nas rádios e o maior prêmio do rock brasileiro no bolso, o VMB, a banda prosseguiu até o fim do ano com a agenda lotada, numa média de treze apresentações por mês. Entre um show e outro, os cinco titãs voltavam a se reunir para criar músicas para o pré-repertório do novo CD, receita que sempre foi a marca registrada de uma banda sem líder: todos compondo em duplas, trios e quartetos, numa mistura de estilos que já tinha gerado discos espetaculares.

No Rio, Branco e Tony começaram a se encontrar para alinhavar as primeiras parcerias, no apartamento do guitarrista. Em São Paulo, uma outra dobradinha dos primórdios da banda também se desenhava. Paulo esbarrou com Arnaldo Antunes numa padaria em Pinheiros, os dois bateram um papo e deixaram encaminhado um encontro para criar novas parcerias. Já Britto, sempre ativo, chegara a apresentar na estrada algumas canções para a banda e já preparava outras com os companheiros.

Durante a turnê de *A melhor banda*, Tony e Branco descobriram que "Epitáfio" servira como amuleto para uma comandante de voo. A mulher que pilotou um avião fretado numa das locomoções dos Titãs pelo país contou que alguns dias antes tinha passado um sufoco com uma pane grave em pleno ar. Enquanto tentava resolver o problema com o copiloto, começou a cantar na cabine o refrão da balada composta por Britto, como uma reza: *"O acaso vai me proteger/ Enquanto eu andar distraído/ O acaso vai me proteger"*... Após longos minutos de tensão, a aeronave fez um pouso de emergência, sem deixar feridos. O acaso tinha protegido ela e todos os passageiros.

É também dessa época uma outra situação envolvendo avião e os Titãs. Depois de uma apresentação em Nova Friburgo, região serrana do Rio, a banda seguiria para São Paulo. De lá, se encontraria no apartamento paulista de Charles e tomaria um ônibus para Pirassununga, cidade a 250 quilômetros da capital e palco da apresentação no dia seguinte. Branco e Charles queriam pegar um voo mais cedo e foram antes para o aeroporto. Mas se desencontraram no saguão. O vocalista entrou no avião e sentou na poltrona de sempre. Por conta de seu medo de voar, ele desenvolveu uma técnica para driblar a fobia: ficava invariavelmente na primeira poltrona do corredor, 1C ou 1J nos Boeing 737, e 1C ou 1D no Air Bus. Pediu um jornal à comissária, se desligou do resto do mundo e ficou ali concentrado, esperando os 45 minutos de viagem.

Uma hora depois, o avião nem dava sinal de iniciar a aterrissagem em São Paulo. Branco se levantou para comentar sobre o atraso com Charles e levou um susto ao ver que só havia três pessoas na aeronave. E nenhuma delas era o baterista. "Charles perdeu o voo. Se ferrou", pensou. Em todo caso, quis saber por que diabos demorava tanto para pousar e foi perguntar à comissária o que tinha acontecido.

— Não aconteceu nada, senhor. Daqui a trinta minutos estaremos pousando no aeroporto de Brasília.

— Brasília???? — espantou-se.

Branco tinha tomado o avião errado. Conferiu o bilhete, e estava lá: São Paulo, Aeroporto de Congonhas. O problema tinha sido na hora de embarcar no Santos Dumont. Com dois Boeings da TAM na pista, idênticos, o cantor foi mal orientado por um funcionário da empresa e entrou na aeronave errada. Uma turbulência logo em seguida, pouco antes de descer em Brasília, fez Branco viver momentos de tensão e ter pensamentos sombrios. E se o avião caísse? Ele iria desaparecer sem que ninguém soubesse jamais de seu paradeiro! Afinal, estava clandestino naquele voo, seu nome nem sequer constava da lista de passageiros.

A preocupação do vocalista levou o piloto a avisar à torre de controle, antes de pousar, que Branco estava no avião, facilitando seu retorno para São Paulo. Mal desceu em Brasília, ele ligou para a mulher, Angela, e avisou da confusão. Na própria pista foi encaminhado para outra aeronave, que o aguardava para decolar rumo a Congonhas. Foi o tempo exato de Branco chegar em Pirassununga para o show e acrescentar mais um divertido episódio na galeria das clássicas histórias dos Titãs.

NÃO É O MUNDO IDEAL NA CABEÇA DE NINGUÉM

▶ Trecho de "Nós estamos bem!"

No fim de setembro de 2002, Tony, Britto, Branco, Paulo e Charles se viam diante de um fato novo na carreira: conceber um disco como quinteto. Da última vez que haviam gravado, um ano e meio antes, Marcelo Fromer e Nando Reis ainda faziam parte da banda. Os titãs remanescentes se reuniram na casa do guitarrista nos Jardins, em São Paulo, para iniciar os trabalhos para o 14º álbum da forma como mais gostam: descontraídos, com Paulo e Tony ao violão, Britto ao piano e cada um palpitando na ideia do outro. Ali já foram apresentadas "KGB", "Livres para escolher", "Ser estranho" e "Enquanto houver sol".

Os encontros continuaram ao longo de outubro, com as composições sendo registradas num miniestúdio digital. Em novembro, Tony e Branco foram à casa de Arnaldo Antunes e voltaram com uma nova parceria, "Esperando para atravessar a rua". E uma outra futura faixa do novo CD, "Gina superstar", nasceria um mês depois no apartamento de Charles, no Rio de Janeiro, numa reunião do baterista com os dois titãs "cariocas", Tony e Branco.

Pela profusão de composições e a animação de todos, parecia que a programação prevista pela banda — e que tanta polêmica causara — seria facilmente cumprida. Em março de 2003, os Titãs estariam no estúdio gravando o novo disco. Em fevereiro, porém, uma notícia desagradável fez os planos caírem por terra: depois de quatro anos de atividades, a gravadora Abril Music anunciou que estava fechando as portas. Alegando falta de força para competir com as multinacionais e por causa do crescente mercado de pirataria de CDs, a empresa pôs à venda o passe de seus contratados.

O balde de água fria não levou os Titãs a cruzarem os braços. Em março, como tinham combinado, entraram no estúdio Art Mix, em São Paulo, para gravar uma demo, sob a produção de Liminha. Quando no começo de abril a alemã BMG divulgou que a banda estava entre os seus novos artistas, o quinteto já ensaiava o novo repertório no estúdio XRBM, também na capital paulista. Mas Bruno & Marrone, Capital Inicial, Harmonia do Samba, Maurício Manieri e Los Hermanos, outros artistas que migraram da Abril para a BMG, tiveram mais sorte: chegaram à nova gravadora com discos já prontos, que logo estariam nas lojas. Os Titãs tiveram que se contentar com a promessa de que o seu álbum seria lançado no segundo semestre.

Com a transferência concretizada, veio a constatação: a relação com a BMG não seria tão simples e, muito menos, direta. Ainda tentando se adaptar ao novo elenco e ao aumento de quadro, os diretores da companhia não se mostravam disponíveis para os recém-contratados. Aflito com a falta de retorno da gravadora, Charles tentava insistentemente marcar uma reunião com os diretores e o presidente, Luiz Oscar Niemeyer, velho conhecido dos tempos de Hollywood Rock e querido pela banda. Quando enfim conseguiu, o encontro não foi nada amistoso. Na sala de reuniões, além de Niemeyer, o grupo só conhecia a advogada Ana Tranjan, com quem havia trabalhado na Warner. Vendo o clima pesado, Branco perguntou a Charles:

— Vamos mesmo mostrar a demo?

— Claro! Viemos aqui pra isso.

A recepção foi um pouco fria, mas Niemeyer elogiou as músicas. O compasso de espera durou até 16 de junho. Três meses depois do previsto, finalmente o grupo entrou no estúdio Nas Nuvens para registrar o álbum que ganharia o significativo nome de *Como estão vocês?*. A primeira faixa, um rock de guitarras distorcidas que repetia a pergunta do título do disco, foi batizada com a resposta que os Titãs queriam dar a quem interessasse: "Nós estamos bem".

> *Podemos viver sem, o que a gente não tem*
> *Podemos ficar muito bem*
> *Queremos viver bem e muito mais também*
> *Queremos ficar muito bem*
> *Não é o mundo ideal na cabeça de ninguém*

As gravações se arrastaram por três meses, por conta da concorrida agenda de shows da banda e de outros projetos de Liminha. Mas um momento emocionou todo mundo no estúdio: quando Paulo botou voz em "As aventuras do guitarrista gourmet atrás da refeição ideal", homenagem a Marcelo Fromer, assinada por ele e Tony.

Marcelinho pão e vinho
Guitarrista gourmet
Malandro sommelier

Os Titãs e a BMG escolheram "Eu não sou um bom lugar" como música de trabalho. Apesar de ser um rock potente, a canção foi registrada com violões, numa textura musical sugerida ainda nos ensaios por Charles, que estava em linha com a orientação das gravadoras naquela época: músicas com guitarras pesadas dificilmente seriam aceitas pelas rádios.

Como estão vocês? chegou às lojas em novembro, com capa criada por Rogério Duarte, famoso por ter feito o cartaz do clássico filme *Deus e o Diabo na Terra do Sol*, de Glauber Rocha, além de várias capas do período da Tropicália. Outro luxo do CD era uma seção multimídia com vídeos da banda ensaiando e gravando na casa de Tony, devidamente registrados por Branco e sua inseparável câmera.

Mas antes de "Eu não sou um bom lugar" começar a ser trabalhada, outra faixa se tornou conhecida do público. A balada "Enquanto houver sol", com Britto no vocal e ao piano, tal qual "Epitáfio", entrou na trilha da novela das oito *Celebridade*, que estreara em 13 de outubro. Ainda que fosse uma excelente notícia ter uma música no horário nobre da Globo, o caminho que a canção seguiu até chegar lá demonstrou uma falta de cuidado da BMG com o disco dos Titãs. Gilberto Braga, autor da novela, e Mariozinho Rocha, diretor musical, receberam um CD com o repertório de *Como estão vocês?* pelas mãos de Malu Mader, protagonista da trama. O problema é que o registro deixado com eles era uma cópia de monitor, ou seja, apenas um esboço das músicas. E foi essa versão de "Enquanto houver sol", inacabada, que entrou na trilha da novela e foi parar nas rádios, sem a voz final e outras sofisticações do arranjo que seriam acrescentadas mais tarde.

"Eu não sou um bom lugar", o carro-chefe original do disco, chegou a ganhar um clipe caprichado, dirigido por Oscar Rodrigues Alves, o mesmo do premiado "Epitáfio". No vídeo, Charles tocava bateria na chuva e Paulo aparecia envolvido por teias de aranha, entre outras ousadias. Mas a música não foi trabalhada o suficiente para virar um hit. Outra canção com potencial para se transformar num sucesso, a linda "Provas de amor", também não recebeu o empurrão necessário da gravadora. Coube mesmo a "Enquanto houver sol" o papel de eternizar *Como estão vocês?*.

Apesar de ter sido bem recebido por parte da crítica e de ter emplacado um sucesso instantâneo, o 14º disco dos Titãs ficou bem abaixo do patamar de vendas dos anteriores: 72 mil cópias, contra as mais de 250 mil de *A melhor banda de todos os tempos da última semana*. Além da falta de empenho da BMG, o número também refletia a realidade do mercado fonográfico, abalado não só pela pirataria, mas também pela popularização das novas formas de se ouvir música. O lançamento do iPod 3G, em abril daquele ano, tornaria o tocador de MP3 da Apple o principal objeto de desejo de quem curtia música. Nos anos seguintes, surgiriam outros players do gênero, mais baratos, decretando o fim dos *discmans*. E, consequentemente, os CDs começaram a dar lugar ao formato MP3, tornando dispensável a mídia física.

■ ■ ■

Os Titãs ainda se sentiam estranhos no ninho na nova companhia quando outra reviravolta da indústria fonográfica brasileira os colocou novamente no olho do furacão. Em março de 2005, repetindo o que já havia acontecido nos Estados Unidos e na Europa no ano anterior, a japonesa Sony e a BMG juntaram forças também no Brasil. A união das companhias fez nascer a maior gravadora do país, com domínio de 28,6% do mercado e um cast de 56 artistas nacionais. Com mais essa mexida no cenário musical, os Titãs, que haviam passado dezessete anos na Warner, trocariam de gravadora pela terceira vez em quatro anos.

Apenas o fato de estar numa companhia inchada, sem infraestrutura para lidar com o seu novo tamanho, já era motivo suficiente para ver o filme se repetindo. A condição de contratado da BMG brasileira deixou a banda em situação ainda mais delicada. Embora a negociação fosse tratada externamente como fusão, na verdade a Sony incorporou a BMG. E nessa movimentação, decidiu-se demitir os funcionários da gravadora alemã e dar soberania à diretoria da japonesa — todos sob o comando do cada vez mais poderoso Alexandre Schiavo, na época com 36 anos.

Escolados com a experiência anterior, os Titãs chegaram à conclusão de que não era um bom momento para pensar num disco de inéditas. A chance de mais uma vez não ter uma divulgação bem-feita desperdiçaria todo o esforço de criação. Um álbum com sucessos parecia uma alternativa mais cabível. Faltava pensar num projeto. A ideia de lançar um disco ao vivo agradava à banda. Para começar, o último registro plugado era *Go back*, de 1988. Além disso, desde o *Acústico,* o grupo vinha sendo perseguido pelo estigma de baladeiros, e gravar um álbum ao vivo seria a chance de mostrar um lado mais pesado e sujo. Ademais, outro bom argumento ajudaria a convencer a gravadora: o momento era de DVD, e os Titãs não tinham nenhum registro feito para o formato, que estava vendendo mais do que CD.

Nas reuniões sobre o futuro trabalho, Britto sugeriu uma parceria com a MTV, dentro do selo *Ao vivo* produzido pela emissora. Ainda no posto de líderes de vendas da série *Acústico*, os Titãs gozavam de prestígio na TV. Tanto a emissora quanto a Sony-BMG aprovaram o projeto, e a etapa seguinte seria encontrar o lugar da gravação. A banda não queria repetir o padrão de show em teatros e casas noturnas. Convencidos de que o concerto funcionaria melhor num lugar ao ar livre, tentaram autorização para tocar no Parque da Independência, em São Paulo. Mas o prefeito José Serra vetou a ideia.

Em meio a várias sugestões, a mais sedutora chegou pelo e-mail. E de forma indireta. Diante da ausência dos amigos em seu casamento, por conta da agenda de shows, a produtora cultural Lia Paludo enviou fotos da cerimônia realizada em Florianópolis. Parecia um sinal dos deuses: o local, a belíssima Fortaleza de São José da Ponta Grossa, encantou os cinco. Era o lugar perfeito para o primeiro DVD dos Titãs.

Com mais um empurrãozinho do acaso, três semanas depois eles tinham um show marcado próximo à capital catarinense. Foi o pretexto para desviar a rota do ônibus e conferir in loco aquela construção do século XVIII, rodeada pela fascinante praia do Forte. Chegaram lá às 17h03, três minutos após terminar o horário de visitação. Mas com uma choradinha — "poxa, nós somos os Titãs, queremos gravar um disco aqui" — convenceram os guardas a abrirem uma exceção.

Voltaram para casa com uma série de fotos para mostrar à gravadora. A Sony-BMG deu início à batalha para conseguir autorização que permitisse gravar no lugar histórico. Construída em 1740 para tentar (em vão) proteger a então colônia portuguesa dos espanhóis, a Fortaleza de São José da Ponta Grossa se transformara num sítio arqueológico e era administrada pela Universidade Federal de Santa Catarina. Realizar um evento do lado de dentro de seus muros seculares significava cumprir rígidas exigências. O palco, por exemplo, teria que ser emborrachado para não correr o risco de causar o desmoronamento das ruínas. A lotação também precisaria ser restrita. Em cada um dos dois dias de gravação só poderia ter na plateia quinhentos convidados.

O DVD MTV *ao vivo — Titãs* se tornou um projeto caro, daqueles cada vez mais raros da indústria fonográfica brasileira. Mas além de dividir os custos com a emissora, a Sony-BMG conseguiu o apoio do governo de Santa Catarina.

Como pretendiam fazer um disco de rock vigoroso, os Titãs acharam que o nome certo para produzi-lo era Jack Endino. E então convidaram o amigo a voltar ao Brasil. Ter o americano num projeto ao vivo também dava segurança por conta de seu perfeccionismo. Jack chegaria às vésperas da gravação. Antes disso, no estúdio Nimbus, em São Paulo, o grupo começou a ensaiar e a preparar uma surpresa programada para o show: um set só com os cinco titãs, com Branco no baixo e Paulo na guitarra.

A novidade animou os dois calouros, que se empenhavam para não desapontar os colegas veteranos, especialmente Charles, o mais resistente à experiência. Mas o receio do baterista se tratava apenas de preciosismo técnico. Tal como os outros companheiros, ele gostava da ideia de os cinco estarem juntos como banda, ensaiando e tocando, sem a necessidade de músicos contratados. Não que Lee Marcucci e Emerson Villani, que continuariam acompanhando o grupo na maior parte do show, deixassem a desejar. Mas o quinteto sozinho no palco era uma espécie de revival do começo da carreira dos Titãs.

Foi num desses ensaios só com os cinco que Paulo sacou seu caderninho de anotações. No meio dos apontamentos, que volta e meia se transformavam em música, havia um texto sobre o escândalo do mensalão, que pegava fogo em Brasília. Branco e Britto haviam saído para tomar um café. Paulo então mostrou para Charles e Tony a letra em que interpretava um personagem sem escrúpulos. Qualquer semelhança com a vida real não era mera coincidência. Juntos, os três começaram a musicá-la. Quando os dois vocalistas voltaram, o trio já cantava alto o refrão:

— Filha da puta, bandido, corrupto, ladrão!

Britto e Branco se espantaram. Que música era aquela, que não existia uma hora antes? Gostaram e pediram para entender a letra, mas Paulo brincou:

— Vocês dois só xingam e deixam o resto pra mim.

"Vossa Excelência", como foi batizada, seria uma das três faixas inéditas do CD/DVD. As outras eram a apocalíptica "Anjo exterminador", assinada e cantada por Britto, e a existencialista "O inferno são os outros", de Branco, Tony e Charles, defendida por Branco. O restante do repertório mesclaria hits inevitáveis, como "Polícia", "Bichos escrotos" e "Flores", com sucessos mais recentes: "Epitáfio", "A melhor banda de todos os tempos da última semana", "Enquanto houver sol" e "Não vou lutar", pela primeira vez em versão plugada. Decidiram incluir ainda outras canções que não estouraram na sua época, mas que agradavam aos Titãs, entre elas, "Provas de amor", "Vamos ao trabalho", "Eu não sei fazer música" e "Mentiras", que em *Jesus não tem dentes no país dos banguelas* era cantada por Paulo e no *Ao vivo* ganharia a voz de Britto. Além das músicas próprias, eles tentaram a autorização de Roberto Carlos para gravar a canção-tabu "Quero que vá tudo pro inferno". Com a esperada recusa, ficaram com outra canção do Rei, "O portão", que seria interpretada por Branco numa versão rock 'n' roll.

O entusiasmo da banda, porém, não era acompanhado por sua companhia. Duas semanas antes das gravações, marcadas para 29 e 30 de julho, a MTV avisou que adiaria os trabalhos para agosto porque a Sony-BMG não havia produzido o evento. Não chegou a ser uma tragédia, mas o desânimo com a falta de organização da gravadora por pouco não causou um problema diplomático. Em uma reunião na Warner para tratar da liberação do catálogo dos Titãs para um relançamento, Charles comentou informalmente sobre as incertezas no projeto *Ao vivo*.

— Tá difícil. A Sony não se planejou direito, o orçamento não chegou e talvez a gente tenha que adiar de novo — disse ingenuamente o baterista ao diretor de marketing da Warner, Marcelo Maia.

Dias depois, Charles foi chamado pela MTV para se explicar. E ficou sabendo que a Warner não só avisou aos diretores da emissora que o projeto dos Titãs havia subido no telhado, como usou o nome do titã para legitimar a informação. A intenção da gravadora era conseguir os dias de agosto para gravar o *Acústico* da banda O Rappa. O baterista teve que desfazer o mal-entendido e se desculpar com todas as partes envolvidas.

O atraso na data de gravação ao menos serviu para Jack Endino participar mais da preparação do disco. O produtor americano chegou ao Brasil a tempo de acompanhar o ensaio aberto no Circo Voador, no Rio, que ele mesmo havia sugerido. E foi na explosiva apresentação do dia 5 de agosto que músicas como "Lugar nenhum" e "Diversão" (com direito a coro espontâneo de "Ôôôô" em cima do primeiro riff, no estilo do que os fãs do Iron Maiden fazem em "Fear of the dark") garantiram seu lugar no novo disco. Os Titãs achavam que, por ambas estarem em *Go back* e nos discos acústicos, soaria repetitivo registrá-las mais uma vez. Jack argumentou que seria um erro deixar de fora duas canções tão fortes.

Foi no bis do show do Circo que "Vossa Excelência" teve sua primeira execução pública e chamou a atenção da imprensa. "O rock brasileiro também manifesta sua indignação contra a atual crise política. Seu porta-voz é o grupo Titãs na canção-manifesto 'Vossa Excelência', música inédita que fará parte do CD e DVD ao vivo com gravação marcada para sexta-feira e sábado próximos em Florianópolis", escreveu Jamari França, no jornal *O Globo* de 10 de agosto, em que também destacava o sucesso do ensaio geral: "O grupo tocou-a no bis do apoteótico show no Circo Voador, na sexta-feira passada, para um público de 2 mil pessoas que ouviu a primeira passada em silêncio e depois se empolgou com o tom panfletário da letra, reflexo da indignação generalizada com o momento atual". Estava tudo pronto para o grande momento.

Os Titãs chegaram a Florianópolis no dia 11, uma quinta-feira. Com exceção de Charles, que não pôde contar com a companhia da mulher, Mariana, grávida de oito meses da segunda filha do casal, os músicos se instalaram com suas famílias no hotel Jurerê Beach Village, em Jurerê Internacional, área nobre da cidade, bem próxima à fortaleza. Como de costume, Tony viajou com Malu e os três filhos. Os cinco, mais o namorado de Nina na época, Bruno, jantaram juntos e depois subiram para o apartamento. Tony e Malu ficaram brincando com João e Antônio, enquanto Nina e Bruno dormiam num quarto contíguo. O sono bateu e os meninos foram dormir na sala, enquanto os pais se recolheram no quarto do casal. No meio da noite, começou um pesadelo para o guitarrista e um grande susto para todos que viajaram para a gravação do DVD.

Tony acordou com a mulher inconsciente, fazendo um barulho estranho. Assustado, sem entender o que estava acontecendo, começou a sacudi-la, tentando despertá-la. Achou que se tratava de um ataque cardíaco. Bateu no peito dela, fez respiração boca a boca e tudo o que lhe ocorreu na hora do desespero. Malu acalmou por um instante, mas não se lembrava do que havia acontecido. Tony aproveitou sua ida ao banheiro para pedir ajuda a Nina.

Malu, porém, passou mal mais uma vez, aumentando a preocupação de todos. Nina e Bruno seguraram a atriz, enquanto Tony telefonava para o cunhado, o pediatra Luiz Mader. Ele explicou que a irmã estava tendo uma convulsão e orientou Tony a pedir uma ambulância e a ligar para o clínico geral da família, Jorge Spitz. Nina chamou a recepção do hotel e, antes que a ambulância vinda do Centro do Florianópolis chegasse, um médico de Jurerê foi acionado. Ainda pelo telefone, ele foi acalmando Tony:

— Ela está tendo uma convulsão, isso assusta, mas não vai acontecer nada. Bota ela de lado, que o problema é engasgar com a saliva.

Já estava amanhecendo quando Malu foi levada para o Hospital de Caridade. Pessoas da equipe técnica que acordaram cedo para aprontar o palco para o primeiro ensaio tomavam café e se assustaram ao ver a atriz passando na maca, com Tony, transtornado, ao seu lado. Os outros Titãs também só ficaram sabendo do que havia acontecido quando desceram para o saguão do hotel.

A primeira reação de todos foi a de cancelar a gravação. Não haveria clima para manter o trabalho. Os resultados de uma tomografia do crânio e de uma ressonância magnética, porém, tranquilizaram a família e os amigos. Foi detectado que ela estava com um cisto benigno na parte frontal da cabeça. Apesar de levantada a possibilidade de uma cirurgia, os médicos garantiram que a situação, no momento, estava sob controle. Tony e os outros titãs decidiram que o melhor era manter a programação, por conta dos compromissos firmados e de todas as pessoas envolvidas, tanto de Florianópolis quanto da Sony-BMG e da MTV.

O guitarrista, então, se dividiu entre os cuidados com a mulher e a função na banda. No primeiro dia de internação, passou a tarde ensaiando e à noite voltou para o hospital para dormir com ela. Na manhã seguinte, Malu ganhou a companhia de uma tia, Andrea, e da cunhada, Maisa, que chegaram do Rio.

No fim da tarde de sexta-feira, dia 12, os Titãs subiram ao palco cuidadosamente montado sobre as pedras seculares da Fortaleza de São José da Ponta Grossa. Era nítido o abatimento da banda. Não só Tony, com olhos fundos, barba por fazer e poucos sorrisos. Os outros quatro também tiveram que unir forças para fazer uma boa apresentação. Os cerca de quinhentos presentes, a maioria convidados — somente cem entradas foram postas à venda —, sabiam exatamente o que estava acontecendo, já que todos os jornais e sites noticiaram o incidente com Malu. Antes de cantar "Provas de amor", Paulo Miklos homenageou a amiga:

— Essa é para Maluzinha, que gosta tanto dessa música. Pelo seu restabelecimento!

O público respondeu aplaudindo e gritando o nome da atriz. Tony, emocionado, fez reverência e agradeceu o carinho. O show continuou sem atropelos, mas um tanto quanto frio.

No dia seguinte, Malu recebeu alta e voltou para o Rio. A notícia de sua recuperação deu novo ânimo à banda. Em mais uma tarde com um belo pôr do sol, o grupo subiu novamente ao palco, mas dessa vez para uma apresentação vibrante. O público correspondeu à altura e o DVD ganhou as imagens alto-astral de que precisava. Com direito até a coro antecipado do refrão da recém-lançada "Vossa Excelência".

O triste episódio com Malu serviu para aparar algumas arestas. Ao fim do segundo show, Tony foi tomar um espumante na área VIP, onde nem havia pisado na véspera, quando o produtor Fred Fonseca o chamou para atender o celular. Do outro lado da linha estava Nando Reis:

— Poxa, cara, o que aconteceu com a Malu? Fiquei muito emocionado. Queria mandar um beijo pra ela e outro pra você.

Desde que Nando saíra da banda, quase três anos antes daquela ligação, era a primeira vez que os dois se falavam. Tony ficou surpreso e comovido com o telefonema. E nos encontros seguintes, em premiações e outros eventos, ele e os outros titãs passaram a cumprimentar carinhosamente o ex-companheiro.

A conversa por telefone funcionou para quebrar o gelo. Até ali, nenhum dos cinco havia conseguido superar a situação mal resolvida que permaneceu desde o último show do Nando como um titã. Se Arnaldo Antunes, que saíra em 1992, continuava sempre próximo da banda, compondo junto inclusive, do outro dissidente só se tinha notícia pela mídia ou por terceiros. A comparação dos dois desligamentos permanecia inevitável não só pela forma como Nando deixou o grupo, mas, principalmente, pelo que veio depois.

Os Titãs enfrentaram uma situação desconfortável na Abril Music, por conta do contrato robusto que haviam assinado, prevendo a entrega de três discos. Marcos Maynard, então presidente da gravadora, ficou possesso. Em reunião com os cinco remanescentes, dizia que Nando não poderia ter saído porque havia assinado o tal contrato e só participou de um álbum. Só que não existia cláusula alguma impedindo alguém de deixar a banda. Quem também não engoliu a separação e tentou levar vantagem em cima disso foi Manoel Poladian. Embora não fosse mais empresário do grupo na época, Poladian havia comprado alguns shows para revender para as cidades que ele escolhesse. E depois da saída do Nando, ainda restavam oito apresentações. O empresário exigiu desconto porque tinha comprado o show com seis Titãs e só cinco tocariam.

Não foi necessário cancelar evento algum, assim como a banda também não precisou devolver dinheiro para a gravadora. Mas foi um período altamente desgastante. O grupo demonstrou o mal-estar se afastando do baixista. Nando, mais explícito, trocou em seus shows a frase *"Tão fortes somos todos outros Titãs"*, da música "O mundo é bão, Sebastião", por *"Tão forte são os Infernais"*, em referência ao nome da banda que o acompanhava. E ainda acrescentou o verso *"Agora sim eu vivo em paz"*.

MTV *ao vivo* — *Titãs* chegou às lojas com "Vossa Excelência" como carro-chefe. Até por conta do momento político, a música teve uma boa execução nas rádios. Mas o excessivo peso do álbum atrapalhou um segundo single. O pior é que todos sabiam que a culpa de o disco ter ficado mais ardido do que o esperado era dos próprios Titãs e da ausência deles no período de pós-produção. Até Charles, que sempre fez questão de acompanhar a mixagem, não conseguiu estar 100% presente. Nos primeiros dias de setembro, enquanto Jack Endino mixava o disco no Estúdio Mega, no Humaitá, Zona Sul do Rio, Mariana dava à luz Sofia, segunda filha do casal, na Casa de Saúde São José, a duzentos metros dali. O máximo que o baterista conseguia era se revezar entre os dois endereços. Não foi o suficiente. O produtor se sentiu abandonado pela banda e, sempre que encontrava uma brecha, repetia a reclamação.

O resultado comercial do álbum ficou abaixo do esperado, com 75 mil cópias vendidas do CD e 29 mil do DVD. Embora a realidade do mercado fosse outra — desde janeiro de 2004 o disco de ouro passou a ser concedido às vendas superiores a 50 mil, e não mais 100 mil —, o que ficou para os Titãs do projeto *MTV ao vivo* foi uma eterna dúvida: teria sido melhor gravar o álbum no calor do Circo Voador, em vez de na bela, porém asséptica, fortaleza de Florianópolis?

■ ■ ■

Se os negócios das gravadoras só definhavam nos últimos anos, fora do Brasil as coisas iam muito bem para os Titãs, obrigado. No fim de abril de 2004, o grupo embarcou para os Estados Unidos para mostrar por lá *Como estão vocês?*, numa miniturnê em casas noturnas pequenas, mas com produtores acostumados a promover shows de artistas brasileiros ao longo do ano todo; de DJ Marlboro a Ivan Lins, passando por Ivete Sangalo e Biquini Cavadão. Na plateia, quase todo mundo falava português. Os palcos, normalmente tablados apertados, a poucos centímetros do chão, faziam lembrar os primeiros shows da banda. Assim como o público, sempre animadíssimo, que lotou as três apresentações. A estreia, dia 30, foi no Palácio Europa, em Newark. Logo no dia seguinte, a banda voou para Miami, onde tocou no Radisson Mart Plaza, e um dia depois foi para Boston, no Wonderland Ballroom. Com o *MTV ao vivo* na rua, em 2006 os Titãs voltaram aos Estados Unidos para outras quatro apresentações, entre 3 e 7 de novembro.

Enquanto o circuito americano já tinha se transformado numa extensão das turnês nacionais, a Europa ainda era um desafio a ser vencido pelos Titãs. E a chance de tocar na Espanha, onde a banda jamais havia se apresentado, aconteceu no momento e da forma mais improváveis. Sem um disco na praça havia quase dois anos, com cada integrante dividindo-se em trabalhos paralelos, em abril de 2007 uma jovem espanhola procurou o escritório do grupo para levá-lo para uma turnê por Madri e Barcelona. Ela tinha acabado de abrir uma empresa de shows e foi convencida pelo marido, uruguaio e fanático pelos Titãs, de que a banda era um excelente negócio para deslanchar sua produtora.

No fim de maio, os Titãs embarcavam para a Espanha com uma estrutura invejável, de longe a melhor que já tiveram em shows fora do Brasil. Ficaram em hotéis cinco estrelas, levaram toda a equipe técnica — em shows no exterior normalmente iam apenas alguns profissionais — e ainda tiveram vários dias livres para ficar com as famílias, também financiadas pela produtora. Foram quatro noites, em casas de médio porte e respeitadas, onde já tocaram estrelas como Bob Dylan e a banda inglesa Bloc Party. Palco espaçoso, sistemas de som e luz moderníssimos e mordomias nos camarins davam outra dimensão àquela turnê.

Os dois primeiros shows, dias 30 e 31 de maio, aconteceram na Sala Riviera, em Madri. Em 2 e 3 de junho, os Titãs foram para Barcelona, onde se apresentaram na Sala Razzmatazz. A plateia mais uma vez era formada basicamente por brasileiros, que, apesar da pífia divulgação, descobriram os shows e garantiram uma média de quatrocentas pessoas por noite. A viagem/turnê espanhola de dez dias foi um sucesso absoluto para os Titãs e um prazer à parte para cada um dos integrantes. A jovem empresária não pôde dizer o mesmo. Amadora, sem qualquer noção entre despesas e receitas, levou um prejuízo incalculável.

A SÓS NINGUÉM ESTÁ SOZINHO

▶ Trecho de "Enquanto houver sol"

Branco chegou ao Hotel Glória, no Rio, com a adrenalina ainda nas alturas naquele fim de madrugada de 14 de dezembro de 2005. Os Titãs tinham acabado de gravar na Fundição Progresso, na Lapa, uma participação no DVD *Tributo a Renato Russo*, produzido por Liminha. À banda, coube a inédita "Fábrica 2", numa noite que reuniu mais de uma dezena de artistas, como Fernanda Takai, Detonautas, Paulo Ricardo e Cidade Negra. Com tanta gente, o show terminou tarde, mas Branco, sem sono, resolveu zapear a TV. Parou num canal de notícias, que falava da apresentação dos Rolling Stones na praia de Copacabana, em fevereiro do ano seguinte. Foi dormir se perguntando quem abriria o show e imaginando que poderiam ser os Titãs. No dia seguinte, chamou Britto para almoçar:

— Tive um certo delírio ontem: a gente tinha que abrir esse show dos Stones na praia. Não vale a gente tentar?

— Seria bem legal, mas isso nunca vai rolar... — respondeu Britto, pessimista.

O que parecia um sonho distante foi mais fácil de concretizar do que imaginavam. Ligaram para Alexandre Schiavo, presidente da Sony-BMG, e descobriram que Luiz Oscar Niemeyer era o responsável pela empreitada. O empresário embarcou na ideia e, três dias depois, os Titãs já estavam escalados para o show pré-Stones, que teria ainda outras duas atrações antes: o DJ Janot e o grupo AfroReggae.

Na tarde de 18 de fevereiro de 2006, na passagem de som em pleno palco de Copacabana, os Titãs sentiram o gostinho do que viria mais tarde: faltavam ainda quatro horas para começar o show e milhares de pessoas já se aglomeravam em torno do imenso palco, de 22 metros de altura por 60 de largura e 28 de profundidade, montado em frente ao imponente Copacabana Palace. Pouco depois das 20h, quando a banda entrou em cena, a visão era ainda mais impressionante: a areia da praia estava inteiramente tomada até onde a vista alcançava. No mar, dezenas de barcos posicionados na lateral do palco. Nos prédios em volta, todas as janelas acesas e ocupadas. Parecia um réveillon tardio.

Acostumados a tirar de letra grandes públicos, dessa vez o frio na barriga foi inevitável para os cinco. Se os primeiros acordes tinham tudo para tranquilizar a banda, uma falha técnica acabou deixando-os mais apreensivos: o microfone de Branco ficou mudo logo no primeiro verso de "Flores", a música de abertura. Alguns segundos depois, a voz reapareceu, mas o microfone voltou a falhar ao longo da apresentação. Os Titãs, porém, não se deixaram abalar. Com uma pegada roqueira, como pedia a noite, emendaram "AA UU", "Domingo" e "Aluga-se". Mas era para a segunda parte do show, de apenas quarenta minutos, que estava reservado um coquetel de hits explosivos: "Bichos escrotos", "Polícia", "Vossa Excelência" — Paulo amplificou seu discurso-protesto usando uma camisa em que se lia Pizzaria Nacional —, "Lugar nenhum" e "Homem primata". O *gran finale* seria com "Sonífera ilha", escolha certeira para incendiar a multidão e abrir caminho para os Stones.

O camarim dos brasileiros era atrás do palco, enquanto Mick Jagger, Keith Richards, Ron Wood e Charlie Watts tiveram sua estrutura montada no próprio Copacabana Palace, onde estavam hospedados. Uma passarela erguida sobre a avenida Atlântica ligava o palco ao hotel, de onde os Stones sairiam direto para o show, sem escalas. Foi por ali também que os Titãs chegaram ao Copacabana Palace assim que terminaram de tocar. E aí, enfim, estiveram frente a frente com Jagger e os outros integrantes da banda.

O breve encontro foi no lounge montado no hotel, por onde circulavam o staff dos britânicos, alguns seletos convidados e garçons servindo Chardonnay francês e Merlot chileno. No mesmo ambiente, cada um dos Stones tinha um camarim exclusivo. Os quatro astros da noite surgiram poucos minutos depois, simpáticos e sorridentes. Posaram para fotos e trocaram algumas palavras com os Titãs. Paulo puxou papo com Keith Richards. Tony lembrou do jantar em Londres que teve com Ron Wood alguns anos antes, quando participou de uma reportagem para a revista *Quem*, ao lado de Malu Mader e da mulher do guitarrista. Ron, aliás, parecia o mais descontraído da banda e brincou com os brasileiros:

— Esse gesto aqui no Brasil quer dizer *fuck off* em vez de ok, certo? Mas acho que vou fazê-lo assim mesmo. Será que o pessoal vai ficar ofendido?

Os Stones se despediram e caminharam para o palco. E os Titãs, para a areia, na área vip, de onde assistiram ao show.

■ ■ ■

No fim de 2006, um pouco antes do recesso de Natal e Réveillon, os Titãs encerrariam a agenda do ano no Rio de Janeiro, numa confraternização de um banco. Como aquela tarde tinha tudo para ser agradável, Charles levou a filha mais velha, Dora, então com quatro anos, para aproveitar o passeio. A apresentação seria num clube, mas ao chegarem lá descobriram que a estrutura não era das melhores. O som estava ruim e a banda precisou se esforçar para relevar o problema. Só Paulo não conseguiu passar por cima da limitação. No fim do show, enlouquecido e fora de controle, começou a descontar sua ira no produtor Fred Fonseca, de forma agressiva. Sem se dar conta do que estava acontecendo, Charles entrou no camarim segurando Dora pela mão, mas a cena não era exatamente tranquila: Paulo quebrava tudo a sua volta. Mal passou pela porta, o baterista foi alertado por Britto:

— Tira a sua filha daqui!

Depois do quebra-quebra, Paulo se isolou num canto, acuado. Os outros titãs pegaram suas coisas e foram embora. Como havia duas vans para levar a banda, os quatro seguiram numa delas e deixaram o cantor para trás, para ir sozinho na outra.

Aquele episódio seria a gota d'água depois de uma série de eventos semelhantes. Último dos Titãs a largar as drogas, Paulo estava perdendo os limites, colocando em risco a existência da banda. O desgaste por conta das cenas provocadas pelo exagero de álcool e cocaína tomava dimensões incalculáveis. Era comum escolher alguém para provocar e tentar tirar do sério. Pouco antes do show do Rio, numa convenção de juízes em Campos do Jordão, região serrana de São Paulo, elegeu Britto para sua vítima. Ofendeu seriamente o tecladista, que reagiu e por pouco não chegou às vias de fato. Ao voltar para casa, era enorme a sensação de que a banda não resistiria a mais um descontrole desses. A situação era grave.

Foi Tony quem tomou a iniciativa de deixar claro o que se passava na cabeça dos quatro. No dia seguinte ao show do Rio, o guitarrista escreveu um e-mail duro e objetivo. Resumiu os últimos acontecimentos e avisou a Paulo: estava muito difícil lidar com situações como aquela. Se continuasse assim e o amigo não procurasse ajuda, a banda acabaria no show seguinte. Charles, Britto e Branco responderam, endossando as palavras de Tony. Paulo se calou.

Vieram as folgas de fim de ano e, na volta, na primeira apresentação de 2007, o vocalista anunciou:

— Não estou mais bebendo. Mas não vou prometer nada.

A preocupação de não fazer promessa se devia à frustração de outras vezes ter tentado o mesmo, sem sucesso. Mas, no seu íntimo, Paulo acreditava que daquela vez seria diferente. O e-mail de Tony havia mexido profundamente com ele. Não a ponto de procurar internação, como os amigos sugeriram e ele mesmo chegara a cogitar. Mas, de forma madura, buscou ajuda de um psiquiatra e de um psicólogo, aceitou os medicamentos receitados e, principalmente, com o apoio incondicional da mulher, Rachel, e da filha, Manoela, chegou à conclusão de que não surtiria efeito se tentasse parar aos poucos. E mais: o freio teria que ser a partir da bebida, já que o copo fazia o gatilho disparar. Para se manter limpo, portanto, era necessário não ingerir mais nenhuma gota de álcool.

Levando-se em consideração que os Titãs fazem brindes rotineiramente, os quatro receberam a notícia com um pé atrás. Mas, claro, apoiaram a decisão do amigo. A desconfiança vinha do fato de Paulo ter procurado, antes, um terapeuta que atrapalhou mais do que ajudou. Da mesma forma que tinha uma lábia incrível para defender seus direitos de se autodestruir, o cantor conseguiu seduzir o terapeuta a ponto de ouvir dele:

— Pô, mas esses caras são umas tias suas. Ficam pegando no seu pé.

A situação em 2007, no entanto, era diferente. Os profissionais contratados não caíram em nenhuma armadilha criada por Paulo. E ele próprio, pela primeira vez, mostrava-se realmente disposto a dar uma guinada. Era sincera e necessária a vontade de mudar de atitude e de hábitos. E com o desafio de ser bem-sucedido convivendo num meio em que costuma ser corriqueiro algumas pessoas, para serem simpáticas, oferecerem drogas.

Paulo precisou ter consciência de que seu caso era muito diferente do retrospecto dos amigos. Tony deixara o hábito por decisão própria e sem enfrentar dificuldade. Britto também parara de uma hora para outra porque vinha sofrendo desmaios no palco. E Branco fora obrigado a abandonar as drogas por sobrevivência, depois de operar o coração. Nenhum deles se descobriu um dependente químico de verdade, como aconteceu com Paulo. Para ele, era uma questão física, que provocava muito sofrimento. Numa bola de neve, ele se drogava porque estava deprimido e se deprimia porque estava drogado.

Por conta do tamanho do desafio que todos tinham pela frente, o primeiro brinde depois do anúncio foi tenso. Os outros titãs não sabiam como agir. Para incentivar o amigo, deveriam acabar com essa rotina? Brindar escondido dele? Paulo sentiu o clima e foi logo cortando:

— Ninguém vai esconder garrafa, nem vão brindar escondido de mim. Não vai precisar de nenhuma dessas bobagens. Ou eu faço isso ou não. Até porque eu trouxe a minha bebida — disse, mostrando uma cerveja sem álcool, que se tornaria uma companheira inseparável em todos os brindes, que ele fazia questão de participar.

Sem sofrer nem uma recaída sequer nos anos seguintes, Paulo foi experimentando as vantagens de enxergar o mundo sóbrio. Passou a compor mais, a cantar melhor e descobriu que o desânimo que vinha sentindo não se tratava de um desgaste com a banda ou com a profissão. Ele continuava amando tudo aquilo e, como sempre, brigando com unhas e dentes pelos Titãs. Só que, a partir dali, mais centrado e como um vitorioso.

■ ■ ■

Já passavam das onze da noite de 10 de fevereiro de 2006 quando os Titãs retornaram ao hotel Holiday Inn, em Porto Alegre, após a apresentação no primeiro dia do festival Planeta Atlântida. No saguão, chegavam os Paralamas do Sucesso, que tocariam no dia seguinte. O encontro casual levou os músicos ao bar do hotel, onde entraram madrugada adentro batendo papo, petiscando e bebendo cerveja Guinness. Num canto, Britto provocou o baterista João Barone, numa conversa que girava em torno do auge do revival anos 1980, com festas, shows, livros...

— Pô, João, bem que podíamos fazer umas apresentações juntos pra variar. A gente fica mostrando aquele show rotineiro, sempre a mesma coisa...

— Taí, bem legal. Acho que podia rolar sim.

O que começou com um papo despretensioso, logo já envolvia José Fortes, empresário dos Paralamas, que, olhando pelo ângulo do negócio e da logística, ponderou que seria uma operação complicada, mas que a sugestão era boa. Até porque afinidade no palco as bandas tinham de sobra, por conta da apresentação conjunta no Hollywood Rock de 1992 e dos treze shows que fizeram juntos na turnê *Sempre Livre Mix*, em 1999. Não demorou para o restante da mesa se envolver na conversa.

— Esse negócio de falar mal dos anos 1980 é o caralho! Aqui são cinquenta anos de rock! — bradou Zé Fortes, que a esta altura já tinha comprado totalmente a ideia.

Três dias depois do rascunho desenhado em Porto Alegre, Tony, Charles, Barone e Zé Fortes se reencontraram num restaurante em Ipanema, no Rio, para formatar o projeto. Já que a proposta era festejar os 25 anos que as duas bandas completariam no ano seguinte, por que não convidar também Kid Abelha e Barão Vermelho? Ambos também haviam nascido em 1982 e assim completariam cem anos de rock brasileiro. Charles chegou a ligar para George Israel e Bruno Fortunato, do Kid, mas o grupo se preparava para tirar férias e Paula Toller iria começar a produção de seu segundo disco solo. Com o Barão também parado — e Branco e Britto defendendo arduamente que era melhor focar um único show de Titãs e Paralamas —, ficou combinado que o pontapé inicial seria nos meses seguintes.

Ao longo de 2006 e 2007, as duas bandas, sempre que podiam, conciliavam agendas em meio a seus shows tradicionais para ensaiar no Estúdio Floresta, no Cosme Velho, na Zona Sul do Rio. Os primeiros encontros mostraram que vinha chumbo grosso pela frente. O inusitado de juntar duas bandas de longa estrada fez Titãs e Paralamas se empolgarem nos ensaios como se estivessem na garagem, lá no início da carreira. Herbert, Bi Ribeiro e

Tony botaram seus amplificadores em volume máximo. Os compadres Charles e Barone abriram mão do metrônomo, aparelho quase indispensável para que duas baterias mantenham a precisão do compasso, e se entenderam numa comunicação absolutamente visual, como nos encontros anteriores da dupla. Mais: em vez de um conduzir para o outro fazer as viradas, optaram por tocar tudo cirurgicamente juntos — mais tarde, na turnê, o momento em que os dois travavam um duelo de bateria após "Cabeça dinossauro" se consagraria como o ápice dos shows.

Com patrocínio da Sky, operadora de TV, a primeira apresentação de Titãs e Paralamas juntos aconteceu no dia 6 de outubro de 2007, de forma quase clandestina. Propositalmente, o anúncio para fãs e imprensa aconteceu apenas três dias antes. O local escolhido foi o ginásio do Clube Recreativo Sede Campestre, em Sorocaba, interior de São Paulo, onde nas décadas anteriores os dois grupos haviam feito shows arrebatadores. Aquela noite serviu como uma espécie de ensaio geral para acertar no palco o que já estava perfeito nos ensaios.

O show oficial de estreia foi no Chevrolet Hall, em Belo Horizonte, em 27 de outubro. O repertório pinçou 22 sucessos das duas bandas (doze dos Titãs e dez dos Paralamas), sendo que "Selvagem" e "Polícia" foram emendadas num medley, assim como "Sonífera ilha" e "Ska" — o que levou "Sonífera" a ganhar uma versão mais caribenha. Herbert assumiu a voz de boa parte das músicas dos Titãs, dividindo com Branco, Britto e Paulo. O mesmo aconteceu com os três vocalistas, que cantaram os hits dos Paralamas. Os arranjos sofreram mudanças sutis, mas sem guinadas radicais a ponto de descaracterizar os registros originais. A grande novidade passou a ser a performance dos vocalistas, que deram texturas próprias a cada canção.

A turnê prosseguiu em novembro, com shows na Concha Acústica, em Salvador, e na Via Funchal, em São Paulo. Em cada cidade, dois ou três convidados eram chamados para participar, como Arnaldo Antunes, Dado Villa-Lobos, Andreas Kisser, Marcelo Camelo, Carlinhos Brown e Samuel Rosa.

A rivalidade histórica de Paralamas e Titãs foi esquecida ao longo da turnê. Herbert, que pelo lado do trio alimentava a rixa, após o acidente de ultraleve que sofrera se tornara um aglutinador e se mostrava mais amável do que nunca. A única diferença entre Titãs e Paralamas passou a ser no backstage. Já nos últimos anos, o quinteto vinha requintando o camarim, com espumantes, vinhos, diferentes sabores de sucos, queijos, frios, castanhas, frutas secas... Passaram a carregar sempre uma adega climatizada, uma torradeira e um equipamento de som — normalmente operado por Charles — com trilha sonora para o pré e o pós-show. Quem cuidava de tudo era Antônio Afonso. Segurança de Roberto Carlos havia décadas, mas com poucas tarefas por causa da reclusão do Rei nos últimos anos, ele passou a trabalhar com os Titãs, já que Lauro Silva havia sido promovido a produtor técnico. Na prática, porém, Afonso agia quase como um produtor e era o responsável pela sofisticada estrutura do camarim, que chamou a atenção dos Paralamas logo na primeira apresentação:

— O que é isso? Isso não tem no nosso catering! — surpreendeu-se João Barone, cujo camarim se restringia a alguns salgadinhos, rodelas de abacaxi e refrigerantes.

— Ué, vocês não pediram... — tratou de esclarecer o manager da turnê, Simon Fuller.

Sempre de bom humor, Herbert também impressionou o quinteto musicalmente desde os primeiros ensaios, pelo exímio domínio da guitarra, mesmo após seu acidente. Nos shows, ele tinha um teleprompter à frente, operado por seu irmão, com os tons de cada canção e o momento em que os vocalistas cantavam. Eventualmente, deixava de entrar com a voz em alguma música dos Titãs, mas Paulo, Britto e Branco, sempre atentos, se antecipavam.

Como estava previsto, no dia 19 de janeiro a turnê aportou na Marina da Glória, no Rio de Janeiro, para sua última escala, onde haveria a gravação de um CD e um DVD. Paulo Junqueiro, velho conhecido dos Titãs e dos Paralamas, assumiu a produção do disco, enquanto Oscar Rodrigues Alves cuidou das imagens. Uma chuva torrencial, porém, impediu que a passagem de som, à tarde, fosse gravada para cobrir eventuais erros no show. O temporal prosseguiu até a noite. Minutos antes de Paralamas e Titãs entrarem no palco, no entanto, são Pedro deu uma trégua e o público, enfim, se esbaldou. A chuva voltou a cair exatamente na última canção do bis. Parecia combinado, para lavar a alma.

O disco, lançado em junho pela Universal, foi recebido com euforia pela crítica. Os números de venda, porém, refletiam a franca decadência do mercado:

pouco mais de 20 mil CDs e 25 mil DVDs. Mas a dobradinha explosiva das duas bandas no palco e os shows sempre lotados garantiram mais algumas apresentações para lançar o disco em capitais por onde a turnê não havia passado, como Vitória e Florianópolis. Foi numa madrugada na ilha catarinense, em mais uma rodada de conversa no hotel, que Britto e Herbert, na companhia de Andreas Kisser, mostraram um para o outro músicas novas. Saudoso, o titã lembrou dos tempos em que batia longos papos com Hermano Vianna, irmão do guitarrista.

— A gente tinha que refazer essas pontes. Podíamos até mesmo compor alguma coisa... — disse Herbert.

João Barone, ainda nos ensaios da turnê, também havia sugerido *jam sessions* para que nascessem músicas em conjunto, e dali possíveis letras. Mas os encontros dos grupos tinham como principal objetivo deixar o show afiadíssimo e descartaram incluir canções inéditas no projeto. Uma antológica parceria de composições de Titãs e Paralamas ficaria adiada mais uma vez.

■ ■ ■

Em junho de 2002, pouco depois de gravar o clipe de "Epitáfio", Branco decidiu que já era hora de ter mais do que uma ideia na cabeça e uma câmera na mão. Desde 1986, quando comprou uma filmadora Panasonic, ele registrava viagens, ensaios, shows, a vida agitada nos hotéis e cada passo dos Titãs. Já naquela época, Branco imaginava que um dia as fitas que enchiam uma gaveta poderiam se transformar num documentário/aventura sobre a banda. A cada disco, o material se multiplicava. Com o passar dos anos, trocou de câmera algumas vezes, mas não diminuiu o ritmo das filmagens.

O clipe de "Epitáfio", o primeiro dos Titãs que Oscar Rodrigues Alves viria a dirigir, encontrou o parceiro que Branco precisava para a empreitada sair do papel. Antes, chegou a conversar com alguns amigos envolvidos com cinema, como o diretor Mauro Lima, mas todos saíam pela tangente quando constatavam que as quase duzentas horas de filmagens brutas significariam uma trabalheira descomunal. Oscar, tarimbado diretor de clipes e comerciais, e na crista da onda por "Epitáfio" ter sido triplamente premiado na MTV, topou o desafio de dividir com o cantor direção, roteiro e montagem do filme.

O primeiro passo era assistir a todas as fitas e fazer uma triagem do que havia de melhor. A cada ida de Oscar ao Rio, ele e Branco se juntavam, viam juntos algumas gravações e já começavam a rascunhar a edição do filme. Dois anos depois, encerraram a primeira parte dos trabalhos com uma peneirada de 35 horas de material. Foi a partir de 2004 que Oscar e Branco resolveram botar a mão na massa pra valer: começaram a coletar e a assistir a outras filmagens informais da banda. Arnaldo Antunes, que em 1990 também havia comprado uma câmera portátil, tinha colecionado muitos registros das andanças dos Titãs pelo Brasil. Malu Mader e Angela Figueiredo, fiéis escudeiras nas turnês, volta e meia carregavam suas filmadoras, em que flagravam momentos inusitados e descontraídos. Isso sem contar imagens isoladas registradas por amigos. A primeira montagem, concluída dois anos depois, estava bem mais enxuta: duas horas e quarenta minutos.

Angela, aliás, começou a decupagem das fitas ainda em 2002, quando sua produtora com Branco, a Casa 5, se associou à Academia de Filmes para botar na rua o projeto do longa-metragem. Com vasta experiência como atriz, foi ela que assumiu o que faltava para o documentário ganhar vida além da ilha de edição: a produção. Angela revirou arquivos de emissoras de tv e de cinematecas com cenas da banda em ação e saiu à caça do mais complicado: as autorizações de imagem de todos os personagens que apareciam, ainda que por parcos segundos.

Os apresentadores Fausto Silva e Silvio Santos, o músico Jorge Mautner, dezenas de personalidades ilustres, assim como parentes e amigos dos titãs, nem pestanejaram em assinar as autorizações. Roberto Carlos, sempre detalhista com suas canções, elogiou a edição e também deu sinal verde para sua participação — ele aparece em seu especial de fim de ano de 1997, cantando um trecho de "Pra dizer adeus" com os Titãs —, mas fez uma exigência: pediu para alterar dois takes da edição final, um deles para mostrar Charles Gavin na bateria e outro para exibir um close de Branco. Já Vitória Cury, filha do apresentador Bolinha, que morrera em 1998, se emocionou ao receber Angela em seu apartamento na alameda Santos, nos Jardins, em São Paulo:

— Ai, que saudade do papai...

O trabalho de Angela era de formiguinha, mas a coleção de autorizações crescia a cada dia. O drama era localizar principalmente pessoas comuns, que cruzaram na história da banda. Figuras fundamentais no disco *Õ blésq blom*, Mauro e Quitéria precisavam estar no filme. Ele havia morrido em 1992, mas Quitéria ainda vivia em Recife. Foi encontrada depois de longas semanas de busca e, com a ajuda de advogados, validou o uso de sua imagem. Trabalheira maior foi descobrir quem era a comissária de bordo da Varig que aparece logo na primeira cena do filme, numa viagem dos Titãs em 1986. Angela foi ao aeroporto Santos Dumont e, no balcão da Varig, a encaminharam para as áreas de marketing e recursos humanos da companhia. Reviraram arquivos daqui, reviraram dali e, bingo!, finalmente descobriram o endereço da ex-comissária Regina, por sinal casada com o piloto do avião daquele mesmo voo. Lá foi a produtora para Vinhedo, interior de São Paulo, pegar a preciosa assinatura.

As últimas das 230 autorizações de imagem, de músicos e de diretores de clipes que costuram o filme, foram conseguidas em setembro de 2008, a poucos dias da primeira exibição oficial do longa-metragem. No dia 30 daquele mês, *A vida até parece uma festa* — verso da música "Diversão", que também batiza este livro — fazia sua avant-première no histórico Cine Odeon, na Cinelândia, dentro da mostra competitiva do Festival do Rio 2008. A versão final, como queriam Branco e Oscar, ficou com noventa minutos. Na plateia, misturavam-se público pagante e convidados, entre eles Arnaldo Antunes e os três filhos de Marcelo Fromer: Susi, Alice e Max. Nando, com show em Brasília naquele dia, não pôde ir, embora seis meses antes já tivesse assistido a uma versão bruta do filme.

Se as gravações de Branco são o fio condutor do longa (e quando ele não estava operando a câmera, os outros titãs assumiam o papel de cinegrafista), imagens raríssimas mostravam as origens dos Titãs, como a apresentação do Trio Mamão como calouro na extinta TV Tupi, com Wilson Simonal como jurado, e o célebre show no Teatro Lira Paulistana, numa precária, porém histórica filmagem de Alê Primo. Assim como participações em programas de TV que nem as próprias emissoras tinham em arquivos, como os Titãs salvando uma fã das teias de uma aranha gigante nas paredes de um prédio no Vale do Anhangabaú, no quadro "Sonho maluco", de Gugu Liberato. Ou a banda surpreendentemente cantando "Bichos escrotos" no programa vespertino *Qual é a música?*, de Silvio Santos. Boa parte dessas participações foi gravada em VHS por Cecília, mãe de Nando, que sem saber ajudou a preservar a memória da banda.

A primeira exibição do longa terminou pouco depois da meia-noite, com a plateia que lotou o Odeon sem disfarçar lágrimas, fossem elas de tristeza, como no trecho que relembrava a morte de Fromer, ou da mais pura alegria, sintetizado pelo hilariante cozido preparado pelos Titãs, com ingredientes como pasta de dente e cigarros. No dia 2 de outubro, André Miranda resumia n'*O Globo* o espírito do filme: "*Titãs* é um documentário musical divertidíssimo e parecia impossível ficar parado ao som de canções como 'Diversão', 'Polícia' ou 'Flores'". E encerrava o texto com uma reverência: "Uma banda que soube se adaptar ao tempo e mostra, com o filme, que aprendeu a envelhecer".

A vida até parece uma festa teve ainda outras quatro sessões no Festival do Rio, sempre surpreendendo o público. Um mês depois, o filme voltaria a ganhar rasgados elogios, dessa vez na programação da 32ª Mostra de Cinema de São Paulo. Em 28 de outubro, no Espaço Artplex, na Bela Vista, aconteceu o encontro mais esperado: Branco, Charles, Britto, Bellotto e Paulo voltaram a se juntar a Arnaldo e Nando, que assistia pela primeira vez à versão final. Representando Fromer, estavam lá novamente seus três filhos, além de Tina, a segunda mulher do guitarrista.

O aguardado reencontro foi relatado por Nando em sua coluna no *Estado de S. Paulo*, dois dias depois, num texto que misturava desabafo e emoção: "Durante os vinte anos em que fiz parte da banda, vivi todos os lados desse balaio. Fui núcleo e periferia, gozei de prestígio e fui marginalizado, contribuí e boicotei, joguei limpo e sujo, admirei, invejei, ouvi, falei, gritei, barbarizei, gargalhei, ri e chorei intensamente. Não saberia dizer a quantidade de shows que fizemos juntos, não importa, foram muitos, milhares. De todos os tipos: pra ninguém, para 100 mil no Maracanã, com performances inspiradas, outras completamente alcoolizadas, algumas mecânicas, mas a maioria com a alma entregue para ser sangrada e esfarrapada. De todas, saí diferente de como entrei. De algumas, não sei como saí vivo. Trabalhar com um bando de amigos é um privilégio. Poder desentender-se sabendo que há um vínculo amoroso que predominará e fará a reconciliação é uma dádiva". O filme, mais do que contar os 26 anos dos Titãs, serviu também para reaproximar Nando da banda e para curar feridas abertas que não haviam cicatrizado totalmente.

Também tocado pelo longa-metragem, Paulo sentou no computador e escreveu um longo e-mail: "O filme mexeu mesmo comigo. Fiquei me perguntando como tudo parecia fazer sentido e tinha um sabor novo, especial. E com certeza, a resposta estava na nossa intrépida maneira de subverter, traduzir-trair, abusar de todas as nossas referências em favor das canções. As canções sempre foram nosso forte, nossa bússola, nossa missão. Sempre foi a partir delas, e por causa delas, que nos aventuramos a tocar instrumentos, a transitar entre estilos, montando uma banda que poderia, e deveria, comportar toda e qualquer trombada estética. [...] Fomos criados à base de Novos Baianos, Tropicália, Alceu Valença, Mutantes, trio elétrico, o rock vazando pelos poros do samba, forró, candomblé, música caipira e o escambau! Musicalmente, éramos e continuamos rock 'n' roll, do interior da mais caótica megalópole ao sul do Equador, e com as antenas para o mundo. Fico pensando: o que ainda nos falta? Temos canções muito boas, letras e melodias, divisões acertadas, intenções corretas, harmonias, mas, ao final, um sentimento de pouca pegada, e não é de peso de som. É no conceito. É aí que sempre encontramos sentido, força, pegada e coragem para criar e nos sentirmos satisfeitos".

O texto prosseguia com o cantor sugerindo intervenções nas músicas que já visavam um disco de inéditas. No fim do e-mail, Paulo, o eterno Lipo para os Titãs, encerrava em tom quase profético, fazendo menção a uma expressão que já havia virado bordão no grupo: "O novo sempre incomoda! O Lipo é vanguarda!".

O INFERNO
SÃO OS OUTROS

▶ Trecho de "O inferno são os outros"

O E-MAIL DE PAULO MEXEU COM O BRIO DOS TITÃS. Mas o fim de sua mensagem mirava o futuro: os próximos meses de 2008 seriam de muitas novidades e a banda precisaria se adequar a uma realidade diferente da que estava acostumada. A indústria fonográfica vinha em queda livre, os contratos (e adiantamentos) milionários das gravadoras evaporaram, e o grupo pela primeira vez estava livre no mercado. Para completar o cenário nebuloso, o rock já não era mais a menina dos olhos das companhias.

O produtor Rick Bonadio, porém, seguia apostando firme no gênero. Credenciado pelo sucesso avassalador dos Mamonas Assassinas, que descobriu e empresariou, e pela aposta certeira no Charlie Brown Jr., ele fundou em 2001 a Arsenal Music. Lançou Fresno, NX Zero, CPM 22 e outras bandas de estilo emo/ hardcore que estouraram na primeira metade da década. Fã confesso dos Titãs, ele os procurou e sugeriu que fizessem um disco de inéditas pelo seu selo, na época um braço da Universal. Para isso botaria à disposição o Midas, seu estúdio em São Paulo, não só para gravações, mas para os Titãs criarem coletivamente o 16º álbum.

Em outubro de 2008, Tony, Britto, Paulo, Branco e Charles chegaram ao estúdio da rua Leão XIII, no Jardim São Bento, com um esboço de repertório. Bonadio ouviu o que cada um tinha composto no seu casulo até aquele momento.

— Olha, vocês podem fazer coisa melhor... — disse, propondo ao grupo usar o estúdio o tempo que achasse necessário e com liberdade para experimentar à vontade, até mesmo para recuperar o que quase sempre foi um marco dos Titãs: o hábito de compor junto.

O incentivo de Bonadio ajudou a trazer de volta um espírito de banda que os Titãs tinham deixado de lado nos últimos tempos. Branco e Paulo reivindicaram assumir o baixo e a guitarra em definitivo no novo disco. Isso já vinha acontecendo desde a turnê do MTV *ao vivo*, quando num determinado momento do show apenas o quinteto ficava no palco, sem a companhia dos músicos contratados. Dessa vez, porém, foram Britto e Tony que resistiram à ideia. Se nas apresentações era até divertida aquela formação em duas ou três canções (os fãs adoravam), uma mudança pra valer soaria arriscado. Eles alegaram que os dois não eram baixista e guitarrista, e que o som poderia perder potência.

— Mas quando a gente começou ninguém tocava nada. O que fez os Titãs se tornarem o que são foi exatamente esse frescor — rebateu Paulo.

O argumento fazia sentido e *Sacos plásticos* foi o primeiro disco em que Branco e Paulo tocaram os instrumentos na maior parte das catorze faixas — Britto assumiu o baixo em quatro músicas e Rick Bonadio, em duas. Foram sete meses no estúdio, divididos com a agenda de shows, que não diminuiu. A rotina era mais ou menos assim: de quinta a domingo, os Titãs caíam na estrada, voltavam para São Paulo, se trancavam no estúdio de segunda a quarta, e na quinta, tome mais estrada.

Tudo parecia correr bem no Midas. Menos para um integrante. Deslocado da criação coletiva, muito mais ligado em um laptop que carregava para cima e para baixo, Charles estava visivelmente desanimado, alheio à concepção do álbum. Às vezes, respondia de forma arredia quando os amigos pediam para ele tocar algo. Enquanto Britto, Paulo e Branco (já morando novamente na capital paulista) iam para suas casas depois dos ensaios, assim como Tony, que mantinha uma casa nos Jardins, Charles seguia para um hotel a duas quadras do Masp. E lá sofria com a distância da família, especialmente das filhas Dora, de seis anos, e Sofia, de três. Dependendo do local dos shows que não paravam de fazer, até conseguia passar em casa, no Rio, mas basicamente para trocar as roupas da mala e embarcar novamente para São Paulo a fim de ensaiar.

O esgotamento físico e mental chegou ao limite numa noite em que deixou o Midas e retornou ao hotel. Acostumado a ficar em andares altos, abriu a janela com vista para a avenida Paulista. Passou um tempo espiando

São Paulo de cima e imaginou: "E se eu saísse voando pela janela?". Aquele pensamento sombrio começou a ser recorrente em outras situações de grandes alturas, seja quando olhava para uma porta de emergência de avião ou mesmo diante de um elevador que ainda não estava no andar. Ele simplesmente tinha vontade de sumir sem avisar a ninguém.

Em meio a ideias assustadoras de fuga da realidade e à pressão da estrada somada aos ensaios e gravações, Charles foi empurrando com a barriga uma rotina que o desgastava e estressava. Isso se refletiu, claro, na criação de *Sacos plásticos*, o primeiro disco de inéditas desde *Televisão* (sua estreia na banda) que não tinha nem sequer uma parceria dele. Pior: com Rick Bonadio e os Titãs decididos a experimentar elementos eletrônicos no álbum, como já haviam feito em *Jesus não tem dentes no país dos banguelas* e *Õ blésq blom*, as programações de bateria que ficariam a cargo de Charles começaram a ser feitas pelo produtor, que já gostava de mexer com isso. Na visão do baterista, Bonadio estava assumindo a função com ideias prontas, sem dar brecha para ele opinar ou discutir. Já para a banda, foi o desinteresse do companheiro que levou o produtor a ocupar o espaço.

O fato é que o disco ficou pronto sem a bateria de Charles em três faixas e com programações de Bonadio em sete — ele ainda tocou guitarra em outras sete músicas, teclados em cinco, além de violão, baixo, piano e percussão em mais quatro faixas. Durante todos esses meses no estúdio, a incompatibilidade entre o baterista e o produtor era visível. Os dois cada vez conversavam menos, até a questão de a bateria eletrônica voltar à tona numa audição de *Sacos plásticos*, no próprio Midas, para a cúpula da Universal, responsável por comercializar os discos produzidos pela Arsenal Music. Bonadio avisou:

— Você está sabendo que vai ter que tocar todas as músicas, né?

— Ué, mas não tem bateria eletrônica? — ironizou Charles.

— As programações não seguram, não têm peso — justificou o produtor.

Aprovado pela Universal, *Sacos plásticos* incluía duas parcerias de velhos amigos dos Titãs: uma de Paulo com Arnaldo Antunes e Liminha ("Problema") e outra de Britto e Tony com Andreas Kisser ("Deixa eu entrar"), com participação do guitarrista do Sepultura. A aposta para puxar o álbum foi "Antes de você", cantada por Paulo, que entrou na trilha sonora da novela das sete *Caras e bocas*. A música ganhou ainda um clipe com um genial efeito visual, filmado no viaduto Santa Efigênia, com direção de Oscar Rodrigues Alves. Cerca de 150 figurantes — entre atores do grupo Parlapatões e pedestres que toparam participar da gravação, todos dirigidos por Hugo Possolo — caminham com sacos de papel na cabeça, enquanto os Titãs tocam e circulam entre eles.

Mas foi o segundo single, a balada "Porque eu sei que é amor", também na voz de Paulo, a música que marcou o disco. E que também foi incluída na trilha de outra novela da Globo, a das seis, *Cama de gato*. A canção, aliás, foi uma das que mais deu trabalho. Paulo e Britto, os autores, não estavam satisfeitos com a letra ainda muito curta e com a repetição de duas estrofes. Paulo pegou o violão e chamou o amigo:

— Vamos subir lá e resolver isso agora!

O Midas Studio fica num casarão com um terraço junto ao telhado, onde se tem uma bela vista da Zona Norte de São Paulo. Era comum alguém subir até lá num intervalo das gravações. E foi assim, a céu aberto, que Britto e Paulo deixaram "Porque eu sei que é amor" no formato ideal. Uma hora depois, desceram e avisaram aos outros três titãs:

— Conseguimos!

Sacos plásticos foi lançado no início de junho de 2009. Em entrevista ao jornal *O Globo*, no dia 12, a banda exaltou a parceria com Rick Bonadio. "Ele, além de produtor, é também homem de gravadora. Quando a gente saiu da BMG foi ele quem fez a melhor proposta. Nos procurou com um entusiasmo que você não costuma ouvir mais de gente de gravadora, por causa da crise", disse Bellotto. Paulo complementou: "O entusiasmo do Rick ficou demonstrado na maneira como ele sugeriu e ofereceu uma condição de trabalho muito importante para a feitura desse disco. Pudemos experimentar arranjos e composições, refazendo letras, melodias, harmonias. Ele criou uma situação ideal para a gente chegar no ponto".

A crítica, porém, recebeu mal o CD. Com o título "Novo álbum dos Titãs soa chocho ao unir eletrônico e country", José Flavio Junior classificou *Sacos plásticos* como "ruim" na *Folha de S.Paulo*: "O que o fã da banda vai receber é um disco com momentos constrangedores, criado por cinco músicos que já deveriam ter rumado para carreiras individuais há muito tempo". E em quase todos os textos os jornalistas tinham como alvo, além do repertório, justamente o produtor: "Produzido por Rick Bonadio, o nome por trás do sucesso de bandas como CPM 22 e NX Zero (medo!), *Sacos plásticos* pode ser considerado o trabalho mais fraco dos Titãs ao longo de 27 anos de estrada", decretou Gilberto Tenório na revista digital *O grito*.

Descobridor das bandas emo execradas pela crítica especializada, Bonadio funcionou como um cartão de visitas às avessas para *Sacos plásticos*. O repertório do álbum, ainda que irregular, foi abafado pelo perfil do produtor, considerado excessivamente comercial. Mesmo dez anos depois, quando o CD enfim chegava ao streaming, Bonadio seria lembrado: "A rigor, os Titãs deveriam deixar o álbum *Sacos plásticos* (2009) esquecido no fundo da memória fonográfica do Brasil. No entanto, uma década depois, o grupo se lembra duplamente deste disco anêmico em que aderiu ao som padronizado do produtor musical Rick Bonadio", escreveu o crítico Mauro Ferreira no *G1*, em junho de 2019.

Mas se a imprensa massacrou *Sacos plásticos* no Brasil, a National Academy of Recording Arts & Sciences, dos Estados Unidos, foi bem mais generosa. Não só indicou o CD ao Grammy Latino 2009 na categoria Melhor Álbum de Rock ou de Música Alternativa em Língua Portuguesa como lhe deu a vitória, dividindo o prêmio com *Agora*, do NX Zero — coincidentemente também produzido por Rick Bonadio. E aqui vale um parêntese: nenhum titã foi receber o troféu, que por sua vez não foi enviado ao Brasil. Treze anos depois, Charles Gavin se atentou que nem ele nem os companheiros de banda tinham a estatueta. Começou a disparar e-mails para saber onde estava o Grammy e descobriu que, de fato, o troféu nunca foi entregue. Por intermédio do executivo Marcelo Castello Branco, representante da premiação no Brasil, trocou mensagens com os organizadores da academia norte-americana, que reconheceram o erro. Em setembro de 2022, o Grammy de Branco, Britto, Tony, Charles e Paulo enfim seria enviado ao Brasil.

■ ■ ■

Com a venda de discos minguando no fim dos anos 2000, os shows se tornaram a principal fonte de receita para os artistas de ponta. Não foi diferente para os Titãs. Críticas ao novo disco à parte, Deyse Simões seguia marcando apresentações da banda em todos os cantos do país. Mas enquanto Charles pedia para desacelerar, reivindicando que não estava bem emocionalmente, o restante do grupo, especialmente Paulo, cobrava uma agenda cada vez mais intensa.

O caldo entornou em outubro de 2009. O baterista, que já sofria com a distância da família e o desgaste do excesso de viagens, ficou muito abalado quando soube que o mês de dezembro já contabilizava dezenove shows marcados. Durante uma viagem de ônibus entre uma cidade e outra no interior de Santa Catarina, Charles pediu ao grupo uma reunião e começou a falar da insatisfação com a rotina frenética.

— Eu estou muito infeliz. E a situação é grave.

O baterista explicou que a estrada estava destruindo sua saúde mental e que isso se refletia no seu desempenho no palco. Não que achasse que estava tocando mal, mas sentia que não conseguia focar 100% nas apresentações.

— Preciso de um tempo para me recompor — reivindicou.

Por mais que os companheiros já soubessem do descontentamento com a agenda lotada, surpreenderam-se com o desabafo de Charles. Para resolver o impasse, ele propôs algumas alternativas. Que a banda abrisse mão de um fim de semana a cada mês. Ou que lhe dessem algumas semanas de férias. Ou ainda que tivessem outro baterista, uma espécie de "sub", para tocar em shows com menos visibilidade.

—Aí não dá, vira bagunça — rechaçou Tony, em sintonia com os outros titãs, que também acharam as propostas sem cabimento.

Charles ainda tentou outros argumentos e sugestões, mas não encontrou acolhimento dos companheiros nem ouviu deles uma contraproposta.

— Nossa vida é na estrada. A vida do músico é isso, a agenda é que determina — justificou Paulo.

— Mas não acho que deva ser assim sempre, Paulo. Até com outras bandas isso não é assim. O Skank não faz isso, tem horas que eles param. Os Paralamas também.

A conversa prosseguiu, mas sem um acordo. Sentindo-se rejeitado e isolado, Charles não viu alternativa:

— Então eu vou me desligar da banda.

A decisão espantou os outros titãs. Embora percebessem o baterista alheio a quase tudo nos últimos meses, talvez não imaginassem a gravidade daquele momento para ele. Charles se levantou e foi para os primeiros bancos do ônibus. E desabou a chorar sozinho. Estava triste, mas se sentia aliviado por ter verbalizado tudo, ainda que a decisão repentina não tenha sido planejada para terminar daquela forma. Para Paulo, Britto, Branco e Tony, parecia que não tinha caído a ficha de que, com aquela cisão, a banda se reduziria à metade de sua formação clássica.

Mas diferentemente da saída de Nando, impregnada de mágoa dos dois lados, a de Charles, pode-se dizer, foi bem mais suave. Tanto que nos dias seguintes eles trataram de resolver questões práticas e combinaram que o baterista cumpriria a agenda de shows até fevereiro, quando só então anunciariam para os fãs seu desligamento. Seria também o tempo para os Titãs procurarem com calma um músico para acompanhá-los, que assumiria as baquetas depois da parada do Carnaval.

Com prazo de validade na banda, Charles passou a tocar com mais entusiasmo, visivelmente mais leve, tanto que os outros titãs ainda acreditavam que ele poderia rever sua decisão.

— Cara, você tá louco, para com essa bobagem de sair, vamos gravar um DVD — disse Britto.

Charles, na verdade, estava aliviado, enxergando um futuro longe da estrada. Mas apaixonado pela banda, cogitava, depois que a poeira baixasse, encontrar os companheiros para participações em um ou outro show.

— Depois que entrar alguém aqui no meu lugar, eu encontro vocês em alguns lugares para tocar um bis — dizia, ingenuamente.

Até dezembro, a saída de Charles era tratada apenas internamente. Até um show em Natal. Quando o baterista foi fazer o check-out no hotel, no dia seguinte à apresentação, um pequeno grupo de fãs que sempre acompanhava os Titãs pelo Nordeste o aguardava chorando. Queriam entender por que ele estava saindo da banda que tanto amavam — um roadie do grupo tinha vazado a notícia. O baterista chamou as meninas para sentar no sofá do saguão e explicou suas razões, enquanto tentava reconfortá-las, desconversando:

— De repente eu volto daqui a uns dois anos, quando estiver mais recomposto emocionalmente.

As palavras de Charles acalmaram as fãs e, sabe-se lá como, sua saída não chegou à imprensa. O baterista ainda cumpriria a agenda da banda até 9 de fevereiro de 2010, quando fez seu último show como integrante dos Titãs, 25 anos depois de uma parceria vitoriosa. O lugar não poderia ser mais apropriado: a Via Funchal, na sua cidade natal, São Paulo. Emocionalmente preparado para a despedida, ele se sentia muito bem e fez questão de levar os pais, alguns parentes e amigos próximos para assistir à despedida. Era um evidente contraste com o quarteto, que, depois do show, ainda teve que botar um sorriso amargo no rosto posando para fotos com a família de Charles.

A derradeira apresentação dos Titãs como quinteto, numa terça-feira anterior ao Carnaval, foi planejada justamente para aproveitar um intervalo de quase duas semanas até a retomada da agenda da banda, quando seria anunciada a saída do baterista. Porém, no fim da tarde da sexta-feira, 12 de fevereiro, quando começava o feriadão do Carnaval, a assessora de imprensa do grupo, Bebel Prates, mandou um e-mail para todas as redações: "Os Titãs comunicam que, por motivos pessoais, o baterista Charles Gavin decidiu se afastar da banda. Branco Mello, Paulo Miklos, Sérgio Britto e Tony Bellotto prosseguem com os trabalhos e compromissos do grupo, que vive excelente momento com a turnê do novo CD *Sacos plásticos*, vencedor do Grammy Latino de 'Melhor Álbum de Rock em Língua Portuguesa' de 2009. A canção 'Porque eu sei que é amor' está entre as mais executadas nas rádios de todo o país e a banda comemora o sucesso do também premiado documentário *Titãs, a vida até parece uma festa*. A partir de agora, Mario Fabre é o baterista que acompanhará a banda".

Charles foi pego de surpresa com a antecipação do comunicado. A estratégia de divulgar sua saída em pleno Carnaval funcionou: o espaço nos sites e jornais foi mínimo e boa parte dos fãs só descobriria que ele não integrava mais os Titãs nos shows seguintes. O baterista se sentiu traído não só pelo momento inoportuno do comunicado, mas também pela frieza do texto. Rompeu com Bebel — que considerava uma amiga e frequentava sua casa — e tratou de escrever uma mensagem aos fãs da banda na segunda-feira, bem mais longa, porém sem demonstrar rancor: "Gostaria de expressar aqui o meu eterno agradecimento por todos estes anos em que vocês nos fizeram companhia trazendo sempre na bagagem apoio, admiração, alegria, carinho, inspiração e alto-astral. Obrigado mesmo, de coração. Meu afastamento se deve a um esgotamento físico e mental, provocado pelo que acontece quando uma banda como os Titãs alterna, ano após ano, álbuns e turnês", dizia um trecho do texto, que no fim completava: "Meu afastamento é amigável, transparente, realizado sem ressentimentos ou mágoas, acertado da melhor maneira possível, respeitando história, amizade e as individualidades dos Titãs. Nós estamos bem...".

■ ■ ■

Em janeiro de 2010, os Titãs arregaçaram as mangas para buscar um novo baterista. A ideia era fazer audições com alguns músicos. O primeiro nome cogitado foi o de Bacalhau, integrante do Ultraje a Rigor desde o início da década. Branco e Britto o encontraram para um chope, mas a conversa não evoluiu por conta do cachê que ele pediu e de uma agenda mais atribulada. Rick Bonadio recomendou aos Titãs um jovem baterista de uma banda que estava produzindo. E o próprio Charles sugeriu outro nome, Mario Fabre, que nos últimos tempos vinha tocando com Nasi e Leo Jaime. A indicação, na verdade, partiu do irmão de Charles, César Gavin, que por sua vez pensou em Fabre graças à mulher, Cilene. Ao saber da saída do cunhado dos Titãs, ela comentou com César sobre o baterista com quem ele tocara na banda Bala de Prata, no fim dos anos 1980.

A audição dos dois músicos foi marcada para 10 de fevereiro, no estúdio 500, no Morumbi, dia seguinte à despedida de Charles da banda. Uma semana antes, por coincidência, o baterista e Tony embarcavam no aeroporto Santos Dumont com destino a Congonhas quando encontraram Fabre voltando de um show do Rio para São Paulo, onde mora. Charles o chamou para apresentar Tony e os três conversaram por alguns minutos.

Preocupado em não deixar um problema para os Titãs com o seu desligamento, Charles fez questão de se envolver na busca pelo seu substituto. Queria que fosse ao mesmo tempo um profissional competente e uma pessoa íntegra. E estava convencido de que o amigo do irmão era o nome certo. Alguns dias antes da audição, ligou para Fabre para desejar boa sorte, explicar por que estava saindo e dar algumas dicas.

— Os Titãs são a banda da minha vida, me desligar é como cortar um braço. Mas estou passando por um momento emocional difícil. Se você quer mesmo entrar na banda, agarra essa oportunidade. Mas é importante entender que lá você vai ser coadjuvante, e não protagonista.

— Isso não é problema algum pra mim. Ao contrário, eu sei o meu papel.

— Boa sorte, se você entrar e conseguir manter meu legado vai ser um prazer. Eu te acompanho desde quando era garoto, tocando com meu irmão, e sei que vai arrasar. Tecnicamente, não preciso falar nada. Mas tira todas as músicas, escreve tudo. Deixa tudo preparado e toca no maior volume possível. Não dê chance para o seu concorrente.

Charles ainda deu mais uma sugestão:

— Vai bem-vestido. Bota uma roupa preta, como se estivesse fazendo uma audição para uma banda gringa em Nova York, para passar uma imagem bem auspiciosa, de um cara seguro.

Era fim da tarde de 10 de fevereiro quando Mario Fabre entrou no estúdio 500. Ainda cruzou com o outro baterista, sugerido por Bonadio, que tinha feito o teste antes. Durante quase uma hora, tocou com os Titãs as dezesseis músicas pedidas por eles, boa parte de *Cabeça dinossauro*, incluindo o solo de bateria da canção homônima. O repertório tinha ainda hits como "Flores", "Epitáfio" e "A melhor banda de todos os tempos da última semana". Quando saiu do estúdio, o quarteto já sabia que era ele o músico que procuravam. Tecnicamente impecável, seguro e muito tranquilo, Fabre caiu como uma luva no som potente dos Titãs. E, seguindo a sugestão de Charles, ainda estava vestido de preto — só o tênis era vermelho.

O baterista soube na mesma noite que tinha sido o escolhido. A tempo de entrar no tal comunicado soltado dois dias depois, na sexta-feira antes do Carnaval. Estava para começar sua mais longa experiência com uma banda. Músico desde os dezesseis anos, quando começou a tocar em bares (entrava escondido, porque era menor de idade), passou por inúmeros conjuntos entre os anos 1980 e 1990. Tocou também em bandas de baile e flertou com o metal, com os grupos Salamandra e Soul of Honor, levando-o a ser convidado três vezes para integrar o Angra, banda de heavy metal brasileira com enorme projeção fora do Brasil — ele recusou as três.

Foi já nos anos 2000 que Fabre começou a acompanhar nomes importantes do rock, como Leo Jaime, Ritchie, O Terço e Ultraje a Rigor, além de participar do projeto "Geração 80", que durante três anos excursionou pelo país juntando roqueiros daquela década. Mas os shows e as gravações que fez com André Christovam e os muitos artistas de blues dos Estados Unidos que acompanhou o fizeram ser associado ao gênero pela imprensa quando foi anunciado nos Titãs. Fabre, porém, tem formação bem mais versátil. O primeiro instrumento que tocou, com apenas sete anos, foi o cavaquinho do pai. Aprendeu clássicos do choro, depois passou para o violão e guitarra, e aos doze descobriu a bateria. Aos vinte, foi estudar na Escola Municipal de Música de São Paulo, onde aprendeu a ler partitura e experimentou outros instrumentos, até mesmo xilofone.

A larga experiência em todos os tipos de palco o ajudou a não sentir a responsabilidade de estrear num show dos Titãs depois de apenas dois ensaios com a banda. E a primeira apresentação, quis o destino, foi em 2 de março de 2010, na mesma Santa Catarina — mais precisamente em Florianópolis — onde Charles avisara que sairia da banda, cinco meses antes, no ônibus.

■ ■ ■

Em 2011, dez anos depois da terceira edição no Brasil, o Rock in Rio voltou ao Rio de Janeiro para enfim se estabelecer como um festival com regularidade bienal, como já vinha acontecendo em Lisboa desde 2004. Foi construída uma nova Cidade do Rock, muito mais moderna, e a data do festival mudou de janeiro para setembro.

Para celebrar em grande estilo a abertura do evento, o empresário Roberto Medina convidou os Titãs e os Paralamas para tocarem juntos, com as participações de Milton Nascimento e da Orquestra Sinfônica Brasileira. Pontualmente às 18h do dia 23 de setembro, fogos de artifícios iluminaram o céu e o telão começou a exibir um clipe com imagens das três edições anteriores. Quando mostrou Freddie Mercury regendo a multidão de 1985 em "Love of my life", Tony Bellotto surgiu no palco acompanhando os acordes de Brian May, do Queen, enquanto Milton cantava os versos mais famosos da história do Rock in Rio. Na plateia de 100 mil pessoas, muita gente não conteve as lágrimas e se abraçou, saudosista. Na sequência, Titãs e Paralamas enfileiraram catorze clássicos das duas bandas, como "Polícia", "Comida", "Epitáfio", "Óculos", "Alagados" e "Lourinha Bombril".

Os Titãs voltaram a se apresentar na última noite daquela terceira edição, 2 de outubro, no Palco Sunset, cuja proposta era promover encontros entre dois artistas. A dobradinha dessa vez seria com os portugueses do Xutos & Pontapés, velhos conhecidos desde 1988, quando tocaram juntos pela primeira vez pouco depois da gravação de *Go back*. O resultado foi um show eletrizante. Apesar de problemas no som e da concorrência com o início da apresentação do Evanescence no Palco Mundo, o principal do festival, muita gente se espremeu para ver a "confraternização roqueira", como descreveu Daniel Buarque no site *G1*: "Foi o segundo show dos Titãs neste Rock in Rio. Mas foram dois Titãs diferentes, um mais pop e outro bem mais rock, com mais velocidade e peso de guitarras. A apresentação de uma hora alternou músicas dos dois grupos, e deu atenção a canções de discos como o *Cabeça dinossauro*. As músicas do Xutos escolhidas para o show tinham uma sonoridade mais rápida, mas se encaixavam bem com o passado dos Titãs".

O show das duas bandas renderia um DVD, lançado no ano seguinte, quando Titãs e Xutos voltariam a se encontrar no Rock in Rio Lisboa. Para o baterista Mario Fabre, a inesquecível lembrança de tocar pela primeira vez para um público daquele tamanho se misturou a um momento triste. Na sexta-feira, 30 de setembro, dois dias antes do show com o Xutos, ele viajou para São Paulo e de lá pegou o carro para Itatiba, cidade onde morava sua mãe, que estava muito doente. Retido numa blitz por causa de uma lanterna queimada, não conseguiu chegar a tempo no hospital e dona Elvira faleceu. Fabre ainda foi à cremação no dia seguinte e sábado à noite voou de volta para o Rio, a tempo de fazer a passagem de som na manhã de domingo.

Nos dois shows do Rock in Rio 2011, os Titãs não tocaram uma única música de *Sacos plásticos*. Já no início daquele ano, muito por conta da má receptividade da crítica, a banda decidiu abortar a turnê que levava o nome do disco, mesmo com a agenda de apresentações cheia. Em seu lugar, criaram um show novo e transitório, que mesclava sucessos com músicas inéditas. A ideia era testá-las com o público, fazer os devidos ajustes e, só então, gravá-las.

A nova turnê foi batizada de *Futuras instalações*, nome emprestado por Paulo, que há anos planejava gravar um disco experimental, totalmente eletrônico, com um ar futurista, feito apenas com samplers.

— Esse título é ótimo para o novo show — sugeriu Britto.

— Pois é, só vai sepultar de vez a minha carreira como artista experimental — brincou Paulo.

Futuras instalações começou a percorrer o país com um objetivo claro: escolher as músicas que entrariam no novo disco de inéditas, previsto para o ano seguinte. Estavam no repertório "Morto-vivo", "Tradição", "Duas torres" e "Fala, Renata". Esta última, aprovadíssima pelo público, de fato seria gravada no almejado novo CD. Mas só em 2014. Antes disso, um projeto repentino e tentador mudaria radicalmente os planos dos Titãs.

NÃO VOU OLHAR PRA TRÁS

▶ Trecho de "Quanto tempo"

Às 21h38 da quinta-feira, 8 de março de 2012, Mario Fabre começava as batidas tribais e inconfundíveis de "Cabeça dinossauro". Dois minutos depois, os Titãs emendavam com o vigor de Britto cantando "AA UU". Em seguida, viriam "Igreja", "Polícia", "Estado violência". Exatamente 25 anos após a catarse do show de *Cabeça dinossauro* que deixou um rastro de destruição no Teatro Carlos Gomes, no Rio, os Titãs apresentavam de forma crua o disco mais emblemático do rock brasileiro, com as treze músicas tocadas na mesma sequência em que foram gravadas: as oito faixas do lado A do vinil seguidas das cinco do lado B.

O palco era o Sesc Belenzinho, em São Paulo, que havia lançado no ano anterior o projeto *Álbum*. Alceu Valença, Arrigo Barnabé, Língua de Trapo, Violeta de Outono, Egberto Gismonti e outros artistas relembraram o repertório completo de um disco importante de suas carreiras. A ideia vinha se tornando tendência também mundo afora, com destaque para a apoteótica turnê de Roger Waters tocando *The wall*, LP lendário de sua ex-banda Pink Floyd.

Os produtores do Sesc Belenzinho já tinham acertado em cheio ao convidarem os Paralamas do Sucesso, outro medalhão do rock nacional, para participar do projeto nove meses antes, com o disco *Selvagem?*, de 1986. Mas nada se compararia ao *Cabeça dinossauro*. Assim que foram anunciadas sete apresentações entre os dias 8 e 17 de março, os fãs se agitaram. Quando as vendas abriram, em 1º de março, em duas horas e meia os 3500 ingressos (quinhentos para cada noite) se esgotaram na bilheteria.

Tudo conspirava a favor para aquela minitemporada. O palco pequeno e baixo — menos de um metro de altura, permitindo ao público ficar bem perto — remetia aos porões onde a banda tocava nos seus primeiros anos, quase um ensaio de garagem. O cenário se limitava a uma projeção da capa do disco. A plateia, de fãs ardorosos, conhecia cada verso das treze músicas. A banda retribuía com versões idênticas às originais, apenas com o andamento levemente mais rápido. Mesmo quem tinha visto a turnê de *Cabeça dinossauro* em 1986 e 1987, jamais ouvira todas as canções de uma só vez. Embora a maior parte delas tenha se tornado sucesso nas rádios, "Dívidas", por exemplo, o grupo tocou raríssimas vezes. Já o hardcore "A face do destruidor", até por sua estrutura (apenas 34 segundos, com a letra de catorze versos repetida duas vezes numa velocidade impressionante), nunca havia sido apresentada ao vivo. Naquela primeira noite, Paulo Miklos terminou a música quase sem fôlego, para delírio do público.

Depois de tocar na íntegra *Cabeça dinossauro*, quase sem interrupções dos vocalistas entre uma música e outra, os Titãs separaram uma sequência de clássicos de outros discos que se encaixavam na proposta do show: sons mais pesados e letras críticas, como "Televisão", "A verdadeira Mary Poppins" e "A melhor banda de todos os tempos da última semana".

Os sete shows do Sesc Belenzinho foram um fenômeno. Se o verbo viralizar já existisse em 2012, seria a melhor forma de definir o que aconteceu nos dias que se seguiram. Quem nunca havia visto o show original do *Cabeça dinossauro*, teve a chance de acompanhar uma reconstituição perfeita. Quem já tinha visto, reviveu o impacto e a potência do repertório. E quem não conseguiu ingresso ficou sedento por uma nova oportunidade. Só se falava nisso no mundo do rock. O estrondoso sucesso congestionou o telefone e o e-mail de Deyse Simões. Produtores de todo o país queriam contratar o show dos Titãs exatamente naquele formato.

Atropelada, a turnê *Futuras instalações* ficou pelo caminho e a banda saiu pelo país apresentando o poderoso repertório de *Cabeça dinossauro*. Sempre com casa cheia. Em Maceió, chegou a tocar para mais de 10 mil pessoas, público que há alguns anos o grupo não reunia fora de festivais ou eventos com outros artistas.

A resposta contagiante dos fãs levou os Titãs a corrigirem um erro de 26 anos: registrar em vídeo um show do *Cabeça dinossauro*. Na noite de 9 de junho, o Circo Voador, no Rio, recebeu quase 2 mil testemunhas privilegiadas para uma apresentação impecável, que se transformaria em DVD com produção executiva de Angela Figueiredo. O diretor Oscar Rodrigues Alves abriu mão de gruas e outros efeitos cênicos, e decidiu filmar a apresentação em preto e branco. As oito câmeras, todas nas mãos de cinegrafistas, foram distribuídas em vários pontos da plateia: uma bem junto ao palco, outra no fundo, mais uma na lateral. O show foi captado do ponto de vista dos fãs, sem sequências longas ou enquadramentos convencionais. As imagens são nervosas, trêmulas, sujas, como convém a "Bichos escrotos", "Polícia", "Porrada", "Homem primata". Mesmo as câmeras do palco revelavam os Titãs por ângulos diferentes, como se fossem íntimas da banda.

A atmosfera do Circo não poderia ser melhor e, assim como no Sesc Belenzinho e em outras cidades por onde o show passou, os ingressos evaporaram. Sem Nando e Arnaldo nos vocais, Branco cantou "Igreja", Paulo ficou com "O quê" e Britto, com "Porrada" e "Família", que ganhou uma palhinha de "Panis et circenses", dos Mutantes.

O CD e o DVD (e também o Blu-ray) *Cabeça dinossauro ao vivo 2012* foram lançados em dezembro, por um selo independente criado pelos próprios Titãs, com distribuição da Universal. E com direito a noite de autógrafos da banda na prestigiada Livraria Cultura, na avenida Paulista. No release, Paulo fazia quase uma declaração de amor à banda: "Se aprendemos uma lição com a extraordinária repercussão das comemorações do *Cabeça dinossauro*, é que nossa identidade com o público é uma poderosa fonte de energia, e que a nossa natureza, aquilo que nós somos na essência, podemos e devemos evocar juntos".

A imprensa estendeu o tapete vermelho para o DVD. "Poucas vezes a gravação de um show captou tanto o espírito das músicas tocadas", escreveu Thales de Menezes na *Folha de S.Paulo*. "Quase não há interação dos integrantes com aquela massa de antigos e novos fãs. É uma pedrada atrás da outra", resumiu Emanuel Bonfim, no *Estado de S. Paulo*.

Em junho, no mesmo mês da gravação no Circo, a Warner resolveu também comemorar *Cabeça dinossauro* com um CD duplo que era ouro puro: o primeiro trazia o álbum original, enquanto o segundo reunia versões demo das músicas, antes de serem lapidadas por Liminha no estúdio Nas Nuvens, uma chance rara de conhecer as canções cruas, como foram imaginadas pelos Titãs à época. "Polícia" tinha uma pegada mais punk, assim como "Igreja", cantada de forma caótica e com Nando rezando um trecho do pai-nosso. "AA UU", por outro lado, era mais suingada, com um coro típico da new wave que dominava os anos 1980. "Bichos escrotos" ainda não tinha o riff de guitarra de Bellotto que faz todo mundo reconhecer a música nos primeiros acordes. De uma forma geral, os teclados se destacavam no repertório, especialmente em "O quê", o maior contraste entre a demo e a gravação definitiva, ainda sem os samplers que a deixaram bem sintética.

O CD bônus incluía uma canção inédita, "Vai pra rua", faixa que ficou fora do disco, dando lugar a "Porrada". Cantada por Arnaldo Antunes, era uma parceria dele com Paulo e começava assim:

> *Mas você vai fazer o quê?*
> *Alguma coisa você tem que fazer*
> *Vai ver cinema ou ver TV*
> *Alguma coisa você tem que ver*
>
> *Vai pra rua, vai pra rua*
> *Vai pra rua, vai pra rua*
>
> *Vai fazer algum serviço*
> *Vai dar algum passeio*
> *Vai fazer serviço nenhum*
> *Vai dar passeio algum*

O DVD ao vivo, o CD com as demos e, principalmente, a arrebatadora turnê de *Cabeça dinossauro* fizeram muita gente imaginar que o disco tivesse sido escolhido para celebrar as três décadas dos Titãs naquele ano de 2012. A comemoração pra valer, porém, aconteceu em outubro, justamente o mês de aniversário do primeiro show da banda. No palco do Espaço das Artes, em São Paulo, Branco, Britto, Paulo e Tony se reencontraram com Arnaldo, Nando e Charles para uma única apresentação, batizada de *Titãs 30 anos*.

A noite foi dividida em duas partes. Na primeira, o quarteto e Mario Fabre estavam sozinhos em cena e abriram o show. No camarim, Arnaldo, Charles e Nando ficaram batendo papo e não viram os amigos tocarem hits como "Diversão", "Aluga-se", "Televisão", "Pra dizer adeus", "Vossa Excelência" e "Epitáfio", dedicada a Marcelo Fromer. Foram cinquenta minutos, até a segunda parte, quando Fabre deixou o palco e o trio se juntou para um reencontro dos sete titãs que não acontecia havia quinze anos, desde a gravação do *Acústico MTV*, em 1997.

— Você tem sede de quê? — saudou Arnaldo, dando a senha para "Comida", que emendou uma sequência de sucessos imbatíveis como "Família", "Polícia" e "Marvin", a mais aplaudida da noite.

Os Titãs estavam muito à vontade no palco. Nando se revezava com Branco no baixo e nos vocais, Arnaldo fazia os fãs embarcarem no túnel do tempo com suas inconfundíveis coreografias e Charles voltava a atacar a bateria com o solo clássico de "Cabeça dinossauro". Mesmo com uma apresentação cronometrada e alguns intervalos por causa da transmissão ao vivo do canal Multishow, os Titãs mantiveram a noite em alta pressão, encerrando o bis já programado com "Flores", "Homem primata" e "Sonífera ilha". Após duas horas de show, em meio a aplausos da plateia e abraços emocionados dos sete no palco, eles não resistiram e, sem ter ensaiado, voltaram mais uma vez para tocar "Porrada", com um eufórico Arnaldo no microfone. Fecharam a noite com o repeteco de "Bichos escrotos", para lavar a alma dos fãs.

Apesar de filmado e gravado para um futuro CD/DVD, *Titãs 30 anos* nunca foi lançado, ficando na memória das 8 mil pessoas presentes no Espaço das Artes, que tiveram a chance única de ver Nando visivelmente animado naquele reencontro. Mas por pouco ele não ficou fora da festa. Ainda no primeiro semestre, Tony, encarregado de convidá-lo para a apresentação, esteve na casa do ex-integrante, que curtiu a ideia. Todos os titãs, então, combinaram um jantar com Nando para conversar mais sobre o show.

Dias depois, no entanto, o cantor avisou que não poderia participar, por conta de outros compromissos em sua agenda. A celebração chegou a ser anunciada para a imprensa, no fim de agosto, apenas com as presenças de Arnaldo e Charles. Até que em setembro, três semanas antes do show, Britto estava dirigindo, quando apareceu em seu celular uma ligação de Nando. Ele disse que os filhos insistiram muito para que estivesse na comemoração, que reviu sua decisão e que iria tocar, para alegria também dos fãs, que puderam matar a saudade de ver a banda original (quase) completa no palco.

O show *Titãs 30 anos* teve ainda uma segunda noite um mês depois, na Fundição Progresso, no Rio, dessa vez com as participações apenas de Arnaldo e Charles.

■ ■ ■

A turnê de *Cabeça dinossauro*, mais do que encantar os fãs e lotar shows por onde passava, serviu também para os Titãs redescobrirem o prazer de tocar um disco potente, com um conceito muito bem definido. O álbum entrou para a história da música brasileira pelo tom crítico às instituições dos anos 1980, por botar o dedo na ferida em temas extremamente atuais, como ninguém tinha ousado fazer. Tudo isso calçado em melodias vigorosas e contagiantes.

Reviver *Cabeça dinossauro* foi a deixa para os Titãs apontarem para uma direção que estava ali na cara deles. Nada contra as baladas que na última década vinham fazendo sucesso e se destacando no repertório da banda, mas estava na hora de fazer um disco pesado, que tratasse de assuntos tabus do mundo real e, principalmente, com personalidade forte. E aquele era o momento, só com os quatro no palco acompanhados do baterista Mario Fabre e com um baita tesão de tocar junto. O repertório de *Nheengatu*, o 18º álbum da banda e o 14º de inéditas, começou naturalmente a ser construído, com temas espinhosos como pedofilia, racismo, exploração religiosa e violência de homens contra as mulheres.

Tal como *Cabeça dinossauro*, o disco foi se tornando uma crônica feroz e contemporânea do Brasil. "Fardado", de Britto e Paulo, foi inspirada numa foto de uma adolescente diante de uma tropa da PM, durante os protestos e manifestações que varreram o país em 2013. Ela segurava um cartaz em que se lia "Fardado, você também é explorado" — estava pronto o primeiro verso da música. Já em "Mensageiro da desgraça", Tony, Paulo e Britto falavam de usuários de drogas e pessoas em situação de rua que perambulam como zumbis por endereços de São Paulo: Viaduto do Chá, avenida São João, Theatro Municipal... *"Cansei da fome, do crack/ Da miséria e da cachaça/ Cansei de ser humilhado"*, diz a letra, que também mencionava uma onda de horror que se repetiu em algumas cidades, com moradores de rua cruelmente incendiados: *"Vou vingar os meus irmãos/ Os que são queimados vivos/ Enquanto dormem no chão"*.

A intolerância às minorias estava representada em "Quem são os animais?", de Britto e Tony: *"Te chamam de viado e vivem no passado/ Te chamam de macaco e inventam o teu pecado"*. Já "Flores pra ela" poderia ser uma tragédia extraída do noticiário policial, em que o marido possessivo e descontrolado se sente dono da própria mulher. A guitarra distorcida de Tony sintetizava a tensão da letra e seu solo era quase um grito de socorro, que crescia conforme aumentava o descontrole do agressor, numa interpretação rasgada e desesperada de Paulo. A composição, aliás, marcou a primeira parceria de Mario Fabre com os Titãs. Ele já tinha mostrado algumas músicas a Britto, que gostou e aproveitou seu riff na abertura de "Flores pra ela", que tem uma levada meio funk meio samba criada pelo baterista.

Nheengatu teve também parcerias externas. Com Arnaldo Antunes, Paulo compôs "Cadáver sobre cadáver". Já Branco, na época envolvido com produções de teatro, apresentou "República dos bananas", feita com o cartunista Angeli, o diretor Hugo Possolo e o guitarrista Emerson Villani, e "Chegada ao Brasil (Terra à vista)", em parceria com Emerson e o também diretor Aderbal Freire-Filho. Foram as duas músicas mais leves e bem-humoradas do repertório, mas não menos críticas. O álbum trazia ainda na voz de Branco "Canalha", canção de Walter Franco de 1979, que ganhou uma regravação bem pesada, com um quê de Black Sabbath nos seus melhores momentos.

Mas das catorze faixas de *Nheengatu* a que mais despertou a atenção foi "Pedofilia", assunto inédito na música brasileira. A letra, construída em forma de diálogo, mostrava todas as nuances do crime em uma perturbadora interpretação de Britto: suave e doce nos argumentos do agressor, nervosa e repulsiva quando a vítima vomita sua indignação.

Desde o início os Titãs tinham consciência que o conceito muito bem amarrado do disco era inversamente proporcional ao seu potencial comercial. Com exceção de "Fala, Renata", que teve uma execução tímida nas rádios, *Nheengatu* era radical demais para alcançar um público heterogêneo, acostumado nos últimos tempos a baladas como "Epitáfio", "Enquanto houver sol" e "Porque eu sei que é amor". E já que a proposta era fazer um álbum sujo, no som e na temática, precisavam de um produtor que se identificasse com isso. Em setembro de 2013, os Titãs conversaram com Andreas Kisser, mas a agenda intensa do Sepultura obrigaria a banda a aguardá-lo até meados do ano seguinte. Não dava para esperar tanto. Um nome, então, surgiu como consenso: Rafael Ramos, que já havia trabalhado com Raimundos, Pitty e no primeiro — e mais roqueiro — disco do Los Hermanos, sempre eliminando excessos instrumentais. Rafael caiu como uma luva para valorizar o som cru que os Titãs buscavam.

Lançado em maio de 2014 pela Som Livre, no formato físico e digital (e com uma tiragem limitada em vinil), *Nheengatu* conquistou a crítica. A comparação com os primórdios da banda foi inevitável. No jornal *O Globo*, Bernardo Araújo deu cotação "ótimo" ao álbum e destacou que era o melhor dos Titãs em muitos anos: "O som das guitarras e as batidas secas de Fabre remetem imediatamente aos velhos Titãs de *Cabeça dinossauro* (1986) e *Jesus não tem dentes no país dos banguelas* (1987) — o sangue punk escorre em faixas curtas, a maioria abaixo da marca de três minutos —, mas uma audição mais atenta localiza o disco mais para a frente no tempo, em obras como *Tudo ao mesmo tempo agora* (1991) e *Titanomaquia* (1993). Porém não se trata de um disco retrô: a atualidade deixa sua assinatura na maturidade dos músicos, no humor (ainda que torto) de músicas como 'Fala, Renata' e no minimalismo instrumental".

Na *Rolling Stones*, André Rodrigues exaltou "as canções com temáticas pesadas e imagens fortes". Logo na abertura do texto ele destacou: "O rock brasileiro ainda é capaz de soar abusado, reflexivo e indispensável. Não dá para sair mais satisfeito dessa crônica musical chamada *Nheengatu*. Os cinquentões Paulo Miklos, Sérgio Britto, Tony Bellotto e Branco Mello — remanescentes da formação original de 1982 — sabem que a vida não parece uma festa, por isso voltam ácidos e com um afiado discurso político".

No *Estado de S. Paulo*, Julio Maria resumiu no título de sua crítica o desafio a que o quarteto se propôs: "Forte, novo disco recoloca os Titãs como um dos principais grupos do país". No site da Rádio 89 FM, Claudio Dirani foi além e classificou *Nheengatu* como "o melhor disco de rock nacional dos últimos vinte anos".

Como toda unanimidade é burra, uma voz foi dissonante, mas nada que surpreendesse os Titãs. O sempre inconformado Lobão, que em 1986 já havia desqualificado *Cabeça dinossauro*, não gostou de saber que em "Fala, Renata" — a música cita vários nomes de pessoas para criticar quem fala muito e não diz nada — o verso "João Luiz... cala essa boca, porra!" era dirigido a ele. Na rede social Tumblr, o cantor protestou: "Eu não tenho o menor interesse musical/artístico nem ligação pessoal com esses senhores. E se quiserem me calar, não será com musiquinha de fefeca pseudo-enfezado que eles conseguirão. Só no Brasil podemos conceber uma bandinha nanica constituída de universotários senis e aduladores com um ralo e precário verniz musical se autointitular titãs...". Era Lobão sendo Lobão. Ou João Luiz Woerdenbag Filho sendo João Luiz.

As semelhanças naturais entre *Cabeça dinossauro* e *Nheengatu* também foram estéticas. Para criar a capa, Britto mais uma vez pesquisou obras de arte importantes, que representassem em imagem a sonoridade do álbum. Encontrou *A torre de Babel*, pintura de 1563 do holandês Pieter Bruegel, exposta no Museu Boijmans van Beuningen, em Rotterdam. A tela retrata a construção citada na Bíblia que teria dado origem aos diferentes idiomas, fazendo com que os homens nunca mais se entendessem na Terra. A obra de Bruegel fazia um contraponto perfeito com o nome do álbum, sugestão de Paulo: nheengatu é uma língua geral incorporada pelos jesuítas do século XVII para unificar a comunicação com as tribos nativas do Brasil. Pronto, estava fechado o conceito do disco, tanto na capa quanto no título: uma língua de entendimento para tentar explicar um mundo de desentendimento que reinava em 2014.

O impacto visual de *Nheengatu* surpreendeu quando o show fez sua estreia oficial no dia 23 de agosto, no Circo Voador — antes disso, embora o disco já estivesse na rua, as apresentações incluíam apenas três músicas do novo repertório. Com roupas pretas e vermelhas, os Titãs surgiram no palco mascarados como palhaços, assim como já tinham aparecido no clipe de "Fardado", lançado no início de junho. A ideia foi de Oscar Rodrigues Alves, que dirigiu as gravações feitas num galpão de São Paulo. Os Titãs, especialmente Paulo e Branco, lembravam o Coringa, vilão do Batman, assim como o clima sombrio remetia a Gotham City.

Se no clipe o rosto dos músicos foi pintado, nos shows a solução foi usar máscaras de látex. A maquiagem, trabalhosa, obrigaria a banda a ter um profissional na turnê para pintá-los. Isso sem contar que derretia sob os holofotes do palco. As máscaras foram confeccionadas a partir de moldes de gesso montados sobre o rosto de cada um dos Titãs. O efeito fazia o público ir à loucura, mas para os músicos era um suplício. Quente e apertada, dificultava a respiração e limitava a articulação para quem cantava. A banda não abriu mão das máscaras até o fim da turnê, porém, optou por usá-las só nas três primeiras canções. Depois o palco apagava e eles reapareciam de cara limpa.

Nheengatu ganhou ainda um CD e DVD ao vivo, gravado na noite de 24 de abril, na Audio Club, no bairro da Água Branca, com direção de Joana Mazzuchelli e produção novamente a cargo de Rafael Ramos. Do álbum original, foram escolhidas nove músicas, que se somaram a outras catorze, quase todas mais pesadas, como "Bichos escrotos", "Lugar nenhum", "Nem sempre se pode ser Deus" e "Vossa Excelência". De mais leve, só uma, "Pela paz", gravada pela primeira vez em 1985 para uma campanha da Rádio Cidade e regravada dez anos depois, entrando como bônus-track do CD de *Domingo*. Foi justamente essa faixa a escolhida como single do novo álbum.

Nheengatu ao vivo saiu em agosto de 2015 e no ano seguinte ganhou o 27º Prêmio da Música Brasileira na categoria Grupo de Pop/Rock/Reggae/Hip-hop/Funk — em 2014, *Nheengatu* já tinha sido indicado ao Grammy Latino de Melhor Álbum de Rock ou de Música Alternativa em Língua Portuguesa, mas perdeu para *Gigante gentil*, de Erasmo Carlos.

Em lua de mel com a crítica e com os fãs, os Titãs ainda teriam mais um triunfo para festejar em fevereiro de 2016. Exatos dez anos depois de abrirem o show dos Rolling Stones na praia de Copacabana, eles foram novamente convidados para tocar antes de Mick Jagger e cia., dessa vez no estádio do Morumbi — no Rio, a abertura ficou por conta do Ultraje a Rigor e em Porto Alegre, do Cachorro Grande. Em entrevista ao site *G1*, Tony Bellotto resumiu o sentimento da banda: "Abrir o show dos Stones em Copacabana em 2006 foi como ter passado alguns momentos no Olimpo, desfrutando dos vinhos da adega de Dionísio. Voltar ao Olimpo dez anos depois nos faz sentir como aqueles privilegiados que ganham na loteria duas vezes".

Os shows do Morumbi foram enxutos, com duração de cinquenta minutos. Para ganhar o público de 65 mil pessoas, mais velho e essencialmente roqueiro, prepararam um setlist matador para as duas noites, com treze clássicos, sete deles de *Cabeça dinossauro*, que comemorava naquele ano três décadas. De *Nheengatu*, incluíram apenas o refrão de "Fardado", que emendou em "Polícia".

Os trinta anos de *Cabeça dinossauro*, aliás, mereceram homenagens no teatro e na literatura. Em outubro de 2016, estreou no Teatro Sesc Ginástico, no Rio de Janeiro, o musical *Cabeça (um documentário cênico)*. Escrito e dirigido por Felipe Vidal, o espetáculo levava ao palco oito atores, que formavam uma banda e tocavam na íntegra (e na mesma ordem) as treze músicas do álbum. Entre uma canção e outra, relembravam momentos do rock nacional em paralelo a fatos históricos do Brasil desde 1986. Prevista para ficar três semanas em cartaz, a peça surpreendeu, ganhou prêmios, excursionou por vários estados e, seis anos depois, ainda era montada Brasil afora. A editora Tinta Negra também pegou carona no aniversário do disco e publicou *Cada um por si e Deus contra todos*, organizado por André Tartarini. O livro reunia treze contos inspirados em cada faixa de *Cabeça dinossauro*, com apresentação assinada por Tony Bellotto.

■ ■ ■

Os Titãs desembarcaram em Miami em 4 de maio de 2016 para uma miniturnê que começaria na cidade no dia seguinte. De lá, seguiriam para Newark, Atlanta e Boston. Aquela primeira noite seria a única livre da viagem, depois fariam uma apresentação atrás da outra e voltariam ao Brasil. Empolgados com a repercussão de *Nheengatu* e seus desdobramentos, eles queriam aproveitar o dia de folga nos Estados Unidos para dar a partida no trabalho seguinte. Estavam decididos a manter o nível alto de criação e de estética. Não podia ser só mais um disco. Entre os poucos intervalos que tinham na estrada, vinham conversando sobre a possibilidade de extrapolar a ideia de algumas músicas do último disco, com temas mais densos e narradas como histórias, para criar uma ópera rock. Faltava amarrar algumas pontas.

Tony pediu ao produtor executivo Ricardo Moreira para reservar uma mesa num restaurante japonês, só para os quatro titãs. O objetivo era, entre sushis e sashimis, começar a estruturar o novo projeto. O garçom anotou os pedidos de bebida e eles começaram a olhar o cardápio, mas antes que alguém entrasse no tema do jantar-reunião, Paulo foi direto ao ponto:

— Eu queria falar pra vocês que eu tô saindo da banda.

A surpresa foi geral, mas Branco demonstrou mais rápido que assumiu o golpe. Chamou o garçom de volta e pediu para trocar a cerveja que havia pedido por um saquê.

— Cara... Como assim, Paulo?! Sair?! — questionou Tony, incrédulo.

—A gente vai fazer a ópera rock — argumentou Branco, quase ao mesmo tempo.

Paulo explicou que era uma decisão pessoal e muito pensada. Que ele vinha de um ritmo pesado, ininterrupto, e estava cansado. Na hora não chegou a falar o quanto os últimos anos foram difíceis, mas nem precisava. Os amigos acompanharam o baque pela perda de três pessoas importantíssimas de sua família. Entre o fim de 2012 e o começo de 2014 morreram a mãe, a mulher e o pai, com um intervalo de seis meses entre cada um deles. A partida de Rachel Salém, companheira de trinta anos, também tinha sido sentida pela banda. Todos se conheceram na mesma época, pouco antes da criação do grupo. Tanto que *Nheengatu* foi dedicado a ela, muito querida e presente na trajetória dos Titãs.

Rachel morreu no dia 23 de julho de 2013, depois de mais de um mês internada para tratar de um câncer no pulmão. "Agradeço a todos os amigos queridos e a todos os fãs pelo carinho. O momento agora é de recolhimento e comunhão em família. No coração sinto a dor da ausência da minha Rachel. Sei que nunca mais vou preencher este vazio, mas na alma descubro a plenitude de ter vivido um amor completo e eterno", escreveu Paulo no Facebook, uma semana depois, quando voltou a participar dos shows e também a gravar o programa *Paulo Miklos Show*, que apresentava no canal por assinatura TV Mix.

Mesmo recebendo apoio de todos para ficar em casa o tempo que fosse necessário, ele optou por voltar ao trabalho o quanto antes. Precisava ocupar a cabeça. Já tinha feito o mesmo quando a mãe morreu. Acabara de desembarcar em Curitiba com a banda ao receber a notícia. Voltou para São Paulo e, depois do enterro, retornou à capital paranaense para cumprir a agenda de shows. Com o coração dilacerado, subiu ao palco em busca de outra realidade que não fosse tão dolorida.

Num primeiro momento, os intensos compromissos com os Titãs serviram de válvula de escape para não se afundar na tristeza. Mas o Paulo Miklos que estava ali, diante dos parceiros de mais de três décadas, tendo aquela conversa definitiva, já via tudo por outra perspectiva em 2016. Cada vez mais requisitado para os trabalhos de ator e vivendo uma nova história de amor com a produtora Renata Galvão, começou a crescer nele uma necessidade de renovação, de reorganizar a vida.

— Mas se você sair, a banda vai acabar... Inclusive esse era o trato depois que o Charles saiu — lembrou Tony no restaurante japonês, ainda meio atordoado.

— Não. Vocês podem continuar! — disse Paulo. — A gente continuou sem o Nando, sem o Charles...

Os três ainda conversaram sobre a possibilidade de o grupo tirar férias, para Paulo ganhar tempo e se dedicar a outros trabalhos. Mas àquela altura ele já estava convencido de que o ciclo com os Titãs havia se encerrado.

O astral no fim do jantar era exatamente o oposto do início. Chegaram animados para falar de um projeto novo e foram embora sem saber se ainda tinham condições de manter a banda viva. Cada um foi para o seu quarto sem trocar muitas palavras. Arrasado, Tony ligou para a mulher e foi categórico: acabou. Do outro lado, Malu chorou, como fizera ao receber a notícia da saída de Arnaldo, 24 anos antes. Branco e Britto também passaram uma noite desconfortável, pensando no impacto de perder mais um integrante e, dessa vez, a voz de grandes sucessos dos Titãs.

Para o ainda quarto titã, a noite seria mais leve. Há algum tempo, Paulo vinha conversando com Renata e a filha, Manoela, sobre o seu futuro na banda. As duas deram apoio, mas questionaram várias vezes se ele tinha certeza de que estava pronto para o rompimento. O alívio que sentiu ao dar a notícia aos companheiros mostrou a Paulo que sua decisão era acertada. Pelo que disse na mesa e pelo que não disse. Além da vontade de se dedicar a outros trabalhos, pesou uma frustração pessoal em relação à repercussão do que a banda vinha produzindo. Ele esperava que um disco genial como *Nheengatu* fosse fazer o público virar a chave em relação a eles. Não que os fãs não tivessem gostado das músicas. Mas, no fim das contas, sempre pediam "aquela" dos anos 1980. Ficou a sensação de que não importava o que o grupo fizesse e o quanto inovasse, o interesse das pessoas continuaria sendo pelos sucessos do passado. E essa percepção o desencantou.

Justamente por estarem na frequência inversa, por vislumbrarem outras infinitas possibilidades de criação e conexão com o público, e ainda terem muita vontade de fazer isso juntos, Britto, Tony e Branco amanheceram descartando os pensamentos derrotistas da noite anterior. Foi Britto quem melhor resumiu o espírito do trio:

— Eu não vou acabar a banda porque o Paulo está saindo. Podem achar o que quiserem. Que ficou ruim, que não é mais o que era, mas eu me reservo o direito de continuar porque gosto muito de fazer parte dos Titãs.

Como acontece sempre nos momentos adversos, os três se uniram, mostrando uma surpreendente capacidade de não abaixar a cabeça e se reerguer rapidamente. A primeira decisão que deveriam tomar como um trio era escolher um guitarrista para substituir Paulo. Uma coisa eles tinham certeza: não precisavam exatamente de um virtuose, mas de alguém com o espírito da banda.

— Pensei num cara que tem tudo a ver: o Beto Lee — sugeriu Branco.

Um ano e meio antes, depois de um show que os Titãs fizeram no Citibank Hall, em São Paulo, o filho de Rita Lee e Roberto de Carvalho foi ao camarim cumprimentá-los. A primeira pessoa que encontrou foi Paulo. Depois de ganhar um abraço caloroso, Beto elogiou a performance do titã com a guitarra.

— Que nada... Eu toco mal pra caramba — respondeu Paulo, rindo.

Eles falavam de como a personalidade do guitarrista conta mais do que o virtuosismo, quando chegaram os outros titãs.

— Você devia vir tocar com a gente um dia desses, Beto — brincou Britto.

Tony, Branco e o próprio Paulo embarcaram na brincadeira, deixando o convidado lisonjeado.

— Cara, se precisarem de uma guitarra, estamos aí, bicho.

Terminaram a confraternização com os quatro dando um abraço coletivo em Beto Lee e na sua empresária, Silvia Venna, que o acompanhava.

O papo descontraído no camarim do Citibank Hall veio à memória de Branco em Miami no momento em que buscavam um novo guitarrista. Os companheiros aprovaram o nome de Beto com louvor. Na mesma hora, Britto pegou o celular e escreveu uma mensagem para o guitarrista pelo Facebook, pedindo seu número de celular e perguntando se podia ligar para ele.

Quando Beto viu a mensagem privada de Britto, nem pensou naquela conversa no camarim do Citibank Hall. Acompanhando pelas redes sociais a turnê dos Titãs nos Estados Unidos, achou que Britto não estava conseguindo contato com a sua mãe, com quem o titã já havia feito parcerias em seu trabalho solo, e queria ajuda para fazer uma ponte. Beto passou seu número de telefone. Ele estava em casa no Morumbi, com a filha, Izabella, quando Britto telefonou, já da cidade de Newark. O tecladista não fez rodeios. Contou que Paulo estava saindo da banda, que eles estavam procurando um guitarrista para acompanhá-los e que pensaram nele.

— Você topa? — perguntou Britto.

— Porra, Sérgio, formiga gosta de açúcar, cara. Lógico que eu topo!

O convite não poderia ter chegado em melhor hora. Beto estava perto de encerrar o seu contrato com o Multishow, canal em que deu expediente como apresentador durante dez anos. Queria muito voltar aos palcos, mas ainda não tinha surgido um projeto que o seduzisse. Nem nos seus melhores sonhos, porém, imaginou que pudesse tocar com os Titãs, banda que acompanhava desde criança, primeiro como fã, depois como colega de estrada. Antes de terminar a chamada e deixar combinado que, por enquanto, tudo seria extremamente confidencial — além da excursão pelos Estados Unidos, Paulo cumpriria a agenda de shows por mais dois meses —, Beto fez apenas um pedido.

— Posso contar só pra minha mãe?

A novidade foi recebida pela rainha do rock brasileiro com a espontaneidade que lhe é peculiar.

— Caralho! — reagiu Rita Lee.

Beto partiu para o dever de casa. Pegou a guitarra, foi para o computador e começou a estudar todos os hits dos futuros companheiros. Alguns deles, ele tinha intimidade. "Lugar nenhum", "Flores" e "Polícia" eram parte do repertório das apresentações que fazia em bares de São Paulo, quando decidiu que queria viver de música e convenceu os pais a emancipá-lo com quinze anos para poder tocar na noite. Nessa época, montou a sua primeira banda, Larika. Em 1995, com dezoito, passou a acompanhar Rita nos shows e nos discos. Já reconhecido como um guitarrista de respeito, participou como convidado de shows do Barão Vermelho, Gilberto Gil, Milton Nascimento, Capital Inicial e Jota Quest, entre outros. Antes de dar um tempo dos palcos e se tornar apresentador, ainda gravou um disco solo e montou o power trio Galaxy, com Edu Salvitti e Gonzales. E foi essa bagagem toda que ele acionou na preparação para a estreia nos Titãs, que ainda era algo difícil de acreditar. Mesmo no dia do primeiro ensaio, Beto esperava que ainda fosse passar por um teste.

No dia 9 de julho de 2016, no Circo Voador, Paulo encerrava a sua bem-sucedida trajetória como um titã. Dois dias depois, a notícia chegou à imprensa por um comunicado, já com fotos de Beto Lee como guitarrista: "Os Titãs informam que Paulo Miklos se desliga da banda, por decisão pessoal, para se dedicar a projetos individuais. Branco Mello, Sérgio Britto e Tony Bellotto prosseguem como Titãs, com o apoio da gravadora Som Livre e de seu imenso público, honrando compromissos assumidos e outros que venham a surgir, fazendo shows com as canções que imortalizaram o grupo e criando novas músicas e projetos. O guitarrista Beto Lee se junta ao baterista Mario Fabre na dupla de músicos especialíssimos que acompanharão os Titãs de agora em diante, nessa nova geração. Os Titãs, ao longo de 34 anos de uma carreira exitosa, experimentaram várias formações, sempre preservando a essência e o vigor de suas canções. Como um organismo coletivo que suplanta as individualidades que o compõem, os Titãs seguem determinados, impulsionados por inquietação e ambição artística, e orgulho das glórias conquistadas".

No dia 30 de julho, três semanas após ter o nome anunciado oficialmente, Beto fez sua estreia no palco, em Santa Cruz do Rio Pardo, a 350 quilômetros de São Paulo. A banda fechou a primeira das duas noites do Rock in Rio Pardo, festival ao ar livre, gratuito, realizado no Recinto de Exposições José Rosso, que contava ainda com outras sete bandas da região. No camarim, momentos antes do show, Beto postou no Instagram a credencial do evento, que já trazia sua foto entre os Titãs. Na legenda, mostrou que estava pronto para começar uma nova fase: "Ok, let's go!".

Os Titãs do Iê-Iê ainda como noneto, com o vocalista Ciro Pessoa (no centro), que sairia da banda antes da gravação do primeiro LP.

Tony, Marcelo e Nando numa das coreografias ensaiadas que se tornaram marca da banda nos shows do início da carreira.

Foto de divulgação do disco de estreia, em 1984: André Jung (embaixo, o primeiro à esquerda) ainda era o baterista.

Os Titãs vestidos de "Bichos escrotos", um dos muitos figurinos exóticos criados para a banda pela confecção Kaos Brasilis.

Britto canta no show de lançamento do filme *Bete Balanço*: a música "Toda cor" fez parte da trilha sonora.

Os Titãs no estúdio Transamérica com Lulu Santos (o primeiro à esquerda), que produziu o segundo álbum da banda, *Televisão*.

Algemado, Arnaldo deixa a cadeia por algumas horas para prestar depoimento no processo em que foi condenado por tráfico de drogas.

Sem Arnaldo, que ficou 26 dias preso, os Titãs participam do show em comemoração aos vinte anos de carreira de Gilberto Gil (à direita).

Estreia do show *Cabeça dinossauro*, no Projeto SP, com peles no fundo do palco para criar um clima pré-histórico.

O cenário de destruição após o histórico show no Teatro Carlos Gomes, no Rio de Janeiro, em 14 de março de 1987.

Nando, Arnaldo e Tony posam com fãs no camarim após um show de *Cabeça dinossauro*, que marcou a virada na carreira da banda.

Os Titãs recebem o disco de ouro por *Cabeça dinossauro*, que fez Tony pagar uma garrafa de uísque Jack Daniel's apostada com Branco.

Desde o início da carreira, os Titãs estavam decididos a frequentar programas de auditório. Acima, eles fazem playback na atração comandada por Angélica, na Globo, e, abaixo, participam do programa de Marcos Mion, na MTV.

Duas das inúmeras vezes em que os Titãs estiveram no *Cassino do Chacrinha*, na Globo: depois do programa ao vivo nas tardes de sábado, a banda percorria clubes do subúrbio do Rio fazendo playbacks na caravana do Velho Guerreiro.

Marcelo, o "guitarrista gourmet", divide as panelas com Branco na cozinha do apartamento de Tony, no Rio de Janeiro.

Marcelo, Branco e Tony viraram sócios na Rock Dog, lanchonete inaugurada em 1990 em São Paulo, mas que durou apenas dois anos.

Paulo com Mauro e Quitéria, casal de repentistas que a banda conheceu na praia da Boa Viagem, no Recife, e que batizou o LP *Õ blésq blom*.

Momento de descontração de Marcelo com a namorada Betty Gofman e o amigo Tony, ao lado da filha, Nina.

Dois flagrantes na estrada durante a turnê de *Tudo ao mesmo tempo agora*, em 1992. Acima, Nando e Tony, parceiros de "Pra dizer adeus", um dos maiores clássicos da banda. Abaixo, os Titãs se reúnem para almoçar: eles sempre curtiram conhecer restaurantes nas cidades que visitam.

Fotos Acervo Tony Belotto

Dois momentos da viagem aos Estados Unidos em 1993. Acima, da esquerda para a direita: Tony, Malu, Charles, Britto e Anna Butler, da MTV, em Los Angeles, onde os Titãs foram premiados no MTV Awards pelo clipe de "Será que é isso que eu necessito?", e ao lado, numa esticada à Disney, porque ninguém é de ferro.

Charles na estrada em 1992: foi também num ônibus, dezoito anos depois, que ele avisou aos Titãs que estava se desligando da banda.

João Barone e Herbert Vianna, dos Paralamas do Sucesso, brindam com os Titãs mais um show do projeto *Sempre Livre Mix*, que percorreu o país.

Os Titãs tocaram em várias edições do Rock in Rio. Acima, Arnaldo e Branco cantam no Maracanã, em 1991. Abaixo, o show que marcou a volta regular do festival em 2011, quando a banda dividiu o palco com os Paralamas do Sucesso e a Orquestra Sinfônica Brasileira.

Jack Endino produziu quatro discos dos Titãs, o primeiro deles, *Titanomaquia*, em 1993. Acima, com Paulo e Britto durante as gravações de *A melhor banda de todos os tempos da última semana*. Abaixo, o minucioso produtor troca as válvulas de um amplificador para criar sonoridades diferentes.

Bastidores da gravação do *Acústico*, de Roberto Carlos: Tony e Malu, Marcelo e a namorada Karen Kupfer, Marisa Monte, e Marco Tulio e Rogério Flausino, do Jota Quest.

Branco e Nando com Itamar Assumpção no camarim no Sesc Pompeia, em um show em que os Titãs dividiram o palco com convidados.

Branco cumprimenta Cauby Peixoto, após o cantor e a banda se apresentarem juntos num especial exibido pela Record, em 1999.

Confraternização com Malu Mader, sempre presente nos shows e viagens da banda, no camarim da turnê de *Domingo*.

Rita Lee e Roberto de Carvalho sobem ao palco com os Titãs na apresentação da turnê do *Acústico* no Kaiser Bock Winter Festival, em 1997.

Camarim família: Nando, Britto e Tony (com o filho, João, ao lado) conversam com Vânia, mulher do baixista. Ao fundo, Branco e Marcelo aparecem com Bento, filho do vocalista.

Os Titãs e Liminha exibem o disco duplo de platina do *Acústico*, que ainda renderia um disco de diamante e superaria a marca de 1,7 milhão de cópias vendidas.

Vestidos como os artistas homenageados no CD *As dez mais*: Renato Russo (Britto), Roberto Carlos (Tony), Mamonas (Nando), Tim Maia (Paulo), Xutos & Pontapés (Marcelo), Raul Seixas (Branco) e Mutantes (Charles).

Ensaios para a gravação do disco *A melhor banda de todos os tempos da última semana*, no apartamento paulista de Charles: últimas reuniões dos Titãs com Marcelo.

Os Titãs, com Arnaldo, comunicam a morte de Marcelo no Hospital das Clínicas, em São Paulo, no dia 13 de junho de 2001.

Nando Reis lê a carta que escreveu para homenagear Marcelo nos shows da turnê de *A melhor banda de todos os tempos da última semana*.

Os Titãs como quinteto: foto de divulgação da nova formação da banda, feita logo depois da saída de Nando, em setembro de 2002.

Dois encontros inesquecíveis com os Rolling Stones, em shows que os Titãs tiveram o privilégio de abrir. Acima, em 2006, na antológica apresentação na praia de Copacabana (o guitarrista Emerson Villani está à direita). Abaixo, dez anos depois, no estádio do Morumbi, em São Paulo, já com Mario Fabre na bateria.

Família Mello: Branco, Angela Figueiredo e os filhos Bento e Joaquim, que nasceu exatamente um ano depois da cirurgia do coração do pai.

Tony e os filhos, João e Antônio, prestigiam Branco no lançamento do CD/livro infantil *Eu e meu guarda-chuva*, em 2001.

Comemoração dos cinquenta anos de Tony, em 2010: o guitarrista e Malu recebem parentes e amigos, entre eles, Britto e Raquel, Branco e Angela.

Live de Dia dos Pais, em 2020, durante a pandemia: participação de João, José e Bento, filhos de Tony, Britto e Branco.

Fotos do reencontro histórico na comemoração dos trinta anos da banda: Nando, Arnaldo e Charles voltaram a dividir o palco com os Titãs numa única noite, no Espaço das Artes, em São Paulo. O show foi gravado para virar um futuro CD e DVD, mas permanece inédito até hoje.

Acima, turnê de *Nheengatu*, um disco de rock pesado e letras contundentes, em que os Titãs apareciam no palco com máscaras de palhaço de terror. A ideia surgiu no clipe de "Fardado" (ao lado), que tinha um clima sombrio, lembrando Gotham City e o vilão Coringa.

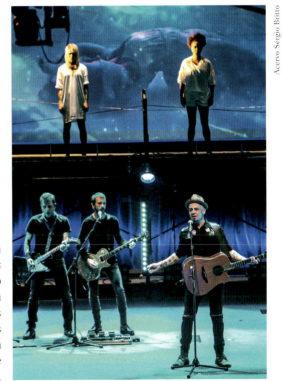

Os Titãs novamente como um octeto na ópera rock *Doze flores amarelas*, com o reforço do guitarrista Beto Lee, do baterista Mario Fabre e das cantoras Corina Sabbas, Cyntia Mendes e Yas Werneck. Ao lado, uma cena da superprodução, que teve poucas apresentações.

Julia, filha de Britto, que inspiraria uma música do disco *Olho furta-cor*, posa com Cyntia e Yas nos bastidores de *Doze flores amarelas*.

Também nos bastidores da ópera rock, Britto recebe Rita Lee, responsável pelas narrações em off que ligam as músicas e conduzem a história.

Os Titãs se preparam para entrar no palco: à frente, Britto, Branco e Tony; no fundo, os músicos e parceiros Mario Fabre e Beto Lee.

Tony, Britto e Branco numa apresentação da turnê *Trio acústico*, que lotou teatros com releituras de sucessos e histórias de suas carreiras.

Beto Lee com Branco e Tony: a sintonia no palco e nos bastidores transformou o guitarrista também em parceiro de composições.

Os casais Tony e Malu, Branco e Angela no hospital Sírio-Libanês, na visita ao vocalista, durante o tratamento contra o câncer.

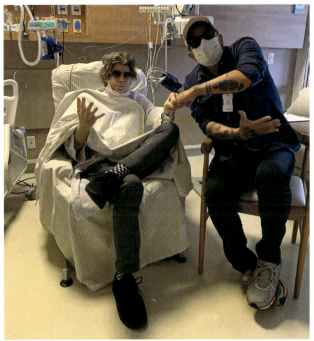

Dois momentos dos amigos Branco e Britto. Em dezembro de 2021, visita do tecladista no hospital, durante o tratamento. E cinco meses depois, com o vocalista já curado, gravando os baixos do novo disco no Midas Studio, em São Paulo.

Os Titãs assinam com o produtor Rick Bonadio o contrato para lançar o 22º disco de carreira da banda pela Midas Music.

Branco, Tony e Britto no lançamento da turnê *Olho furta-cor*, em setembro de 2022: quarenta anos de amizade, estrada e muitos sucessos.

EU SEI QUE É PRA SEMPRE ENQUANTO DURAR

▶ Trecho de "Porque eu sei que é amor"

Branco Mello chegou caminhando ao Shopping Pátio Higienópolis na terça-feira, 5 de abril de 2016, por volta das sete e meia da noite. Carregava apenas um violão. Subiu as escadas rolantes até o terceiro piso e entrou no Teatro Folha. Enquanto aguardava no camarim, fez aquecimentos de voz, reviu a ordem do repertório e às 21h em ponto entrou no palco. Sozinho. Só ele, um banquinho e o violão.

Acostumado às turnês grandiosas e agitadas dos Titãs, com muitos roadies, produtores, seguranças e toda uma equipe de apoio, ali a única coisa em comum era o repertório: "Sonífera Ilha", "Flores", "Marvin", "Tô Cansado", "Televisão"... Mas tudo minimalista, diante de uma plateia sentada e comportada nas 305 poltronas do teatro. Entre uma versão descontraída de "Cabeça dinossauro" e uma releitura de "The kkk took my baby away", dos Ramones, Branco contava como a música foi criada, lembrava casos divertidos dos Titãs e comentava sobre artistas que admirava, entre eles Reginaldo Rossi — e emendou com "Mon amour, meu bem, ma femme", clássico do cantor. Foram quatro terças-feiras no Teatro Folha nesse clima de intimidade e cumplicidade com o público, que depois ele ainda repetiria no Sesc Belenzinho.

Após a saída de Paulo, já com Beto Lee na guitarra, os Titãs seguiram com uma agenda intensa de shows pelo país. Branco, porém, ficou na cabeça com aquele formato mais informal, que dialogava com a plateia. No início de 2017, em meio a conversas sobre a criação de uma ópera rock que ainda não estava tão bem amarrada, o vocalista sugeriu à banda montar uma apresentação para percorrer o circuito de teatros do país. Assim nasceu o projeto *Uma noite no teatro*, que numa parte reunia os três titãs acompanhados de Mario e Beto e em outra, apenas o trio tocando e comentando músicas. E, tal como no Teatro Folha, havia ainda um momento em que Branco, Britto e Tony faziam números solos, um de cada vez. Foram nessas apresentações que Tony se arriscou a cantar pela primeira vez, ainda mais porque o grupo tinha sido reduzido a dois vocalistas. No seu momento sozinho, ele apresentava "Isso", de *A melhor banda de todos os tempos da última semana*.

Uma noite no teatro estreou no dia 13 de abril da forma mais apropriada possível: inaugurando o Teatro Opus, no Shopping VillaLobos, em São Paulo, com 750 lugares. Nos meses seguintes, percorreu várias capitais, com um setlist de clássicos, mas com espaço também para músicas inéditas que a banda começava a testar, já pensando na ópera rock. Além do formato intimista, o projeto se tornou uma boa alternativa do ponto de vista financeiro: com estrutura menor, tinha consequentemente menos custo e permitia levar a banda a palcos em que dificilmente tocaria. Mais do que isso: era o embrião de outra novidade que ainda ia dar o que falar alguns anos depois, o *Trio acústico*.

A turnê de *Uma noite no teatro* não interrompeu a sequência de shows dos Titãs em casas maiores, em ginásios, ao ar livre ou em festivais. E um deles foi especial. No sábado, 23 de setembro de 2017, a banda abriu a noite mais rock 'n' roll da sétima edição do Rock in Rio, que tinha ainda Incubus e os medalhões Guns N' Roses e The Who, em sua primeira vinda ao Brasil. Com pouca conversa e um repertório de sucessos, a banda aproveitou para encaixar três músicas inéditas: "Doze flores amarelas", "A festa" e "Me estuprem", que fez o público gritar e aplaudir no verso *"Me desculpem por eu ser mulher"*. A ousadia funcionou: o show não só foi elogiado por fãs e pela imprensa, mas serviu como teaser para alardear a ópera rock que a banda preparava.

A ideia de fazer um projeto que juntasse rock e dramaturgia começou a ser planejado em 2015. Mas pelo menos uns cinco ou seis anos antes, volta e meia alguém já falava em experimentar algo na linha dos clássicos *Tommy*, do The Who, e *The wall*, do Pink Floyd, ou mesmo do mais recente *American idiot*, que o Green Day lançara em 2004. Não custa lembrar que bem antes disso, em 1981, a semente que fez germinar os Titãs do Iê-Iê havia sido justamente uma ópera rock, *A idade da pedra jovem*, montada na Biblioteca Mário de Andrade.

O novo projeto começou a ganhar forma a partir de *Nheengatu*. Parte do repertório do último álbum já trazia letras que narravam pequenas histórias, com início, meio e fim. E quase todas tratavam de temas polêmicos, que, de certa forma, se complementavam. Somou-se a isso a série *Uma noite no teatro*, em que pela primeira vez os três titãs contavam episódios da carreira, um flerte com a linguagem teatral.

A banda sabia o que queria: fazer uma ópera rock de respeito, algo que ninguém havia produzido no Brasil até então. E lançá-la em CD, DVD e também nos teatros, como um espetáculo. Só não sabiam do que trataria a história. E muito menos por onde começar. Paulo, ainda na banda, chegou a propor que adaptassem *Cobra Norato*, do modernista Raul Bopp, considerado um dos melhores poemas épicos da literatura brasileira, inspirado no movimento antropofágico. Mas o grupo queria algo mais pop e com temática contemporânea. De volta à estaca zero.

Outra questão surgiu: quem poderia escrever o roteiro ou ao menos alinhavar as ideias? Tony lembrou de Nelson Motta. Mandou um e-mail para o seu vizinho em Ipanema e logo recebeu uma mensagem de volta.

— Tony, se tem alguém no Brasil apto a fazer uma ópera rock são vocês — deu força Nelsinho. Mas à frente de diferentes projetos, ele não pôde aceitar.

Cada vez mais envolvido com teatro, Branco lembrou de Hugo Possolo, com quem já havia trabalhado na peça infantil *Eu e meu guarda-chuva* e que já participara do clipe de "Antes de você", dirigindo 150 figurantes. Criador do grupo Parlapatões, ele ajudaria no argumento e cuidaria da direção. Para reforçar o time de autores, Branco sugeriu o escritor, roteirista e também dramaturgo Marcelo Rubens Paiva, com quem dividia na Rádio 89 FM, toda segunda-feira à noite, o programa *Rock bola*, que contava ainda com o ex-jogador e comentarista Casagrande e o jornalista Zé Luís, numa divertida mesa-redonda na qual misturavam música e futebol. O melhor é que Rubens Paiva conhecia bem Possolo, por conta da peça *A noite mais fria do ano*, que fizeram juntos. O time ficou completo com Otavio Juliano, indicação de Britto. Cineasta, responsável pelo elogiado documentário *Sepultura endurance*, ele codirigiria o espetáculo e ficaria à frente de toda a parte audiovisual.

Quando Possolo e Rubens Paiva se reuniram com a banda para começar a discutir a narrativa, algumas músicas estavam prontas, como "Me estuprem" e "O facilitador". Foi num longo jantar na Pasquale Cantina, na Vila Madalena, que os cinco decidiram partir para um caminho ousado, mas atualíssimo: falar de assédio e violência de homens contra mulheres, a partir do poder aliciador da internet.

Tema escolhido, os Titãs transformaram o estúdio na casa de Branco, na Vila Madalena, no quartel-general para criar o repertório. A motivação de criarem juntos um projeto inovador, como há muito tempo não faziam, extrapolava as reuniões, e algumas composições foram lapidadas via WhatsApp, em trocas frenéticas de mensagens entre Branco, Britto e Tony. Já com a espinha dorsal construída, Mario Fabre e Beto Lee se juntaram ao trio no estúdio e outras parcerias foram nascendo, como "Me chamem de veneno" (autoria dos três com Beto) e "Essa gente tem que morrer" (Britto e Fabre). A partir das músicas, Marcelo Rubens Paiva, Hugo Possolo e Otavio Juliano foram montando o quebra-cabeça para contar uma história que mesclasse a linguagem de teatro, de cinema e de internet.

Dividida em três atos, *Doze flores amarelas* ficou pronta com 25 canções. A ópera rock acompanhava três amigas universitárias (Maria A, Maria B e Maria C), que consultam um fictício aplicativo chamado Facilitador para escolher a melhor balada da cidade. Elas vão fantasiadas de bruxas e, durante uma festa onde a droga corre solta, são violentadas por cinco rapazes da faculdade. O crime provoca em cada Maria sentimentos e atitudes diferentes. Maria A, filha de um pastor, descobre que engravidou de um dos agressores e vive o dilema de fazer ou não um aborto. Maria B é tomada por ódio e desejo de vingança, enquanto Maria C, apaixonada por um dos abusadores, se deixa envolver pelo discurso dele e custa a entender que foi vítima de um estupro coletivo. No fim, as três se unem para lançar um feitiço moral sugerido pelo próprio aplicativo.

O disco e o espetáculo de *Doze flores amarelas* foram concebidos ao mesmo tempo. Seguindo uma tendência do mercado nos últimos anos, o álbum foi lançado pela Universal Music primeiro nas plataformas de streaming, dividido em três partes: o primeiro ato foi disponibilizado no dia 27 de abril de 2018, o segundo, em 4 de maio, e o terceiro, no dia 11 — o CD físico só chegaria às lojas alguns meses depois. A produção foi novamente de Rafael Ramos e outro velho conhecido cuidou dos arranjos de corda: Jaques Morelenbaum.

A joia da coroa, porém, era o espetáculo, em que os Titãs formaram novamente um octeto: além de Fabre e Beto, ficavam o tempo todo no palco as atrizes e cantoras Corina Sabbas, Cyntia Mendes e Yas Werneck, as três Marias da trama. Para selecionar o trio, os Titãs promoveram uma audição com sete candidatas no estúdio SaxsoFunny, em Higienópolis. Elas tinham que interpretar três músicas da ópera rock. Cantora de rap e hip-hop, Yas Werneck conquistou a banda quando os Titãs, aproveitando seu currículo, pediram que improvisasse "A festa" em ritmo de rap. Yas, do Rio de Janeiro, chegou na audição acompanhada do pai, que não resistiu e tietou a banda.

— Olha, eu sou muito fã de vocês — foi logo dizendo.

— Pode deixar que a gente vai cuidar bem da sua filha — avisou Tony, dando a dica de que ela seria selecionada.

Nascida em Rondônia, mas morando em São Paulo, e com passagens por algumas bandas de rock, Cyntia Mendes travou na hora do teste. Ficou nervosa e começou a chorar. Deu sorte que o santo dos Titãs já tinha cruzado com o dela. Sugeriram que voltasse no dia seguinte, quando aí, sim, garantiu sua vaga no elenco.

Mais experiente do trio, Corina Sabbas havia cantado em musicais de sucesso, como *Hairspray*, *Fame* e *Rent*, e atuado nas séries *Sexo e as negas*, ao lado de Claudia Jimenez, e *Por toda a minha vida*, no episódio sobre As Frenéticas. Foi escolhida por unanimidade não só pelos Titãs, mas também por Otavio Juliano, Hugo Possolo e Rafael Ramos, que acompanharam as audições.

Mais do que atuar na ópera rock, as três ajudaram os Titãs e os diretores Possolo e Otavio, todos homens, a fazer ajustes tanto no comportamento das personagens em cena, como principalmente em algumas letras das músicas, cantadas na primeira pessoa do feminino. O olhar delas foi importante para a construção da narrativa, até porque, por uma triste coincidência, as três já tinham sofrido episódios de assédio no trabalho ou de namorados.

Outras duas mulheres foram fundamentais no espetáculo. Uma emprestou sua voz: Rita Lee, mãe de Beto, fez o link entre as canções e o enredo, com narrações em off. A outra agiu nos bastidores: Angela Figueiredo, assim como já havia feito em projetos recentes dos Titãs, cuidou de toda a produção.

No dia 4 de abril de 2018, *Doze flores amarelas* foi levada pela primeira vez ao palco, numa pré-estreia no Teatro Guaíra, dentro da programação do Festival de Teatro de Curitiba, o mais importante do país. A estreia em São Paulo foi em 12 de maio, no Teatro Opus, quando a banda gravou o DVD, que seria lançado em outubro.

Acostumados a serem avaliados por críticos musicais, dessa vez os Titãs foram alvo também de jornalistas da área de teatro. Na *Gazeta do Povo*, do Paraná, Sandro Moser se queixou da falta de uma grande canção no repertório: "A prometida ópera rock fica no meio do caminho entre um show cênico e uma peça musicada em que algumas faltas são muito sentidas. Faltou melhor conexão entre as canções e cenas na construção da narrativa, fosse com algum recurso como música pré-gravada, efeitos sonoros ou de cenografia de palco. Ainda que algumas soluções e ideias de cenas sejam muito boas".

No site *Teatro em Cena*, Leandro Torres foi mais incisivo e criticou especialmente a abordagem do tema, feita por uma banda masculina: "Corina, Cyntia e Yas são as três Marias, mas têm condição de papagaio de pirata na encenação, orbitando os roqueiros, quase sempre atrás deles. Elas raramente cantam — apenas em pontuais concessões da banda — e sempre parece que seus microfones estão mais baixos que os de Tony, Branco e Sérgio. Mal iluminadas também. Fora isso, é imperdoável Sérgio Britto cantar letras de eu lírico feminino como 'Me estuprem' (que diz ironicamente 'eu sou mulher, me estuprem') e 'Eu sou Maria'. Beira o grotesco. As personagens estão ali no palco. Essas são as falas delas! Ao misturar concerto e teatro de maneira inconsistente, erra-se em ambos".

Já na *Rolling Stone*, José Júlio do Espírito Santo concentrou sua resenha nas músicas do CD e elogiou o repertório. Ele enxergou "Me estuprem", a música mais comentada do disco-espetáculo, como um dos destaques: "A maioria das faixas segue a cartilha da ópera rock, quando os instrumentos cedem a vez para um clima meio canhestro de coros dramáticos. 'Ele morreu' e 'Pacto de sangue' são necessariamente assim. Já outras vêm com o som característico dos Titãs. 'Disney drugs' acerta em cheio listando drogas sintéticas e personagens do afamado estúdio, e 'Me estuprem' fecha o Ato I com lirismo sarcástico ao subverter papéis de vítima e agressor".

Com uma equipe técnica numerosa e um cenário robusto, incluindo um enorme painel de LED que exibia projeções e reproduzia trocas de mensagens das personagens no fictício aplicativo, *Doze flores amarelas* não saiu em turnê pelas principais capitais do país, como estava prometido para o segundo semestre de 2018. O espetáculo era caro e não cabia em qualquer teatro.

■ ■ ■

No fim de 2017, durante o período de ensaios de *Doze flores amarelas* em sua casa, Branco passou a sentir um incômodo na hora de engolir. Não o impedia de cantar, mas ele resolveu procurar o dr. André Duprat, que o acompanhava havia duas décadas. Desde 1985, quando seu pai morreu por causa de um câncer na laringe, o vocalista sempre ficou atento a qualquer anormalidade na região da garganta. Na época, procurou vários médicos e especialistas para tratar de Mello, como era chamado, mas a doença foi descoberta tarde demais. Não havia muito o que fazer e Branco viu de perto o drama do pai definhando em seus últimos meses de vida, sem conseguir comer e se alimentando por uma sonda no nariz.

Dr. Duprat fez um exame e detectou uma pequena afta na hipofaringe, parte da faringe localizada atrás da laringe, por onde passam os alimentos antes de alcançarem o esôfago e o estômago.

— É uma coisa muito pequena, vamos observar.

Branco saiu preocupado do consultório. Afinal, assim como o pai, ele também tinha bebido e fumado até 1998, quando operou o coração e precisou mudar radicalmente o ritmo de vida. O incômodo não passou e, nas semanas seguintes, resolveu fazer uma endoscopia e vários outros exames. Em todos não aparecia nada mais grave além da afta. Encanado, Branco foi a um oncologista no início de 2018.

— Eu queria fazer uma biópsia.

O médico procurou acalmá-lo, explicando que se tratava de fato de uma afta, que costumava demorar a desaparecer. Recomendou que voltasse em cerca de um mês, caso o incômodo persistisse. Branco ainda fez outros exames, procurou seu dentista, se submeteu a uma tomografia, voltou algumas vezes ao consultório do dr. André Duprat... Investigava todas as possibilidades e o resultado era sempre o mesmo. A intuição dizia que alguma coisa estava errada, mas sua voz não tinha sofrido alterações — um dos sintomas de câncer na laringe é provocar rouquidão — e não o atrapalhava a cantar. Seguiu fazendo shows e, no dia 12 de maio, gravou o DVD de *Doze flores amarelas*.

Uma semana depois, porém, o incômodo aumentou. Dr. André Duprat, que via a tensão de Branco nesses últimos meses, o examinou novamente e, dessa vez, constatou que a lesão havia crescido um pouco. Pediu uma ressonância e a biópsia. O resultado foi um tumor maligno na laringe, ainda no estágio inicial. Quando Branco acordou da anestesia no hospital Sírio-Libanês, já estavam no quarto sua mulher, Angela, e o cardiologista, dr. Roberto Kalil Filho, que o acompanhava desde a cirurgia no coração. Ele recomendou para tratar de Branco, a partir daquele momento, o dr. Olavo Feher, oncologista, que por sua vez convocou o radiologista João Luís Fernandes, o mesmo que havia tratado o câncer na laringe do ex-presidente Luiz Inácio Lula da Silva, seis anos antes.

O primeiro pensamento que veio ao vocalista é que não estava preparado para morrer, mesmo que precisasse sacrificar a voz. "Se tirarem minhas cordas vocais e eu não puder cantar, dane-se, eu fico só tocando", pensava. Os médicos, porém, avaliaram que não haveria necessidade de cirurgia. Mas um período afastado dos palcos seria inevitável. Branco avisou a Tony e Britto que não iria esconder o câncer, mesmo porque não poderia tocar nas apresentações já marcadas. No dia 28 de maio a banda soltou um comunicado oficial, que abria informando: "Branco Mello ficará três meses afastado dos shows para tratar de um tumor na laringe, diagnosticado precocemente".

Nessa mesma semana Branco iniciou a primeira das 33 sessões de radioterapia e as três de quimioterapia a que seria submetido até o fim de julho. Foram dois meses frequentando o Sírio-Libanês, num tratamento pesado, que o deixava debilitado, com a sensação de queimação na garganta por causa da radiação e o paladar alterado, a ponto de não conseguir comer determinados alimentos. Sorvete e ovo eram algumas das poucas coisas que o titã aceitava.

Branco emagreceu quinze quilos em dois meses, mas enfrentou com bravura e com um otimismo que impressionaram Angela, os titãs e os médicos. Depois da terceira e última quimioterapia, chegou a ser internado durante dez dias no Sírio-Libanês e voltou para casa no início de agosto, enquanto os Titãs seguiam com a agenda de shows — Lee Marcucci, que havia tocado com a banda entre 2002 e 2009, assumiu temporariamente o baixo.

O retorno oficial de Branco aos palcos foi marcado para 27 de outubro num local especial para o titã: o estádio Allianz Parque, do seu time Palmeiras, no Festival Nova Brasil, que contou ainda com Jota Quest, Zélia Duncan, Fagner e o duo Anavitória. Mas o primeiro teste para o vocalista foi no Teatro Folha, na noite de 13 de setembro. Branco era responsável pela curadoria do evento *Quinta justa*, que reunia apresentações intimistas de artistas de diferentes gerações. E naquela quinta-feira quem se apresentaria era Sérgio Britto, só no piano e voz. O amigo o convidou para dar uma canja.

— Eu acabei de fazer o tratamento, Britto, não sei como vai estar minha voz — disse o vocalista, receoso.

Branco cantou duas músicas e foi ovacionado quando terminou "Flores". Sentindo-se mais seguro, duas semanas antes da aguardada volta no Allianz Parque, ele decidiu tirar a prova dos nove. Os Titãs tocariam em um evento fechado, também em São Paulo. No meio do show, Lee Marcucci deixou o palco e o titã entrou para tocar e cantar três músicas. Branco passou no teste com louvor. Estava pronto para voltar à estrada.

■■■

No fim de 2018, sem conseguirem excursionar com a turnê de *Doze flores amarelas* e sem um álbum novo na praça, os Titãs viviam um impasse. Branco, com a voz um pouco mais grave depois do tratamento contra o câncer — que levaria a banda a baixar um tom e meio de algumas músicas —, ainda precisava se adequar à intensidade dos shows. Foi quando ele teve uma ideia para juntar o útil ao agradável: por que não montar um show acústico, só com os três titãs no palco, como faziam em um determinado momento do projeto *Uma noite do teatro*? Seria também uma forma de atender aos pedidos de muitos fãs, que desde o aniversário de vinte anos do *Acústico MTV*, completados no ano anterior, pediam que a banda montasse um show de co-memoração ao disco de maior vendagem na carreira.

Tony e Britto torceram o nariz. Acharam que iam se tornar repetitivos. Mas Otavio Juliano, que desde a ópera rock estava próximo à banda, ajudou a convencê-los. Comentou sobre um show que Bruce Springsteen vinha fazendo na Broadway, em que ficava sozinho, durante duas horas e meia, tocando e conversando com a plateia. Nada muito diferente do que os Titãs já tinham feito informalmente em *Uma noite no teatro*. Só precisariam criar um roteiro, com as deixas para cada um saber o que iria falar.

Assim nasceu o show *Trio acústico*, que estreou em Paulínia, no interior de São Paulo, em 23 de fevereiro de 2019. O setlist incluía 24 músicas, dezenove delas do *Acústico* MTV e do *Volume 2*. Para completar, "Epitáfio", "Enquanto houver sol" e "Porque eu sei que é amor", baladas lançadas depois dos dois álbuns acústicos, e as recentes "Mesmo assim" e "É você", da ópera rock. O roteiro indicava ainda os momentos em que Branco, Tony e Britto falariam e os respectivos temas, ainda que eles não tivessem um texto para seguir.

Em poucas semanas, a empresária Deyse Simões começou a receber pedidos de produtores querendo contratar o *Trio acústico* tanto quanto o show plugado da banda, que seguia excursionando com Mario Fabre e Beto Lee. No formato tradicional, o grupo fez apresentações importantes naquele período, como em Punta del Este, no Uruguai, e na oitava edição do Rock in Rio, quando tocou no Palco Sunset recebendo Ana Cañas, Érika Martins e Edi Rock, dos Racionais. Mas o show só com os três titãs, além de mais barato e adaptável a quase todos os espaços, tinha agradado em cheio. O público se divertia com histórias e curiosidades que eles contavam, mas também se emocionava em alguns momentos, como na hora em que Branco falava de sua recuperação do câncer.

Concebido inicialmente para lugares menores, o *Trio acústico* passou a lotar grandes casas de shows como Credicard Hall, em São Paulo; Vivo Rio, no Rio de Janeiro; e KM de Vantagens Hall, em Belo Horizonte. Em janeiro de 2020, os Titãs tocaram pela primeira vez na carreira no célebre Teatro Castro Alves, em Salvador, esgotando os 1560 ingressos disponíveis.

O sucesso daquele formato acendeu uma luz na cabeça de Silvia Venna. Advogada respeitada no meio musical e empresária de Rita Lee e Roberto de

Carvalho, ela se encontrou em agosto de 2019 com os Titãs no bar da piscina do Hotel Unique, nos Jardins, onde Tony passou a se hospedar depois que se desfez da casa de São Paulo. A banda propôs uma parceria a Silvia, em que ela seria responsável por coordenar projetos especiais, enquanto Deyse seguiria vendendo os shows. De cara, a advogada sugeriu aos Titãs gravar o *Trio acústico* pela BMG e fez o meio de campo com a gravadora, para a qual prestava assessoria jurídica. A agilidade, o profissionalismo e o conhecimento de Silvia mostraram a Tony, Britto e Branco que não podiam ter escolhido alguém melhor. Ela teria ainda um papel-chave nos anos seguintes, especialmente porque a banda estava prestes a completar quarenta anos, e a data merecia uma comemoração à altura.

No fim de fevereiro, um ano após estrear nos palcos, o *Trio acústico* já tinha feito quase setenta apresentações em catorze estados. Até que o mundo fechou. Em meados de março, da noite para o dia, as pessoas se trancaram em casa, as ruas ficaram desertas, o trabalho virou home office, todos os shows, peças, filmes no cinema e eventos esportivos foram suspensos. Ninguém sabia ao certo quanto tempo duraria a pandemia da covid-19. No Brasil, embora o governo tratasse com deboche uma epidemia que já mostrava sua gravidade e extrema letalidade na Ásia e na Europa, começavam a morrer as primeiras vítimas das quase 700 mil registradas nos dois anos seguintes.

Os artistas ainda não tinham descoberto as lives como solução para amenizar a falta dos palcos quando no dia 20 de março, com a rotina virada do avesso há apenas uma semana, um vídeo viralizou nos celulares e computadores dos brasileiros. O clipe da versão acústica de "Sonífera ilha", escolhida como single para lançar o *Trio acústico*, trazia uma constelação de celebridades e amigos dos Titãs dublando e dançando a música cantada por Branco. Fabio Assunção, Lulu Santos, Rita Lee e Roberto de Carvalho, Casagrande, Fernanda Montenegro, Andreas Kisser, Edi Rock, Elza Soares, Érika Martins e Os Paralamas do Sucesso se juntavam a dois rostos menos conhecidos: Alice Fromer, filha de Marcelo Fromer, e Cyz Mendes, a Maria B da ópera rock *Doze flores amarelas*, agora com novo nome artístico no lugar de Cyntia. Com direção de Otavio Juliano, cada um foi filmado separadamente em sua casa, antes do lockdown. Mas parecia um clipe visionário, feito por encomenda para aquele momento, para aliviar a pressão da quarentena que — ninguém imaginava — estava só começando.

"Sonífera ilha" foi o aperitivo do primeiro de três EPs disponibilizados nas plataformas de áudio. Lançado em 3 de abril, trazia oito músicas, assim como os demais. O segundo EP saiu em 3 de julho, precedido pelo single de "Enquanto houver sol", e o terceiro, em 25 de setembro, puxado por "Pra dizer adeus", com Tony Bellotto cantando, para surpresa de muita gente. Em janeiro de 2021, um CD duplo foi lançado reunindo as 24 canções e mais a faixa bônus de "Enquanto houver sol" com a gravação que os Titãs e a cantora Iza fizeram para a campanha #VencendoJuntos — o clipe fora lançado em junho de 2020, esse, sim, com Britto, Branco, Tony e Iza participando cada um de sua casa.

Desde o início da quarentena, os Titãs movimentaram as redes sociais da banda. Além de postar as músicas do EP, começaram a mostrar, já nas primeiras semanas, vídeos caseiros. Tony aproveitou uma história que narrava nos shows do *Trio acústico* e contou como compôs "Isso". Acompanhado do filho Bento no violão, Branco criou a Quarentena Sessions. O mais ativo do grupo, Britto tocou no piano uma versão de "Enquanto houver sol" dedicada aos profissionais de saúde, mostrou o som de um teclado semelhante ao que usou na gravação de "Sonífera ilha" e fez dezenas de outros vídeos. A banda também disponibilizou no canal do YouTube #CineTitãs os DVDs *Cabeça dinossauro ao vivo 2012*, *Nheengatu ao vivo* e *Doze flores amarelas*. No dia 4 de maio, os três fizeram a primeira live, apenas um bate-papo entre eles. Em 26 de junho, tocaram juntos numa live em prol do Instituto Anelo, associação de Campinas que oferece aulas gratuitas de música para crianças e com o qual o grupo tem parceria desde 2018, quando cedeu os direitos autorais da versão remix de "Epitáfio", produzida pelo DJ Alok.

O primeiro grande show da banda em quase um ano e meio, com os três titãs já vacinados, aconteceu somente em 17 de julho de 2021, no imponente Theatro Municipal de São Paulo, mas para uma plateia ainda reduzida a 25% da capacidade do espaço. Com produção de Silvia Venna, já à frente dos projetos especiais da banda, os Titãs foram a principal atração das comemorações da Semana do Rock: tocaram acompanhados de um quarteto de cordas da Orquestra Sinfônica do Municipal, numa live transmitida ao vivo pelo canal do grupo no YouTube.

Aos poucos, os shows foram retornando, seguindo os protocolos necessários. O início da pandemia, porém, trouxe uma notícia triste para os Titãs.

Fundador do grupo e coautor de "Sonífera ilha", Ciro Pessoa morreu em São Paulo, no dia 5 de maio de 2020, aos 62 anos. Ele estava tratando um câncer e contraiu covid-19. Num post em seu Instagram, e republicado no perfil da banda, Branco escreveu: "Estou profundamente triste com a partida nessa madrugada do meu irmão, músico, poeta e primeiro grande parceiro, Ciro Pessoa. Foi dele a ideia de reunir os amigos compositores no começo dos anos 1980 pra fazermos uma banda de rock. E assim formamos os Titãs. Siga em paz, querido Ciro. Descansa meus olhos, sossega minha boca, me enche de luz...".

■ ■ ■

Em outubro de 2021, a rotina de apresentações já estava praticamente normal. A banda voltou firme à estrada, com shows em Campo Grande, Maceió, Vitória, São José dos Campos, Goiânia, Rio de Janeiro, Cuiabá, Juiz de Fora, Santos... Branco vivia uma fase particularmente produtiva, com os shows dos Titãs, as mesas-redondas semanais do *Rock bola* e, pela primeira vez, assinando a produção musical de uma novela, *Um lugar ao sol*, que, após alguns adiamentos por causa da pandemia, estreou no início de novembro.

Como já era hábito desde o tratamento contra o câncer em 2018, Branco sempre fazia exames de rotina. E foi em um deles, em 11 de novembro de 2021, que os médicos descobriram uma recidiva do tumor na laringe. Desta vez, porém, os drs. Roberto Kalil Filho, Olavo Feher e Raul Cutait — grande amigo e cirurgião gástrico que sempre esteve ao lado do titã, desde antes da operação no coração em 1998 — indicaram a necessidade de cirurgia, procedimento mais delicado.

Quatro dias depois, o vocalista já estava na mesa de cirurgia do hospital Sírio-Libanês. Para remover o tumor, Branco perdeu metade da laringe. Precisou passar por uma faringolaringectomia parcial e por uma reconstrução de parte da garganta feita pela equipe comandada pelo dr. Luiz Paulo Kowalski, cirurgião de cabeça e pescoço. O pós-operatório no hospital se prolongou por um mês, com uma dieta feita a partir de sonda, já que não podia engolir. Prevendo uma volta aos palcos, e principalmente ao microfone, ele pediu para botá-la diretamente no estômago, e não no nariz, como é mais comum.

A rápida recuperação surpreendeu os médicos. Uma semana depois, Branco já recebia visitas dos amigos da banda. O violão trazido de casa por Angela servia não só para levar música ao ambiente do hospital, mas também funcionava como fisioterapia, já que um pedaço do músculo do braço do titã foi retirado para a reconstrução da garganta. O vocalista recebeu alta no dia 11 de dezembro. Alguns dias antes, dr. Roberto Kalil Filho fez questão de ir até seu quarto para tocar sax, emocionando quem viu a cena — ali, ficou combinado que um dia o cardiologista tocaria "Enquanto houver sol" com os Titãs, o que de fato aconteceria quase um ano depois, na estreia da nova turnê da banda.

Branco se recuperava bem em casa, fazendo fono para a fala, quando no dia 5 de fevereiro de 2022, numa das muitas visitas ao médico, recebeu o diagnóstico de um novo tumor, agora na valécula, localizada entre a base da língua e a epiglote. A notícia, menos de três meses após a cirurgia, era um duro golpe. Desta vez, pelo menos, não seria necessário abrir novamente a garganta. A operação foi feita de forma robótica, no dia 25. Foram mais três semanas no Sírio-Libanês até Branco receber um presente no dia de seu aniversário: em 16 de março, quando completou sessenta anos, enfim pôde voltar para casa.

Guerreira, Angela não saiu do lado do marido durante todo o tempo e montou uma estrutura em casa para ajudar em sua recuperação. Como Branco ainda estava debilitado, praticamente sem conseguir falar, botou um microfone ligado a uma caixa de som para que ele pudesse se comunicar com mais facilidade. As sessões de fono se tornaram diárias, e agora não só para trabalhar a fala, mas principalmente a deglutição e a respiração. Foi um período em que os amigos mais próximos ajudaram a dar confiança na recuperação de Branco, entre eles Britto e Tony e as esposas, Raquel e Malu.

No início de abril, aproveitando que os Titãs tocariam no Festival Rock Brasil 40 Anos, no Memorial da América Latina, a vinte minutos de sua casa, Angela sugeriu ao marido:

—A gente podia ver o show no dia 10, ir ao camarim, encontrar o pessoal...

— Angela, mas eu nunca assisti a um show dos Titãs. Talvez eu fique deprimido de estar lá e não poder participar. Agora, se eu tocar, pode ser do caralho. Vou conversar com eles sobre essa ideia.

No dia seguinte, quando Britto foi visitá-lo, Branco falou do plano de tocar algumas músicas. Selecionou oito delas e começou a ensaiar em casa. E foi assim que em 10 de abril de 2022, um domingo, Branco Mello reapareceu no palco no meio da apresentação, pegando os fãs de surpresa — quem vinha acompanhando a banda era o baixista Caio Goes. Voltar a um show foi o suficiente para se sentir energizado com os aplausos e os gritos do público de quase 10 mil pessoas.

Duas semanas depois, o festival desembarcou na Marina da Glória, no Rio de Janeiro, e Branco foi junto. Era sua primeira viagem com o grupo em quase seis meses. O festival reunia outras bandas da geração 1980, como Plebe Rude, Ira! e Camisa de Vênus. Ainda sem cantar e evitando falar além do necessário, Branco saiu do palco direto para o camarim, onde reencontrou depois de muitos anos Charles Gavin, que estava ali como apresentador do Canal Brasil, emissora responsável pela transmissão ao vivo do evento. Charles, que chegou a entrevistar Tony e Britto, também passava por uma situação atípica naquela noite: era a primeira vez, desde que deixara a banda em 2010, que assistia da plateia a um show dos Titãs.

■ ■ ■

Com a primeira dose da vacina contra covid-19 no braço, os Titãs finalmente puderam voltar a se reunir com regularidade para preparar o repertório do 22º disco. No dia 10 de junho de 2021, depois das férias (forçadas) mais longas da sua história, o trio deu início aos trabalhos de criar em conjunto um repertório de músicas inéditas, na casa de Branco, na Vila Madalena. Num momento sensível para o mundo todo, quando a vida se aproximava da normalidade, esses encontros serviram para reforçar a cumplicidade entre os três, fortalecendo os laços de amizade e parceria. Era tudo o que precisavam para produzir um álbum em comemoração aos quarenta anos da banda, que se completariam no ano seguinte.

O distanciamento social refletiu nos temas das músicas. Britto mostrou "Há de ser assim" (com o verso emblemático *A cura dos outros vai salvar você*) e "Papai e mamãe", que começou a compor na sua casa no litoral paulistano no auge da pandemia. Para essa segunda, ele se inspirou na filha,

Julia, então com treze anos, e nas dificuldades dos adolescentes de se adaptarem às restrições do que na época chamavam de "novo normal".

Deixem que eu fique assim aqui no meu quarto
Brincando dentro de mim com o meu retrato
Deixem que eu fique assim dançando no escuro
Buscando dentro de mim o que eu procuro

Outra crônica da atualidade nasceu em Penedo, região sul do estado do Rio, onde Tony se isolou com a família no período de quarentena. O guitarrista — que nesse disco teria pela primeira vez músicas compostas originalmente para ele cantar — mostrou a bela e melancólica "Um muro", que no refrão original dizia *"Temos nada em comum/ Só a certeza de tudo/ Somos um contra um/ Entre nós tem um muro"*.

— E se a gente trocasse muro por mundo? — sugeriu Britto, dando início à parceria que entrou no disco como "Um mundo".

O clima de volta ao convívio era tão bom que até os cachorros da casa queriam participar. Os vira-latas Nina, Negão e Romeu — este último adotado por Branco durante a pandemia — não podiam ouvir a banda ensaiando que começavam a latir. Acabaram ganhando uma oportunidade no disco. Tony escreveu a letra "O melhor amigo do cão" e deixou com o dono da casa, que fez alguns ajustes, criou a melodia e, com o celular, gravou os latidos do trio, devidamente registrados na música.

Branco também trouxe para o repertório "Como é bom ser simples", parceria com Hugo Possolo e o filho Bento, composta alguns meses antes para o encerramento de uma peça do diretor. Tony e Britto ouviram e gostaram da canção, cuja letra caía como uma luva para aquele momento — do mundo e de Branco.

Como é bom ser simples sem ter medo do pecado
Como é bom ser simples não bancar o derrotado
Como é bom ser simples sem estar aprisionado
Como é bom ser simples e aceitar que estou errado

"O melhor amigo do cão" e "Como é bom ser simples" acabariam entrando no álbum com os vocais que Branco registrou na demo gravada nesses encontros em sua casa, já que em novembro os ensaios foram interrompidos por causa do tumor do vocalista. Em maio de 2022, recuperado, ele voltou a se reunir com os amigos, dessa vez no Midas Studio, sob a produção de Rick Bonadio e Sérgio Fouad, para gravar todos os baixos do disco. No início de agosto, com o trabalho pronto, Branco voltaria ao Sírio-Libanês, agora por ter contraído coronavírus. Mesmo com quatro doses da vacina, os médicos acharam por bem mantê-lo internado durante cinco dias.

Na divisão de vocalistas no novo álbum, coube ao quase estreante Tony Bellotto quatro das catorze faixas. Além de "Um mundo", o guitarrista cantou acelerado no hardcore "Eu sou o mal" e suave em "Preciso falar", uma história de amor entre dois homens, que ganhou uma pegada meio sertaneja meio Johnny Cash. Em "Apocalipse só", Tony teve a companhia das vozes do coral de crianças do Instituto Anelo.

Mas o principal cantor e compositor do álbum foi Sérgio Britto. Além das duas canções que trouxe da casa de praia, Britto assinou e deu voz a "Raul", uma mistura de hardcore com baião numa homenagem a Raul Seixas; a "Por galletas", uma reação em castelhano à notícia de abuso de crianças por soldados da paz da ONU no Haiti; e a duas músicas criadas a partir do poema "São Paulo", de Haroldo de Campos: o rock "São Paulo 1" e a psicodélica "São Paulo 3", de onde saiu o verso que batizou o álbum, *Olho furta-cor*.

Mario Fabre e Beto Lee participaram dos ensaios do novo trabalho remotamente e depois gravaram seus instrumentos no Midas. Mas, assim como em *Doze flores amarelas*, também contribuíram como autores. O baterista compôs e cantou "Miss Brasil 200 anos" — o nome foi sugerido por Britto, em alusão ao sucesso de Rita Lee — e Beto trouxe um presente de sua família: Rita compôs especialmente para a banda "Caos", que foi musicada por ele e o pai, Roberto de Carvalho. Com espírito anarquista, metendo o dedo na ferida das podridões recentes do Brasil, trazia um refrão em castelhano (*"Hay gobierno, soy contra/ Soy contra, soy contra/ Contra el gobierno"*), que soava natural na voz de Sérgio Britto, alfabetizado naquela língua.

Pelo resultado da gravação que empolgou a todos e pela urgência do tema, Rick Bonadio sugeriu que "Caos" fosse o primeiro single do álbum.

Os Titãs concordaram e, assim, no dia 14 de julho de 2022, a música estreava nas plataformas de áudio, com direito a clipe dirigido por Otavio Juliano. *Olho furta-cor* foi lançado em 2 de setembro de 2022, levando a banda à capa da *Folha de S.Paulo*, da *Veja São Paulo* e a inúmeros veículos do Brasil. "Os Titãs sempre foram cronistas de seu tempo, com mais fúria que consolo. Talvez a fúria como único possível consolo. Nessas crônicas do violento 22, há fúria, consolo, há amor. Paira sobre a obra a sede de conhecimento que sempre os acompanhou, porém, mais velhos e sofridos, padecem da melhor forma de derrota: a compaixão. É o que de bom pode acontecer a essa idade, *'não ter envelhecido antes de deixar de ser tolo'*, conhecer um tanto, para saber um pouco. Eles sabem", escreveu Pedro Bial, no release de apresentação para a imprensa.

Um mês antes de *Olho furta-cor* ser lançado, os Titãs ganharam uma baita homenagem. A plataforma de streaming Star+ disponibilizou um documentário sobre a carreira deles no especial *Bios — Vidas que marcaram a sua*. Produzida pela National Geographic, a série reconta a trajetória de figuras importantes da América Latina. Pela primeira vez, uma banda brasileira era retratada, num trabalho que levou mais de um ano para ficar pronto. Em 28 de julho de 2022, véspera da estreia, a Star+ fez uma exibição para convidados no Bourbon Street Music Club, em São Paulo, com direito a pocket show de Branco, Britto e Tony.

Estavam oficialmente abertas as comemorações dos quarenta anos dos Titãs. Com um disco novo de inéditas e uma sequência de shows agendados para os meses seguintes, o momento não poderia ser melhor. A maturidade da estrada combinada com criatividade, inovação e uma vontade cada vez maior de tocar junto sintetizava um lema que sempre acompanhou a banda: diversão é solução, sim.

EU SEI QUE É PRA
SEMPRE ENQUANTO
DURAR

DISCOGRAFIA

Titãs (WEA, 1984)

1. Sonífera ilha (Branco Mello, Marcelo Fromer, Tony Bellotto, Barmack e Ciro Pessoa)
2. Marvin (R. Dunbar e G.N. Johnson – Versão: Sérgio Britto e Nando Reis)
3. Babi índio (Branco Mello e Ciro Pessoa)
4. Go back (Sérgio Britto e Torquato Neto)
5. Pule (Paulo Miklos e Arnaldo Antunes)
6. Querem meu sangue (Jimmy Cliff – Versão: Nando Reis)
7. Mulher robot (Tony Bellotto)
8. Demais (Arnaldo Antunes)
9. Toda cor (Marcelo Fromer, Ciro Pessoa e Barmack)
10. Balada para John e Yoko (Lennon e McCartney – Versão: Sérgio Britto)
11. Seu interesse (Arnaldo Antunes e Paulo Miklos)

Produção: Pena Schmidt

Televisão (WEA, 1985)

1. Televisão (Arnaldo Antunes, Marcelo Fromer e Tony Bellotto)
2. Insensível (Sérgio Britto)
3. Pavimentação (Paulo Miklos e Arnaldo Antunes)
4. Dona Nenê (Branco Mello e Ciro Pessoa)
5. Pra dizer adeus (Tony Bellotto e Nando Reis)
6. Não vou me adaptar (Arnaldo Antunes)
7. Tudo vai passar (Sérgio Britto e Marcelo Fromer)
8. Sonho com você (Branco Mello, Sérgio Britto e Ciro Pessoa)

9   O homem cinza (Nando Reis)

10 Autonomia (Paulo Miklos, Arnaldo Antunes e Marcelo Former)

11 Massacre (Sérgio Britto e Marcelo Fromer)

Produção: Lulu Santos

Cabeça dinossauro (WEA, 1986)

1   Cabeça dinossauro (Branco Mello, Paulo Miklos e Arnaldo Antunes)

2   AA UU (Sérgio Britto e Marcelo Fromer)

3   Igreja (Nando Reis)

4   Polícia (Tony Bellotto)

5   Estado violência (Charles Gavin)

6   A face do destruidor (Paulo Miklos e Arnaldo Antunes)

7   Porrada (Arnaldo Antunes e Sérgio Britto)

8   Tô cansado (Branco Mello e Arnaldo Antunes)

9   Bichos escrotos (Arnaldo Antunes, Sérgio Britto e Nando Reis)

10 Família (Arnaldo Antunes e Tony Bellotto)

11 Homem primata (Sérgio Britto, Marcelo Fromer, Nando Reis e Ciro Pessoa)

12 Dívidas (Branco Mello e Arnaldo Antunes)

13 O que (Arnaldo Antunes)

Produção: Liminha, Pena Schmidt e Vitor Farias

Jesus não tem dentes no país dos banguelas (WEA, 1987)

1   Todo mundo quer amor (Arnaldo Antunes)

2   Comida (Arnaldo Antunes, Sérgio Britto e Marcelo Fromer)

3   O inimigo (Branco Mello, Marcelo Fromer e Tony Bellotto)

4   Corações e mentes (Sérgio Britto e Marcelo Fromer)

5   Diversão (Sérgio Britto e Nando Reis)

6   Infelizmente (Sérgio Britto)

7   Jesus não tem dentes no país dos banguelas (Nando Reis e Marcelo Fromer)

8   Mentiras (Sérgio Britto, Marcelo Fromer e Tony Bellotto)

9   Desordem (Sérgio Britto, Marcelo Fromer e Charles Gavin)

10 Lugar nenhum (Arnaldo Antunes, Marcelo Fromer, Charles Gavin, Sérgio Britto e Tony Bellotto)

11 Armas pra lutar (Branco Mello, Arnaldo Antunes, Marcelo Fromer e Tony Bellotto)

12 Nome aos bois (Nando Reis, Arnaldo Antunes, Marcelo Fromer e Tony Bellotto)

13 Violência (Charles Gavin e Sérgio Britto)*

Produção: Liminha

* Faixa incluída apenas no CD

Go back (WEA, 1988)

1 Jesus não tem dentes no país dos banguelas
2 Nome aos bois
3 Bichos escrotos
4 Pavimentação
5 Marvin
6 AA UU
7 Go back
8 Polícia
9 Cabeça dinossauro
10 Massacre
11 Não vou me adaptar
12 Lugar nenhum
13 Marvin (remix)
14 Go back (remix)

Produção: Liminha

Õ blésq blom (WEA, 1989)

1 Introdução por Mauro e Quitéria
2 Miséria (Arnaldo Antunes, Sérgio Britto e Paulo Miklos)
3 Racio símio (Marcelo Fromer, Nando Reis e Arnaldo Antunes)
4 O camelo e o dromedário (Paulo Miklos, Nando Reis, Tony Bellotto e Marcelo Fromer)
5 Palavras (Sérgio Britto e Marcelo Fromer)

6 Medo (Tony Bellotto, Marcelo Fromer e Arnaldo Antunes)

7 Natureza morta (Arnaldo Antunes, Branco Mello, Marcelo Fromer, Paulo Miklos, Sérgio Britto e Liminha)*

8 Flores (Charles Gavin, Tony Bellotto, Paulo Miklos e Sérgio Britto)

9 O pulso (Arnaldo Antunes, Marcelo Fromer e Tony Bellotto)

10 32 dentes (Branco Mello, Marcelo Fromer e Sérgio Britto)

11 Faculdade (Nando Reis, Arnaldo Antunes, Branco Mello, Paulo Miklos e Marcelo Fromer)

12 Deus e o diabo (Sérgio Britto, Paulo Miklos e Nando Reis)

13 Vinheta final por Mauro e Quitéria

Produção: Liminha

* Faixa incluída apenas no CD

Tudo ao mesmo tempo agora (WEA, 1991)

1 Clitóris

2 O fácil é o certo

3 Filantrópico

4 Cabeça

5 Já

6 Eu vezes eu

7 Isso para mim é perfume

8 Saia de mim

9 Flat-cemitério-apartamento

10 Agora

11 Não é por não falar

12 Obrigado

13 Se você está aqui

14 Eu não sei fazer música

15 Uma coisa de cada vez

Todas as músicas compostas por Titãs

Produção: Titãs

Titanomaquia (WEA, 1992)

1 Será que é isso o que eu necessito?
2 Nem sempre se pode ser Deus
3 Disneylândia*
4 Hereditário*
5 Estados alterados da mente
6 Agonizando
7 De olhos fechados*
8 Fazer o quê?
9 A verdadeira Mary Poppins
10 Felizes são os peixes
11 Tempo pra gastar
12 Dissertação do Papa sobre o crime seguida de orgia
13 Taxidermia

Todas as músicas compostas por Titãs, exceto* Titãs e Arnaldo Antunes
Produção: Jack Endino

Domingo (WEA, 1995)

1 Eu não aguento (Boneka, Cássio e Trambolho)
2 Domingo (Tony Bellotto e Sérgio Britto)
3 Tudo o que você quiser (Branco Mello, Charles Gavin e Sérgio Britto)
4 Rock americano (Mauro e Quitéria – adaptação de Sérgio Britto)
5 Tudo em dia (Arnaldo Antunes, Branco Mello e Sérgio Britto)
6 Vámonos (Sérgio Britto)
7 Eu não vou dizer nada (Além do que estou dizendo) (Sérgio Britto, Paulo Miklos, Charles Gavin, Tony Bellotto, Marcelo Fromer e Nando Reis)
8 Caroço da cabeça (Nando Reis, Marcelo Fromer e Herbert Vianna)
9 Ridi pagliaccio (Tony Bellotto, Branco Mello e Sérgio Britto)
10 Qualquer negócio (Sérgio Britto, Paulo Miklos, Charles Gavin, Tony Bellotto, Branco Mello e Marcelo Fromer)
11 Brasileiro (Branco Mello, Charles Gavin, Sérgio Britto e Tony Bellotto)
12 Um copo de pinga (Folclore popular — adaptação Sérgio Britto)
13 Turnê (Charles Gavin, Sérgio Britto, Branco Mello e Nando Reis)

14 Uns iguais aos outros (Charles Gavin e Sérgio Britto)

15 Pela paz (Paulo Miklos, Sérgio Britto, Branco Mello, Charles Gavin e Nando Reis)*

16 Eu não vou dizer nada (Além do que estou dizendo) (remix Liminha)*

17 Tudo o que você quiser (remix Paul Ralphes)*

18 Tudo o que você quiser (remix DJ Cuca)*

Produção: Jack Endino

* Faixas incluídas no relançamento do CD, em 1996

Acústico (WEA, 1997)

1 Comida

2 Go back

3 Pra dizer adeus

4 Família

5 Os cegos do castelo (Nando Reis)

6 O pulso

7 Marvin

8 Nem 5 minutos guardados (Sérgio Britto e Marcelo Fromer)

9 Flores

10 Palavras

11 Hereditário

12 A melhor forma (Sérgio Britto, Paulo Miklos e Branco Mello)

13 Cabeça dinossauro

14 32 dentes

15 Bichos escrotos (vinheta)

16 Não vou lutar (Paulo Miklos e Sérgio Britto)

17 Homem primata (vinheta)

18 Homem primata

19 Polícia (vinheta)

20 Querem meu sangue

21 Diversão

22 Televisão

Produção: Liminha

Volume dois (WEA, 1998)

1 Sonífera ilha
2 Lugar nenhum
3 Sua impossível chance (Nando Reis)
4 Desordem
5 Não vou me adaptar
6 Domingo
7 Amanhã não se sabe (Sérgio Britto)
8 Caras como eu (Tony Bellotto)
9 Senhora e senhor (Arnaldo Antunes, Paulo Miklos e Marcelo Fromer)
10 Era uma vez (Marcelo Fromer, Tony Bellotto, Branco Mello, Sérgio Britto e Arnaldo Antunes)
11 Miséria
12 Insensível
13 Eu e ela (Nando Reis)
14 Toda cor
15 É preciso saber viver (Roberto Carlos e Erasmo Carlos)
16 Senhor delegado (Antoninho Lopez e Jaú) / Eu não aguento
Produção: Liminha

As dez mais (WEA, 1999)

1 Gostava tanto de você (Edson Trindade)
2 Sete cidades (Renato Russo, Marcelo Bonfá e Dado Villa-Lobos)
3 Circo de feras (Tim, Kalú, Zé Pedro, Gui e João Cabeleira)
4 Rotina (Clemente e Marcelinho)
5 Querem acabar comigo (Roberto Carlos)
6 Fuga Nº II (Rita Lee, Sérgio Dias e Arnaldo Baptista)
7 Pelados em Santos (Dinho)
8 Um certo alguém (Lulu Santos e Ronaldo Bastos)
9 Ciúme (Roger)
10 Aluga-se (Raul Seixas e Cláudio Roberto)
Produção: Jack Endino

A melhor banda de todos os tempos da última semana (Abril Music, 2001)
1 Vamos ao trabalho (Paulo Miklos)
2 A melhor banda de todos os tempos da última semana (Sérgio Britto e Branco Mello)
3 O mundo é bão, Sebastião! (Nando Reis)
4 Bom gosto (Marcelo Fromer, Tony Bellotto e Sérgio Britto)
5 Um morto de férias (Marcelo Fromer, Tony Bellotto e Sérgio Britto)
6 Epitáfio (Sérgio Britto)
7 É bom desconfiar (Nando Reis)
8 Não fuja da dor (Marcelo Fromer, Charles Gavin, Branco Mello e Tony Bellotto)
9 Daqui prá lá (Sérgio Britto e Torquato Neto)
10 Isso (Tony Bellotto)
11 Eu não presto (Branco Mello e Ciro Pessoa)
12 Mundo cão (Sérgio Britto)
13 Mesmo sozinho (Nando Reis)
14 Bananas (Sérgio Britto, Paulo Miklos e Charles Gavin)
15 Alma lavada (Marcelo Fromer, Charles Gavin, Branco Mello, Tony Bellotto e Sérgio Britto)
16 Cuidado com você (Marcelo Fromer, Paulo Miklos, Tony Bellotto e Arnaldo Antunes)
Produção: Jack Endino

Como estão vocês? (BMG, 2003)
1 Nós estamos bem (Sérgio Britto e Paulo Miklos)
2 Você é minha (Sérgio Britto, Charles Gavin, Branco Mello, Tony Bellotto e Paulo Miklos)
3 Gina superstar (Branco Mello e Tony Bellotto)
4 KGB (Sérgio Britto e Paulo Miklos)
5 Livres para escolher (Sérgio Britto e Tony Bellotto)
6 Eu não sou um bom lugar (Tony Bellotto e Branco Mello)
7 Pra você ficar (Tony Bellotto)
8 Enquanto houver sol (Sérgio Britto)

9 Esperando para atravessar a rua (Arnaldo Antunes, Branco Mello e Tony Bellotto)

10 Provas de amor (Paulo Miklos)

11 Ser estranho (Tony Bellotto e Branco Mello)

12 Vou duvidar (Sérgio Britto)

13 Pelo avesso (Sérgio Britto)

14 A guerra é aqui (Paulo Miklos, Branco Mello, Tony Bellotto e Charles Gavin)

15 As aventuras do guitarrista gourmet atrás da refeição ideal (Tony Bellotto e Paulo Miklos)

Produção: Liminha e Titãs

Sacos plásticos (Arsenal Music, 2009)

1 Amor por dinheiro (Sérgio Britto e Tony Bellotto)

2 Antes de você (Paulo Miklos)

3 Sacos plásticos (Branco Mello e Paulo Miklos)

4 Porque eu sei que é amor (Sérgio Britto e Paulo Miklos)

5 A estrada (Tony Bellotto e Sérgio Britto)

6 Agora eu vou sonhar (Sérgio Britto)

7 Quanto tempo (Tony Bellotto)

8 Deixa eu sangrar (Sérgio Britto)

9 Problema (Paulo Miklos, Arnaldo Antunes e Liminha)

10 Não espere perfeição (Branco Mello e Sérgio Britto)

11 Quem vai salvar você do mundo? (Sérgio Britto)

12 Múmias (Paulo Miklos)

13 Deixa eu entrar (Tony Bellotto, Andreas Kisser e Sérgio Britto)

14 Nem mais uma palavra (Sérgio Britto)

15 Antes de você (versão acústica)

Produção: Rick Bonadio

Cabeça dinossauro ao vivo 2012 (Titãs Diversão e Arte, 2012)

1 Cabeça dinossauro

2 AA UU

3 Igreja

4 Polícia

5 Estado violência

6 A face do destruidor

7 Porrada

8 Tô cansado

9 Bichos escrotos

10 Família

11 Homem primata

12 Dívidas

13 O que

Produção: Titãs

Nheengatu (Som Livre, 2014)

1 Fardado (Sérgio Britto e Paulo Miklos)

2 Mensageiro da desgraça (Paulo Miklos, Tony Bellotto e Sérgio Britto)

3 República dos bananas (Branco Mello, Angeli, Hugo Possolo e Emerson Villani)

4 Fala, Renata (Tony Bellotto, Paulo Miklos e Sérgio Britto)

5 Cadáver sobre cadáver (Paulo Miklos e Arnaldo Antunes)

6 Canalha (Walter Franco)

7 Pedofilia (Sérgio Britto, Paulo Miklos e Tony Bellotto)

8 Chegada ao Brasil (Terra à vista) (Branco Mello, Emerson Villani e Aderbal Freire-Filho)

9 Eu me sinto bem (Tony Bellotto, Sérgio Britto e Paulo Miklos)

10 Flores pra ela (Sérgio Britto e Mario Fabre)

11 Não pode (Sérgio Britto)

12 Senhor (Tony Bellotto)

13 Baião de dois (Paulo Miklos)

14 Quem são os animais? (Sérgio Britto)

Produção: Rafael Ramos

Nheengatu ao vivo (Som Livre, 2015)

1 Fardado

2 Pedofilia

3 Cadáver sobre cadáver

4 Chegada ao Brasil (Terra à vista)

5 Massacre

6 Jesus não tem dentes no país dos banguelas

7 Lugar nenhum

8 Baião de dois

9 Pela paz

10 Quem são os animais?

11 República dos bananas

12 Nem sempre se pode ser Deus

13 Diversão

14 Mensageiro da desgraça

15 Fala, Renata

16 Desordem

17 Vossa Excelência

18 Televisão

19 Sonífera ilha

20 Polícia

21 AA UU

22 Flores

23 Bichos escrotos

Produção: Rafael Ramos

Doze flores amarelas (Universal Music, 2018)

1 Abertura (Sérgio Britto, Tony Bellotto, Branco Mello, Jaques Morelenbaum e Hugo Possolo)

2 Nada nos basta (Sérgio Britto)

3 O facilitador (Sérgio Britto e Branco Mello)

4 Weird Sisters (Sérgio Britto)

5 Disney drugs (Sérgio Britto)

6 A festa (Sérgio Britto e Branco Mello)

7 Fim de festa (Tony Bellotto, Branco Mello e Sérgio Britto)

8 Me estuprem (Sérgio Britto e Tony Bellotto)

9 Interlúdio 1 (Sérgio Britto, Tony Bellotto e Hugo Possolo)

10 O bom pastor (Tony Bellotto, Sérgio Britto e Branco Mello)
11 Eu sou Maria (Sérgio Britto e Tony Bellotto)
12 Canção da vingança (Tony Bellotto)
13 Hoje (Sérgio Britto e Beto Lee)
14 Nossa bela vida (Sérgio Britto)
15 Personal hater (Sérgio Britto e Branco Mello)
16 Interlúdio 2 (Sérgio Britto, Tony Bellotto, Branco Mello, Beto Lee Jaques Morelenbaum e Hugo Possolo)
17 De janeiro até dezembro (Tony Bellotto)
18 Mesmo assim (Sérgio Britto)
19 Não sei (Tony Bellotto e Sérgio Britto)
20 Essa gente tem que morrer (Sérgio Britto e Mario Fabre)
21 Interlúdio 3 (Sérgio Britto, Jaques Morelenbaum e Hugo Possolo)
22 Me chamem de Veneno (Branco Mello, Sérgio Britto, Tony Bellotto e Beto Lee)
23 Doze flores amarelas (Sérgio Britto, Branco Mello, Tony Bellotto e Beto Lee)
24 Ele morreu (Tony Bellotto e Sérgio Britto)
25 Pacto de sangue (Sérgio Britto)
26 O jardineiro (Branco Mello, Sérgio Britto e Tony Bellotto)
27 Réquiem (Sérgio Britto, Tony Bellotto, Branco Mello e Mario Fabre)
28 É você (Sérgio Britto)
29 Sei que seremos (Sérgio Britto, Tony Bellotto e Branco Mello)
Produção: Rafael Ramos

Trio acústico (BMG, 2020)
1 Sonífera ilha
2 Por que eu sei que é amor
3 Isso
4 O pulso
5 Miséria
6 Tô cansado
7 Querem meu sangue
8 Família
9 Enquanto houver sol

10 Toda cor

11 Go back

12 Televisão

13 Pra dizer adeus

14 Comida

15 32 dentes

16 É você

17 Epitáfio

18 Flores

19 É preciso saber viver

20 Cabeça dinossauro

21 Nem 5 minutos guardados

22 Polícia

23 Homem primata

24 Bichos escrotos

25 Enquanto houver sol (com participação de Iza)

Produção: Titãs e Sérgio Foaud

Olho furta-cor (Midas Music, 2022)

1 Apocalipse só (Tony Bellotto e Sérgio Britto)

2 Caos (Rita Lee, Roberto de Carvalho e Beto Lee)

3 São Paulo 3 (Haroldo de Campos e Sérgio Britto)

4 Como é bom ser simples (Branco Mello, Bento Mello e Hugo Possolo)

5 Raul (Sérgio Britto)

6 Um mundo (Tony Bellotto e Sérgio Britto)

7 Há de ser assim (Sérgio Britto)

8 Papai e mamãe (Sérgio Britto)

9 Eu sou o mal (Tony Bellotto)

10 Por galletas (Sérgio Britto)

11 O melhor amigo do cão (Tony Bellotto e Branco Mello)

12 Preciso falar (Tony Bellotto)

13 Miss Brasil 200 (Mario Fabre)

14 São Paulo 1 (Haroldo de Campos e Sérgio Britto)

Produção: Rick Bonadio e Sérgio Fouad

AGRADECIMENTOS

AGRADECEMOS ANTES DE TUDO AOS TITÃS Branco Mello, Sérgio Britto e Tony Bellotto, a Arnaldo Antunes, Charles Gavin, Nando Reis e Paulo Miklos, pelas longas e numerosas entrevistas, pelas intermináveis trocas de mensagem e pela cumplicidade, com constantes sugestões para tornar a biografia o mais fiel possível.

Agradecemos também a Marcelo Fromer, de quem é impossível não sentir saudade mesmo sem ter conhecido.

Nosso muito obrigado ainda a todos que deram entrevistas e ajudaram a contar a história dos Titãs: Aldo Gueto, Ana Tranjan, André Jung, André Midani, Angela Figueiredo, Anna Butler, Arthur Fontes, Beto Lee, Beto Rivera, Betty Gofman, Carlos Eduardo Miranda, Célia Macedo, Ciro Pessoa, Conceição Lopes, Cuca Fromer, Deyse Simões, Edu Morelenbaum, Emerson Villani, Fernando Leão, Fred (Raimundos), Gilson Pedro, Jack Endino, Jeronymo Machado, João Augusto, João Barone, Jodele Larcher, José Fortes, Laurinda Alencar, Lauro Silva, Liminha, Lobão, Lulu Santos, Malu Mader, Manoel Poladian, Mario Fabre, Marisa Monte, Marta Fromer, Nelson Damascena, Paulo Junqueiro, Pena Schmidt, Rafael Borges, Ricardo Garcia, Roberto Marques, Serginho Groisman, Sérgio Affonso, Silvia Panella, Silvia Venna, Sombra Jones e Walter Casagrande.

E para que a atualização da biografia existisse, temos que agradecer também a Rodrigo Stafford, Cintia Mattos, Lara Mota, Silmara Ciuffa, Rosane Medeiros, Daniela Dacorso, Gisele Figueira, Guilherme Samora, Mauro Palermo e Gabriele Fernandes. E a Dênis Viana, do @arquivotitas, pela dedicação à história dos Titãs e pelo valioso acervo, fundamental na pesquisa.

REFERÊNCIAS

ANTUNES, Arnaldo. *40 escritos*. São Paulo: Iluminuras, 2000.

CALADO, Carlos. *A divina comédia dos Mutantes*. Rio de Janeiro: Ed. 34, 1995.

CARNEIRO, Luiz Felipe. *Rock in Rio: a história*. Rio de Janeiro: Globo Livros, 2022.

DAPIEVE, Arthur. *B. Rock: o rock brasileiro dos anos 80*. Rio de Janeiro: Ed. 34, 1995.

DOLABELA, Marcelo. *ABZ do rock brasileiro*. São Paulo: Estrela do Sul, 1987.

FROMER, Marcelo. *Você tem fome de quê?: toque as músicas e faça as receitas*. São Paulo: DBA Artes Gráficas, 1999.

MELLO, Luiz Antonio. *A onda maldita: como nasceu a Fluminense FM*. Niterói: Arte & Cultura, 1992.

MOTTA, Nelson. *Noites tropicais: solos, improvisos e memórias musicais*. Rio de Janeiro: Objetiva, 2000.

JORNAIS, REVISTAS E SITES CONSULTADOS

Amiga, Bizz, Capricho, Caras, Carícia, Correio Braziliense, Correio da Bahia, Diário da Serra, Diário Popular, Estado de Minas, O Estado de S. Paulo, Fama, Folha da Tarde, Folha de Londrina, Folha de S.Paulo, G1, Gazeta de Pinheiros, Gazeta do Povo, O Globo, O Grito, International Magazine, Interview, IstoÉ, Jornal da Tarde, Jornal do Brasil, Manchete, Marie Claire, Página/12 (Argentina), *Revista MTV, Roll, Rolling Stone, Showbizz, Somtrês, A Tarde, Teatro em Cena, Titãs, do Underground ao Acústico, Tribuna da Bahia, Tribuna de Minas, Última Hora, Veja, Veja São Paulo, Vos* (Argentina) e *Zero Hora*.

Este livro, composto na fonte Fairfield,
foi impresso em papel Pólen Natural 70 g/m², na Eskenazi.
São Paulo, outubro de 2022.